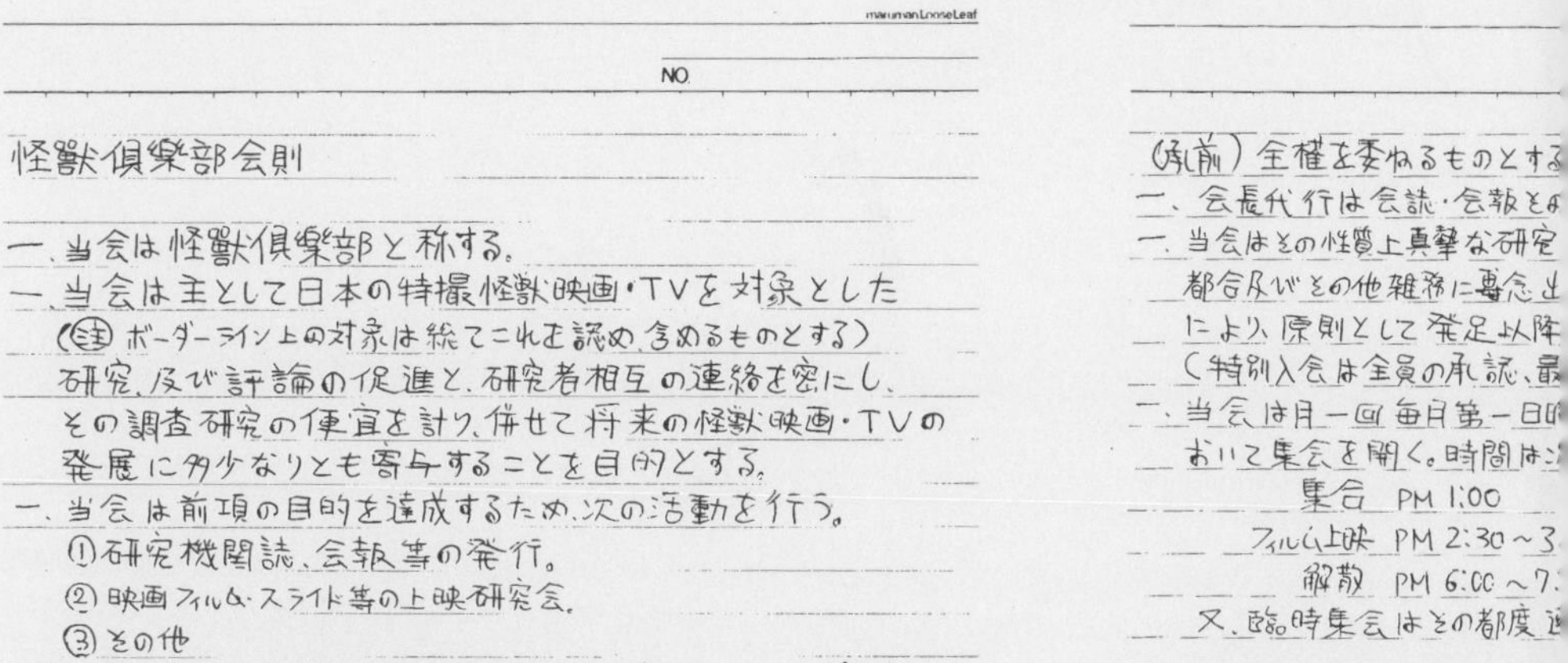
maruman Loose Leaf
NO.
怪獣倶楽部会則
一、当会は怪獣倶楽部と称する。
一、当会は主として日本の特撮怪獣映画・TVを対象とした
(注) ボーダーライン上の対象は総てこれを認め、含めるものとする)
研究、及び評論の促進と、研究者相互の連絡を密にし、
その調査研究の便宜を計り、併せて将来の怪獣映画・TVの
発展に多少なりとも寄与することを目的とする。
一、当会は前項の目的を達成するため、次の活動を行う。
①研究機関誌、会報等の発行。
②映画フィルム・スライド等の上映研究会。
③その他
一、当会の会員は怪獣映画・TVの研究者、並びにこれに準ずる
者にして、当会の趣旨に賛同する者とする。
一、当会の運営費、会誌発行費その他は、会員の会費をもってこれに
あてるものとする。その明細は次の通りである。
①会費は二ヶ月に一回、一千円を当会会計担当に払うものとし、
年六回、年額会費一人六千円とする。(注、入会金不用)
(支払月は2月.4月.6月.8月.10月.12月とする)
②会誌・会報その他発行毎に、それに要した費用明細をその旨
別紙明示するものとする。(万一赤字を出した場合、各自均当に
それを負担するものとする)
③当会の会計年度は当該年度の2月第1日曜日に始まり、
12月第1日曜日をもってこれを終る。
④会費郵送の場合は、一度に十ヶ月分以上とし、必ず現金書留とし、
切手代用、郵便為替は絶対これを認めない。(タダの封筒に入れ
て送るようなだらしない者は退会とみなす)
一、当会は"会長"という(大架裟な)者はこれを置かない。
代りとして便宜上、会長代行を置き、これに当会運営の責任、並びに
(承前) 全権を委ねるものとする
一、会長代行は会誌・会報との
一、当会はその性質上真摯な研究
都合及びその他雑務に専念出
により、原則として発足以降
(特別入会は全員の承認、最
一、当会は月一回毎月第一日
おいて集会を開く。時間は
集合 PM 1:00
フィルム上映 PM 2:30〜3
解散 PM 6:00〜7
又、臨時集会はその都度
一、怪獣倶楽部刊行物につい
①「怪獣倶楽部」(以下本誌
同人の研究・評論の発
発掘と原資料の公開。
。季刊、年4回定期刊行。
②「怪獣倶楽部/研究・資料叢書
一定のテーマを基にまと
。不定期刊行、B5版コピー
③「 〃 /人物研究叢書
特撮怪獣もの等、"夢を作
年表、作品リスト、関係文献、
もたせる。
。不定期刊行、B5版コピー
④その他別冊、増刊。
。以上原稿の企画、依頼は
数名を置く。

『怪獸倶楽部』正式発足に際して竹内博氏から会員に配られた会則のコピー

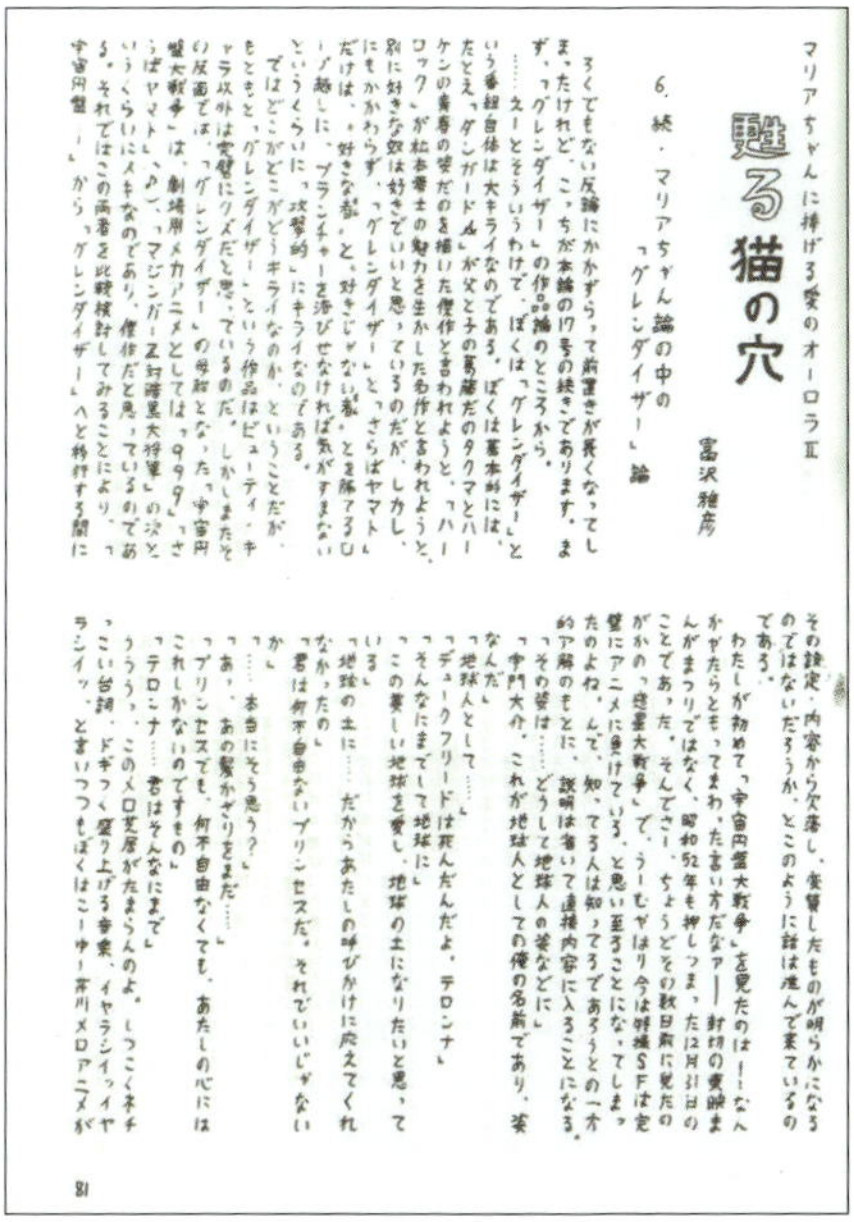

マリアちゃんに捧げる愛のオーロラⅡ

甦る猫の穴

6. 続・マリアちゃん論の中の「グレンダイザー」論

富沢雅彦

ろくでもない反論にかかずらって前置きが長くなってしまったけれど、こっちが本論の17号の続きであります。まず、「グレンダイザー」の作品論のところから。

……えーとそういうわけで、ぼくは「グレンダイザー」という番組自体は大キライなのである。ぼくは基本的には、たとえ「ダンガードA」が父と子の葛藤だのタクマとハーケンの青春の姿だのを描いた傑作と言われようと、「ハーロック」が松本零士の魅力を生かした名作と言われようと、別に好きな奴は好きでいいと思っているのだが、しかし、にもかかわらず、「グレンダイザー」と「さらばヤマト」だけは、"好きな者"と、"好きじゃない者"とを隔てるロープ越しに、"ブランチャーを浴びせなければ気がすまない"というくらいに"攻撃的"にキライなのである。

ではどこがどこがどうキライなのか、ということだが、もともと、「グレンダイザー」という作品はビューティ・キャラ以外は完璧にクズだと思っているのだ。しかしまたその反面では、「グレンダイザー」の母胎となった「宇宙円盤大戦争」は、劇場用メカアニメとしては「999」「さらばヤマト」「マジンガーZ対暗黒大将軍」の次というくらいに大スキなのであり、傑作だと思っているのである。それではこの両者を比較検討してみることにより、「宇宙円盤――」から「グレンダイザー」へと移行する間にその設定・内容から欠落し、変質したものが明らかになるのではないだろうか。とこのように話は進んで来ているのである。

わたしが初めて「宇宙円盤大戦争」を見たのは――なんかやたらともってまわった言い方だなァ――封切の東映まんがまつりではなく、昭和52年も押しつまった12月31日のことであった。そんでさー、ちょうどその数日前に見たのがかの「惑星大戦争」で、うーむやはり今は特撮SFは完璧にアニメに負けている、と思い至ることになってしまったのよね。んで、知ってる人は知ってるであろうとの一方的了解のもとに、説明は省いて直接内容に入ることになる。

「その姿は……どうして地球人の姿などに」

「宇門大介、これが地球人としての俺の名前であり、姿なんだ」

「地球人として……」

「デュークフリードは死んだんだよ、テロンナ」

「そんなにまでして地球に」

「この美しい地球を愛し、地球の土になりたいと思っている」

「地球の土に…… だからあたしの呼びかけに応えてくれなかったの」

「君は何不自由ないプリンセスだ。それでいいじゃないか」

「……本当にそう思う？」

「あ、あの髪かざりをまだ……」

「プリンセスでも、何不自由なくても、あたしの心にはこれしかないのですもの」

「テロンナ…… 君はそんなにまで」

うううっ、このメロ芝居がたまらんのよ。しつこくネチっこい台詞、ドギつく盛り上げる音楽、イヤラシイッイヤラシイッ、と言いつつもぼくはこーゆー市川メロアニメが

81

オフセット印刷時代の『ＰＵＦＦ』21 号掲載、富沢雅彦『甦る猫の穴』より

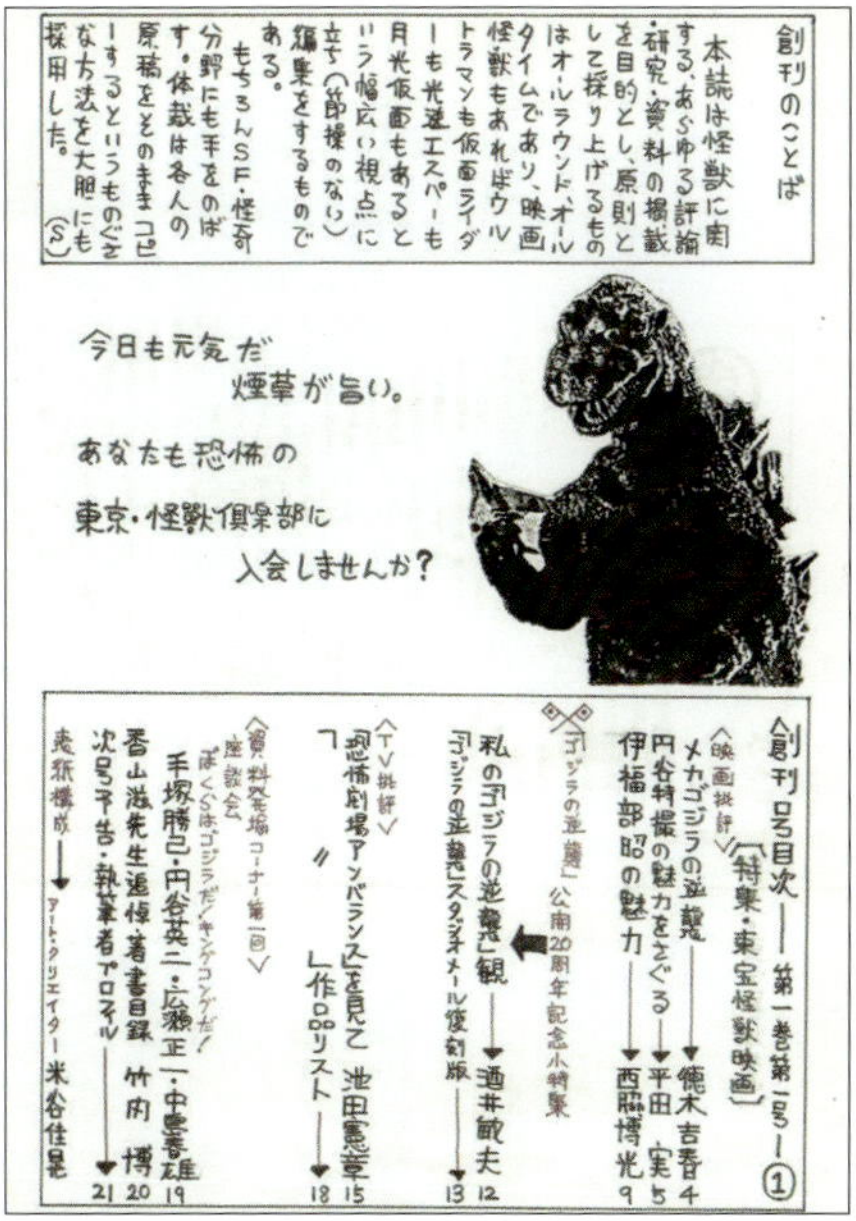

創刊のことば

本誌は怪獣に関する、あらゆる評論・研究・資料の掲載を目的とし、原則として採り上げるものはオールラウンド、オールタイムであり、映画怪獣もあればウルトラマンも仮面ライダーも光速エスパーも月光仮面もあるという幅広い視点に立ち（節操のない）編集をするものである。

もちろんSF・怪奇分野にも手をのばす。体裁は各人の原稿をそのままコピーするというものぐさな方法を大胆にも採用した。（S）

今日も元気だ 煙草が旨い。

あなたも恐怖の東京・怪獣倶楽部に入会しませんか？

創刊号目次――第一巻第一号――①

〔特集・東宝怪獣映画〕

〈映画批評〉

メカゴジラの逆襲――徳木吉春 4

円谷特撮の魅力をさぐる――平田実 5

伊福部昭の魅力――西脇博光 9

「ゴジラの逆襲」公開20周年記念小特集

私の「ゴジラの逆襲」観――酒井敏夫 12

「ゴジラの逆襲」スタジオメール復刻版――13

〈TV批評〉

「恐怖劇場アンバランス」を見て 池田憲章 15

「 〃 」作品リスト――18

〈資料発掘コーナー第一回〉

座談会 ぼくらはゴジラだ！キングコングだ！

手塚勝巳・円谷英二・広瀬正一・中島春雄 19

香山滋先生追悼・著書目録 竹内博 20

次号予告・執筆者プロフィル――21

表紙構成――アートクリエイター 米谷佳晃

『怪獣倶楽部』創刊号目次ページ

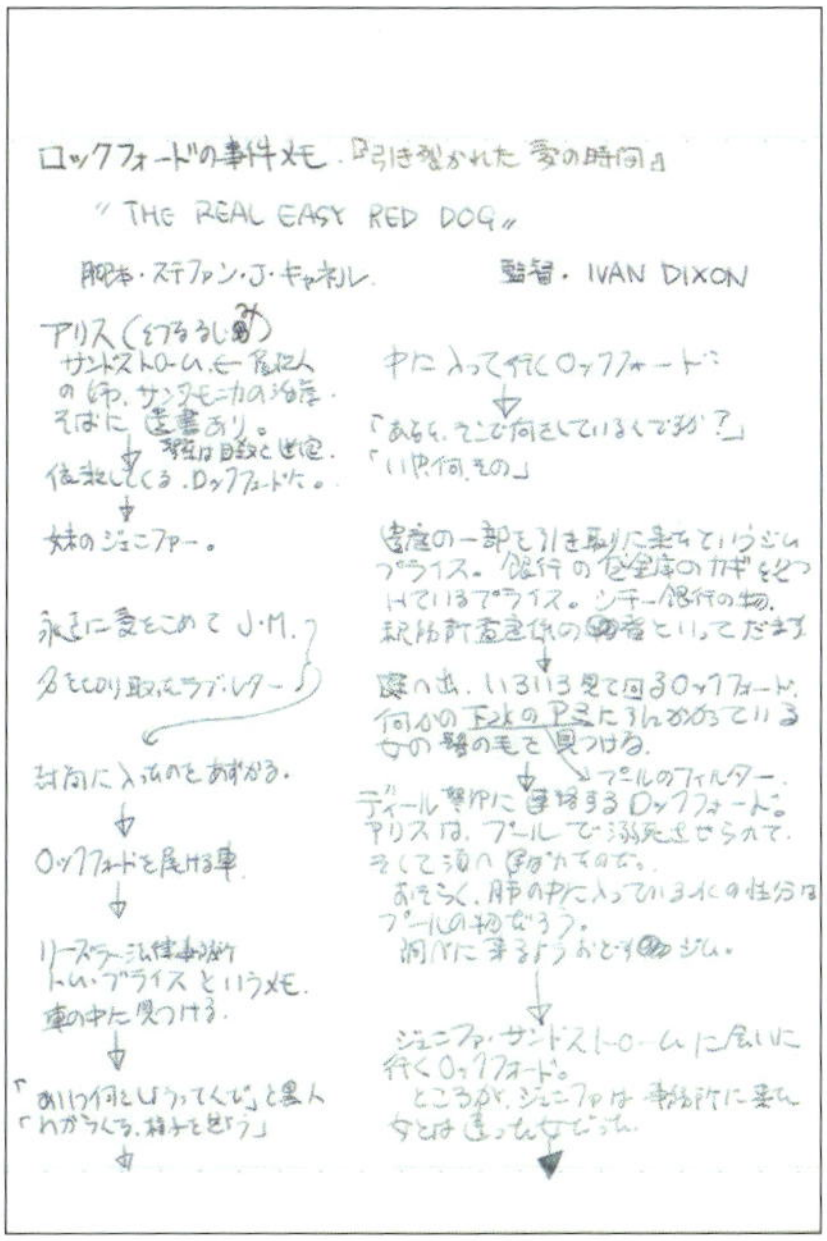

ロックフォードの事件メモ『引き裂かれた愛の時間』

"THE REAL EASY RED DOG"

脚本・ステファン・J・キャネル　監督・IVAN DIXON

アリス（[illegible]）サンドストローム←依頼人の姉、サンタモニカの海岸そばに遺書あり。警察は自殺と断定。

依頼してくる、ロックフォードに。

妹のジェニファー。

永遠に愛をこめて J.M.

名をとり取ったラブレター

封筒に入ったのをあずかる。

ロックフォードを尾ける車

リーズラー法律事務所 トム・プライスというメモ。車の中に見つける。

「あいつ何といってくんだ」と黒人

「これからくる、様子を見よう」

中に入って行くロックフォードに

「あなた、そこで何をしているんですか？」

「いや何、その」

遺産の一部を引き取りに来ていうジム・プライス。銀行の金庫のカギをもっているプライス。シティー銀行の物。税務署査察係の者といってだます。

[illegible]の出、いろいろ見て回るロックフォード。何かの下水の[illegible]にからみついている女の髪の毛を見つける。→プールのフィルター。

ディール警部に連絡するロックフォード。アリスは、プールで溺死させられて、そして海へ運ばれたのだ。おそらく、肺の中に入っていた水の性分はプールの物だろう。

調べに来るようおとすジム。

ジェニファ・サンドストロームに会いに行くロックフォード。ところが、ジェニファは事務所に来た女とは違った女だった。

池田憲章氏が番組の内容を書きとめていたＴＶノートより

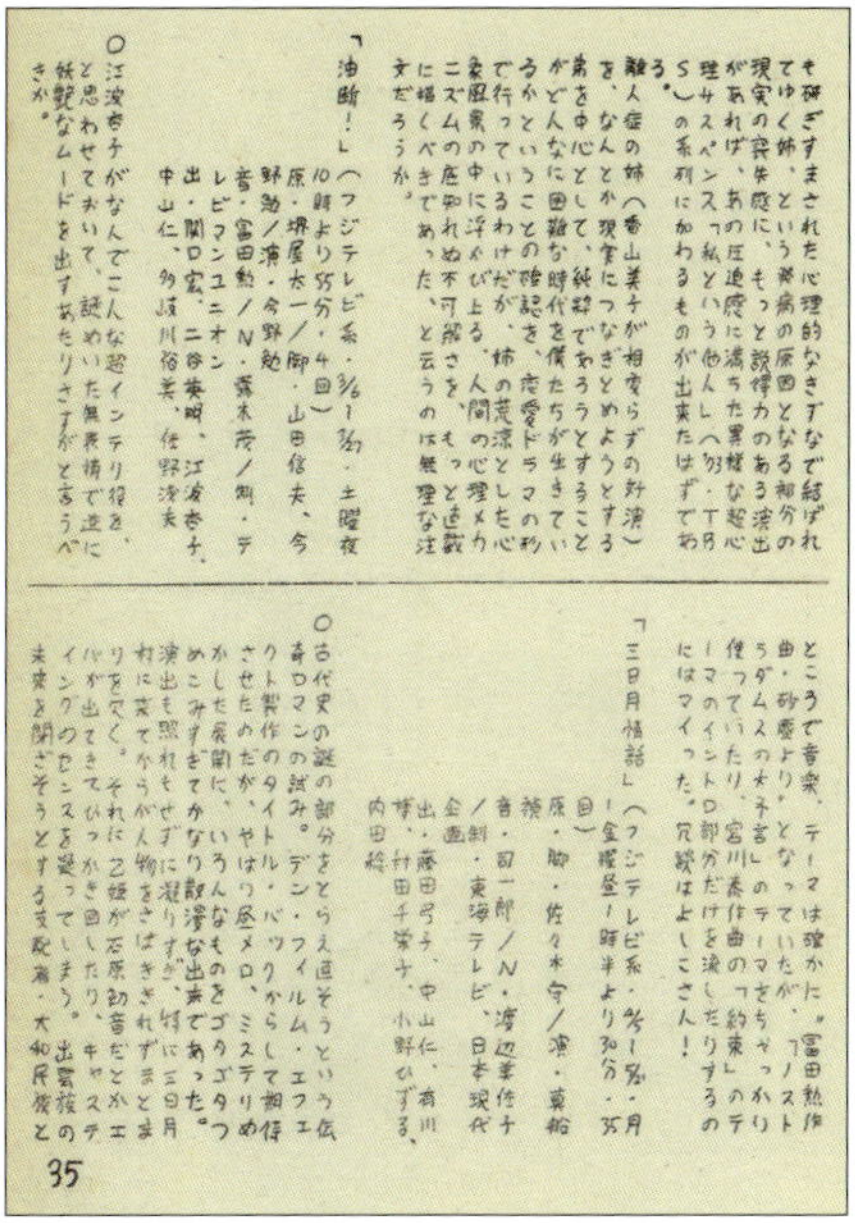

も研ぎすまされた心理的なきずなで結ばれてゆく姉、という病の原因となる部分の現実の喪失感に、もっと説得力のある演出があれば、「サスペンス『私という他人』（3/3・TBS）」の系列にかわるものが出来たはずである。

人格の姉（香山美子が相変らずの好演）を、なんとか現実につなぎとめようとする弟を中心として、純粋であろうとする者がどんなに困難な時代を僕たちが生きているかということの確認を、恋愛ドラマの形で行っているわけだが、姉の荒涼とした心象風景の中に浮かび上る、人間の心理メカニズムの底知れぬ不可解さを、もっと克明に描くべきであった、と云うのは無理な注文だろうか。

「油断！」（フジテレビ系・3/6〜3/27・土曜夜10時より55分・4回）

原・堺屋太一／脚・山田信夫、今野勉／演・今野勉

音・冨田勲／N・露木茂／制・テレビマンユニオン

出・関口宏、二谷英明、江波杏子、中山仁、多岐川裕美、佐野浅夫

○江波杏子がなんでこんな超インテリ役を、と思わせておいて、謎めいた無表情で逆に妖艶なムードを出すあたりさすがと言うべきか。

とこうで音楽。テーマは確かに「冨田勲作曲・砂の器より」となっていたが、「ノストラダムスの大予言」のテーマをちゃっかり使っていたり、宮川泰作曲の「約束」のテーマのイントロ部分だけを流したりするのにはマイった。"冗談はよしこさん！"

「三日月情話」（フジテレビ系・5/1〜5/・月〜金曜昼1時半より30分・35回）

原・脚・佐々木守／演・草鞋

音・司一郎／N・渡辺美佐子

企画・制・東海テレビ、日本現代

出・藤田弓子、中山仁、有川博、村田千栄子、小野ひずる、内田稔

○古代史の謎の部分をとらえ直そうという伝奇ロマンの試み。デン・フィルム・エフエクト製作のタイトル・バックからして細便させたのだが、やはり昼メロ、ミステリめかした展開に、いろんなものをゴタゴタつめこみすぎてかなり散漫な出来であった。演出も照れもせずに凝りすぎ、特に三日月村に来てからが人物をさばききれずまとまりを欠く。それに乙姫が石原幻音だとかエバが出てきてひっかき回したり、キャスティングのセンスを疑ってしまう。出雲族の未来を閉ざそうとする支配者・大和民族との

35

ガリ版時代の『ＰＵＦＦ』８号掲載、中島紳介『76 上半期ＳＦドラマ極私的リストアップ』より

PUFF No.5（16P）
1974.11.13 発行

PUFF No.4（8P）
1974.11.13 発行

PUFF No.3（6P）
1974.08.20 発行

No image

PUFF No.2（35P）
1974.06.24 発行

No image

PUFF No.1（2P）
1974.03.11 発行

付録「イナズマンのひみつ手帳」

PUFF No.9（76P）
1976.10.10 発行

PUFF No.8（58P）
1976.07.07 発行

PUFF No.7（32P）
1976.04.04 発行

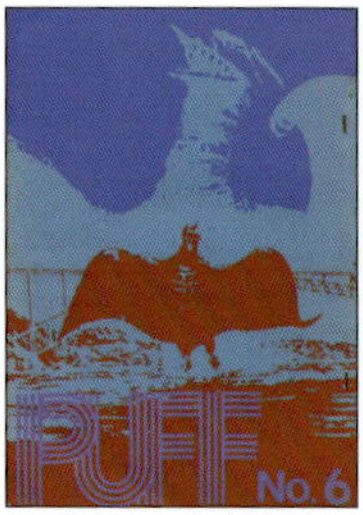

PUFF No.6（18P）
1975.03.08 発行

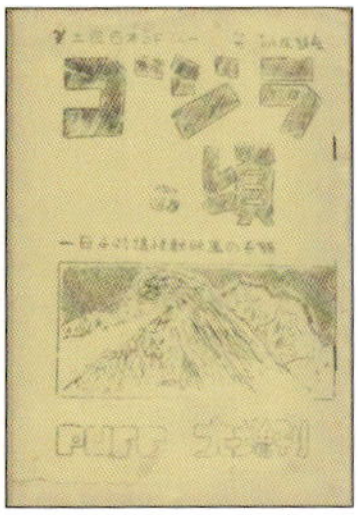

PUFF 増刊（18P）
1975.01.15 発行

PUFF No.14（190P）
1978.03.18 発行

PUFF No.13（106P）
1977.12.08 発行

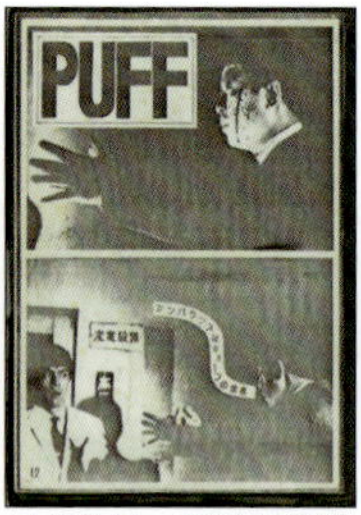

PUFF No.12（126P）
1977.08.15 発行

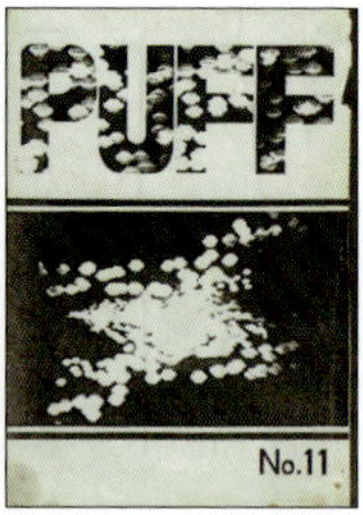

PUFF No.11（122P）
1977.05.01 発行

PUFF No.10（124P）
1977.02.05 発行

PUFF No.18（210P）
1979.09.20 発行

Petti-PUFF（128P）
1979.08.02 発行

PUFF No.17（188P）
1974.04.01 発行

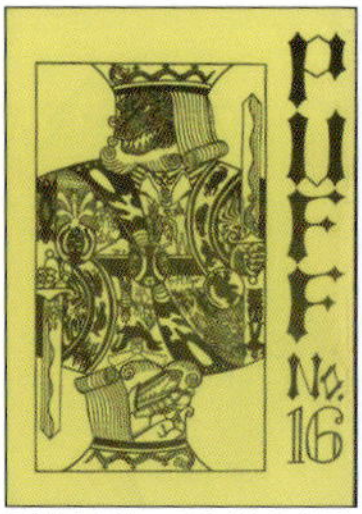

PUFF No.16（164P）
1978.10.31 発行

PUFF No.15（152P）
1978.07.15 発行

PUFF No.23（182P）
1983.01.30 発行

PUFF No.22（120P）
1982.07.07 発行

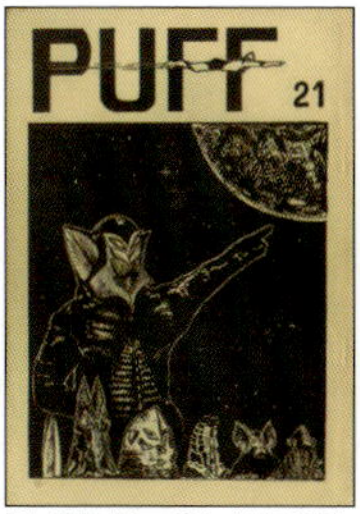

PUFF No.21（156P）
1982.09.30 発行

PUFF No.20（188P）
1980.04.01 発行

PUFF No.19（212P）
1979.12.01 発行

PUFF No.28（182P）
1985.04 発行

PUFF No.27（192P）
1984.08.16 発行

PUFF No.26（62P）
1983.11 発行

PUFF No.25（182P）
1983.10.20 発行

PUFF No.24（192P）
1983.05.25 発行

※ PUFF No.1、2 は実物の入手が困難なため書影がありません。
※ PUFF No.3 は『宇宙船』vol.1「〔座談会〕ファンジン編集者に集まってもらって 80 年代の特撮シーンについて大いに語ってもらおう !!」から引用させていただきました。

PUFF No.29（78P）
1986 発行

怪獸俱楽部 5（90P）
1976.12.12 発行

怪獸俱楽部 4（78P）
1975.12.07 発行

怪獸俱楽部 3（72P）
1975.09.07 発行

怪獸俱楽部 2（45P）
1975.06.08 発行

怪獸俱楽部 1（18P）
1975.04.06 発行

（集合写真左から著者、渡辺伸夫・富沢雅彦・徳木吉春・氷川竜介・金田益実・池田憲章・西脇博光・岩井田雅行の各氏）

怪獣をマジメに研究する男たち

“怪獣”といっても…

昨年，南太平洋で正体不明の動物の死骸が日本漁船の網にかかり，世界的に話題を呼んだことは記憶に新しいところです。前世紀の恐竜の生き残りだ，いやウバザメだと騒やかでしたが，結論が出ないまま論争に終止符が打たれ，怪獣が再び網にかかるのをまつばかり……。

さて怪獣を研究するといえば，そうした恐竜の生き残りや雪男の研究をするのかと思うと，さにあらずで，映画やテレビで活躍するゴジラとその仲間が対象——というわけで，まさしく“怪獣”研究会。

誕生したのは，怪獣ブームがつづいていた昭和48年で，関西で怪獣ファンの雑誌が発行されているのに刺激されたのがキッカケとか。そして研究会でも季刊誌〈怪獣クラブ〉を発行しているそうですが，同じようなファン雑誌があちこちで出はじめていて，怪獣ファンもふえているとのこと。

わき目もふらず…

ところで研究会のメンバーは15人。平均年齢は23歳で，小・中学生の頃から怪獣映画やテレビを見てきた，竹内博さんに言わせると“怪獣バカ”の集まりで，「怪獣以外は見向きもしないというところがある」のだそうです。

しかし，それぞれ好き好きがあって，竹内さん自身は「ゴジラが好き…」とのこと。したがって研究もゴジラが対象で，ゴジラが出てくる映画のリストを作ったり，映画のスチールや内外の雑誌を集めたりするのが主な作業。なかには怪獣映画に出てくる女の子を研究のテーマにしているメンバーもいて，さまざま。

毎月１回開いている研究会では，各自の研究の現況を話し合ったり，怪獣映画のフィルムを借りてきて映写したりしています。

つくりものだから魅力が…

「なぜ怪獣か？というと，お化けの場合と同じで，“怖いもの見たさ”というところがありますね。ただお化けが陰性なのにたいし，怪獣は陽性ですし，“獣”とはいっても非生物的なところが魅力です。つくりものの魅力とでもいうのでしょうか」と竹内さん。

怪獣ファンでミニチュアを作って楽しんでいるグループもあるようですが，「わたしたちは怪獣を中心に，その周辺領域を研究するのが目的の地味な研究会」ということで，ミニチュアのグループなどとは接触がないとのこと。

研究会に入りたいという女性もいるようですが，「長つづきしないから」とお断わりしているとか。怪獣映画では女性も活躍します。女性だけの怪獣研究会があってもよいのでは？

怪獣研究会を主宰する

竹内　博さん

こんにちは

▲ウルトラマンと怪獣研究会の男たち

▲竹内さんとコレクションの一部

▲内外雑誌のコレクション，外国での出版も盛んだ

8

9

78 年 3 月発行のミニコミ誌に掲載された『怪獸倶楽部』の紹介記事

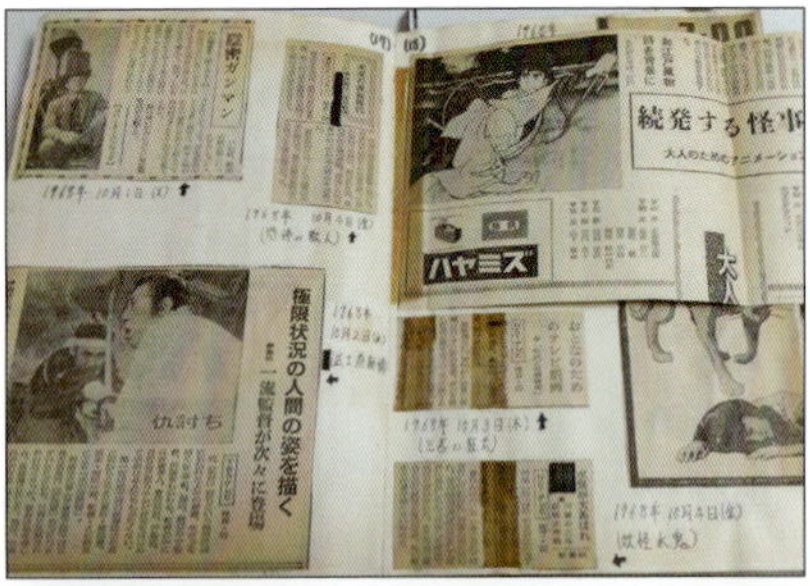

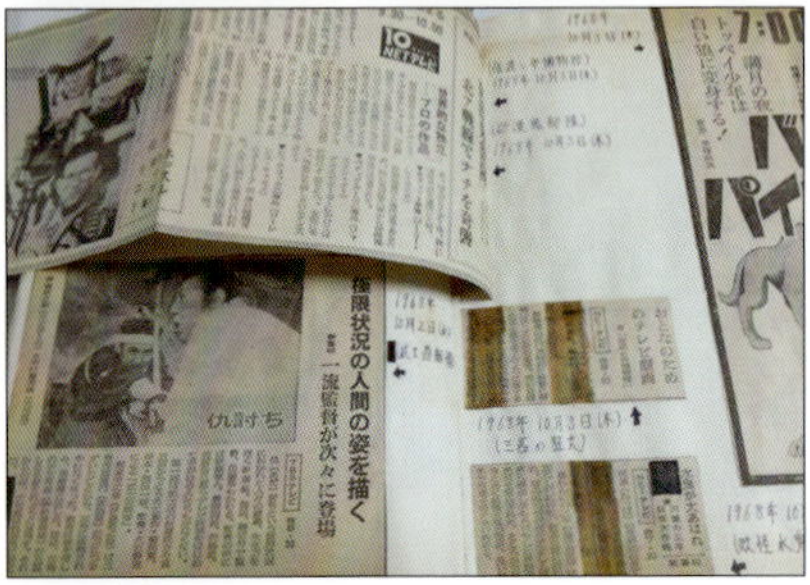

岩井田雅行氏のスクラップブック。当時も今も貴重なテレビドラマの資料である

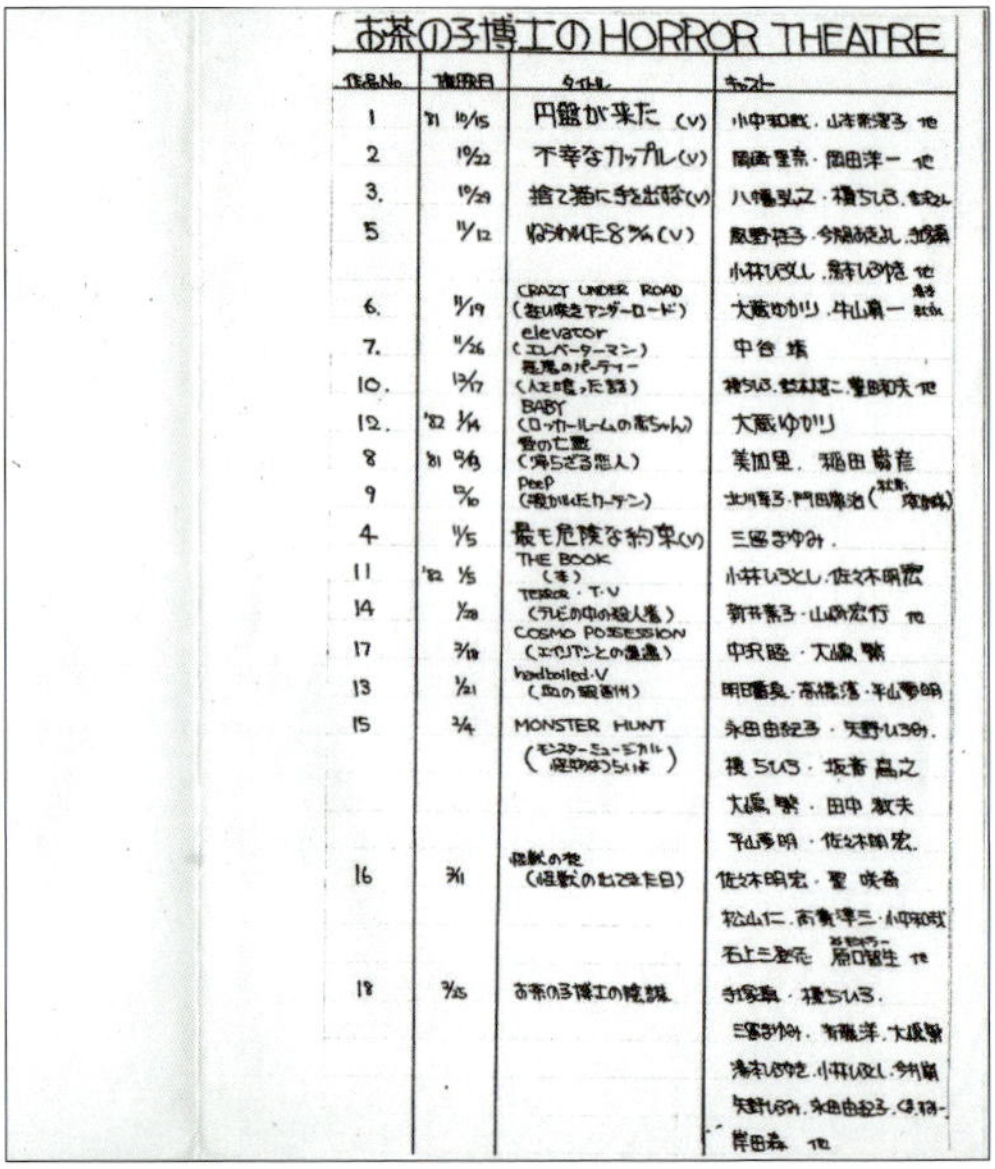

お茶の子博士のHORROR THEATRE

作品No.	放映日	タイトル	キャスト
1	'81 10/15	円盤が来た (V)	小中和哉、山本[illegible] 他
2	10/22	不幸なカップル (V)	[illegible]・岡田洋一 他
3.	10/29	捨て猫に手を出すな (V)	八幡弘之・楳ちひろ、[illegible]
5	11/12	ねらわれた8㎜ (V)	[illegible]・[illegible]・[illegible] 小林ひろし、[illegible] 他
6.	11/19	CRAZY UNDER ROAD (狂い咲きアンダーロード)	大蔵ゆかり、牛山真一 [illegible]
7.	11/26	elevator (エレベーターマン)	中谷 [illegible]
10.	12/17	悪魔のパーティー (人を喰った話)	楳ちひろ、[illegible]、豊田和夫 他
12.	'82 1/14	BABY (ロッカールームの赤ちゃん)	大蔵ゆかり
8	'81 12/3	愛の亡霊 (帰らざる恋人)	美加里、稲田[illegible]
9	12/10	Peep (覗かれたカーテン)	北川[illegible]・門田[illegible] ([illegible])
4	11/5	最も危険な約束 (V)	三留まゆみ
11	'82 1/5	THE BOOK (本)	小林ひろとし、佐々木明宏
14	1/28	TERROR・T・V (テレビの中の殺人者)	新井素子・山脇宏行 他
17	3/18	COSMO POSSESSION (エイリアンとの遭遇)	中沢[illegible]・大嶋[illegible]
13	1/21	hardboiled・V (血の[illegible])	[illegible]・[illegible]・平山秀明
15	2/4	MONSTER HUNT (モンスター・ミュージカル [illegible])	永田由紀子・矢野ひろみ、 楳ちひろ・坂本[illegible] 大嶋[illegible]・田中教夫 平山秀明・佐々木明宏
16	3/11	怪獣の[illegible] (怪獣の[illegible]日)	佐々木明宏・聖 咲奇 松山仁、[illegible]・小中和哉 石上三登志 [illegible] 他
18	3/25	お茶の子博士の[illegible]	[illegible]・楳ちひろ 三留まゆみ・[illegible]・大嶋[illegible] [illegible]・小林ひろし・[illegible] 矢野ひろみ・永田由紀子・[illegible] 岸田森 他

徳木吉春氏作成の放送リスト。メンバーはこのように画面（クレジットタイトル）からメモするなど自分なりに資料を作っていた

ＰＵＦＦと怪獣倶楽部の時代

――特撮ファンジン風雲録――

中島紳介 編著

序文

氷川竜介（明治大学大学院特任教授）

本書『ＰＵＦＦと怪獣倶楽部の時代』は、70年代中盤に始まった２つの怪獣同人誌とメンバーの活動を著者・中島紳介さんの視点で綴ったものである。「まだ何もなかった時代」に「ないなら作ればいい」と動き始めた人びとと、それによって変わっていった時代の記録と言い換えていい。

筆者自身まだ高校２年生のころ、その両方へ参加したことで、さまざまな貴重な経験と人間関係を通じ、世の中に出ていった一人である。「何者でもない」どころか人生の先行きも見えず、「文筆業」などのコースが準備されていたわけでもなかった。１９７４年ごろは端的に言って子ども向け以外ホントに「何もなかった」のである。だから本文を読むと結果的にさまざまな転換点と、活動の原点を思い出す。一方で振りかえれば迷惑ばかりかけた記憶も浮かび、先達たちに育ててもらったという感謝の念が増すばかりだ。

だからと言って、この時代にノスタルジーはない。過去向きの意識で読んでいただくのも何か違うと考えている。インターネットなどで情報や資料が簡易に入手できるようになった現在でも、何らかの閉塞や限界はあるし、充たされない感情はあるに違いない。そんなときどうすればいいのか、未来に向けて何らか読者のヒントになってほしいというのが、自分としての願いである。

この時代のことは、２０１７年のドラマ『怪獣倶楽部 空想特撮青春記』でも映像化された。中島紳介さんと情報提供やシナリオチェックをしたときは、会合場所が喫茶店で主人公の恋愛が大前提となった時点でフィクション度が高いこともあって、やはり現在の観客に対する未来志向で対処した。インターネットの一部では「モデル」を決めつけているようだが、そうした後ろ向きの意識は自分にはない。確かにテレビ録音と映画館内のカメラ撮影は氷川が提供したネタで、それは会誌で「テレビ撮り」のノウハウを紹介した記事と共鳴した部分ではある。でも、あくまで「時代の役回りが投影された」程度に過ぎないのだ。

ドラマで感心したのは、その時代にしかなかった「熱意」の再現だ。事実が大きく違うだけに、かえって近しいものが感じられる。社会通念からすればバカげてるとしか思えないことなのに、情熱の共振が何らかの壁を打ち破り、大きく何かを変えることができる。２０１８年のヒット映画『ボヘミアン・ラプソディ』と『カメラを止めるな！』にも同じものを感じた。クイーンを知らない世代が号泣し、超低予算が大作映画より多く集客する。それは時代が巡って、「もの狂おしさ」の情熱が限界を突破できることに、価値と切望感が高まっているということではないか。

現代から未来に向け、誰かがバトンを受けとって新しい情熱を燃やし、走り出して新しい道を築いてほしい。そんな想いをリフレッシュしてくれる触媒のような存在として、同書は上梓されたのだと確信している。

会の推移などの詳細は本文を参照していただくとして、ここでは氷川個人の視点から「PUFFと怪獸倶楽部との関わり」を補完的に述べておこう。

オイルショックを経た1975年に「第二次怪獣ブーム」は冷え込み、伝統的な特撮シリーズも永眠するかに思われた。『ウルトラマンレオ』が同年3月28日終了、『メカゴジラの逆襲』が3月15日公開、『仮面ライダーストロンガー』が12月27日終了と並べれば、それは明白である。一方で『秘密戦隊ゴレンジャー』が4月5日に放送開始、特撮文化は転換点を迎えたというほうがベターかもしれない。ただそれも、スーパー戦隊シリーズが40数作となった現在からの観点である。

氷川は1974年の夏休み、『宙』(『PUFF』)の会合と案内されて休日の円谷プロダクションに行き、竹内博さん、安井尚志さんらを筆頭とする後の『怪獸倶楽部』中核メンバーとの出逢いを果たした。11月3日には「第二回日本SFショー」が開催され、「ゴジラ生誕20周年」のイベント(竹内博さんの講演と初代『ゴジラ』関係者の座談会)と『日本沈没』をヒットさせたばかりの小松左京ショーに加え、放送開始間もない『宇宙戦艦ヤマト』第1話の16ミリフィルム上映があった。その『ヤマト』の制作現場に出かけたのも同じ11月だ。同時多発的にテレビやスクリーンの向こう側にあった「未知の世界」からの濃厚な波動を受け、意識が変わった。「やむにやまれぬ気持ち（もの狂おしさ）」が高まり、自発行動を始めた原点が、この時期だったのだ。中島さんが上京する前年、Ｓ－Ｆマガジンの投書欄で啓発されていたころである。

ヤングアダルト以上向けのメディアが『Ｓ－Ｆマガジン』しかない時代で、「怪獣映画」「ＳＦアニメ」に対し、世間的な評価はないも同然だった。「そこに何かある」とオボロゲに感じはするものの、「何者でもない」から何をしていいか分からない。そんな闇雲な情熱でも、行動することにより「かたち」にできる。その「情熱のかたち」を共有する喜びを覚え始めた原点が、「ＰＵＦＦと怪獣倶楽部」である。そして師匠・リーダー格の二大巨頭、竹内博さんと安井尚志さんが水先案内（パイロット）として具体的な手段を伝え、先導していったありがたみも、後から身に染みた。師匠と勝手に呼んでいるが、「教えてもらった」とは思わない。本文中にあるように「やる気」しか見られていなかったから、見よう見まねで「盗む」しか手段はない。すべては情熱と行動だけだった。

「なければ作ればいい」に対する具体的手段は同人誌メディアだが、現在の「同人誌市場」も存在しない。参考にする先行サンプルも潤沢ではなく、方法論ごとの開発となっていった。思い返せばそこに「ふたつの役割」が浮かぶ。ひとつはデータ収集など科学的方法論による評論、研究、またはエッセイなど「発表の場」だ。そしてもうひとつは「仲間との出逢い」である。このふたつが絡みあい、メンバーが互いにリスペクトをこめたうえで意欲を燃やせるサイクルの関係が成立したとき、同人誌はエンジンのように起動する。それが回転し続ければ、燃料や空気を吸い込みながら、何かを前に推進させるシステムに高まるのだ。その流れに乗れない者、燃料としての「やる気」を提供できない者が排除されるのも道理である。情報を提供せず、受けとるばかりで文句が言えるネットのようなシステムとは違うのである。

よく言われる「梁山泊的な雰囲気」は、この「ふたつ」がうまく絡みあうことで醸しだされる。何もない黎明期、随所でそういうことが起きたという事例は他にもあるだろう。特に月イチで顔を合わせる『怪獸倶楽部』の会合は、時を経るに従って次第にその場が濃くなり、気づけばメンバーは固定化し、戦友のようになっていた。

研究・論評中心の『怪獸倶楽部』に対し、『ＰＵＦＦ』の側はファン気質が先に立つものとして機能し、やがて対象をアニメにも拡げて開かれた読者層を獲得した。この時代には「情報か意見か」「研究か交流か」というふたつの方向性があり、「マニアかファンか」という観点でも対立的にとらえられがちな現象の好例だった。そこには「理か情か」「客観か主観か」も含まれる。しかし『ＰＵＦＦ』は類い希な富沢さんの文才で、対立ではない方向性を示した。少なくとも物事を前に進める時期、「両輪必要」だったのだろう。こうした再検証、分析の手がかりは本文中、数限りなく発見できるはずだ。そのようにして、先に進むため何をすべきか再考していただくのも一興だろう。

最後に本書と氷川の関わりを述べておく。そもそもの話をすれば、約20年前に中島紳介さんから氷川に対し「あの時代のことを本に書いてほしい」と打診があった。多少の構成や検討もしたのだが、具体的な形にはならなかった。このままだと時間切れになるおそれもあったので、10年ほど前「これは中島さんのＳ－Ｆマガジンへの投書から始まったものだから、責任をとるべきだ」と他の友人たちもいる前で言ったのは、氷川である（本文中にも言及がある）。

それは結果的に良かったと思っている。粘りの乏しい氷川ではマメな取材も継続できなかったし、バックナンバーなど客観的なデータで失われたものが多すぎて、網羅的な仕立ても難しかったはずだ。結果として良い本ができたと感慨深く思うし、あらためて深い感謝を捧げたい（あえて言えば、こんなに時間を要するとは思わなかったが、それは「お互いさま」なので深く追求しません）。

ＰＵＦＦ第２期を支えた富沢雅彦さんが１９８６年に早世し、『原色怪獣怪人大百科』などすべての原点となった竹内博さんも東日本大震災時の２０１１年に旅立たれた。安井尚志さんも諸般の事情により一線を退いてから四半世紀となる。特に安井さんは成田亨氏・高山良策氏ら特撮の美術・造形文化を再評価し、雑誌『宇宙船』『Ｂ－ＣＬＵＢ』などで後の食玩含めたフィギュアブームの下地を作っている。これを児童誌『コミックボンボン』でガンプラ（ガンダムプラモデル）と接続、『怪獣倶楽部』黎明期と同様に「なければ作ればいい」

の精神で、漫画『プラモ狂四郎』（画：やまと虹一）の原作（クラフト団名義）とMSV（モビルスーツ・バリエーション）のプランナーとしてガンダム新作がない80年代前半の継承をバックアップした……。本書で書かれた活動と現在のサブカルチャーの芳醇さとの関係性は、こうした網羅的な発展の事例から推察してもらえるだろうか。

氷川自身は１９７６年ごろが大学受験期で、会員制に発展し『怪獸倶楽部』をいったんクビになっている。しかしそれでも食い下がって会合に顔を出し続け、その後は１９７７年に創刊された『月刊ＯＵＴ』（みのり書房）の「宇宙戦艦ヤマト特集」で商業デビュー。１９７８年ごろから雑誌『てれびくん』編集部を中心に、怒濤の仕事を『怪獸倶楽部』メンバーとともにした。中には１９７９年、放送中からの『機動戦士ガンダム』のレコード仕事やムックの仕事も含まれている（中島紳介さんと一部共同）。１９８３年には一般企業へ就職して90年代後半まで文筆業を中断し、あちこち断絶もあったはずだ。それなのに新世紀をまたいで食事会として再開した『怪獸倶楽部』に出てみれば、一瞬でつながりが復帰することに、ありがたみを感じた。

すでに還暦を過ぎ、思えば一生に出逢える人数には限りがある、という当然のことに気づかざるをえない。中でも精神性の奥深くで、情熱が循環するエンジンのような関係がもてるほど共鳴性の高い人は、さらに限られる。人生の残り時間も見えてきた現在、それは痛切に実感する。

インターネットにアクセスすれば、情報でも映像でも通販でも「何でも向こうからやってくる」という《錯覚》が蔓延した現在からすれば、取るに足らない貧しい時代だったかもしれない。だとしても、アニメ雑誌、特撮雑誌、マニア集団などなど、まるでどこにも何にもない40数年前――〝もの狂おしさ〟だけを頼りに歩き始め、何の保証もない自発的行為を始めた集団がいた……という足跡ぐらいは残しておきたい。バカげたこと、蛮勇に映るかもしれないにせよ、何より「ゼロスタートで立ち上げること」には貨幣に換算できない価値と高揚感があったのだから。そして無形のゼロを「かたち」にするのは「楽しいこと」なのだ。そんな感覚が、本書から伝わるだろうか。そのエッセンスが、未来を築く人びとを触発してほしいと、切に願うばかりである。

追記：中島さんの本文中で同人誌上の「氷川竜介名義」(現在の筆名)となっている部分は、当時は「中谷達也名義」(本名)で発表されたものです。

目次

第2部「それぞれの怪獣倶楽部」

第1部「PUFFと怪獣倶楽部への道」

「はじめに」

『怪獣倶楽部』とは何だったのか。本書はそんな自分自身の素朴な疑問から生まれた。

直接のきっかけは、２００９年11月に開催された第1回『資料性博覧会』のパンフレットで、担当者の國澤博司さんから同人誌に関するインタビュー取材を受けたことだった〈注〉。

『怪獣倶楽部』は１９７５（昭和50）年に誕生した怪獣映画、特撮映画の研究グループである。当時円谷プロダクションに勤めていた竹内博（ペンネーム＝酒井敏夫）さんの呼びかけで始まった十数人のファンの集まりで、出会った当初はほとんどが大学生か、社会人に成り立てのほぼ同年代のメンバーが揃っていた。

彼らは会と同じ名前の研究同人誌に原稿を寄せ、月1回の会合（例会）で情報を交換し、好きな作品について語り合い、内輪で上映会を開き、やがて多くのメンバーが児童誌や怪獣図鑑、特撮ムック、レコード構成などを通じてプロのライター、編集者として活動し始める。

円谷英二特技監督と、耽美幻想的な作品を多く残した探偵小説作家・香山滋の研究家として自他共に認める第一人者で、多くの特撮ムックやＬＰレコードを世に送り出してファンの渇をいやした会の代表、竹内博さん。

テレビ草創期のドラマや漫画など児童文化に造詣が深く、小学館『てれびくん』、講談社『コミックボンボン』、バンダイ『模型情報』『Ｂ-ＣＬＵＢ』等の編集スタッフと

〈注〉資料性博覧会は東京の中野ブロードウェイ内にある『まんだらけマニア館』が主催し現在も続いている、漫画・アニメ・特撮・ＴＯＹに関する研究を目的とした資料系同人誌の展示即売会。その第1回の会場で販売したパンフレットには、資料系同人誌の源流として『怪獣倶楽部』を取り上げた記事が掲載された。

して特撮、アニメを称揚。80年代には『ウルトラ超伝説（アンドロメロス）』のような映像化につながるオリジナル企画やコミック原作、押井守監督の実写作品の造形プロデュースを手がけ、フィギュア、ガレージキット等の立体物の人気を盛り上げると同時にMSV（モビルスーツ・バリエーション）の仕掛け人としてガンプラ・ブームに一役買うことになる安井尚志さん。

旧作・新作を問わず実写特撮からアニメ、漫画までオールジャンルをカバーする知識と取材能力でビジュアルブック『ウルトラマン1966』や『ウルトラセブン撮影日誌』といった資料性に富む出版物を数多く編集。再編集映画『ウルトラマンZOFFY ウルトラの戦士VS大怪獣軍団』の脚本、テレビアニメ『トランスフォーマー』シリーズの原案、コミック『地獄童子』の原作なども手がけている金田益実さん。

関西出身のイラストレーターで、多くの特撮、アニメ作品のビデオ・LD・レコードジャケットやプラモデルのボックスアート、雑誌・ムックの表紙を担当するのみならず、オリジナル作品も発表して画展を開催するなど、世界的な人気を誇る〝怪獣絵師〟として活躍を続けている開田裕治さん。

SFと特撮、海外ドラマを柱に『アニメージュ』『アニメック』『日本版スターログ』ほかの雑誌や関連書籍を通じたエネルギッシュな執筆活動に加えてイベント、CSの解説番組、ネットラジオ番組等で熱血トークを繰り広げ、優れたアジテーターとなった池田憲章さん。

独自の審美眼で内外の映画とテレビドラマを分析し、ハマーホラーから香港映画まで多岐にわたって研究。『アニメージュ』などのビジュアル雑誌や、数々のムックでハイセンスなレイアウト感覚を発揮している徳木吉春さん。

映画評論と海外ドラマの研究では他の追随を許さず、徳木・池田両氏と『グループＮＵＴＳ』を結成してフリー編集者として活動。『日本版スターログ』『キネマ旬報』などで的確この上ない批評を展開し、長く『月刊ニュータイプ』の編集スタッフを務めた岩井田雅行さん。

日本のクラシック音楽と映画音楽の偉大なマエストロ・伊福部昭の研究家で、銀行マンとして働くかたわら竹内さんと共に多くの特撮音楽アルバムの構成を担当。伊福部シンフォニーの新作『ＳＦ交響ファンタジー』の誕生に大きな役割を果たし、平成ゴジラシリーズの音楽制作にも協力。現在もＣＤ構成や執筆活動に意欲的な西脇博光さん。

『宇宙戦艦ヤマト』ファンクラブの創設メンバーで、『新世紀エヴァンゲリオン』をはじめアニメ・特撮研究の第一人者として多くのムック、音楽・映像ソフトの解説書を構成。個人誌を含む数々の著作やＷｅｂサイトでの作品解説、ラジオ・テレビ番組の出演、大学院の特任教授など幅広い啓蒙活動で知られる氷川竜介さん。

同人誌『ＰＵＦＦ』の代表として先見的な批評と華麗な文体で読者を魅了し、後にアニメのサントラや『美少女症候群』シリーズなどの構成を担当。さらなる活躍を期待されながら早世した富沢雅彦さん。

ＳＦ映画研究家としてムックやサブカル系雑誌記事の編集・構成・執筆に携わり、『フラッシュ・ゴードンの思春期』『電子頭脳映画史』などの著作をものしている聖咲奇さん。

１９７１年から大伴昌司と共に『Ｓ－Ｆマガジン』の映画情報コラム『トータル・スコープ』を担当し、後に大空翠のペンネームで『フォーカス・オン』として引き継いだ映画評論家の井口健二さん。

中学生の時に参加した最年少のメンバーで、人形アニメ作家・川本喜八郎や造形クリエイターの若狭新一に師事した後、多くの日本映画で特殊メイク、怪獣造形を担当し、映画監督・特技監督としても活躍した原口智生さん。

そして、円谷プロ作品などで怪獣デザイン、キャラクターデザインを手がけ、博物館・動物園の展示プロデュース等でも活躍しているアート・クリエイターの米谷佳晃さん、自主映画の製作やプラモデルの研究に力を注ぎながらメンバーの中で唯一業界入りをしなかった平田実さん、フリー編集者・ライターの私＝中島紳介、以上順不同で紹介した16名が『怪獸倶楽部』の同人である。年齢的にそれほど差がない人たちの集まりだが、それぞれファンとしての履歴や入会の経緯、会そのものに対するスタンスは異なっている。

そのほとんどが、朝日ソノラマのＳＦビジュアル誌――実質は特撮映像専門誌の先駆けである『宇宙船』の創刊（１９８０）から参加し、前後して同社から出版され始めたムック形式の資料本『ファンタスティックコレクション（ファンコレ）シリーズ』をはじめとして、ケイブンシャ『ウルトラマン大百科』、講談社ポケット百科『ゴジラ大怪獣事典』、小学館『てれびくん別冊　ウルトラセブン』といった子供向けながらマニアックな内容の出版物の編集・構成・執筆に携わっており（一部〝グループ有翼人〟名義）、それらを1つの契機として、いわゆる〝第3次怪獣ブーム〟なるものが盛り上がったとされることから、先の『資料性博覧会01』のパンフレットの解説で〝怪獣エリートのドリームチーム〟などと当事者にとっては甚だ面映ゆい表現をされるなど、やや誇張され過ぎて伝えられている面があるようだ。

それはいささかありがた迷惑な話で、少なくとも私自身は大それた野望などなく、たまたま出会った竹内さん、安井さんの紹介でアルバイト感覚で仕事を始め、そのままなしくずし的にフリー編集者・ライターとなったに過ぎない。世界線が少しズレていたら、普通に地元で就職して趣味として『怪獣倶楽部』に原稿を書いているか、別の形で盛り上がった第3次ブームを横目で見ながら怪獣ファンから足を洗った未来だってあっただろう。

こうして数十年経って振り返ってみると、あの頃に出会ったメンバーとは今も仕事やプライベートを通じて交流が続いているが、実は個人的なことはほとんど知らないままだったことに気づく。みな必要以上に自己主張をするタイプではなく、コレクションや仕事について自慢するようなこともなかった。もともと趣味が共通しているだけで出身地や学校が同じという間柄のメンバーは少なく、お互いに相手のプライバシーには踏み込まない、仕事以外では薄くて浅いつきあい方をしてきたのだった。

だから「どうしてあの時にこういう人たちがここに集まり、何を考え、どんなことを話したのか」とか、「今も一緒に仕事をしたり、たまに食事会を開いて集まったりしているのはなぜなのか」といった疑問を改めて抱くこともなかった。

けれども人生も半ば以上を過ぎた今、國澤さんからのプッシュもあって、遅まきながら何かの形で『怪獣倶楽部』の記録を残しておくべきではないかと思うようになった。

そう思い立ったのはいいが、自分でも情けないことに、もともと記憶力が悪い上に日記をつける習慣もなく、昔の手紙や資料となるものも散逸してしまっていて、もはや事実関係も時系列もあやふやという甚だ心許ない状態だった。そのため、当初はもっと適任の別のライターに書いてもらう手はずで、自分としてはメンバーのインタビュー取材を手伝うくらいの心づもりでいたのである。

それが結局、自分で書くことになったのは、いろいろな事情もあるにはあるのだが、決定的だったのはある友人の一言だった。

「もとはといえば中島さんの『Ｓ－Ｆマガジン』の投書から始まったのだから、責任とってよ」

実際には必ずしもそうだったわけではないのだが、つまり『怪獣倶楽部』について書くと同時に、その誕生にも深く関わっている特撮・怪獣映画同人誌『ＰＵＦＦ』と、そこから同時多発的に生まれた同種の同人誌（ファンジン）のことを、成立の経緯を知る人間の1人として証言しておく責任があるのではないか、ということだ。

ならばそうするしかあるまいと覚悟を決めたものの、やはり記憶はいっこうに甦らず、『怪獣倶楽部』のメンバーや『ＰＵＦＦ』の旧会員たちからバックナンバーその他、関連資料を借りて補いながら、とにもかくにも書き始めることになった。まずは親しき仲にも礼儀あり、メンバーの話を聞かせてもらう前に自分の出自を明らかにしておく必要があるだろう。

第1章　SFと怪獣、特撮とドラマ——その意味を問う

昔習った言葉に効用価値というのがある。ＳＦのそれは、逃避だ、娯楽だ、と言われるだろう。だがぼくには希望を与えてくれる効能が大きい。過去も現在もだ。ぼくにとってＳＦは、希望の象徴と言っていい。

——矢野徹『ＳＦに憑かれて』（69年4月刊行『世界ＳＦ全集』第35巻・月報より）

私は昭和30（１９５５）年、群馬県高崎市に３人兄弟の長男として生まれた。両親は中学校・小学校の教師で、そこそこの中流家庭に育ったということになる。家には世界文学全集や百科事典がそろっていて、教育関係の心理学や性医学の専門書もあり、幼い頃から本を読むことが好きだった。

友だちと一緒になって道路に蝋石で絵を描いたり、女の子たちと缶蹴りや馬跳びやゴム跳びをして遊んだり、力道山が出演していた子供向けドラマ『チャンピオン太』の主人公の必殺技〝ノックアウトQ〟のまねをして遊んでいて肩を脱臼したり（泣）、母の実家がある田舎に行けば、田んぼに積まれたわら束で秘密基地を作ってかくれんぼをしたりと、決してインドアなだけではない、ごく平均的な昭和中期の子供だったと思うのだが、いつの間にか本が生活の中で大きな位置を占めるようになっていったのは事実である。

読書好きになったきっかけは、はっきりとは憶えていないが、たぶん小学校の図書館で子供向けの世界名作全集を手に取ったのが始まりだったのだろう。特に虎が主役の『偉大なる王（ワン）』というロシアの動物文学はタイトルの響きもよく、いまだに印象に残っている。

子供としては当然なことに、活字だけでなくマンガにも耽溺した。特に光文社の月刊誌『少年』に載っていた『鉄人28号』『ストップ！にいちゃん』『ロボット三等兵』の３本は私にマンガの面白さを教えてくれた思い出深い作品。週刊誌の時代になってからは、連載第1回から地下帝国ヨミ編まで『サイボーグ００９』に夢中になったせいか、手塚治虫より石森章太郎派となり、特に『龍神沼』『そして……だれもいなくなった』『ミュータント・サブ』などの初期作品は今でも読み返すくらい惹きつけられた。『ひびわれ人間』『半魚人』『笑い仮面』などの楳図かずお作品もよく読み、やがて妹が年頃になって少女マンガ誌を買うようになると、萩尾望都、池田理代子、山本鈴美香、大島弓子、土田よしこ、木原敏江……へと目覚めていくことになるのだが、その話はとりあえず脇に置いておく。

そんな本の好きな子供だったから、これまた当たり前のように小学校では壁新聞を作る新聞係になり、中学校のクラブ活動は科学部、新聞部と文化系ひとすじ。クラス委員や図書委員も経験し、校内暴力やイジメも（自分の経験の範囲内では）なかった時代のことゆえクラスメートとの折り合いは良かったが、性格は内向的でおとなしく、積極性には欠けていた。

また、そうしたタイプの人間の例に漏れず、肥満児ではなかったものの——小学校時代のあだ名はアルファルファ（海外ドラマ『ちびっこギャング』のやせっぽちキャラ）——運動神経や反射神経は鈍い方でスポーツは全体的に苦手。本の虫の常として近視だったのでサッカーやバレーボールは何とかついて行けても、ボールが小さい野球やバドミントンはからきしダメという、要するに今どきの言葉で言えば〝どんくさい〟部類に属していたと思う。

そして少年時代、読書と並んで私の心を捕らえたのが一連の東宝特撮映画、いわゆる怪獣映画だった。

両親の話によれば初めて（一緒に連れて行ってもらって）見たのは『空の大怪獣ラドン』（56年）らしいのだが、赤ん坊の頃のことだからまったく記憶になく、かろうじて憶えている最古の怪獣ビジュアルは『日本誕生』（59年）のヤマタノオロチである。目を爛々と光らせて湖から出現する黒い巨体のヌメヌメとした質感は、座席と座席の間からこわごわ覗いている幼稚園児の目と心にはっきり焼きついた。

そして、それ以上に決定的だったのは小学校に上がったばかりの頃に見た『モスラ』（61年）。対空砲火をものともせず、ニューカーク・シティの上空を優雅に飛ぶ成虫モスラの美しさと、その翼が巻き起こす風で車が吹き飛ばされ、ショーウィンドウを突き破って観客の方に迫ってくるシーンの暴力的なまでの臨場感に、まさに現実に起こっているとしか思えないような衝撃を感じた私は、映画館の外に出てから夜空を見上げ、今ここにモスラが飛んできたら自分や両親や幼い妹はどうなるんだろうと、心底震え上がった。しかも、その夜は夢の中で同じ場面を追体験してしまったほどである。

それからは毎年、夏休みや年末に公開される新作を欠かさず見るようになり、その習慣は怪獣映画が完全に子供向けとなり、ついに昭和ゴジラシリーズが終焉を迎えるまで続くのだが、平行してテレビでも特撮もの・怪獣もの的な作品を好んで見るようになっていた。

私が少年期を過ごした昭和30年代は、同時にテレビ文化の成長期でもあり、かろうじて子供の頃から家庭にテレビがあった世代の端っこに引っかかっている。街頭テレビ、あるいは近所の家に行って見せてもらったという記憶はないが、両親は比較的早い時期に購入していたらしく、気がついたら家にテレビ（当然ながらモノクロ）があった。

弾丸よりも早く！　というオープニングナレーションの『スーパーマン』はもちろん、チャック・コナーズ主演の西部劇『ライフルマン』、スーパーマリオネーションの初期作品である『スーパーカー』、ＦＢＩとギャング王アル・カポネの対決を描いた警察もの『アンタッチャブル』、『コンバット』と並ぶシリアスな戦争ドラマ『ギャラントメン』、馬がしゃべる、そんなばかな～の主題歌で有名な『ミスター・エド』、声優陣のはじけた演技も楽しい『じゃじゃ馬億万長者』などの海外ドラマは日本語吹替にも違和感を感じることなく見ていたし、国産ドラマでは『月光仮面』こそタイミング（年齢）的に見逃していたものの、その後を追って生み出された『七色仮面』『ナショナルキッド』『少年ジェット』『アラーの使者』『怪傑ハリマオ』などのヒーローものや『隠密剣士』『忍者部隊月光』『琴姫七変化』『チャコちゃんケンちゃん』シリーズ等々、夜7時台の30分番組はどれもごく当たり前のように楽しんでいた。

もちろん、草創期だったテレビアニメもすばらしい娯楽だった。国産テレビアニメの原点である『鉄腕アトム』の印象はなぜか薄く、個性的なロボットが次々に登場して、さながらトーナメント戦の趣きがある『鉄人28号』や、背広を着た私立探偵の主人公とモノローグを多用した演出がまさにハードボイルドな〝大人のドラマ〟の雰囲気を感じさせた『エイトマン』、電子頭脳を搭載したスポーツカー型タイムマシンや神経マヒ銃パラライザー、30秒だけ時間を停止させるタイムストッパーといった小道具と時間旅行のアイデアが、知らず知らずのうちにSFの魅力を教えてくれた『スーパージェッター』、そして『遊星仮面』『狼少年ケン』『宇宙エース』『少年忍者　風のフジ丸』『宇宙少年ソラン』その他、数え上げていけばきりがない、日本のアニメーションの礎を築いた作品群にリアルタイムで（その後のリピート放送も含めて）切れ目なく触れていたわけである。

ついでに言えば、東宝怪獣映画と平行して東映の長編アニメも第1作の『白蛇伝』（58年）からテレビアニメや怪獣ブームと競合するようになった『サイボーグ００９　怪獣戦争』（67年）のあたりまでは欠かさず映画館で観ていたのだから、どれだけ好きなんだよ、節操がないにもほどがある――と思われるかもしれない。が、おそらく同世代の人たちには不思議でも何でもないことだと頷いてもらえるのではないだろうか。

価値観が多様化し、娯楽も細分化された今の時代の人たちには理解しにくいと思うのだが、そこでは実写とアニメ、外国ドラマと国産ドラマ、大人向けと子供向け、少年向け・

少女向け、ホームドラマと時代劇、などといったカテゴライズは、少なくとも見ている側にとってはまだ明確に存在せず、それどころか現実と虚構の境い目さえ判然としないまま、混沌としているがゆえに豊穣な夢の世界が広がっていたのだ。

そうした思春期前期の映像体験の中でも、とりわけ強烈な印象として残っているのは、今から見ればとてつもなく不細工で可愛らしい着ぐるみと縮尺のめちゃくちゃな特撮シーンであったにもかかわらず、火炎を吐くタイトルバックからして子供心に怖くて仕方がなかった『マリンコング』(60年)であり——。現代の大都会にエジプトのミイラ怪人が蘇り、人間の姿に戻してくれる永遠の生命を保つ秘薬と、かつて愛した女王の面影を持つ女性を求めて殺人を繰り返すという、バイオレンス描写と哀切なストーリーを結びつけた和製ホラー『恐怖のミイラ』(61年)であり——。テレビ電波に乗って地球に侵入しようとする宇宙人や2次元世界の住人、火星の砂漠に潜む人喰い生物といった未知の存在と人類の邂逅を各話1時間のシリーズで描いた『アウターリミッツ(ウルトラゾーン)』(63年)であり——。

そして言うまでもなく、東宝の怪獣映画、特撮映画とそれをテレビへと展開させた『ウルトラQ』(66年)に始まるウルトラシリーズであり、そこから巻き起こった怪獣ブームの中で、昭和40年代初頭に集中的に生み出された各社の怪獣映画、特撮テレビドラマの数々であったわけなのだが、子供の頃からそうした作品に感情移入してきた自分の趣味嗜好に、ある種の価値観と方向性を与えてくれたのが、私の場合はＳＦ小説との出会いだった。

ＳＦファンとして、日本の映画に一言。日本でＳＦ映画と呼べるものは「ゴジラ」（一九五四）だけだと思います。ぼくも怪獣映画の大ファンですが「猿の惑星」「二〇〇一年宇宙の旅」の二大作を見たあとの「緯度０大作戦」は、さすがにチャチな子供だましにしか見えませんでした。日本の特撮技術がすばらしいことは認めますが、こうも毎回怪獣ばかり、ミニチュアばかり出てこられたんでは、ＳＦファン、映画ファンとして文句も言いたくなります。しかも怪獣の戦闘場面だけが迫力ある展開を見せて、肝心のストーリーや人間たちの行動が、お子様ランチの旗みたいにちょこんとつけ加えられているような映画が大半なのです。これでドラマなんでしょうか。いっそのこと人間を全然出さない怪獣映画はどうでしょう？　怪獣が二、三匹大血戦を演じる――それだけの映画はいかがでしょう。また特撮などいらない、実写フィルムの使える映画だって作れるでしょう――「華氏四五一」「五月の七日間」などのような。もちろん宇宙ものには特撮は必要でしょう。しかし、ちっぽけなミニチュア・ロケットを発射していた日本で「二〇〇一年――」のディスカバリー号や、その内部のようなでっかいセットが作れるでしょうか。ミニチュアでごまかさず、たったワン・カットを撮るのにも金をかけた大セットを組むことがはたして出来るでしょうか。制作費が高くつくのはわかっています。しかし怪獣が暴れて二億円を使う映画に比べれば、内容的に決して損はしないはずです。さらに日本のＳＦがいまや英米のそれに負けぬくらいの実力を持っていることに注目すべきなのです。万国博を目前に控えた今、『EXPO'87』を映画化して公開したらどうでしょう。『堕地獄仏法』や『四十八億の妄想』は非常に高級な「華氏四五一」のような一種のレジスタンス映画になるのではないでしょうか。チャンバラ映画の伝統ある日本映画界がなぜ『退魔戦記』のような〝時代劇〟に目をつけないのか不思議に思えます。そして本気で作れば『たそがれに還る』だって、「二〇〇一年――」のような壮大な宇宙叙事詩になれるはずなのです……と夢はふくらみます。今年こそ日本に本物のSF映画出でよ、と声を大にして叫びたいのです。

(『S-Fマガジン』70年3月号、てれぽーと欄に寄せた投書)

中学生の頃だったと思う。初めて読んだSF小説は、創元推理文庫で今だに版を重ねているネヴィル・シュートの『渚にて』。SFというより冷戦時代だからこそ書かれた一般小説といった方が正確なはずだが、こんな地味な(SFらしくない)タイトルの本を何の理由もなく手に取るはずはないので、おそらく『日曜洋画劇場』でスタンリー・クレーマー監督、グレゴリー・ペック主演の映画版を見た後だったに違いない。ふだんは気にも止めていなかった創元推理文庫の棚で、映画と同じ題名の本を見つけて飛びついたのだろう。

『渚にて』は一気に読んでしまい、映画と同じ静謐なタッチで人類の最後を描いた内容に打ちのめされるようなショックを感じた。そこから同じSFマークの付いた創元文庫を続けて買うようになるのだが、ある日ふと気がつくと、その上の段には今はなきポケットブック版のハヤカワ・SF・シリーズ、いわゆる銀背がずらりと並んでいて、そのタイトルを眺めながら「これからこんなに読む本があるのか！」と、ちょっと呆然としたことを憶えている。

もっとも、中学生の小遣いでは買える本の数は知れたもの。まず梗概や解説、あとがきを立ち読みし、表紙や口絵、イラストの見栄えも手がかりにして、面白そうな、ということはつまり自分の好みに合いそうな作品を厳選しながら少しずつ読んでいった（銀背は大人になってから古本でコンプリートしたが、いまだに300冊以上ある全巻は読み切れていない）。

ちょうど同じクラスにミステリとSFが好きな友人がいて、読んで面白かった本を教えてもらい、互いの感想を話し合ったりもした。先に読んでいた彼からアイザック・アシモフの『銀河帝国の興亡』のネタばらし（このミステリ仕立ての宇宙小説において、物語の核心となる第2ファウンデーションの隠し場所）をされてしまい、ずいぶん悔しい思いをしたこともある。

ファースト・コンタクトが文庫だったので、何となく読みやすいイメージがあったのか、創元ばかりに目が行って新書サイズの銀背は少し後回しになっていたが、それからしばらくして同じ早川書房から出ていた当時日本で唯一のSF専門誌『S-Fマガジン（SFM）』とめぐりあう。

最初に手に取ったのは1969年4月号。この頃はSFという文字に敏感になっていたから、本屋で見つけると中身を確認するようになっていた。ちなみに、当時はまだ「S

M（サドマゾ）マガジンの間違いじゃないの？」などといったプリミティブな冗談が通用した時代である。

考えてみれば、当時クラスでSFを読んでいるのは自分と件の同級生の2人だけ。学校の図書館には、せいぜい古典的なヴェルヌやウエルズの抄訳版が置いてあるくらいのものだった。そうした意味で、当人はあまり意識していなかったが、どこか主流から外れているという漠然とした孤独感があったことは——何が主流かはとりあえず措くとして、ここで書いておいた方がいいだろう。

さて、SFMである。私が最初に読んだ通巻119号には、ロジャー・ゼラズニイの『地獄のハイウェイ』前篇（後に長編化されたものの原型）、R・E・ハワードのコナン・シリーズの中編『月下の怪影』、豊田有恒の長編連載『地球の汚名』第4回などが並んでいて、最先端のニューウェーブ（新しい波）とクラシックなヒロイック・ファンタジイと日本作家のバリバリの新作が同時に読めるという、それまでこの雑誌の存在を知らなかったSFファンにしてみればお得過ぎるラインナップ。しかも、先行して読んでいた創元推理文庫には日本作品が入っていなかったので、日本にもSFを書いている作家がいるということ自体が新鮮な驚きであり、なかでも巻頭を飾った光瀬龍の『異境』には（この表現しか思い当たらない）ただただ痺れた。

衰退した米ソ2大国に代わって、アジア同盟と全アフリカ連合が宇宙開発にしのぎを削る近未来。木星探査に向かった両陣営の宇宙船が遭難する過酷な状況下、何とか観測データを地球に持ち帰ろうと悪戦苦闘する乗組員たちの姿を描いた短編で、木星や宇宙船のハードな描写、背景となる独自の未来史の厚み、何より、国家や組織のためではなく自分自身のために生きて地球に還ろうとするスペースマン(=宇宙に生きる男たち)の覚悟と矜持には、現実の世界情勢を反映した設定だけに圧倒されるようなリアリティがあった。後に同じSFM誌上に載った覆面座談会や山野浩一による評論などで、そうした光瀬龍の作風やテーマが単なるセンチメンタリズムに過ぎないと指摘されても、この時に味わった感動は少しも色あせることはなかった。

なぜならそれは、主人が死んだ後もその墓を守り続ける召使いロボットを描いた『イワンのばか(鉄腕アトム)』や、父親の復讐のためにギャングを利用しようとする美貌の女性科学者の物語『光線銃レーザー(エイトマン)』や、かなわないと知りながら『あとは……勇気だけだ!』と強敵アポロンに立ち向かっていった009の決意(『サイボーグ009/ミュートス・サイボーグ編』)や、地球の男性に恋をしたために処刑されてしまうX星人・波川女史の悲劇(『怪獣大戦争』)や、変わり果てた姿になってもなお地球へ舞い戻り、自分を見捨てた世界に復讐しなければならなかった某国の宇宙飛行士ジャミラの怒り(『ウルトラマン/故郷は地球』)や、仏像消失事件の真相を暴いたSRIの牧史郎が最後に味わう深い喪失感(『怪奇大作戦/京都買います』)や……とにかく、自分がこれまで見てきた作品の多くが与えてくれた感動と同質のものに、私には思えたからだ。

なぜ、そういった作品に惹かれたのか、惹かれるのか――と考えてみると、それらには過酷な戦争を体験した作者たちの心象が多かれ少なかれ形を変えて影を落としており、両親が共働きだった幼少期に漠然と味わった孤絶感、求めても得られないものへの無意識の渇望といった部分が共振したのではないかと思い至るのだが、それはもう少し知恵のつく年頃になってからのことである。

ともあれ、宇宙や未来世界を舞台にして、あるいはサイボーグやロボット、異星人を主人公にして、そこに現在の社会や人間が抱える様々な問題を投影して描くＳＦの手法こそが、自分の嗜好に最もしっくりくる、ジャストフィットする表現方法なのだと頭でっかちの中学生が気づいた時、無条件に、無批判に、無意識のうちに〝ＳＦ的価値観〟なるものが他のすべてに優先して、自分の内部に急速に形成されていったのだと思う。

そういえば、中学の文化祭でクラスの演し物としてお芝居の台本を書いたことがある。空飛ぶ円盤（まだＵＦＯという言葉は一般的ではなかった）が飛来して世界中が大騒ぎになるが、それは宇宙人のセールスマンが商品の売り込みにやってきただけだったというオチで、明らかにフレドリック・ブラウン的なアイデアの下手くそな引用である。

今思い出してもこっぱずかしい「すかっトサワヤカ、コリャこーら」（有名なコーラのＣＭのいただき）という宇宙人のセリフを、テープレコーダーの早回しで作ったり、演出めいたこともやったが、同じ頃、ペンフレンド（幻の、ではなく普通の男性の文通相手だった）にショートショートを送って欠点を指摘されて以来、こうした創作には二度と手を出すまいと決めた――幼稚園の頃から恐竜の絵を描くのが好きな子供だったのに、絵の才能もまったくなかった。あきらめるのが早すぎると言われそうだが、自分で作りだす才能はないから、せめて才能のある作り手を応援したいという後の編集・ライターとしての姿勢もまた、この頃に定まったものかもしれない。

フランキー堺主演の「御先祖様万歳」を見てひっくり返って以来、本格的なＳＦドラマの誕生を待ち望んで幾歳月、その間に東宝の怪獣ものは円谷英二の死と共に色あせ、かろうじてＴＶ「怪奇大作戦」に救われ、その後ＮＨＫの長時間ドラマ「もうひとつの傷」「女人幻想」同ラジオの「日本アパッチ族」と、かなりのセンまで迫りながらもうひとつ物足りなかった。その上「ウルトラマン・シリーズ」も「仮面ライダー」も「キカイダー」も「ファイヤーマン」も「流星人間ゾーン」もみんなこっちをイライラさせるだけに終始している。こりゃもうだめだと思った矢先、昨年は「タイム・トラベラー」が話題となり、さらにＳＦ味を濃くした続編に発展してアッと言わせたが、まことに惜しいことには多少手を抜いた所がありちょっぴりズッコケてしまった。

ところが、「暁はただ銀色」に至ってはこれはもうすごいとしか言えない。計算され盛り上げられた濃密なＳＦムード、真面目な演出、全編をつらぬく強烈なサスペンス、あえて傑作とは言わないが今までの欲求不満をふっとばすには充分の出来だった。「タイム・トラベラー」でもそうだったが、大がかりな特撮を使わずに最大級の効果をあげているスタッフにはまったく頭が下がる。（みんなではげましのお便りを出そう！）

オクラ入りしていたという「ジキルとハイド」「アンバランス」は共に楽しませてくれた。前者は原作を自由に発展させた重厚なサスペンスドラマで、むしろ平井和正の世界に近い。クセのある監督陣によって産み出される感覚的な映像と、息をのむような暴力とセックスの描写が魅力だったが、人間心理の深奥をえぐり、抑圧された自由への渇望を凝視し、さらに暴力の意味にまで肉薄しておどろおどろしい白昼夢の世界をくりひろげていた。後者ではがっかりさせる作品も少なくなかったが、怪奇ものとして最も良く出来ていたのはやはり「墓場から呪いの手」だった。

その他「死を予告する女」のシャープな映像、「死骸を呼ぶ女」の超現実的イメージ、「仮面の墓場」の唐十郎の演技などが印象的だったが、シリーズ全体での傑作と言えば何といっても「夜が明けたら」だろう。西村晃のデモーニッシュな微笑みと、黒木和雄監督のすばらしい話法とがあいまって現代の断層をあざやかに現出させていた。これこそ現代の恐怖だ。そう言えば実相寺昭雄さんはどうしているのでしょう。「ウルトラマンタロウ」のZAT基地やかっこいい最新科学兵器を使いこなせる人はあの人しかいないような気もしますが……。

勝手なことを書き連ねてきたが、今東宝の新鋭監督松本正志が「狼の紋章」を撮影しているし、同じく東宝では「日本沈没」まで映画化するという。日本における、新しいタイプの映画としてその成功を祈りたいと思う。

（「S-Fマガジン」73年9月号、てれぽーと欄に載った投書）

こうして14歳の時のSFMとの出会いをきっかけに、同誌や早川書房の本を通じて意識的に国内外のSFを追いかけていくようになるのだが、実はここでもう1つのめぐりあいがあった。当時SFMには映画・テレビの新作情報を紹介する『トータル・スコープ』という連載ページがあり、執筆担当は『少年マガジン』の図解特集や巻頭グラビア、朝日ソノラマの怪獣図鑑などの構成者として子供たちにも名を知られていた大伴昌司である。

初めて読んだ69年4月号の同欄には、名作『アルジャーノンに花束を』の映画化である『まごころを君に』(チャーリー・ゴードンを演じたクリフ・ロバートソンがアカデミー主演男優賞を獲得)と共に、当時製作中だった東宝映画『緯度0大作戦』の内容が、特技監督・円谷英二が写った撮影現場のビハインド写真入りで紹介されている——別のページで、東宝と『S-Fマガジン』が共同主催した『SF映画ストーリイ・コンテスト』の中間発表が載っているのも驚きだった。

まったく迂闊な話だが、この世にSF小説専門誌があるのを知らなかったように、この頃はまだ『キネマ旬報』や『映画評論』、『月刊シナリオ』などといった映画の専門誌が存在することに気づいていなかった。たまに本屋で『スクリーン』を見かけることはあったが、立ち読みでグラビアを覗くくらいで、少し年上の叔父や叔母が買っていた芸能誌の『明星』や『平凡』で映画紹介を見るのがせいぜい。そこで怪獣映画、特撮映画が紹介されることは少なかったように思うが、たまたま手にしたSFMに愛してやまない東宝特撮映画の新作情報が載っているということ自体、なにやら運命的なものを感じるではないか。

ところが、今にして思えば当時の私は少し複雑な気持ちで、その記事を読んだような気がする。

中学生ともなれば、いつまでも夢見る少年ではいられない。小学生の頃は妹や弟、あるいは従兄弟たちと怪獣ごっこ〈注1〉に興じた自分も、さすがにそれが幼稚過ぎると気づく時が来るし、友だちに「一緒に『ゴジラの息子』見に行かない？」などと誘いの言葉をかけるのにも勇気が必要になってくるのだ。

怪獣映画は子供時代の通過儀礼の1つであり、いつかは卒業するものだというのが当時の常識であり価値観であり、大人の論理というものであった。大切にしていたソフビ人形や怪獣図鑑の本を、勝手にゴミとして親に捨てられた経験を持つ人も多いのではないだろうか。

時あたかも昭和元禄と呼ばれ、高度経済成長の果てに実現した文化爛熟の時代。アポロ11号の月面着陸はこの年の7月で、東京オリンピックに続く戦後最大級のビッグイベントである大阪万博の開催を翌年に控えて未来論ブームが巻き起こり——その牽引役となったのがＳＦ作家の枠をはみ出して活動していた小松左京——、にわかに想像の中の未来や宇宙が身近に感じられるようになったのがこの1970年前後のこと。それはまた泥沼化するベトナム戦争を受けた世界的規模の反戦運動や、国内では安保改定をめぐる学生運動の高まりや、よど号ハイジャック事件、連合赤軍・浅間山荘事件へと続く政治闘争の激化と背中合わせの平和でもあった——歌詞が核戦争後の世界をイメージさせ

〈注1〉積み木や砂場で作った空想のビルを踏みつぶし、ガオーッなどと叫びながら取っ組み合うというもの。当時の子供はみんなやっていた……はず。その後は仮面ライダーごっこに形を変え、現在では戦隊ものの影響を通じて破壊衝動を満足させるアナーキーな怪獣の側ではなく、それを退治するヒーローごっこになっていると思われる。

るザ・タイガースの『廃墟の鳩』がヒットしたのもこの頃である。

そんな時代の気分の中で、前年の1968年には『猿の惑星』と『2001年宇宙の旅』が公開され、文明風刺のテーマを全面に押し出したSF映画の時代が到来するのだ。どちらも技術開発と映像表現が連動して生まれた新しい時代の特撮映画であり、これを封切りで見て瞠目させられた生意気盛りの中学生にとって、同時期の東宝怪獣映画がいささか見劣りするものに感じられたのも無理はない。

……と、今になって自己弁護しながら恥を忍んで紹介したのが、私が初めてSFMに送り、第131号の読者投稿欄『てれぽーと』に掲載された1つ目の手紙である。にわか仕込みの近視眼的なSF的価値観なるものに凝り固まった、なんだよこの上から目線的な書き方については、遅ればせながら本多猪四郎監督、円谷英二特技監督をはじめ関係各位に謝ってしまうしかないが、これは当時の偽らざる気持ちを綴ったものだ——つけ加えておくと、文中の2億円うんぬんは『2001年』と同じ年に公開された東宝映画『怪獣総進撃』の公称製作費である。

いや、偽らざるというのは正確ではない。「ぼくも怪獣映画の大ファンですが」と予防線を張りながら、それを子供だましと決めつける大人の論調に迎合している。

というのも、この頃までのSFMの誌面にも表れているように、SF作家や映画評論家たちは海外作品をほとんど無条件で高く評価する一方、日本のSF映画——ということは、つまり東宝特撮映画・怪獣映画と、その流れを汲んだテレビの特撮ドラマを、大人の鑑賞に耐えない〝チャチな子供だまし〟と切って捨てる傾向が強かった。唯一、怪獣図鑑なども編集していた大伴昌司だけは『トータル・スコープ』の連載第1回（65年5月号）から放送開始前の『ウルトラQ』を紹介し、以後もディズニーの実写特撮コメディや、安部公房原作の不条理映画『他人の顔』（66年）のような実験的でアーティスティックな作品とも分け隔てすることなく、日本の特撮映画・テレビドラマの情報を提供し続けてくれた。

しかし、その大伴昌司でさえ、69年発売の『キネマ旬報増刊　世界SF映画大鑑』〈注2〉では辛口な評価を隠そうとしない。怪獣ものを愛していることには変わりないが、それ以外にも興味の対象が多過ぎ、どこかで順位付けして整理せざるを得なかったのだろう。

その頃、そうした大人の事情があるのかもしれないなどと考えることも出来なかった私は、そこで怪獣映画の弁護をする——差別される側に寄り添うのではなく、逆に掲載誌である『S-Fマガジン』とSFという〝虎の威〟を借りた狐のごとき振る舞いをしている。そして、その錆びついた鎧を着たまま、続いてやってきた『帰ってきたウルトラマン』『仮面ライダー』以降の70年代〝第2次怪獣ブーム〟の作品を、かなり斜めに構えた態度で見ていくことになるのだ。

2番目に紹介したSFM176号『てれぽーと』掲載の投書が、その頃のものだ。必死に背伸びをしながら、少しでも大人に振り向いてもらおうと当時の変身・特撮ものの人気番組——主流作品ではなく、ジャンルの境界線上に作られた異色作ばかりを取り上

〈注2〉『世界怪物怪獣大全集』（67年）『怪奇と恐怖』（68年）に続く、大伴昌司が編集・監修した俗に言う〝キネ旬3部作〟の完結篇。当時のSFビジュアルを集大成した、SF映画ファンのバイブル的なムック資料本の先駆である。

げている。焦った余り、円谷英二の死（70年）と『怪奇大作戦』（68年）の関連が時系列的におかしな記述になってしまったが、プロのライターになってからの方向性がここで早くも決定しているので、我ながら呆れてしまう。

文学の支流に花開いたＳＦや怪奇小説、ファンタジーを愛好し、日本の映画・テレビの世界で異端視される特撮もの、怪獣ものに人一倍の共感と愛着を感じ、子供が見るものであって、いつかは見るのをやめなければならないと、誰に言われたわけでもなく思い込んでいたアニメーションを追い続け、その魅力・面白さ・楽しさを何とか読者に伝えようとない知恵を振りしぼる。それが私が『ＰＵＦＦ』や『怪獣倶楽部』を経てプロになってからも引き続いてやってきたことだった。

その後30年をかけて、それらが見事に変質と解体を遂げ、浸透と拡散を繰り返し、あらゆるメディアを通じて普遍化してしまうことなど、まったく想像すら出来ないままに……。

〈フォーカス・オン〉酒井敏夫さんの文章には、日本映画に対するしっちゃかめっちゃかな愛情が感じられて、思わず涙ぐんでしまいます。

だいたい、ファンダム・プロダムを問わず日本ＳＦ界は、自分たちの国のＳＦ映画に対する扱いが冷淡すぎます。『アンドロメダ……』の時は故大伴昌司氏の詳細な解説と福島正実・真鍋博両氏の批評を特集したＳＦＭでさえ『狼の紋章』と『日本沈没』の時はニュースでお茶を濁していたのだ。そりゃ腹が立つほどひどいのもあるけれど、だからといって無視していたら日本のＳＦドラマはますますダメになってしまう。ＳＦファンよ今こそ立ち上がれ！というわけでショーコリもなく登場したというわけです。

今回はテレビに限ってまずは『オズの魔法使い』。作り方はまだまだ安っぽさが目立つけれど、片目のオーディンをはじめ北欧神話の神々が登場、魔女の邪悪な力を利用して、人間（つまりドロシー）を試そうということになる。しかもその裏には、神族と魔族の根深い確執があり、人間族を守護する謎の力〈オズ〉をひとつの危機とうけとめた神族の思惑があったという、エルリック顔負け『折れた魔剣』もぶっとぶ、大ヒロイック（？）ファンタジーなのです。それにオーディンを演ずるのがドクター・フーやムウ国長老などで日本ＳＦ映画史上にサン然とかがやく怪人（失礼）天本英世なのだから、もう死にそう。僕のようなシェリーのファンは言うにおよばず、ＳＦファンにもぜひ見て欲しい作品です。

次は『宇宙戦艦ヤマト』。ストーリーはまるで戦争ごっこ。軍国調精神主義の悪臭プンプンだが、注目すべきは松本零士独特のすばらしいデザイン。宇宙船はかっこいいし、ロボット・アナライザーのすっとぼけたキャラクターもみもの。また宇宙空間での戦闘シーンやワープ航法のファンタスティック・シーンなど、とにかくア然とする画面の連続で小松ファンには悪いが『猿の軍団』をけっとばしても見る価値があるのだ。『マッハバロン』は特撮がチャチで、演技もダイコンだが流麗なカメラワークが魅力。『ウルトラセブン』スタッフの生き残りががんばっているので、ぜひ応援してやってください。

TV版『日本沈没』はお茶を飲み、せんべいをかじりながら見るのならいいが、SFファンにはあまりお勧めしたくない。原作のナイーブさを踏みつけられた上、甘っちょろいメロドラマを毎回見せられるのではたまったものではない。欲求不満になるだけ苦痛である。

もっとも、ここで紹介したものはみな新番組。長い目で見る必要もありそうです。でもひとつだけお願い。オトナの人に見てほしいのです。オトナが見ないから、しかたなくお子様ランチになってしまうのです。頭からバカにせずに、とにかく見てもらいたい。みなさん、日本のSF映画を見ましょう。

PS　ここで紹介した作品は、どれもみな音楽も聞きものです。ロックあり、フォーク調あり、五木ひろしあり、かわいいシェリーちゃんあり（しつこい！）でとっても楽しい。一聴をおすすめします。

（「S-Fマガジン」75年2月号、てれぽーと欄に寄せた投書）


もし、日本のSF界が現在の状態に至るまでの変革へと向かう分岐点になった年があるとすれば、それは間違いなく1969年だったろう。先にも書いたようなドラスティックな社会変動を背景に、編集長が日本にSFを根付かせる原動力となった初代の福島正実から、その右腕・森優に交代したのが同年8月号。森新編集長は2色カラーページを増やし、それまでにも散発的に掲載されていたコミックをレギュラー化するなど、主にビジュアル面を強化する形で誌面刷新を図っていく。

コストのかかる増ページやカラー化を可能にしたのは、月面着陸や万国博開催といった新時代の到来を実感させる出来事が部数拡大の強力な追い風になったからだろう。そのことは誌面の具体的な変化——それまで巻末1ページだった『てれぽーと』が70年5月号から見開き2ページ（翌年11月号から3ページ）になり、ファンジン（同人誌）の紹介や読者間のコレクションの交換を目的としたコーナーが新たに設けられたことからも伺える。

読者の増加と共にファン活動も活発化した。プロ中心で誕生した日本SF大会のほかに、SFクリスマス、SFフェスティバルと銘打った交流会イベントや自主上映会の告知も少しずつ載るようになり、高校生によるファンジン創刊やファングループ結成のお知らせも着実に数を増していったのが、69年以降、70年代を通じてのことである。

しかし、この間の1973年1月に大伴昌司が死去。『トータル・スコープ』は同年3月号をもって終了し、SFMの誌面から半年以上にわたってSF映画情報が消えてしまう。が、それも翌年1月号に新コラム『フォーカス・オン』がスタートするまでのこと。担当は大空翠氏。冒頭にも書いた通り、それが井口健二さんのペンネームだったと知るのはまだ先の話なのだが、最初は隔月連載だったもののページ数も情報量もアップし、特に海外の新作情報は映画専門雑誌と変わらないボリュームで、まだ見ぬSF映画やホラー映画への読者の期待を大いに盛り上げてくれたものだ。

その『フォーカス・オン』にある時（74年7月号）酒井敏夫なる人物が登場し、海外情報を伝えた大空氏からバトンタッチされる形で日本のSF映画の企画や製作状況を、ミーハー視点も交えて報告・紹介してくれたことには、本当に胸が熱くなった。内容は『ノストラダムスの大予言』『ゴジラ対メカゴジラ』『血を吸う薔薇』に日タイ合作の『ジャンボーグA&ジャイアント』、映画化が予定されていた『家畜人ヤプー』のシナリオ掲載情報とサービス満点。しかも作品の悪いところをはっきり指摘し、なおかつ愛情あふれるコメントをつけ加えることも忘れていない。

大伴昌司亡き後、こういう人が現れたのは心強い限りだった。酒井さんは同年12月号でも連名で同欄を担当し、10月新番組の『オズの魔法使い』(寺山修司・監修の立体テレビ)、『宇宙戦艦ヤマト』『猿の軍団』『仮面ライダーアマゾン』や、今後公開・製作予定の『エスパイ』『メカゴジラの逆襲』『続・日本沈没』、そしてなぜか志穂美悦子・主演のノンSF、ノン特撮のアクション映画『女必殺拳』まで紹介している。

その時の感動のままに書いてSFM編集部に送ったのが、第195号に載った3番目の投書である。すでに高校を卒業して大学受験に失敗、自宅浪人1年目だった私は少しは学習したのだろう、やや低姿勢の〝泣き落とし〟めいた戦術に方針を転換しているのがわかる——その割には文章の書き癖と内容のレベルが現在と少しも変っておらず、「高校時代で発育が止まったって言われてるの、知ってるの?」という『妖星ゴラス』の水野久美のセリフを思い出してしまうのであった……。

こうやって長々と書いてきた流れを見ていただければ、SFが好きで、しかも怪獣もの・特撮ものの映画、テレビドラマが大好きで、けれども、もうチビっ子たちに混じって『東宝チャンピオンまつり』を見たり、怪獣の写真が載っている学年誌を買ったり、興味のない友人に怪獣の話をしたりすることが恥ずかしいと感じる自意識を身につける年頃になった私のような人間にとって、当時のSFMがいかに貴重な情報源だったか、多少は理解してもらえるのではないだろうか。

同じような思いを抱いていた人は決して少なくなかったようで、SFM73年8月号の『てれぽーと』に、栃木県の高校生が怪獣もの、変身ものの大ファンだとカミングアウトし、それら勧善懲悪のストーリーの中にSFがもつ文明批評の要素が発見できることや、ブームに乗った粗製濫造ではなくちゃんとした作品を作って子供たちに夢を与えてほしいと訴える内容の投書が掲載された。

それは「だれかひまな方、あわれな変身マニアといっしょに、日本怪獣史をつくりませんか？　ア、そこまでひまな人はいませんね！」と、マイノリティを自覚していたSFファン独特の自虐表現で結ばれていたが、それに対して、すぐさま手紙を書いた読者が少なからず存在した。

私もその一人であり、その投書の主こそが『PUFF』の母体である怪獣映画同好会『宙』の初代会長となったO・Hさんだった。次の9月号にすれ違いで私の投書（前掲の2番目の手紙）が載り、続いて10月号には『怪獣ファンよ来たれ！』と題したO・Hさんの会員募集広告が出たのだから、ごく一般的に言って手紙かハガキ、家庭電話しか連絡手段がなかった――ケータイや電子メールはもちろん、FAXも一般家庭にはほとんど存在しない時代だったことを考えれば、驚くべきレスポンスの速さである。それだけ仲間が欲しかった、孤独だったということだろうか。

偶然にも大伴昌司の追悼記事が掲載された73年4月号の『てれぽーと』に、テレビアニメ『海のトリトン』に関する投書が載った。それを書いたK・M嬢は、3ヶ月後の7月号同欄にSF&アニメーション・ファンクラブ『トリトン』の結成を告げる広告を出して会員を募っている。

このように『S-Fマガジン』の読者投稿欄を通じて知り合い、同人誌を発行し始めた若者たちのグループは『PUFF』=『宙』が初めてでもなければ、唯一というわけでもなかった。そこには確実に大きな流れが生まれようとしていたのだった。

第2章　おれたちは、滅びてゆくのかもしれない

ファンダム（fandom）
ファンが住み、行動し、おのれの存在を自覚する世界……。
Fancyclopedia Ⅱ（一九五九年版より）
——伊藤典夫「SFスキャナー　ファンダムとは何か」
（『S-Fマガジン』70年4月号）より——

〈注1〉平井和正（ひらい　かずまさ）　1938—2015年　横須賀生まれ。SF作家として1962年商業誌デビュー。代表作に『ウルフガイ』シリーズなど。漫画原作者として『8マン』『エリート』『超犬リープ』（画・桑田次郎）や『幻魔大戦』（画・石ノ森章太郎）など。著作の電子書籍化やWeb配信にいち早く取り組んだ作家でもある。

『S-Fマガジン』の読者投稿欄『てれぽーと』を通じて生まれたファングループやファンジンは『PUFF』だけではなかった。テレビアニメ『海のトリトン』のファンが中心となったアニメーション・ファンクラブ『トリトン』や、ホラー、ファンタジー系の『黒魔団』など、『PUFF』が誕生した1974年前後の同欄には創作や交流を目的としたものから、作家個人のファンクラブを結成したり、8ミリフィルムでSF映画の自主制作を呼びかけたり、超常現象研究会の会員を募ったりするものまで、バラエティに富んだ投書や告知が次々と掲載された。多くのプロ作家を輩出した『宇宙塵』をはじめとして、それまで小説主体で、創作・評論など文章が活動の中心だったSFファンダムに、それ以外の映画・テレビドラマ、コミック（漫画・劇画）、アニメーション、イラストといった映像、アートのジャンルまで愛好と研究の対象にする人々が登場してきたのだ。

〈注2〉豊田有恒（とよた　ありつね）　1938年群馬県生まれ。SF作家として1962年にデビュー。1963年からはじまったTVアニメ『8マン』の脚本を手掛けたのち、虫プロ入り。専業作家となる1967年頃までアニメのシナリオを多数手掛けた。

ＳＦがまだ空想科学小説と呼ばれていた時代から、海外作品をお手本にしつつ日本独自のスタイルを生み出した東宝怪獣映画や、同じようにしてＳＦ以外の何ものでもない作品を描き続けた手塚治虫・横山光輝・石森章太郎・小沢さとる・桑田次郎らの少年漫画、平井和正〈注1〉、豊田有恒〈注2〉、筒井康隆〈注3〉、半村良〈注4〉ほか若き日のＳＦ作家たちがシナリオを書いた『鉄腕アトム』『エイトマン』『スーパージェッター』『宇宙少年ソラン』など草創期のテレビアニメ、彼らがブレーンとなった企画『ＷＯＯ』〈注5〉を出発点とする円谷プロの特撮ドラマ、あるいは『中一時代』『高二コース』などといった中高生向けの学習誌に掲載された光瀬龍〈注6〉、福島正実〈注7〉、眉村卓〈注8〉らのジュブナイル作品、大伴昌司が少年誌・青年誌で展開したグラビアや解説記事……思春期に夢中になって見たり読んだりしていた、数々のビジュアルと物語から、知らず知らずのうちにＳＦの魅力を感じ取っていたビジュアル世代の子供たちが着実に育ってきていたのである。

テレビコマーシャルやイベント映像にもいち早く注目し、文化的アジテーターとでも呼ぶべき存在だった大伴昌司のＳＦＭ連載『トータル・スコープ』には、69年10月号の時点で「全国のＳＦファンのあいだで、ＳＦ映画や怪奇映画のファングループ結成の動きが高まっている」と記されている。

この頃、ＳＦの普及に孤軍奮闘していた早川書房は１９６８年の秋から、いまだに唯一無二と言える規模の『世界ＳＦ全集』を刊行開始。70年の夏には折からの文庫ブームに合わせて『ハヤカワＳＦ文庫（現在のハヤカワ文庫ＳＦ）』をスタートさせ、前章で

〈注3〉筒井康隆（つつい やすたか）１９３４年大阪生まれ。１９６０年、東の『宇宙塵』に対して西のＳＦ総本山になる『ＮＵＬＬ』を創刊。そこで発表したショートショートが江戸川乱歩氏の目にとまり、デビューを果たす。１９９３年差別表現問題で、活字メディアにおける自主規制に抗議して断筆。１９９６年12月自主規制の撤廃の覚書を勝ち取り執筆再開。２００２年秋の褒章の紫綬褒章を受章。『時をかける少女』は何度も映像化され、いまなお新たなファンを獲得している。

〈注4〉半村良（はんむら りょう）１９３３〜２００２年。東京生まれ。１９６２年にハヤカワＳＦコンテストに応募し入選。日本ＳＦ作家クラブ発足と同時に事務局長に就任。『石の血脈』『産霊山秘録』などで、伝奇ＳＦのジャンルを確立。

も触れたＳＦＭのリニューアルと合わせてファン層の拡大に力を注いだ。そして、大阪万博が開催中だった同年８月、世界５ヶ国から有名作家を招いた『国際ＳＦシンポジウム』（実行委員長＝小松左京、事務局長＝大伴昌司）が行われ、日本のＳＦの存在と実力を内外に示した。いわばＳＦブームの最初の波が到来しつつあったのである。

こうした時代の勢いの中でファン活動も活発化し、その熱気に応える形で『てれぽーと』が増ページ。それに伴って新設された『ファンジン・パトロール』のコーナーでは、老舗『宇宙塵』を皮切りに毎号『ミュータンツ』『イスカーチェリ』『星群』といった名だたる創作・評論・翻訳・研究・資料系のＳＦ同人誌を中心に、後に人気作家・清水義範〈注９〉が代表を務めた『飛行船』や、横田順彌〈注10〉の『ＳＦ倶楽部』、評論家・巽孝之〈注11〉が中学時代に始めた『科学魔界』、現・翻訳家、作家の安田均〈注12〉による京大ＳＦ研の『中間子』などに加えて、71年５月号に『スタジオぬえ』の母体となった『ＳＦセントラル・アート』の会誌『クリスタル』、73年９月号に永井豪ファンクラブの『ＧＯ ＧＯ ＧＯ』、翌10月号には私の投書と並んで池田憲章さんたち――『ヤマト小論』や『甦れ円谷プロ！』〈注13〉を発行する『空想創作団』の『空想創作群』など、実に多種多様な新しい世代のファンジンが紹介されている。

当時のあらゆるＳＦに関する知識と情報は、まだ日本で唯一の専門誌だったＳＦＭの誌面にあふれていた。映像関連の『トータル・スコープ』だけでなく、海外の新作・未翻訳作品を紹介するコラム『ＳＦスキャナー』――翻訳家・伊藤典夫〈注14〉と浅倉久志の見識ある文章は多くのファンにとって頼りになる水先案内だった――、評論家・作

〈注５〉『ＷＯＯ』　円谷プロがフジテレビ向けに企画した特撮テレビ映画。円谷特技研究所の金城哲夫と熊谷健、円谷皐が企画の中心となり、大伴昌司氏の仲介で集まった日本ＳＦ作家クラブのメンバーが脚本に参加。『ウルトラＱ』の後番組の企画に転用され、『ウルトラマン』へと発展した。

〈注６〉光瀬龍（みつせ　りゅう）１９２８～１９９９年。東京都生まれ。ＳＦ作家として１９６２年にデビュー。作風は幅広く、『宇宙年代記』と総称される一群の宇宙ＳＦや、時代小説との積極的融合をはかったＳＦ作品や、ジュブナイルＳＦ、青春小説、時代小説、歴史エッセイ、科学エッセイなど多岐に渡る。

家の石川喬司〈注15〉による書評コーナー『SFでてくたあ』などの記事を通じて、あるいはセレクトされる掲載作品そのもののラインナップを通じて……。そこで自分の意見を発信し、同じ趣味を持った人間と知り合いたい——いまどきの言葉を使えば〝つながりたい〟と思うSFMの愛読者が『てれぽーと』に投書を寄せるのは、ごく自然な行動だった。70年代のSFMのバックナンバーを見ていると、例えば作家の森下一仁〈注16〉や中井紀夫〈注17〉、翻訳家の古沢嘉通〈注18〉、私もお世話になった『アニメック』編集長・小牧雅伸……といった人たちが学生時代に送った、熱心な内容の投書を発見することがある。

しかし、ここに一つ問題があった。前章で「(アポロの月着陸や万博開催で)想像の中の未来や宇宙が身近に感じられるようになったのがこの70年前後のこと」と書いて、この時点でSFが全面的に日本で認知されたかのように書いてしまったが、これは田舎に住んでいた平凡な一読者の世間知らずな感想であって、実際には当のSF作家たちが度々エッセイなどで回想しているように「アポロが月に行ったので、SF作家は飯の食い上げでしょう」などと皮肉を浴びせられるようなことも、まだまだ多かったという。実のところ日本のSFの歴史は、早川書房とSFMの努力にもかかわらず長い間——『日本沈没』が国民的ベストセラーになって映画化され大ヒットを記録したり、半村良が『産霊山秘録』で泉鏡花賞を受賞したりした73〜74年以前、あるいは『スター・ウォーズ』(78年)がきっかけとなって、空前絶後のSFブームが巻き起こるまでは、こうした無知と偏見に対する戦いとつねに背中合わせだった。

〈注7〉福島正実(ふくしま まさみ)1929〜1976年。旧樺太・豊原生。初代編集長として『S-Fマガジン』を軌道に乗せ、現在につながる日本SF界を創成した一人。

〈注8〉眉村卓(まゆむら たく)1934年大阪市生。SF作家として1961年にデビュー。1963年に専業作家となる。ジュブナイル小説の代表作としてNHK『少年ドラマシリーズ』などでテレビドラマ化された『なぞの転校生』、『ねらわれた学園』など。

早川書房と初代編集長・福島正実が〝日本ではSF雑誌は成功しない〟という出版界のジンクスに果敢に挑戦して創刊したSFMには、特に60年代を通じて、いわば近代文学至上主義と文壇の権威を背景にした文学者や評論家、新聞の文芸欄担当記者などが書いたSF批判の記事に対する反論が、Fと署名された編集長の日記や巻頭言の形で、あるいは小松左京『〝日本のSFをめぐって〟―ミスターXへの公開状―』、石川喬司『戦略的SF論』といった評論の形で、大げさに言えば毎号のように掲載されていた。それはSFの意義を信じ、日本に文芸の一ジャンルとして確立させようとして無知や偏見に立ち向かった〝SF人〟たちの熱意と執念の表れであり、その一種のコンプレックスがバネとなって、日本のSF界は世界初の国際SFシンポジウムを開くなど、60~70年代に急速な進化を遂げたわけなのだが、そうした戦いは小説だけに限ったことではなく、映像ジャンルにおいても同様だった。

SFMには創刊号（60年2月号）から約2年間にわたり、映画評論家・岡俊雄によるコラム『SF映画展望』が連載された。映画の歴史に沿ってリアルタイムの1950年代まで、特撮を駆使したスペクタクルやコメディも交えながら世界各国のSF映画、ファンタジー映画を概観したもので、日本のSF映画（東宝、大映、新東宝作品）についても2回分を費やして紹介している。侵略ものや怪獣ものをまだ古典的なホラー、モンスター映画の流れで捉えている点が時代を感じさせるものの、古今東西のSF映画を紹介し、特に毎年のように新作が公開されていた1960年前後の時点で、国産の特撮怪獣

〈注9〉清水義範（しみず よしのり）1947年名古屋市生まれ。愛知教育大学国語科卒業。1977年『エスパー少年抹殺作戦』でデビュー、ソノラマ文庫を中心にジュブナイルSFで活躍。最近では純粋なSFからは遠ざかり、ユーモア色の濃い推理小説のシリーズを複数手がけたり、自伝的な青春小説シリーズを書くなど、守備範囲の広さを誇る。

〈注10〉横田順彌（よこた じゅんや）1945−2019年佐賀県生まれ。作家、SF研究家。1971年作家デビュー。「ハチャハチャSF」を創始。古典SF研究の草分け的存在。大学時代はSFマニアの定例会「一の日会」のメンバーで、平井和正のSF小説『超革命的中学生集団』には主役として登場している。

映画に同時代の評価を与えた点で先駆的な研究である。

例えば、1954年公開の「ゴジラ」第1作を「わが国にSF映画を導入した記憶すべき作品（中略）特殊撮影を本格的に駆使した点ではハリウッド製をはるかに凌駕した本格作品であった」として、先行する『原子怪獣現わる』（53年）とアイデアは似通っていても、SFとしての想像力、特殊撮影のレベルでは上であると評価する一方、『ゴジラ』以降の怪獣映画に見られる「〝原子爆弾実験にたいする一種のプロテスト〟がある意味でマンネリ化している、もっと題材にバリエーションがほしい」と正しく指摘している。

しかしながら、映画評論としての『ゴジラ』に対する評価は、双葉十三郎の文章「（脚本家と監督は）小市民映画みたいなぼそぼそとした演出をえんえんとはさみ、なんだか深刻な理屈まで加えて普通の劇映画も及ばぬくらい人物を懊悩させる。そのために全体がちぐはぐになり、空想を空想としてたのしめず、うす暗いいやな後味がのこる」（『キネマ旬報』54年12月上旬号）に代表されるように――「（まずまず合格点の）特殊撮影だけがミソの珍品」（読売新聞）「志村喬の学者以下人間の方のお話がついているがこちらはあまりうまくない。」（毎日新聞）「わざわいの根本が水爆実験にあるといわんばかり。水爆にからむ、そのからみ方がいや味である。こんな空想映画はいっそのことカラリと仕上げた方がよかろう」（週刊朝日）等々、公開時には本編のドラマやテーマそのものを批判する記事が多かった。

あれから半世紀以上を経た今日では、初代『ゴジラ』は〝単なる怪獣映画ではなく〟


〈注11〉巽孝之（たつみ　たかゆき）1955年生まれ。アメリカ文学研究者・SF評論家。学習院中等科時代から『宇宙塵』に参加。単著デビュー作は、アメリカ留学中に出逢ったサイバーパンクの文学者たちを読み解いた『サイバーパンク・アメリカ』。

〈注12〉安田均（やすだ　ひとし）1950年生まれ。TRPG制作などを行うクリエイター集団グループSNE代表。

〈注13〉『甦れ円谷プロ！』（空想創作団）『空想創作団』は怪獣倶楽部メンバーである池田憲章、操演技師として数多くの特撮作品に参加した根岸泉、小林康信、林敬一郎によって昭和43年頃に結成。会誌『空想創作群』には別冊的なシリーズ『空想創作団文庫』が存在し、『甦れ円谷プロ！』は第1弾である。

反核・反戦のテーマを込めた文明諷刺の映画という評価が定まって、かえって神格化されすぎてしまったほどだが、ごく普通に見ていれば、モノクロの画面でひたすら破壊を繰り返すゴジラが、原水爆実験とその背景にある冷戦構造、そこから予感される第3次大戦（最終戦争）に対する不安のみならず、さらに普遍的な、人間にはどうしようもない大きな災厄の象徴——地震や台風のような自然災害と、交通事故から原発の暴走にまで至る様々なテクノロジー災害およびヒューマン・エラーと、その究極の形である戦争とをひっくるめて、すべての人間を押しつぶそうとする無慈悲で過酷な運命そのものであること。そして、その巨大な暴力に理性をもって立ち向かおうとする人々の誠意と献身が作品の根本のテーマになっていることは、誰もが理解できるはずだ。

実際には「キワ物といえばそれまでだがストーリーに〝水爆反対〟をもりこんだのは、まったくのゲテものにしなかった制作者の良心だろう。〝恐怖時代〟の今日を象徴するものとして注目すべきである」（アサヒ芸能新聞）と擁護する意見もあったが、要するに、当時の評価は賛否両論のどちらの側も怪獣映画を怪物映画、お化け映画のバリエーション、つまり〝派手な特撮の見世物〟としか考えられなかったところに限界があったのではないか。にもかかわらず『ゴジラ』が大ヒットし海外にも輸出されて大いに外貨を稼いだという事実は、まさに見世物として成功していたことの証しだった。

それゆえ以後の東宝特撮・怪獣映画は、円谷英二指揮の特撮部分に関しては——見世物としての仕掛けが良く出来ているかどうか、という観点から世界一と賞賛される一方で、脚本と演出には容赦のない批判が繰り返し浴びせられることとなる。

〈注14〉伊藤典夫（いとう のりお）1942年生まれ。英米文学翻訳家。訳書『アインシュタイン交点』S・Rディレイニー、『2001年宇宙の旅』A・Cクラーク、ほか多数。

〈注15〉石川喬司（いしかわ たかし）1930年愛媛県生まれ。日本初めての本格的SF評論家として盛んに評論活動を行い、1963年3月5日、福島正実、星新一、小松左京ら10人と共に日本SF作家クラブを設立した。

例えば、こんなふうに――

一九八〇年代の話――いやもっと正確にいうとそのはずである。（中略）ところが隼号玉砕の瞬間、画面は地球上のクリスマス・イヴにカット・バックする。するとイヴの雑踏も、並んでいる自動車の型も、歩く人の服装も、一九六二年のいまと同じである。（中略）こういう矛盾は何もこの作品に限ったことではないが（中略）サイエンス・フィクションのサイエンスが極度にナチュラル・サイエンスに限られ、およそソシアル・サイエンス的なものをオミットしていることから出てくる矛盾である。（中略）

こういう科学技術の一面的な肥大化から安っぽい科学者万能主義が出てくる。（中略）「科学者がリードしない限り地球と人類は救われない」とまでいいたげである。これは作者たちの現実政治への不満と絶望が裏返されたものであろうが、〝未来〟を全体像としてとらえることの出来ない――いいかえると政治と社会の〝未来〟を語り得ない資本主義的空想科学映画の必然的な帰着といえないだろうか？

したがって、こと政治になるときわめて皮相的な意味で〝今日的〟な国連中心主義、とにかく地球を救うために全人類が力を合わせて――という結構だが考えようによっては一ばん安易なスローガンがとび出してくる。」

（山田和夫『妖星ゴラス』評／『キネマ旬報』62年4月下旬号）

〈注16〉森下一仁（もりした　かつひと）　1951年高知県生。1979年に『S-Fマガジン』でデビュー。創作の他、評論活動にも力を入れ、その方面の著書もある。また、後進の指導にも力を注いでおり、『SFアドベンチャー』誌上で連載された『森下一仁のショートノベル塾』の常連投稿者からは森岡浩之や北野勇作らが、講師をしていた空想小説ワークショップからは浅暮三文、深堀骨がデビューしている。

〈注17〉中井紀夫（なかい　のりお）　1952年生まれ。SF作家として1985年デビュー。1988年『山の上の交響楽』で星雲賞受賞　著書に『能なしワニ・シリーズ』『タルカス伝・シリーズ』『山の上の交響楽』『漂着神都市』『山手線のあやとり娘』『死神のいる街角』など。飯田橋『barでこや』を営業。

科学を戦争ではなく世界平和に役立てるという、誰もが共感できる理想と信念を込めて演出した本多猪四郎監督〈注19〉も、現実の政治や国際情勢への皮肉をちりばめながら地球の軌道を変える壮大なスケールのＳＦスペクタクル映画を書き上げた脚本の木村武も、ここまで全否定されては評論家不信に陥るのも無理はない。この批評などはまだ当時のイデオロギー対立を反映した、いかにも硬派だった時代のキネ旬らしい文章だが、その他の作品評を見ると、いずれも文芸映画や女性映画、芸術映画には真摯に向き合っている映画評論家たちなのに、こと怪獣映画になると最初から〝特撮ものである〟とか〝子ども向けである〟といったバイアスがかかっていて、1本の作品として論評しようとする姿勢が見えないように感じてしまうものがほとんどだ。

空前の怪獣ブーム（いわゆる第1次ブーム）に沸いていた頃、同じ『キネマ旬報』に載った岡俊雄、小倉真美、双葉十三郎による座談会『これでいいのか！怪獣映画』（67年5月下旬号）はその最たるものだろう。

「外国の怪獣ものはSF的な発想だが、日本の場合は見世物的発想だ」「創造力に乏しいために、子どもに非常にわかりいいものだから、そっちでブームになった」「ラドンのように、空中を飛ぶ動物が何万トンなんていうのも、実におかしい。（笑）」「外国のやつは怪獣ものでも、二流の俳優が出ていても、向こうのはうまいでしょう。だから芝居を見ていてもおもしろい。こっちのは……」「日本はお寒いですよ、どれもこれも縫いぐるみだというのは」「大人が見て、これはもっともだとうなずかせるものが、怪獣

〈注18〉古沢嘉通（ふるさわ よしみち）　1958年生まれ。英米娯楽小説翻訳家。文学系SFの翻訳を数多く手掛けている。

〈注19〉本多猪四郎（ほんだ いしろう）　1911〜1993年。1954年の初代ゴジラを生んだ映画監督。1970年代半ばまで数々の東宝怪獣映画を手掛けた。黒澤明監督とは助監督時代からの親友で、『野良犬』では助監督をつとめ、『影武者』では監督部チーフ、『乱』『夢』『まあだだよ』等では演出補佐の肩書きで黒澤監督を助けた。

ものにはないわけだ」「ウルトラマンだって、最近は、子どもは退屈しちゃってる。見ないうちにわかっちゃう」「ほかに見るものがないから見ているというところだと思う」

……いやはや、散々な言われようである。海外の作品はどんなものでも大なり小なり褒めているのに、国産作品はぬいぐるみ（着ぐるみ）だからいけない、脚本、演出、俳優の演技ぜんぶダメの一点張りなのだ。

私自身はこれらの批評をすべてリアルタイムで読んでいたわけではないのだが、映画雑誌として歴史のある『キネマ旬報』ですらこうなのだから、あとは推して知るべし。週刊誌からおもちゃに至るまで怪獣商品が世の中を席巻し、新天皇が浩宮と呼ばれた子供時代に怪獣図鑑を購入して話題になったり、教育ママを怪獣に見立てて皮肉った〝ママゴン〟が流行語になったり、後にノーベル文学賞を受賞する、日本の知性を代表する作家の一人・大江健三郎がわざわざ『破壊者ウルトラマン』（岩波書店『世界』73年5月号）を書いてイデオロギー的に批判したりするほどの影響力があったにもかかわらず、かつての怪獣映画・特撮ヒーロー番組に対する〝世間一般の評価〟とは大体においてこのようなものであり、すでに無邪気な子どもから遠ざかりつつあった怪獣ファンは、そうした社会の空気をテレビや雑誌、あるいは家庭や学校の人間関係を通して何となく肌で感じ取り、我知らず肩身の狭い思いをしていたような気がするのである。

さて、これまで見てきた記事でもわかるように特撮怪獣映画は、その誕生の時点から

〝ＳＦの１ジャンル〟として評価される宿命にあった。

再び引用してみる――

（海外のＳＦ映画の流れと新作のジャン・リュック・ゴダール監督『アルファヴィル』、レイ・ブラッドベリ原作、フランソワ・トリュフォー監督の『華氏４５１』などを紹介した後）こうした世界的なＳＦ映画の動向とともに、日本のＳＦ映画――主として東宝の特撮ものが思い出される。特撮ものというだけあって、日常的生活の中に、ＳＦのイメージを呼びおこすのとは反対に、あくまでトリックを主体としたつくり方だ。『ゴジラ』に始まる原子化物ものが圧倒的に多く、『地球防衛軍』のような宇宙ものから、『宇宙大戦争』といった原水爆戦の未来図まで、（中略）日本のＳＦ映画は10年遅れ、そのうえ過渡期も知らずに今日に至っている。

いや、日本のＳＦ映画をつくる人々は、映像とイメージの関係、ＳＦ的イメージの形成過程、ＳＦによる文明批評などの問題を考えたことがあるだろうか。

いまやＳＦ映画は単にトリックの問題ではない。児童向きの巨大な化物を動かすだけでは、事が終わらない。現代へ対するすぐれた論理を持ち、新鮮なアイデアで、われわれのイメージに呼びかけなければならぬ。シナリオまで完成し、まだ映画化の運びに到らぬ安部公房のＳＦ小説『第四間氷期』（脚本安部公房、監督堀川弘通）は、多分、現代を忘れた日本のＳＦ映画に新しい時代を拓くものだと思うのだが、そのままオクラになっている。

（岡田晋『SF映画の歴史と未来図』／『キネマ旬報』66年11月下旬号・特集『SF映画の新時代』）

たんに『アルファヴィル』をほめあげ、怪物映画をけなしているだけでは、SF映画が現代芸術にしめしている課題をつかむことは出来ません。

なるほど、ゴジラ、ラドン、アンギラス、ガメラ、バルゴン……などの登場する怪物映画はお義理にもほめるわけにはいきません。しかし、私がほめないのは（略）そこに登場する怪物たちが怪物として正当にとりあつかわれていないからであります。（中略）

（シェリー夫人やウエルズの原作を評して）フランケンシュタインや透明人間の眼をとおして人間がとらえられています。（略）映画『キング・コング』においても（略）そこにはキングコングの見たアメリカ人がとらえられています。

ところがさきごろみた大映の『ガメラ対バルゴン』や『大魔神』は、怪物たちがただ暴れまわるだけであって、人間どもは阿呆のように右往左往していました。そこには少しの「批評」も見出せません。つまり、そこには、作者たちのSF映画についての完全な無智、自分がなにを作っているかについての恐るべき無関心が、スクリーンにひろがっていました。

（柾木恭介『「笑い猫」とSF映画――SF映画をめぐる偏見と誤解』／同右）

このSF映画特集には、若い世代にSFが浸透しつつあると喜ぶ早川書房や、技術やアイデアはあっても予算がかかるので会社が冒険させてくれないと嘆く脚本家の関沢新一、円谷英二特技監督らに取材した記事『怪獣ものから本格SF映画へ』（磯山浩）も載っている。スタッフ自身、ブームの中でマンネリ化していく企画や、会社の要請で同じような作品を作らざるを得ない状況に対する不満を抱えていたことがわかるが、副題のように付けられたコピー〝日本映画も大人の鑑賞にたえる特撮を〟が示すように、怪獣映画・特撮テレビ番組は子供だまし、海外のSF映画に比べて遅れているといった論調が支配的だった。

ごく大雑把に言って、70年代末から80年代を通じてはファンコレ（アニメならロマンアルバム）に代表されるムックの時代。１９７９年の有文社『大特撮　日本特撮映画史』、１９８３年の実業之日本社『円谷英二の映像世界』、１９８５年の宝島『ゴジラ宣言』なども含めて、主に写真・資料などの情報公開と整理、体系化といったことが怪獣マスコミ、怪獣ジャーナリズムの基本的な役割だった。

それからほぼ10年後（１９９２年）、昭和ゴジラシリーズの終焉→大空白時代→ゴジラ復活→平成ゴジラシリーズ誕生といった時代の変遷を経て『映画宝島　怪獣学・入門！』と佐藤健志〈注20〉『ゴジラとヤマトとぼくらの民主主義』が刊行され、翌93年に『PUFF』の連載をもとに書かれた小林晋一郎『形態学的怪獣論』、樋口尚文『グッドモーニング、ゴジラ　監督本多猪四郎と撮影所の時代』、切通理作〈注21〉『怪獣使いと少年ウルトラマンの作家たち』、高橋敏夫〈注22〉『ゴジラが来る夜に――思想としての怪獣

〈注20〉佐藤健志（さとう　けんじ）１９６６年東京生まれ。本格保守を掲げ、特撮やアニメの作劇術の観点から時代や社会を分析する評論活動を行う。２０１３年には『震災ゴジラ！　戦後は破局へと回帰する』を発表している。

〈注21〉切通理作（きりどおし　りさく）１９６４年東京生まれ。批評家／エッセイスト。近過去を『私語り』のスタイルで振り返りながら、体験としてのテレビドラマや映画・漫画のストーリーを語り直していくという手法を確立させた後、論壇時評的な仕事にも取り組む。

〈注22〉高橋敏夫（たかはし　としお）１９５２年香川県生まれ。文芸評論家。しだいに演劇・映画・マンガ・音楽などにもその対象を広げ、近年は戦争論・ホラー小説・沖縄文学・時代小説をむすびつけた文化批評・社会批評を展開している。

の40年』が相次いで上梓される。これがさらに『ゴジラ・モスラ・原水爆　特撮映画の社会学』（好井裕明〈注23〉）、『モスラの精神史』にはじまる精神史シリーズ（小野俊太郎〈注24〉）などへと続く新たな評論・研究系の出版、つまり作品ごとの再評価と復権の道筋を作ったと考えていいと思うのだが、そのように特撮もの・怪獣ものをそれ自体として、正面からアプローチしようとする評論家・研究家は、この時代——1970年代以前には大伴昌司を例外としてほとんど存在しなかったのではないか。

つまり東宝特撮映画の全盛期、そして邦画各社がこぞってそれぞれのカラーを生かした特撮怪獣スペクタクルを送り出し、それがテレビにまで飛び火した昭和40年代前半の第1次怪獣ブームの頃、怪獣映画を怪獣映画として論じてくれる、あるいは（もっと適切な表現をするなら）オトナの目線で語ってくれ、怪獣映画が好きな子供たちを安心させてくれる——「大きくなっても怪獣を好きでいていいんだ」と思わせてくれるような、そんな人と言葉と媒体を日本の映画界は持っていなかった、と思うのだ。

それに代わる、かろうじて近いものがあったとすれば、あの時代においては間違いなく（ここが多分に矛盾しているのだが）怪獣ブームに批判的なSFMであった。

同誌は新人作家育成を目的に何度か『空想科学小説（SF）コンテスト』を行い、小松左京、眉村卓、豊田有恒、半村良ら第1世代のSF作家たちをデビューさせたが、これには入選作の映画化も視野に入れた東宝が協力していて、審査員には東宝側から円谷英二とプロデューサーの田中友幸〈注25〉、当時の製作本部長・藤本真澄〈注26〉らが加わっていた（70年代にはコミック部門やアート部門も新設され、イラストレーターの加藤直

〈注23〉好井裕明（よしい　ひろあき）　1956年大阪生まれ。専門は、差別の社会学、社会問題のエスノメソドロジー、映画の社会学。

〈注24〉小野俊太郎（おの　しゅんたろう）　1959年北海道生まれ。文芸評論家。映画、ジェンダー論など多くの著作がある。

〈注25〉田中友幸（たなか　ともゆき）　1910〜1997年。大阪府生まれ。1954年の『ゴジラ』以降、同社の看板シリーズとなった怪獣・SF映画のほとんどをプロデュース。東宝映画代表取締役相談役、日本創造企画代表取締役社長、日本アカデミー賞協会副会長、日本映画テレビプロデューサー協会顧問を歴任。

之らがデビューする)。

さらに、円谷英二、本多猪四郎を招いてSF映画をめぐる座談会『映画/SFはSF/映画に何を期待できるか』を企画したり(61年12月号)、実現はしなかったが東宝映画化を謳った光瀬龍の怪物小説『マグラ!』を掲載したり(63年8月臨時増刊号)、福島編集長がウィリアム・ホープ・ホジスンの短編をもとに『マタンゴ』(63年)の原作を提供したり、これまた実際の映画化には至らなかったもののシノプシス公募の『SF映画ストーリイ・コンテスト』を東宝と共同開催したり(68〜69年)と、積極的に映画界との交流を図っていた。

その執筆陣の中で、特に大伴昌司は『トータル・スコープ』でテレビ番組やアニメ、CMまで含めて幅広く映像SFを紹介しながら、大伴秀司のペンネームで担当した人物ルポの連載『SFを創る人々』で円谷英二を取材し(64年1月号)、『日本SF映画をどうするか』と題した座談会に参加し(67年2月号)、第1次ブームのさなかには『少年マガジン』の巻頭グラビアや図解ページ、怪獣図鑑を編集して子どもたちを虜にするかたわら、『ウルトラQ』を中心に国産SFドラマの現状をレポートした『特撮テレビ映画繁盛記』を構成するなどして(67年7月号)、映像としてのSFと、その一部である特撮もの・怪獣ものの魅力を大人たちにアピールすることを欠かさなかった。

ところが、その大伴昌司にしても、時にはこんな感慨を漏らすことがあった——

(前述の「華氏451」がATG系での小規模公開だったことに触れて)十年に

〈注26〉藤本真澄(ふじもと さねずみ) 1910〜1979年。満州生まれ。喜劇・文芸作品を専門分野としていたプロデューサー。田中友幸と共に、東宝の黄金期を牽引した。元東宝株式会社副社長、株式会社東宝映画初代社長。

一本生れるか生れないかのSF映画の秀作が、大都会の周辺をうろおすだけで消え去ろうとしている悲しみは、このS－Fマガジンの読者以外にはわかってもらえないだろう。（68年1月号『トータル・スコープ』）

（現在ではSFファンでなくても読んでいる『アルジャーノンに花束を』の映画化）『まごころを君に』が、小さな地下劇場で純愛映画として封切られ、消えていったことに、私は激しい怒りを感じる。配給会社の苦労や気の使いぶりは、痛々しいほどだった。私も自分が批評を担当している週刊誌では、あえてSF映画とは紹介しないように気を配った。この作品を輸入してくれたことだけでも、配給会社に感謝したかったからだ。しかし、これをSF映画としなかった映画界全般の〝常識〟に激しい怒りを感じる。（69年5月号同欄）

――ということで、ようやく前段の文章につながってくるのだが、この文中のSF映画を怪獣映画に置き換えると、私がSFMに送った投書の内容とオーバーラップしてくる部分があることがおわかりいただけるだろう。

つまり、あらゆるメディアにSFが浸透拡散して超能力やタイムスリップ、パラレルワールド等のアイデアを扱った作品がひっきりなしに生まれ、世界標準の映画を作り続けるハリウッドが直接間接を問わずゴジラのリメイクを繰り返し、特撮と怪獣をテーマにしたメタ・フィクションを含む小説、コミック、テレビドラマが次々に登場している現在ではとても信じられないことに、かつての出版界・映画界で異端視されていたSF

ジャンルにおいて、日本の特撮・怪獣映画はさらに色眼鏡で見られる存在だった。ちょうど映画、テレビ双方で量産され粗製濫造と言われていた第1次ブームと重なったこともあり、怪獣映画は一般社会だけでなく故郷であるSF界からもジャリ（子ども）向けで低級なものと見られていたのである。

当時のSFMの誌面には「せっかく21世紀の新しい文学と認知されつつあるこの時期に、あんなものと一緒にされてはたまらない」とでも言いたげな雰囲気が言外に、あるいははっきりと文章の形で表れており、一般社会と同様に――

文学／文芸映画

＜

SF／SF映画

＜

マンガ・劇画／芸術系アニメ

＜

テレビアニメ・怪獣映画

（細かくいうと、さらに…）

海外作品

＜

国産作品、人形アニメ（モデルアニメーション）
<
ぬいぐるみ（着ぐるみ特撮）、劇場映画
<
テレビ番組

――といった見えないヒエラルキーが存在していた。

そして、その状況に輪をかけたのが『帰ってきたウルトラマン』『仮面ライダー』（ともに1971年放送開始）以降、第1次以上に量的な活況を呈した第2次怪獣ブーム（より正確には変身ブーム）の作品群だった。現在の評価はともかく、その頃の大人たちの目には、そして私を含む〝そんな番組を楽しむには年をとり過ぎてしまいつつあった子どもたち〟にとっては、かなり物足りない、どころか内容的にもスケールの面でも後退していると感じさせるようなものが多かったのである。

前述したように日本のSF界と特撮・怪獣映画は一時期、協力的な関係にあったものの、片方は成熟への階段を駆け上がり、片方はブームの中でどんどん幼児化していった。そこから、ある種の近親憎悪のようなものがお互いの中に生まれたのかもしれない。

もっとも、こうした〝文化の格付け〟は、それこそ手塚治虫が現代的な漫画のスタイルを確立してから、あるいはテレビが家庭の必需品になって以来、またはロックンロールが若者の音楽として大流行して以後……いつの時代にも連綿として繰り返されてきたものだ。SFだ、怪獣だと騒ぐ以前から、漫画は「教育上よろしくない」と槍玉に挙げられ、テレビは「国民の考える力を奪う」と攻撃され、ロックは「不良の音楽だ」と非難された。私はそれを実際に見聞し実感してきた世代であるし、そうした偏見が現代では別のジャンル（例えばアイドル）にも形を変えて生き残っているのは否定できない事実である。

けれども一方で、そのような〝功利的でない（普通の人生には役に立たない）〟とされていた娯楽表現に新たな価値を見いだし、既成概念を打ち破る手がかりとして積極的に評価し、創り出していこうとする人々——当のマンガ家、テレビ関係者、ミュージシャンたちはもちろん、アカデミックな研究家、評論家たちまで含む——が活躍し始めたのが、やはり60年代末から70年代にかけてのこと。いわゆるサブカルチャー、カウンターカルチャーの勃興であった。

というわけで、実はここまでが本書の導入部なのである。我ながら回りくどい性格で呆れてしまうし、「昔の記事の引用なんてどうでもいい、はやくPUFFと怪獣倶楽部の話を書いてくれ」と思って下さっている読者の方々には申し訳なく思うのだが、こうした事情や時代背景を説明しておかないと話が先に進まない。

というより、私——または第1世代（便宜的にそう呼称する）の特撮・怪獣映画ファンの多くがどうしていちいちSFにこだわるのか、なぜ第2次ブーム・変身ブームの番組を批判していたのか、どんな意味があって怪獣や巨大ヒーローの出てこない作品まで

『ウルトラマン大百科』や『宇宙船』や『アニメック』や『スターログ』で紹介してきたのか、などといったことが、今の人たちにはほとんどわかってもらえないだろうと思ったからだ。

また、この差別内差別のスパイラルが生んだ被害者意識を頭に入れておかないと、例えば『PUFF』の誌面に漂っていた日本のSF関係者、映画評論家――とりわけキネ旬増刊『世界SF映画大鑑』や、SFMに続く専門誌として誕生した『奇想天外』などで、しつこく怪獣映画とテレビアニメを批判し続けた人たちへの敵意の意味はつかめないだろうし、もっと言えば、後に『月刊OUT』で巻き起こった〝ガンダムSF論争〟の背景なども、実際のところは理解するのが難しいのではないだろうか。

何はともあれ、そんなこんなで「怪獣映画だって、みんなが言うほど悪いものじゃないんだがなあ」（と『世界大戦争』の笠智衆の口調で）しみじみ思いながらSFMを読み続け、日本の映画・ドラマにもSFとして評価すべきものがある――などと、当時の映画評論家たちと同じ上から目線で書いた手紙を『てれぽーと』に送っていた私は、ある日、こんな一文と出会う。


私、もちろん純粋なSFファンであります。高校生になって初めてSFを手にして一年余り、かなりSFに対する視野というものも広くなったつもりです。しかし、それとともにテレビや映画の世に言う、変身もの、怪獣ものの大ファンなのであります。そりゃあもちろん、ああいったもののSF性は低いでしょう。ただ、バカにしないでまじめに見てゆくと、勧善懲悪のストーリーの中に、ＳＦ固有の文明批評めいた要素が発見できるのです。『ゴジラ』『ウルトラＱ』『ウルトラマン』『ウルトラセブン』など初期の作品には傑作もちらほら見られ、特に『ゴジラ』などは、日本映画の中で、世界に誇れるのはあれくらいだ。などと言う人がいるほど、すばらしい作品です。ただ一つ残念なことは、現在の作品のあまりの粗悪さ、ストーリーのくだらなさです。安い制作費で高い視聴率を上げる。こんないやらしい考えで大量生産されたのでは、夢多い子供達が（そして私も含めて）あまりにもかわいそうです。少しでもりっぱなものを作り、少しでも多くの子供達に夢を与えてほしいと思うのは私だけでしょうか？

シリアスなＳＦを好み、スペース・オペラをバカにすることはだれだってできます。しかし、スペース・オペラだって、怪獣映画だってよく見れば、Ｊ・Ｇ・バラードなんか足もとにも及ばない部分が発見できるのです。

だれかひまな方、あわれな変身マニアといっしょに、日本怪獣史を作りませんか？ア、そこまでひまな方はいませんね！

懲りずに全文を引用してしまったが、ＳＦＭ１７５号（73年8月号）の『てれぽーと』に掲載されたＯ・Ｈさんの投書である。

かつてはどんな雑誌でもそうだったように、読者の投書の末尾には住所と名前が載っていて――もちろん匿名希望の場合もあるが、個人情報を悪用する人間など想像もしなかった時代のことだ、じかに感想を伝えようと思えば誰にでも手紙を出すことが出来た。ついでに言うと自分の投書にはそういった反応が返ってくることはなかったが、その時の私はたぶん、結びの部分にある〝あわれな〟とか〝ひまな〟といった自虐的な表現に自分と同じ孤独を見たのだろう、思わずペンを執って手紙を書いた。今となっては詳しい内容は憶えていないが「せっかくだから、この機会に怪獣ファンの同好会を作りませんか?」みたいなことは、確かに書いたと思う。

そして、そういう人間は私だけではなかったらしい。1号(つまり1ヶ月)挟んで177号にOさんからの次のような告知が投稿される。

怪獣ファンよ来たれ!

S-Fマガジン八月号にのせた私の変身、怪獣ものについての投書に対して、全国からほんのちょっぴりだけ反響がありました。それで、このまま終らせてしまったのではあまりにも残念! と思ったのでここに変身、怪獣もの専門の同好会を結成したいと思います。

日本のSF界においてもっともポピュラーな、かつ独特な分野といえる、変身、怪獣映画というものを総合的に高めてゆくためにも、一刻も早く、全国の変身、怪獣ファンの入会を望む!

言うまでもなく私は、この呼びかけにもすぐさま応じたと思う。思う、というのは甚だ無責任な言い方だが、先にも書いたように記憶が曖昧で、なかなかディテールが浮かんでこない。風雲録と題したからには、もっと具体的な、面白いエピソードが次から次へと出てこなければいけないのだが、その辺が心許ないので、次章からは富沢さんが作った『全怪獣ファンジンカタログ』と、創刊当初からの主力メンバーだったS・Tさんが、富沢さん没後に追悼の意味も込めて出した労作『「PUFF」本誌&関連出版物総索引』を参考にして進めていくことにする。その前にまとめておくと――。

改めて指摘しておきたいのは、これまでの経緯からして当然のことながら、怪獣映画や変身ものの特撮番組が、この時点では基本的に〝映像のSF〟として受け止められており、その愛好者たちが全国的なつながりを持つ手段の1つがSF雑誌だった、という点である。

そして、もう1つ重要なポイントは、先の告知の「変身、怪獣映画というものを総合的に高めてゆくためにも、一刻も早く」という部分だ。当時と現在では価値観が違うのでいちいち作品名を挙げることは差し控えるが、第2次怪獣ブーム/変身ブームの真っ最中――と言うより、明らかに飽和状態にあったこの時期、評論家やSF作家たちからこき下ろされても仕方がないとファンでさえ思ってしまうような番組が氾濫しており、そうした作品だけではないということを世間や大人たち、少なくとも同じSFファンに対して訴えたいという思いがこの呼びかけには込められている。

実際のところ、東宝では70年1月に円谷英二が病没したのをきっかけにして、特撮の総本山だった特殊技術部が解散。その後も怪獣映画は作られたものの、誰の目にも低予算でスケールダウンしていることが明らかなものばかりだった。それゆえに黄金時代とも呼ばれるようになった全盛期――60年代の作品に見られた広大なミニチュアセットを使った都市破壊の醍醐味や、大量のエキストラを動員したパニックシーン、大群舞などのスケール感は消え失せ、俳優の専属制も廃止されて物語のリアリティを支えた層の厚いバイプレーヤーの味のある演技を見る機会も少なくなっていた。

このままでは、自分たちが大好きな怪獣映画、特撮番組がダメになってしまう。いや、何とか資料や自分たちなりの評価を残しておかないと、飽きられバカにされたまま消えていってしまうのではないか……。

現実に昭和ゴジラシリーズは、まず文明諷刺のSF映画として出発しながら子供向けとなったまま75年公開の『メカゴジラの逆襲』で終止符を打たれ、復活の『ゴジラ(84)』まで途絶えてしまうし、『日本沈没』以降の大作路線も次第に尻すぼみになっていく。もしかすると、そうしたひしひしと迫る危機感のようなものが、ここで同世代の怪獣ファンを結びつけたと考えても、それほど間違っていないと思う。

その無意識に感じていた閉塞感が、反動となって『PUFF』をはじめとする初期の怪獣同人誌を続々と誕生させ、古本屋で探し集めた文献資料とシナリオの転載、あるいはオリジナル小説・オリジナルシナリオを創作したり、怪獣・怪人を自分なりに分類して表を作ったりといった、会員それぞれがそれぞれの形で自己表現していく原動力になった……と言えるのかもしれない。

第3章　PUFF,the Magic Dragon

ファンの第四段階
ここで特徴的なのは、偶然にファン雑誌に曝され、それに続いて高熱を発し、幻覚を見、眼前に星を見る事である。（眼前に星を見るのは、ファン雑誌の粗雑なガリ版刷りのせいだが）
ファンの第五段階
この時期に中心となるのは、自分自身のファン雑誌を出し、それを非情にも全ファン世界に広める事である。

――ロバート・ブロック『ファンの七段階』白川星紀・訳より
（『別冊奇想天外3　ドタバタSF大全集』所収）――

本書の連載が始まった当初、ある『怪獣倶楽部』のメンバーから次のような内容のメールをもらった。

「我々が知らないだけで、『ＰＵＦＦ』以前にも特撮ファンの交流はあったのではないか。第1次怪獣ブームの時は少年誌や中高生向けの学習誌でも特撮番組が取り上げられていたし、怪獣デザインの投稿者は小学校高学年から中学生が多かった。ブーム当時、受け手側からも何かしらリアクションがあったと考えた方が自然でしょう。『ＰＵＦＦ』や『怪獣倶楽部』から始まった、という歴史が作られると先駆者をノンマルトにしてしまうかもしれません」

こちらはまったく意図していなかったとはいえ、そのような印象を持たれた読者がいたとしたら申し訳ない。なにしろ頭でっかちの田舎の中学生だった人間が、半径4～5メートルに満たない自分の小さな世界で体験したことをあやふやな、甚だ頼りない記憶のまま書いたので、あちこちで事実誤認や勘違いを連発しているはずである。

そこは自分史的な意味合いのある文章なので大目に見ていただくしかないが、確かに、これまで見てきた活字媒体だけでなく、本来はビジュアルから洗礼を受けたファンとして、そのまま映像に直結する行動を起こした人間も当然いた。独学で着ぐるみを作って弟や友人たちと8ミリ映画を撮影し〝怪獣兄弟〟として『少年サンデー』のカラーグラビアにも登場した、当時大学生のアマチュア・フィルムメーカー、中島志津男氏などはその一例だろう〈注1〉。

また、そうした動きを示すものとして、円谷英二が1967年公開の東宝映画『キングコングの逆襲』のパンフレットに寄せた『怪獣ブームに答える「Aくんへの手紙」』という有名な文章がある。現在では、竹内博さんのライフワークとなった『定本円谷英二随筆評論集成』（ワイズ出版）で読むことが出来るが、中学時代に仲間と8ミリで怪獣映画を自作し、将来は特技監督を目指しているという高校生Aくんの手紙に答える形で書かれたものだ。

この中で円谷英二は「最近、映画やテレビのお陰ですっかり『怪獣ブーム』となり、我々

〈注1〉80年5月発行『宇宙船』Vol.2のAFM（アマチュア・フィルムメーカー）特集でも、一瀬隆重、河崎実、堀内祐輔、川口哲也の各氏と共に紹介されている。

の特撮の仕事も盛んで、将来そういう仕事をしたいという少年がふえて来た。特技監督になるには、どういう勉強をしたら良いかとか、ぬいぐるみの中に入る俳優になるためには、どんな訓練が必要か、などといった問い合わせが、ずいぶんくるようになった」と書き、高校を中退して特撮の現場で働きたいというA君（そして同じような特撮志望者たち）に対して、幅広い知識と国際感覚を身につけるためにも「試合前のボクサーが体力作りに、トレーニングに励むように、どうか君もしっかり勉強をしてくれ」と温かな励ましのメッセージを送っている。

——余談だが、竹内さんが同書の解題で書いているように、怪獣ブームのただ中で多忙を極めたこの時期の円谷の文章には、金城哲夫や円谷一による代作が混じっているらしい。円谷英二も達意の文章を書く人だが、この起承転結のはっきりした『A君への手紙』はどことなく金城哲夫の匂いがしないでもない。それどころか、金城が書いた一篇のショート・ストーリーのような趣さえある。……が、これはあくまで憶測である——

封切り当時、このプログラムを買った12歳の私は感動して何度も読み返し、後にライターになってからスタイルだけいただいてエッセイを書いたことがあるが、だからといって特撮の現場で働こうという気持ちは起きなかった。子供の頃からプラモデル作りの下手さ加減を通じて不器用な人間であることは自覚していたし、いまだにフィギュアやガレージキットには縁のない嗜好の持ち主である。ましてや現場のスタッフやスーツアクターなど、テクニカルな職業に関しては最初からまったく選択肢に入っていない。けれども、全国の怪獣映画ファンの中にはA君のような将来の展望を抱いた少年が少なからずいたはずである。

この『A君への手紙』や中島兄弟の例が示す通り、60年代後半の第1次ブームの頃は、家庭用8ミリフィルムのカメラや映写機が普及し始めた時代だから、少なくとも短編映画を個人で自主制作することは可能だった。また映画・テレビ双方で特撮作品が量産されていたので、すでに日本映画の斜陽が叫ばれ始めていたとはいえ、ファンからプロへの道は決して夢物語のようなものではなかったと思う。

実際『怪獸倶楽部』の仲間である平田実さんはプロにこそならなかったが、高校生の頃に弟さんに手伝ってもらって8ミリの特撮映画を撮っていた。原口智生さんも同じようにアマチュア・フィルムの製作に関わった経験を持ち、特殊メイク・アーティストを経て監督、特技監督になった。それ以前には『地球防衛軍』(57年)に感動して特撮を志し、円谷英二に弟子入りした後に平成ゴジラシリーズの立役者となった川北紘一特技監督、それ以後には84年の復活『ゴジラ』の造形アルバイトから映画界入りした樋口真嗣監督のような例もある。

私を含めて『怪獸倶楽部』のメンバーはほとんどが編集者、ライターの道へと進んだが、それはたまたま業界でそういう人間が必要になったというタイミングであったことも大きな理由だが、それ以上に各人の持っていたもともとの素質や志向——いわゆる〝ライトスタッフ〟がそうさせたのではないかと思うのだ。

そこで話を元に戻すと、昭和30年代生まれが多い『PUFF』や『怪獸倶楽部』のメンバーより上の世代にも、怪獣映画や初期の特撮テレビ番組をリスペクトして同人誌を作っていた人たちがいたのは確かだろう。『S-Fマガジン』75年2月号の『フォーカス・オン』で酒井敏夫さんが当時の怪奇映画や怪獣映画の同人誌事情に触れ、『モノリス』（SF映画ともの会）『PUFF』（宙）『SHOCK』（恐怖映画研究会）『甦れ円谷プロ！』（空想創作団）など最新号と併せて68年3月に発行された『TVSF番組名鑑』（空間クラブ）を紹介している。日本のSFテレビ番組を人形劇、子供番組まで幅広く視野に入れてリストアップし、解説を加えてデータ化したもので、いわば資料系同人誌の草分けだろう。編集・発行者の島本光昭氏は古典SF、東欧SFの研究家として知られる『宇宙塵』同人のBNF（ビッグネームファン）だ。

この1968（昭和43）年は『2001年宇宙の旅』『猿の惑星』『サンダーバード6号』『バーバレラ』などが公開され、日本映画では『吸血鬼ゴケミドロ』『昆虫大戦争』『妖怪百物語』『妖怪大戦争』『ガンマー第3号・宇宙大作戦』『蛇娘と白髪魔』『太陽の王子ホルスの大冒険』と、カルトな名作が目白押し。東宝では『怪獣総進撃』、大映では『ガメラ対宇宙怪獣バイラス』が公開されたが、ブームの主役は怪獣から妖怪へと移り変わる時期で、テレビでは『マイティジャック』『キャプテンスカーレット』などアダルトなタッチの特撮ドラマが登場していた。

こうした状況下で大伴昌司が『S-Fマガジン』を中心に新作SF映画の紹介を積極的に行い、『キネマ旬報』のような映画誌や『少年マガジン』などの少年誌でもSFの啓蒙的な役割を果たしていくわけで、『TVSF番組名鑑』もまた、後の怪獣同人誌、

『モノリス』（SF映画ともの会）SF映画研究の先駆者である大伴昌司の遺志を継ぐ形で誕生した会（ともは友と大伴を掛けてある）の会誌。会の発足人は門倉純一。『怪獣倶楽部』メンバーの竹内博、井口健二を含むSF界の中心人物が多く関わっている。鳴り物入りで創刊されたが残念ながら2号で終わった。

第1号　1974年11月3日　B5　52P

第2号　1975年7月18日　B5　52P

アニメ同人誌の流れと同様に、まずSFファンの研究成果として生み出された点が注目される。

つまり、私たちが子供の頃に見て興奮した東宝怪獣映画やウルトラシリーズ、あるいは『マグマ大使』や『悪魔くん』や『仮面の忍者赤影』といった特撮作品の面白さを世に知らしめ、より多くの同好の仲間と共有したいと考えたのと同様に、そうした非現実の物語と世界観をもった映像を愛好する人々がそれ以前に存在しなかったはずはない。

現に私たちより年上の世代には俳優の芦屋小雁、作家の菊地秀行といったホラー映画の8ミリフィルム・コレクター、また大伴昌司を含めて評論家・作家の紀田順一郎、漫画家でアニメ研究家の杉本五郎のように自分のフィルム・コレクションをシネマテーク（上映組織）や資料の形で提供していた、より映像寄りのマニアが多い。自主映画制作、フィルムの蒐集、シネマテークの運営——活動の規模やスタイルも様々であり、個人や仲間内で楽しむだけでなく外部にも発信していた先駆者的な人々を無視するわけにはいかないだろう。

が、本書の目的はあくまで私が実体験した怪獣同人誌をめぐる記録であり、何よりもまず『PUFF』と『怪獣倶楽部』について語らねばならない。以下、富沢さん編集による『PUFF』11号の別冊付録『全怪獣ファンジンカタログ——怪獣映画が私たちを創った——』（77年5月1日発行、ガリ版刷り18ページ。各グループの代表者アンケートと会誌の内容紹介）と、『宙』結成当初からの有力メンバーであるS・Tさんが自身の同人誌の別冊として出した『PUFF本誌&関連出版物総索引』（87年10月20日発行『ス

『SHOCK』（恐怖映画研究会）
現在は舞台演出家として活躍する勝田安彦が高校時代に作っていた会。『SHOCK』はその会報で、会誌は『恐怖映画研究』。創刊号は『クリストファー・リーインタビュー』やハマー・ホラー採録シナリオ。第2号は『山本迪夫の世界』。
No.3,4　1974年8月　B5　8P

タークロスEX2』普通紙コピー14ページ。青焼きコピー、ガリ版印刷時代の『PUFF』1～14号までのインデックス）などを参考に、その成り立ちと歴史をたどっていくことにしよう。

『S-Fマガジン』73年10月号に載ったO・Hさんの「怪獣ファンよ来たれ！」という呼びかけで集まった（手紙で連絡してきた）最初の会員は、男女合わせて26名。その中には私や富沢さん、開田裕治さん、竹内博さん、平田実さんという後の『怪獸倶楽部』メンバーのほか、同誌70年11月号の『てれぽーと』欄に「（続・猿の惑星は）原水爆反対のSF映画としちゃ、われらが東宝の大傑作ゴジラにまさるともおとらぬ結構な代物である」という投書が載ったHさん、同じく72年3月号同欄で「SFファンで、ベムや怪物・怪獣にこっている方か、TV映画の怪獣物に興味のある方、またはSFマンガを集めている人文通して下さい」と訴えていた当時小学6年生のSさん、そしてS・Tさんと並んで有力メンバーとなるH・Yさん、復刊以後の『PUFF』誌面をオリジナル・シナリオで彩ったドラマ志向のO・Yさん、氷川竜介さんたちと『宇宙戦艦ヤマト』のファンクラブを立ち上げ、後に『マイアニメ』（秋田書店、81年創刊）など雑誌・マンガ編集者となった渡辺伸夫さん、開田さんの同人誌『衝撃波Q』にも参加する南敬二さんといった人たちが名を連ねていた。

会としての最初の発行物は、集まった会員の住所録と会名候補のリスト（B4サイズの青焼きコピー2枚を二つ折りにしたもの）。言わば会報・会誌の準備号といった体裁で、

１９７３年の末か翌74年の年明けに送られたはずである。

会の名称は会員それぞれがあらかじめ「これこそが相応しい」と考えてOさんに送った候補の中から、気に入ったものを複数選んで投票する形になっていて、「総索引」のＳ・Ｔさんの労苦にならって以下にすべて書き出してみる。今となってはツッコミどころ満載のリストではあるが、ここからも当時の特撮・怪獣ファンのセンスと気質、心情の一端が見えてくるのではないだろうか。

「オール・オブ・ジャパン・モンスター・インプローブ・プロテクト・クラブ　全日本怪獣保護保全協会（ＡＪＭＩＰＣ）」「怪獣」「変身同盟」「Ｇ・Ｇ・Ｔ（ゴジラ・ガメラ・ツブラヤ）」「全日本怪獣愛好青年行動隊」「モンス党」「科特隊」「ノンマルト」「人間以上」「超人達」「円谷英二をなつかしむ会」「大日本怪獣マニア同盟」「Ｍ78団」「モンスターメタモルフォーシスファウンドスアソシエーション　怪獣変身愛好会（ＭＭＦＡ）」「怪獣倶楽部」「日本怪物団体」「モンスターアンドサイエンスフィクション同好会（Ｍ＆Ｓ同好会）」「ウルトラ同好会」「円谷クラブ」「モンスター愛好チーム（ＭＡＴ）」「全日本怪獣連盟」「堕落怪物救済会」「キングコング」「怪人同盟」「26人の怒れる男女達」「Ｔｕｇｇ(円谷・ウルトラマン・ゴジラ・ガメラ)」「アムワース」「レム」「シグマ」「ゾフィ」「ＢＯＥ」「ＪＯＥ」「アロイド」「ゲボルグ」「ウォールド」「サボロイド」「マレンゴ」「ジーク」「モンスターレリッシュクラブ・怪獣愛好会（ＭＲＣ）」「ゴジラの会」「キングコングクラブ」「ゴジラ」「Ｍ78」「オキシデンデストロイヤー」「怪獣活劇研究会（モンスター・オペラ・

ソサイエティ）」「パフ」「オリオン」「モンスター資料研究会」「怪獣サークル」「帰ってきたウルトラQ」「スペシャル・フォトグラフィック・エフェクツ（SPE）」「モンスターズ・エイジ・モンスターズ・ララバイ」「狂人同盟」「タロス」「ウルトラチェンジモンスタークラブ（UMC）」「宙（おおぞら）」「モンスターインベスティゲートチーム（MIT）」「日本怪獣党」「怪獣人」「全日本怪獣変身愛好後援同盟」「怪人類」「怪獣同盟」「ウルトラの友」「怪獣連盟」「科学特捜隊」「怪獣キチ会」「モンスター・アタック・チーム（MAT）」「G（ゲー）」「日本怪獣超人変身怪人総合保護開発促進運動連盟」「怪獣研究会」「怪獣同好会」「空想特撮映画愛好会」「怪獣を守る会」「日本SF愛好会」「怪獣変身クラブ」「日本怪獣変身映画後援会」「モンスター・オレラ・マニア・クラブ（MOMC）」「地球防衛軍」「アイスラッガー共同体」「モンスター・サイエンティスト・クラブ（MSC）」

「ノンマルト」とか「人間以上」は怪獣ファンとのダブルミーニングになると思って私が出した会名候補だが、SFファンならば他にも同じことを考えた人は多かっただろう。

この投票結果が発表されたのが会誌『PUFF（当初はカタカナ表記のパフ）』の創刊第1号で、発行は74年3月11日となっている。――なっている、とはどういうことかと言うと、当時、私が受け取った封筒の消印の日付をページや表紙の片隅にメモしておいたからで、まだB4サイズの青焼きコピー2枚（2つ折りにしたB5サイズで4ページ）という、ほとんど手紙と変わらない体裁なので、発行日を記載した奥付がなかったのだ。発送から各会員宅に届くまでのタイムラグを考えても、せいぜい1日2日の違いというところだろうか。
内容は会員名簿の追補（さらに4人が新加入）と訂正、『会名決定！』の記事、会員投稿による『カイジュウコラム』と『ミニミニエッセイ』の各1回目が掲載された。さて、気になる投票結果は――

1「宙（おおぞら）」8票
2「全日本怪獣超人変身怪人総合保護開発促進運動連盟」7票
3「ノンマルト」5票
3「G（ゲー）」5票
5「ウルトラの友」4票
6「人間以上」3票
6「堕落怪物救済会」3票
6「地球防衛軍」3票
6「30人の怒れる男女達」3票
6「アイスラッガー共同体」3票

――こうして会の名称は『宙』になったわけである。前の年に発売されて話題になったタバコの銘柄〈注2〉と同じで、宇宙を意味しているようでかっこよく、一文字で覚

〈注2〉後に宙という字に「おおぞら」という読みはないということで、ひらがな名に変更された。発売元はJTとして民営化される前の専売公社である。

えやすいということで私も「宙」に投票した1人だった。また、会誌名は渡辺伸夫さんの発案による『PUFF』が採用され、おとぎの国のドラゴンと少年の友情、別れを歌ったピーター・ポール&マリーの名曲を知る世代の私は、これもまったく異存がなかった。

次の『パフ』第2号（青焼きコピー10ページ）は3ヶ月後の6月24日発行。4月2日に行われた会合の報告と、会員名簿の追補（氷川竜介さんがここで参加する）、どちらも名物コラムとなったS・Tさんの『えすえふ&怪獣映画音楽について』とH・Yさんの『怪獣・怪人・宇宙人資料集』が連載開始。前者はレコード化された特撮映画・テレビ番組の主題歌リスト、後者はショッカー首領から始まって『仮面ライダー』の怪人をテレビの内容に沿った設定付きで分類・解説した〝文字による怪人怪獣図鑑〟である。他に、好きな怪獣ベスト&ワーストのアンケート予告、怪獣Q&A、ミニミニエッセイなどで構成されている。

特筆すべきは、すでに会合が行われているということ——今で言うオフ会のようなものか。実は創刊号の時点で、S・Tさんのアイデアによる〝回覧ノート〟（書き込み自由のノートを会員間でリレーしていく）も告知されていて、いかに当時の怪獣ファンが互いに形のあるコミュニケーションを求めていたかが伺える。ただし私自身はこの会合に出た記憶がなく、回覧ノートも途中で行方不明になったのか、実物は見ていない。

続く「パフ」第3号（青焼きコピー8ページ）は8月20日発行。ここで初めて表紙（渡辺さんが描いたイラストとフォークソング『PUFF』の歌詞）が付いた。ミニミニエッセイでは私が〝じん☆あきら〟名義で『SF映画の方へ』という文章を書き、富沢さんの『動物系怪獣怪人分類表』が加わった名物連載コラムと前号で募集したアンケートの結果発表、8月11日に行われた会合（当時、社員だった竹内博さんの提案による円谷プロの見学）の報告など。

この会合に関連して、竹内さんの著書『元祖怪獣少年の日本特撮映画研究四十年』（01年、実業之日本社）に次のような記述がある。

「昭和四十九年の夏、東京在住の『ＰＵＦＦ』のメンバーが集まる機会があった。現在のＪＲお茶ノ水駅に雑誌『テレビマガジン』を目印に五〜六人が集まり、ラーメン食べて、コーヒー飲んで、神保町をブラブラ歩いて古本を探すというようなことをした。集まろうと言い出したのは私で、『ＰＵＦＦ』の会員名簿を見て、東京にいる会員に手紙を書いたり、電話をかけたりした」

時期は重なるが場所が違うし円谷プロの見学に触れられていないので、こちらは別の日、『宙』の会合というより竹内さんの個人的な召集だったのかもしれない。あるいは『怪獣倶楽部』結成の布石の1つだったのだろうか。

ちなみに、この第3号で発表された怪獣のアンケート結果を紹介しておくと――

ベスト5
1　ゴジラ　21点
2　キングギドラ　16点
3　モスラ　8点

4　キングコング　7点

5　バルタン星人、ダンカン、ウィリス・オブライエン&レイ・ハリーハウゼンの恐竜、プリズ魔　5点

ワースト5

1　ベロン　-5点

1　タランチュラ　-5点

1　ファイヤー星人　-5点

1　レッドスパーク　-5点

1　マンモスコング　-5点

さらに3ヶ月後、11月12日発行の第4号（8ページ）を受け取った会員たちは、封筒から取り出したとたんに思わずのけぞった（あくまで推定）。京都市立芸術大学に在学中だった開田裕治さん制作による、シルクスクリーン印刷のゴジラとロゴ入りの美麗な表紙が付いていたからだ。おそらく『ＰＵＦＦ』という同人誌のイメージを必要以上に美化し、伝説化させる大きな要因となったであろう開田さんの表紙は以後、復刊の第7号まで続くのだが、中身の方はまだこの時点では、今では薄れていく一方で読みにくくなった青焼きコピーと普通紙コピーをホチキスで綴じただけのものである。

巻頭のミニミニエッセイに氷川さんが『失われた資料を求めてＰａｒｔ１　ふろくの巻』と題した文を寄せ、第2回会合（円谷プロ見学）の時に竹内さんから小学館の学習

雑誌の付録を見せてもらい、そのクオリティの高さに驚愕したエピソードを通じて、児童誌の付録が意外に高い資料性を持っているので注目すべきだと伝えている。さらにこの号から徳木吉春さんが参加。〝「宙」に入ったのは最近でも怪獣研究ではかなりのベテランのようです。みなさん、いろいろ教えてもらおう！〟という一口メモ付きで紹介されている。

なお、参考までに恒例のアンケート結果も紹介しておこう。現在の評価、価値判断と比べてどう見えるだろうか。

ゴジラ映画ベスト&ワースト

ベスト5

1 「ゴジラ」 25点

2 「ゴジラの逆襲」 16点

2 「モスラ対ゴジラ」 16点

4 「キングコング対ゴジラ」 12点

5 「ゴジラ対ヘドラ」 6点

ワースト5

1 「ゴジラ対ガイガン」 -6点

2 「ゴジラ対メガロ」 -5点

2「ゴジラの息子」-5点
4「ゴジラ対メカゴジラ」-2点
5「怪獣総進撃」-1点

この第4号で注目すべきなのは、竹内博編による『ゴジラ対メカゴジラ』関係記事目録（2ページ）だ。作品に関する記事を集められる限り集めて発売順に整理したリストは、書誌学の手法を特撮映像の研究に持ち込んだ竹内さんが得意としたもので、その徹底した資料主義には衝撃を受けた。

こうしてリストの形でデータベース化しておけば、実物を持っていなかったり、見たことがなかったりする人でも図書館や古本屋で探す手がかりになる。インターネットが発達し電子化で利便性が高まった現在でも、必要なデータを入手することは思ったより容易ではないが、竹内さんは最もベーシックなデータベース作りがすべての研究の基本だということを、言葉ではなく実際に目に見える形で教えてくれたのだった。

もっとも、その竹内さんも資料性十分な目録の余白で「みなさん！この宙というタバコみたいな会はやめて、志穂美悦子ファンクラブを一日も早く作ろう！会長は俺だ！」と、『キカイダー01』や『女必殺拳』シリーズで人気上昇中だったアクション女優・志穂美悦子、愛称・悦ちゃんへのミーハー愛を語る茶目っ気を発揮している。その老成したハードな部分と稚気のあるソフトな面の複雑な混淆が竹内博という人間のパーソナリティであることを、この後、私は仕事を共にした30年以上の年月にわたって目の当たりにすることとなる。

だが、それはまだまだ先のこと。『PUFF』に話を戻すと、第4号からなんと1ヶ月後、12月7日の日付で次の第5号（青焼きコピー＋普通紙コピー16ページ）が発行されている。

開田さんの表紙は『ゴジラの逆襲』のスチールをマルチスクリーンにしたゴジラvsアンギラス。巻頭記事は徳木さんの新連載『モーション・モンスター』（2ページ）。「今回からこの場をかりて、私の記録、収集したものをさまざまな形で発表したいと思います」という前書きがあり、若い怪獣ファンのために怪獣映画が海外でどんなタイトルを付けられ、どのような形で公開されているか、自身の批評も交えて紹介していくという内容――ご本人のために書いておくと、当時、現役の大学生なので他の会員と年令的にそれほど差があるわけではない。特長のある細かな文字と、定規を当ててラインを決め、整然と文章を綴っていく徳木さん独特の書き方は、『怪獸倶楽部』の会合で初めて会った時から、一緒に仕事をするようになって数十年を経た現在に至るまで、何十回となく間近に見ているが、この直筆原稿による連載の時からまったく変わっていないことに驚かされる。

次は前号の予告通り、編・竹内博による『志穂美悦子・関係記事目録』（2ページ）。『キカイダー01』のアンドロイド、ビジンダー＝マリの姿で登場する『小学五年生』や『テレビランド』の掲載号から『ザ・ボディガード』『女必殺拳』などのアクション女優として紹介されたスポーツ紙、週刊誌まで網羅している――ちゃっかり酒井敏夫名義で自分が書いた『フォーカス・オン』も入れているが、この時点で私は酒井敏夫イコール竹内博という事実に気づいていなかった。
ビジンダーの名前が出たついでにヒロイン・アンケートの結果を紹介すると——

「ヒロイン」ベスト&ワースト5

ベスト5

1　アンヌ　23点
2　ビジンダーのマリ　14点
3　泉先生　5点
3　ピット星人　5点
5　ライダーの島田陽子　4点
5　蘭花　4点

ワースト5

1　モモイロアルマジロ　-5点
2　大予言の由美かおる　-5点
3　沈没のいしだあゆみ　-4点
4　南夕子　-3点
5　レッドバロンのマリ　-2点

ミニミニエッセイのコーナーでは、富沢さんが『空前絶後大演説』と銘打ち、テレビを見ながら名セリフや設定の重要語句をメモしたり、BGMや効果音、時には番組を丸ごと録音したり、テレビ画面を写真撮り（またはスケッチ）したりして、特撮番組の資料を保存していく〝不滅計画〟を呼びかけている。まだまだ家庭用ビデオレコーダーが普及しておらず、例え所有していたとしてもテープ代も高くておいそれとライブラリーを増やすことが出来なかった時代ならではの檄文だが、これが当時の特撮ファン、怪獣ファンが抱いていた危機感・飢餓感・焦燥感のゆえであることは言うまでもない――同じページの欄外に「会員の皆さん！会費は必ず支払って下さい」というOさんの書き込みがあって、苦しい台所事情があからさまになっているところも同人誌ならでは、である。

他に平田実さんが『ゴジラ』第1作の公開日である11月3日、世田谷区砧区民会館で行われた『第2回日本SFショー』の目玉企画とも言うべき『座談会「ゴジラ」の頃』の感想を寄せ、同じく『怪獣倶楽部』のメンバーとなる安井尚志さんと金田益実さんが新たに入会している。一口メモの紹介文には「安井氏は竹内氏に匹敵する怪獣研究の大家。金田氏は大ベテラン」とある。その安井さんは早速『イナズマン・イナズマンF（フラッシュ）放映リスト』（2ページ）を自筆のイラスト入りで掲載。竹内さんの目録シリーズに続き、完成された怪獣・特撮研究のスタンダードを見せられてショックを受けると同時に、地元で自宅浪人をしていた私は、自分の知らない情報が集まる東京への憧れをかき立てられたものだった。

5号に続いて出たのが『PUFF』の最初の増刊号。正式には『PUFF大増刊「第二回日本SFショー　第一部座談会　ゴジラの頃――日本特撮怪獣映画の系譜」』（ガリ版刷り20ページ、75年1月15日発行）といい、前出のイベントの座談会部分を採録したもの。当日は〝ゴジラ生誕20周年〟記念として座談会の他に『ゴジラ秘話』と題する酒井敏夫さんのスライドを使った講演があり、映画本編も映画館と同じ35ミリプリントで上映された――プロジェクターの故障で講演自体は中止になってしまったが、本書第2部のインタビューにもあるように、このイベントに参加して初めて『フォーカス・オン』の酒井敏夫が竹内さんと同一人物だとわかった人もいたらしい。

なお座談会の出席メンバーはSF作家の小松左京をはじめ、円谷英二と組んで数々の特撮映画を作った東宝プロデューサー・田中友幸と監督の本多猪四郎、当時の円谷プロダクション社長・円谷皐、『ゴジラ』の特撮照明を担当した岸田九一郎、東宝宣伝部の斉藤忠夫、昭和ゴジラシリーズの後期を支えた監督・福田純、SF映画に造詣の深い評論家の石上三登志〈注3〉、そして『S-Fマガジン』の『フォーカス・オン』でファンの情報飢餓を癒やしてくれていた酒井敏夫の各氏。オリジナルの『ゴジラ』が大画面で観られ、おまけに豪華な出席者による映画の裏話が聞けるという、日本中の怪獣・特撮映画ファンにとって垂涎の企画だったが、おいそれと気軽に上京する環境ではなかった私は残念ながら見に行っていない。

実は、この増刊号は氷川竜介さんが初めて作った同人誌（自費制作の資料集）である。編集後記では、当時高校生だった氷川さんが友人に協力してもらいながら、期末考査をはさんで年末から年明けにかけてテープ起こしをして40枚の原稿を作り、ガリ切り、印

〈注3〉石上三登志（いしがみみつとし）1939―2012年東京生まれ。CMディレクターとしては、第1、2回のACC・CM殿堂入り。他にCM賞を多数受賞。映画を中心に、ミステリ、SF、漫画、広告等、幅広い分野で評論家として活躍するかたわら、雑誌『映画宝庫』『FLIX』の責任編集、翻訳、映画脚本等も手がける。

刷までこぎ着けた苦労の顛末が語られている。印刷状態が悪くて読めない部分があるので、ガリ版1枚、2ページ分の正誤表を付けているのが真面目で几帳面な氷川さんらしい。その場で消えていく貴重な証言をカセットテープに収め、文字の形で残し、さらに印刷してより多くの人に（たかだか100部であっても）届けようとする――情報の記録、保存、共有という、現在の氷川さんの仕事にまでつながるジャーナリストとしての使命感と行動力の原点がここにある。先にライトスタッフ（正しい資質）という言葉をわざわざ使ったのは、そういう意味である。なお、この『ゴジラの頃』の本文は、後に竹内博・村田英樹編の資料集『ゴジラ1954』（実業之日本社）に収録されて活字化されている。

これに続く本誌『PUFF』第6号（青焼きコピー＋普通紙コピー18ページ）は、翌1975（昭和50）年の3月8日発行。表紙は2枚の写真をダブらせたラドン。作者の開田さんは巻頭のミニミニエッセイ『表紙製作者の雑談』で、SFアートの現状に対する私見を記し、結びで『宙』の関西支部『セブンスター』を結成したことと機関誌『衝撃波Q』の創刊を宣言すると同時に「まだハイライトもホープもピースもあるゾ」と、各地方支部の結成を促している。『宙』の支部として誕生した怪獣映画同好会にタバコの名前を付ける慣習は、ここから始まったのだ。

その他の記事としては、竹内博・編の『本邦怪獣ブーム・怪獣論参考文献目録』が2倍の4ページにパワーアップ。1965～1974年の主要な関連記事をリスト化したもので、『特撮映画まかりとおる』から『人気落ち目のTV特撮番組』までタイトルを見るだけでこのジャンルの一時期の栄枯盛衰がわかり、東京で生活するようになってから神田神保町の古本屋街を回るときにはこの目録が非常に参考になった。

入会時点で早くも竹内さんと並ぶ2大巨頭となった安井さんは、初代ロビンちゃんのイラスト入りで『TV怪獣番組　女性レギュラー総登場!!』（2ページ）を発表。タイトル通り『ウルトラQ』の江戸川由利子（桜井浩子）から『白獅子仮面』の縫（瞳順子）まで、ヒロインに特化したリストで、後に再放送でチェックする時のガイドとして役立っただけでなく、朝日ソノラマ『宇宙船』のヒロイン特集や、ファンコレ別冊『スーパーギャルズ・コレクション』などのヒロイン本の出発点になっている――個人的には「怪獣やヒーローだけでなく、これもありなんだ!」という強い動機付けをもらった気がした。

その他、Sさん、Hさん、徳木さんの連載が続き、富沢さん『動物系怪獣怪人分類表』が終了。Hさんが新たにエッセイ『どうでもいいこと』の連載を開始したり、6人の新入会員が加わったりして『PUFF』が内容的にも規模の上でも充実してきたという実感があったのが、この第6号だった。

――と、ここまでが『宙』＝『PUFF』の第1期にあたる。会が発足して動き出してから1年ちょっとで6冊（プラス、個人制作の増刊1冊）と、ほぼ隔月刊に近いペースで会誌が発行されたのだから、それがたとえ10ページ前後の薄っぺらな小冊子ばかりであったとしても、また発行部数がわずか40～50部程度だったとしても、相当なエネルギーが集まったと言えるだろう。

それを編集・発行人のOさんが1人で受け止め、会員からの勝手きわまりない投稿（手紙）を整理し、なかなか集まらない会費にイライラしながら（第6号の一口メモに「会費は早めに、文句は控えめに」とある）勉強の合間に書き写し、数百枚ものコピーを綴じて1部ずつ封筒に入れて発送する、といった一連の作業をこなしていたわけである——増刊『ゴジラの頃』の編集後記で、氷川さんが「O氏の苦労がわかる！」と慨嘆した同人誌作りの栄光と悲惨を、このあと私自身も味わうことになる。

一方では徳木さん、竹内さん、安井さん、Hさんのように自分で手書きのコピー原稿（カットやタイトルのロゴを自分で描いたり、写真のコピーを貼り込んだりして簡単なレイアウトを施したもの）を送っている人もいて、すでにそれぞれ自分のスタイルや研究対象を明確に持っていたこと、そして、それをわかりやすい形で外に向けて発信していこうという姿勢が誌面・文面からはっきり見て取れる——SF系同人誌に多い創作・評論の方向ではなく、まず資料の整理・蓄積から始まっている点に注目していただきたい。

それに比べると私などは、世の中の動きも気にしないノンポリのまま親に甘えて宅浪の自由な時間を手に入れ、受験勉強そっちのけでテレビの再放送を見たり、市内の古本屋で手に入れた『S-Fマガジン』のバックナンバーを読みあさったりと本当にだらしなく、いい加減なファン生活を送っていたのでお恥ずかしい限りなのだが、とにもかくにも1975年の春、無事に大学に合格して東京での下宿生活を始めたある日、竹内さんから1通の封筒が届く。中には『怪獣倶楽部』の創刊第1号と以下のような文面（原文のママ）のボールペン書きの手紙が入っていた。

O君から伺ったのですが、大学進学、お目出度う御座います。
東京に出られたそうで、ヒマをみて遊びにいらして下さい。
円谷プロの守衛（とまりこみで）をしてますので、場所は世田谷です。
日曜の午後なら必づ居ます。
同封の「怪獸倶楽部」に原稿をお願いしたく、その話もしたいので、ご連絡下さい。

祖師ヶ谷大蔵の駅から円谷プロ本社までの手書きの地図と、連絡先の電話番号が添えられたその1枚の便せんは、まさしく運命を変える『怪獸倶楽部』への招待状だった。

第4章　怪獣映画が私たちをつくった

「人間は、それぞれにふさわしいものを手に入れるのよ」
「それが人生の第一法則ね」
――カート・ヴォネガット・ジュニア『ローズウォーターさん、あなたに神のお恵みを』
浅倉久志・訳より――

小田急線の祖師ヶ谷大蔵駅。駅前の商店街を抜けて南へ、日大商学部の方に向かって15分ほど歩いたところに、かつての円谷プロダクションの本社社屋があった。

何年か前に久しぶりに訪れてみると、駅のすぐ西側にあった踏切は高架化によって消え失せ、この沿線でおなじみの系列店が入った駅の周辺は、狭くて曲がりくねった道の面影だけを残して、70年代まっただ中のあの頃とは様子がすっかり変わってしまっていた。まるで初めて来たかのような居心地の悪さを感じながら、左右の街路灯に付けられた〝ウルトラマン商店街〟のフラッグを見上げつつ、なおも歩いていく。すると駅から遠ざかるにつれて、通りの雰囲気は少しずつ自分が記憶していたものと重なってきた。

商店街を過ぎて住宅地に入ると、その一角にそこだけ非日常的な佇まいを見せて建つ変電所や、その先の民家の大きな竹林も――少々みすぼらしくなってはいたが、20代の私が何度も通った同じ道沿いの同じ場所にちゃんと存在している。ただ、あの懐かしい円谷プロの建物はもはや影も形もなく（2005年に業務移転後、2008年に取り壊し）、かろうじて「この辺だったかな」と思える場所には別の住宅が建っていて目印になるようなものすら見当たらなかった。その円谷プロに月1回の割合で集まっていた『怪獣倶楽部』のメンバーが、会合の前後に必ず立ち寄り、飽きることなく語り合った喫茶店も今はない……。

初めて世田谷区砧にある円谷プロを訪ねたのは、1975年の晩春だったと思う。大学進学で上京し、東武東上線沿線のアパートに下宿することになった私は、『怪獣倶楽部』の創刊号と共に送られてきた竹内博さんの手紙に招かれて、ある日曜日、不安と期待を胸に1人で祖師ヶ谷大蔵に向かったのだった。

当時、円谷プロの社員だった竹内さんは、祖師谷大蔵の本社と六本木にある事務所〈注1〉を行き来しながら資料の作成・整理やプランナーの仕事をし、住み込みで本社の夜間の守衛もしていた。そこで『PUFF』を通じて知り合った都内・近県在住の怪獣ファンの親睦の場を設けるため、円谷皐社長（当時）に許可をもらい、会社が休みの日曜日を利用して見学や上映会を兼ねた会合を定例化させる。私は1974年の夏頃に始まった初期の会合には顔を出しておらず、上京をきっかけに少し遅れて仲間に加わる形となったのである。

その日、手紙の地図を頼りに駅からの一本道を歩いてきた私を出迎えたのは、フェンスの脇に立つミラーマンやウルトラ兄弟のディスプレイ人形。スロープを上がった広い

〈注1〉配給や版権業務の系列会社『円谷エンタープライズ』や歌手の子門真人が勤めていた『円谷音楽出版』があった。

駐車スペースの先にある木造平屋建ての社屋は、小さな町工場を思わせる風情で、ひどく素朴なものに見えた——敷地の奥に、2階に怪獣倉庫がある作業場など別棟が2つほどあった。

入り口で声をかけると、寝起きらしいボサボサ頭の竹内さんが出てきて、ちょっとまぶしそうな顔でぶっきらぼうに初対面の挨拶をすると、「ここで寝泊まりしているんですよ」と言って玄関脇の守衛室、つまり自分の部屋の中を見せてくれた。この時、3畳ほどの狭い部屋いっぱいにうずたかく積まれた本の山を見て「一体どこで寝ているんですか？」と間の抜けた質問をしたことは、今でもはっきり憶えている——『少年マガジンスペシャル増刊』79年9月5日号や〝地上最強のコレクション特集〟の『ＰＯＰＥＹＥ』81年4月25日号に、当時の竹内さんがコレクションで埋め尽くされた部屋の写真入りで紹介されている。

それから竹内さんは、玄関の右手にある制作部と営業部が1つになった広い部屋や、左手の通路に入ってすぐの編集室、台本・企画書などの資料が並んだ文芸部の部屋、さらに奥にある映写（試写）室などをざっと案内してくれ、「この廊下で『ウルトラセブン』の撮影もやったんだよ」と仰天するような裏話をしながら、いつもの会合の場所になっている社長室へ連れて行ってくれた（参加人数が多い時は制作の部屋に集まっていた）。

この頃の体験はすでにひと連なりの記憶として圧縮されてしまい、いつ、どれが、どの順番で起こったか、もはや判然としないのだが、当日は私が一番乗りで、後から他のメンバーが集まって来たような気がする。確か、最初に挨拶したのは平田実さんだったか。他に徳木吉春さん、金田益実さん、氷川竜介さん、池田憲章さん、富沢雅彦さんたちもその時に初めて会ったのではないかと思う。社長室にある応接用ソファの1つはクッションが壊れていて、うっかり座るとお尻ごと埋まってびっくりするのだが、竹内さんは初めて来た人にわざとこのソファを勧めるのが恒例だったようで、私もみんながいる前で見事にこのイタズラに引っかかってしまった。

元来、人見知りで積極的に話をするような性格ではなかったので、この日も簡単に挨拶して他のメンバーの雑談を聞く側に回っていた――しかも、竹内さんが1人ずつ紹介してくれなかったので、最初のうちは会話を聞きながら「この人が○○さんで、こっちが××さんなのかな」と推理していた。それどころか、竹内さんと酒井敏夫さんが同一人物だと知ったのも、皆さんの話をつなぎ合わせた結果である。だが、やがて「実相寺昭雄監督の作品のファンなんです」とか「倉本聰や市川森一の東芝日曜劇場は面白いね」といった話題になり、怪獣や特撮限定ではなく映画、テレビドラマをひっくるめて好きで見ている人たちの集まりだということがわかってきて、みるみる壁がなくなった。

とにかく好きな趣味の話をしているだけ、聴いているだけで楽しい、ファンまたはマニアにとって無上に心地よい時間がそこにあった。しかも自分にはなかった知識や情報、研究のノウハウが得られ、新しい価値観という驚きも体験させてくれる教室のような場所。ただ、その話題の多くがまだ子供向けとされていた怪獣映画や変身ヒーローものやアニメに関してのもの、というだけの違いである。

しかし、それを単に愛好家同士のじゃれあいに終わらせてはいけないと考えていたのが、他ならぬ竹内さんだった。同名の会誌を出した研究グループ『怪獣倶楽部』は、そうした竹内さんの使命感から生まれたものであったことは間違いない。

『怪獣倶楽部』第1号は、竹内さんが『ＰＵＦＦ』誌上で予告していた資料配付の組織『怪獣書房』〈注2〉の発足・運営が出来なくなったお詫びとして送られてきたもので――怪獣書房に対してリアクションした『宙』会員を中心に、竹内さんが選別した相手に発送、または会合の際に手渡ししたようだ――、私の下宿に届いた際にはその旨を記したコピーが1枚添付されていた。そこには――

「怪獣倶楽部」は原則として季刊、誌代無料（ただし郵送費のみ有料）。積極的な怪獣ファンのための専門誌です。従って発行される度に、ドンドン文句、悪口、ご意見をお寄せ下さい。何の投稿も無い場合、以後「怪獣倶楽部」はお送り致しません。何の意見も無いのでは、怪獣ファンではないと判断するからです。

――と記されていた。ただ一方通行で情報や資料を与えられるだけではなく、自分から動き、積極的に発信していく怪獣ファン。竹内さんが求めていたのはそういう仲間だった。つまり、この『怪獣倶楽部』第1号は竹内さんからの招待状どころか、一種の召集令状とも言えるものだったのだ。その意味では、私が参加した頃はすでに『宙』の会合ではなく『怪獣倶楽部』の集まりにスイッチしていたとみていいだろう。

本誌は怪獣に関する、あらゆる評論・研究・資料の掲載を目的とし、原則として採り上げるものはオールラウンド、オールタイムであり、映画怪獣もあればウルト

〈注2〉資料として怪獣・特撮関係の書籍を販売したり、記事のコピーを配布したりする組織。当然ながら権利問題で頓挫したものと考えられる。

ラマンも仮面ライダーも光速エスパーも月光仮面もあるという幅広い視点に立ち（節操のない）編集をするものである。

もちろんＳＦ・怪奇分野にも手を伸ばす。体裁は各人の原稿をそのままコピーするというものぐさな方法を大胆にも採用した。

（『怪獣倶楽部』第１号　創刊のことば）

竹内さんの〝人と仕事〟については自著『元祖怪獣少年の日本特撮映画研究四十年』に詳しく書かれているが、そもそも『怪獣倶楽部』を主宰するに至った動機は「このまま私が何もしないで放っておくと怪獣を研究する人間が非常に少なくなり、絶滅する種族のようになるのではないかという恐れがあった。それで同人誌を通して研究家や評論家を育てようと考えた。だから、非常にプロ意識の強いものだった」とある。この強い危機感とプロ意識という言葉に留意しておく必要があるだろう。

同じ世代の少年たちの多くがそうだったように、東宝怪獣映画と円谷プロの第１期ウルトラシリーズの豊穣な夢の世界に耽溺した竹内さんは、小学生の頃から自作していた怪獣図鑑——その後の研究手法と同じように、様々な雑誌や新聞の記事を切り抜いて大学ノートに整理したスクラップブックを持って円谷プロに出入りし、後に公式となる円谷怪獣の設定、スペック解説、足型、登場話数などのデータを作成・整理するなどして出版物に協力。中学卒業後に当時の円谷一社長を頼って入社し、営業課で出版社や玩具メーカーに対応した写真管理（発注の伝票処理、手配・回収等の事務仕事が中心）と、放送中だった『帰ってきたウルトラマン』の怪獣設定づくりを任される。

その他にも資料提供や関連商品の監修チェックなどをしながら、アルバイトで当時としては画期的にマニアックなデータ主義の怪獣図鑑『原色怪獣怪人大百科』（72年、勁文社）を後にノンフィクション作家となった佐野眞一と共に作り、円谷プロ創立10周年の記念出版だった『写真集円谷英二　日本映画界に残した遺産』（73年、小学館）では会社命令で編集を担当した大伴昌司のアシスタントに付くなどして編集のスキルを学んでいった。

また、この頃からアート・クリエイターとして円谷プロ作品の怪獣デザインなどを手がけていた米谷佳晃さん、デザイン、造形の手伝いや怪獣アトラクションのアルバイトもしていた安井尚志さん、研究熱心なファンとしてコンタクトしてきた金田益実さんらと交流。折から『仮面ライダー』に始まる変身ものと連動した第2次怪獣ブームのさなか、60ページ近いガリ版刷りの長編論文『甦れ円谷プロ！――真の日本特撮・SF映画のために――』（空想創作団・発行）を『フォーカス・オン』宛に送ってきた池田憲章さんとも知り合い、その周囲には自然と人が集まり始める。

そんな時（74年3月）に発足したのが、怪獣・特撮専門の同人グループ『宙』と会誌『PUFF』だった。竹内さんも会員となって東京で集まれる人に会合を呼びかけたことで、徳木さん、平田さん、富沢さん、氷川さん、大阪から通って来ていた開田裕治さん、聖咲奇さん、まだ中学生だった原口智生さん……と、さらにつながりが生まれ、回を重ねるうちに人数も増えていった。時間は前後するが、この円谷プロで行われた月例会には、

SFファンダムの中心的存在だった同人誌『宇宙塵』主宰の柴野拓美さん、大伴昌司の死後、その遺志を継ぐ形で竹内さんや井口健二さんたちと『SF映画ともの会』を発足させた門倉純一さんといった人たちもゲストとして顔を見せ、小牧雅伸さん、伊藤秀明さん、出渕裕さんといった『宇宙戦艦ヤマト』のファングループ『CBYAL（コスモバトルシップ・ヤマト・ラボラトリー、のちYA＝ヤマト・アソシエイション）』を通じた氷川さんの友人たちや『宙』『YA』の会員・渡辺伸夫さん、後期には安井さんの仕事を手伝っていた品田冬樹さん（後の造形クリエイター）も参加したことがある。

そして『PUFF』の登場から1年後、75年4月の日付で発行された『怪獣倶楽部』第1号には、先に紹介した〝創刊のことば〟に対応する編集後記で「怪獣同人誌を出そうという話は3年くらい前からあったが、それぞれ（米谷、安井、金田の各氏）忙しくなりチャンスも時間もなかった」といった趣旨のことが書かれている。

つまり、竹内さんたちの間では第2次ブームが盛り上がった時点で、既に同人グループのイメージがあったことがわかる。だが実際には、仕事が忙しかったり受験があったりしてなかなか実現することが出来ず、先行して関東に『PUFF』が旗揚げ。さらに1年遅れて開田さんが主宰する『セブンスター』と会誌『衝撃波Q』が『宙』の関西支部として産声を上げた（SFM75年5月号の『てれぽーと』欄に会員募集の告知が載っている）。これに刺激を受けた――正確には先を越されて「焦りに焦った」竹内さんは、師にあたる大伴昌司が光を当てた〝怪獣〟というジャンルを確立したいという思いもあって、安井さんたちの協力のもとに『怪獣倶楽部』を創刊したのだった。

『衝撃波Q』（セブンスター）
発足からわずか2ヶ月で創刊号を発行。執筆陣は開田裕治、檜山義明、南敬二、森田伸一、木下和栄、畑良夫、大栗哲、池本裕など。開田裕治&SACT（セブンスターアート・クリエーション・チーム）による美麗なシルクスクリーン表紙だけでなく、執筆者ごとにインクの色を変えるなど非常に凝った造本。
1975年1月　B5　20P

こうした竹内さんによる研究グループ結成や研究誌発行に至る経緯については、米谷さんが2018年に私家版として出した『ひとりぼっちの怪獣倶楽部』所収のエッセイ『怪獣倶楽部誕生への導線（イントロダクション）』で、ご自身が果たした役割を含めて回想している。それによると、竹内さんとの交流はスチール写真や資料の手配といった円谷プロ内の仕事上のやりとりから始まり、業界人の先輩として頼りにされ、クレジットはされていないが『原色怪人怪獣大百科』や『写真集円谷英二』の編集・構成に協力。小学館との接点が出来た後も企画提案、記事作りの強力なサポート役になっていた。そこへ支えだった大伴昌司、円谷一を続けて失い、自分自身の将来と怪獣・特撮ものをめぐる状況に不安や危機感を抱いた竹内さんから助けを求められ、何らかの情報発信が出来るような印刷物を作ることを目標にすべきだと叱咤激励したことが、そもそもの発端だったという。

具体的に研究同人誌の構想が膨らんでいったのはそこからで、『怪獣倶楽部』というこだわりのある名称へのアドバイス、論評を中心にした会誌の編集およびデザインの基本フォーマットを作るなど、米谷さんの協力と後押しが果たした役割は非常に大きかった。ご本人は同人としての積極的な会合参加はしなかったが、そのプロの姿勢を通じた方向付け、動機付けが、竹内さんにとってプロ志向の仲間を集め、意識的に特撮・怪獣ものの出版企画を仕掛けていった背景にあったことは間違いないだろう。

このようにして誕生した『怪獣倶楽部』の会誌第1号（特集・東宝怪獣映画）は、米谷さんデザインのロゴと表紙に始まり、徳木さん、平田さんの作品論、西脇さんの伊福部音楽論、竹内さん（酒井敏夫・名義）による『ゴジラの逆襲』論とスタジオメールの復刻、円谷英二・中島春雄らの座談会記事の転載、池田さんの『恐怖劇場アンバランス』評と放映リスト、この年の2月に亡くなった香山滋の追悼を兼ねた著書目録など、竹内さんが声をかけたメンバーや自身の文章と発掘資料で構成された20ページほどのコピー誌である。

ガリ版刷りが主流だった他の怪獣同人誌と差別化するため、当時最新型のゼロックス・コピーを使ったもので、各執筆者が手書きした原稿をそのまま綴じているので文字の大きさやレイアウトは不統一だが、評論と資料を2本柱にした内容はハード派ファンジンと呼ぶに相応しかった。

実はこの時期、特撮怪獣映画を中心にして各種のビジュアル系同人誌が次々に生まれている。『セブンスター』＝『衝撃波Q』に続いて『宙』北陸支部『ショートピース』＝『MONLO』、九州支部『ヤマト』（後に『エル』と改称）＝『スタークロス』が奇しくも同じSFM75年9月号の『てれぽーと』欄で発足を宣言（北海道支部『L&M』＝『スカイエイ』もほぼ同時に誕生）したが、同欄には他にも毎号のように各種の同人誌、同好会の会員募集の告知が寄せられた。

ざっと拾っただけでも、プロジン（ファンジン＝アマチュア同人誌に対するプロによる同人誌）として誕生した『SF映画ともの会』の会誌『モノリス』をはじめ、ホラー映画を主に扱う石田一さん（全日本怪奇SF映画協会）の『モンスタージン』、聖咲奇さん（トランシルヴァニア協会）の『不死者画報』、『PUFF』の会員であり後年『大映テレビの研究』で名を馳せた竹内義和さん（パラノイア）の『THE HORROR』、同じく会員だったH・Kさん（SF映像リサーチ）の『映像SF』といった関西勢も台頭。さらに日本初のアニメーション専門誌を謳った『ファントーシュ』が75年に創刊され、氷川さんたちの『宇宙戦艦ヤマト・ラボラトリー（ヤマト・アソシエイション）』が活動開始するなど、70年代半ばから後半にかけての2〜3年で一気にバラエティが広がった。

こうした映像系同人誌のラッシュは内外のSF映画、パニック映画、怪獣ものではない特撮映画のブームや、テレビにおける変身ものの隆盛、アニメーションの急速な成長などを反映したものだったが、基本的にはファン同士の交流を目的としたものと、評論・研究を目的としたものとに大別される——マンガやアニメ、8ミリの自主映画といった創作系は高校・大学の漫研、映研などに多かった。どちらかといえば『PUFF』は後者を目指しながら、全国組織だったため東京と地方の情報格差もあって十分に機能していない感があり、早くからファン→マニア→研究家の道を歩んでいた竹内さんには物足りなかったようだ。

「それまでに出ていた同人誌は私の目からみると、みな貧弱だった。中身は怪獣ファンの投稿ばかり。これではだめだと思った。初めからプロの視点で評論するとか、そういう方向で作りたかった。

「プロの視点とはいっても、それで金を得ようとは考えていなかった。メンバーがその後プロの道に入ったのは結果的にそうなっただけであり、あくまでそういう姿勢でやっていきたいということだった」

（『元祖怪獣少年の日本特撮映画研究四十年』）

こうした観点から、竹内さんは安井さんと共に記事関係の目録や作品リストを『PUFF』に載せ、評論・研究の土台となる資料整理の重要性を具体的に示すことで、ファンを啓蒙していたのだと思う。そして自分でも実践するために『怪獣倶楽部』を作るに至ったわけだが、そのスタイルについては、大伴昌司と並ぶもう1人の師である書誌研究家・島崎博の編集による探偵小説誌『幻影城』を参考にしたという。

『幻影城』（株式会社幻影城）は70年代後半に発行されていた雑誌で、探偵小説と呼ばれた戦前の推理小説・変格ミステリを取り上げ、埋もれた作家と作品を再評価すると同時に、泡坂妻夫や連城三紀彦などの人気作家をデビューさせたことでも知られる。特に資料復刻を目玉とした作家の個人特集などの編集方針が竹内さんの感覚に合い、これをお手本として誌面構成をしたことが『元祖怪獣少年～』にも書かれているが、実はモデルにした雑誌が他にもあった。

会誌を編集する上で『幻影城』以上に大きな影響を受けたという『別冊宝石42号　江戸川乱歩還暦記念号』（岩谷書店、54年11月発行）である。当時の乱歩の最新作『化人幻戯』（連載第1回）と高木彬光、木々高太郎、角田喜久雄、山田風太郎ら同時代作家の書き下ろし短編を中心にして60年の半生を写真で見せるグラビアページ、夫人や有名作家・評論家のエッセイ、作品論などで構成されたボリュームたっぷりの1冊。なるほど1本の映画なり、1人の監督なりを評論、資料、インタビューなどで多角的に掘り下げていく作業が、編集者としての竹内さんの理想だったのだと納得できる内容だ——余談だが、この別冊宝石には香山滋の小説『海鰻荘後日譚』のほか、映画公開を前に同社から刊行された『怪獣ゴジラ』の広告が載っており、大の香山ファンで研究家でもある竹内さんが古書店で見つけた時の笑顔が目に浮かぶ。

そうした竹内さんの理想は『写真集円谷英二』で大伴昌司の仕事を間近で見ることによって具体的な目標となり、やがて自身の編集による資料集『ウルトラマン大鑑』や『本多猪四郎全仕事』、スチール写真のみで具体化して見せた『写真集　特技監督円谷英二』（いずれも朝日ソノラマ）、山本眞吾さんと共編の研究書『円谷英二の映像世界』（実業之日本社）、モザイク的なインタビュー集『証言構成　OHの肖像——大伴昌司とその時代』（飛鳥新社）、文字資料を網羅した分厚い編著『定本円谷英二随筆評論集成』（ワイズ出版）などに結実したと言っていいだろう。

その助走期間に生まれた『怪獣倶楽部』は、創刊号に引き続き6月に東映特集の第2号、9月に『マイティジャック』特集の第3号、11月に別冊『G作品繪コンテ』（第1作『ゴジラ』のピクトリアル・スケッチの復刻）、12月に大映特撮特集の第4号と、当初の予定どおり季刊ペースで発刊された。なお、この間にピー・プロダクションに勤務していた岩井田雅行さん、大伴昌司のアシスタントとして竹内さんの先輩にあたる映画評論家の井口健二さんがメンバーに加わっている。1号ごとにページ数が増えて厚くなり、内容も関係者からの寄稿、スタッフ・インタビュー、制作現場の取材、新作映画評、本格的な作品評論など幅が広がると同時に、東映作品の系統的な研究（安井さん）、特撮作品の音楽的アプローチ（西脇さん）、海外文献の紹介（徳木さん）、名物とも言える長編論文（池田さん）といった具合に、メンバーそれぞれの個性、得意分野を活かした研究発表の場となっていったのである（詳しい内容は別掲の「怪獣倶楽部総目次」を参照）。

今でも不思議に思うのは、ほとんどアマチュアばかりのメンバーがみな主要な研究分野が異なり、特撮ものや怪獣映画が好きという点は共通していても、その好みの表現の仕方、ジャンルへの関わり方がほとんど誰も重複していないことだ。

例えば、私と徳木さんは大の実相寺ファンで、『怪獣倶楽部』時代に初めてＡＴＧの実相寺作品が特集上映された新宿の紀伊國屋ホールで鉢合わせしたことがあるくらい、好みが合う。いまだに一緒に仕事をしていて楽しい、また実際に最も多く仕事を共にした相性のいい同業者だけれど、誌面構成の感覚はまったく違っていて——ファンコレの宇宙刑事シリーズと戦隊シリーズの作りを比較すると判りやすい——、だからこそ、スタジオジブリの『ジ・アート』シリーズを構成していても、お互いの作業を客観的に見て補い合えるという面がある。また同じように造形に対する志向の持ち主でも原口さんは実製作を選び、安井さんはプロデュースする側に回った。

これはもちろん結果論にすぎないが、世代的な体験を共有して根本ではつながっていても、それぞれスタンドアローンで怪獣愛・特撮愛を育ててきた異なる個性の持ち主が一箇所に集まった。そのために仲間意識とライバル心がバランスよく醸成されたのではないか。そして、中心にいる竹内さんと安井さんがムードメーカーとなって、そういう場を作ってくれていたのだと思う。生身の人間だから性格や嗜好が違うのは当たり前だし、好き嫌いの感情は当然ある。だから、それぞれ苦手意識をもった相手はいたかもしれないが、自分の知る限りケンカしたこともなければ、足を引っぱり合う人間もいなかった。

1つには、これも繰り返しになるが、当時の怪獣ファン——年少者ではなく、ある程度の年齢に達したコアな世代——を取り巻く環境が厳しかったことも理由として挙げられる。家庭や社会から子供向け番組は卒業するものという常識の圧力を感じる一方、青年に達した目で見れば内容的に物足りない新作が多く、個々に魅力は感じられても友人と共有できるような感動と興奮を得ることは難しくなっていた。怪獣ファンはみな大なり小なり孤独を抱えていたのだ。

そんな時代に、毎月第1日曜に開かれる会合に行けば『ゴジラ』のテーマ曲に勝手な歌詞を付けて歌ったり、マイナーな怪獣の鳴き真似を披露したり、怪獣の話題だけでなく『がきデカ』や『やけくそ天使』のギャグで笑い転げたり、その日にオンエアされたアニメを見ながら感想を言いあったりすることが、兄弟でも同級生でもない間柄の人間同士で心置きなく楽しめたのだ。これほどの幸せが他のどこにあっただろうか。

会合と言うと、堅苦しい研究発表や侃々諤々の議論の場というイメージがあるが、『怪獣倶楽部』の場合はバカ話や冗談もとびかう普通のサークル活動と変わらず、メンバーはみな年齢の近い人たちばかりだったから遠慮いらずで、本当に楽しかった記憶しかない。ふとした拍子に誰かが「井戸が使えねえとよ」と話を混ぜっ返すと、すかさず別のメンバーが「キミ、これはね、大変なものなんだよ」「先生、直接手を触れない方が……」「ウルサイやつだな」などと続けて東宝特撮映画の台詞の再現大会が始まったりするのである。また、ビデオテープレコーダーやビデオソフトが普及する前夜で、会合の度に映写室を借りて16ミリフィルムの上映会が開かれ、その頃は再放送も少なくあまり見る機会がなかった円谷作品に改めて触れられたのは大きな魅力だった。主に映写機のライセンスを持っていた安井さん、竹内さん、池田さんたちが上映係を務め、単に内輪で楽しむだけでなく、会誌の特集やファンコレなどの原稿を書く際に内容を確認するための参考上映もたびたび行われた。

その点から見れば、会誌『怪獣倶楽部』に関しては誰もが真剣勝負だったと思う。なにしろ自分で書きたい素材を見つけ、編集経験もないのにページ構成をしながら文章をまとめなければならないのだ。私は短い映画評ばかり書いていたせいか経験はなかったものの「読んでみておかしいと思うところは書き直してもらった」(『元祖怪獣少年〜』)という竹内さんの明確なポリシーがあったし、他のメンバーの反応が気にならないはずがなかった。合評会などはなかったが、会合や喫茶店での会話で感想が交わされた。私は池田さんが書いた『金城哲夫作品論』の〝すぐれたSFは、すべからく、すぐれた「ドラマ」なのである〟という一節が大好きで、本人の前で褒めちぎったことがある。

現在では「怪獣倶楽部は多くのプロ編集者・ライターを輩出した」と言われることが多いが、それは竹内さんも書いているように結果でしかない。ただ竹内さんの心構えとして、商業誌に載っても恥ずかしくないレベルの文章が書けなければ、怪獣を文化として定着させることは出来ないと考えていたことは確かだ。

大げさに言うと、メンバーにとって会誌は文章を武器にした戦闘フィールドであり、知らず知らずのうちに編集・ライターとしての訓練を積んでいたとも言える。メンバーそれぞれの知識量はもちろん、安井さんの着眼点の鋭さ、富沢さんの華麗なレトリックが生む説得力、金田さんや原口さんの取材能力、池田さんの熱気とパワー、徳木さん・氷川さんが持っているようなビジュアルに対する審美眼――どれも自分にはないもので、私自身は読み返すと消え入りたくなるような稚拙な文章しか書いていないけれども（手書きの版下なので、漢字の間違いがそのまま残っている）、決して会員の個性、それぞれのやり方を否定しない竹内さんの編集方針にも助けられていたに違いない。

つまり、重要なのは竹内さんがオールラウンド・オールタイムと宣言して、研究対象の範囲を限定しなかったことだ。もともと『怪獣倶楽部』のメンバーは、定評のある東宝・円谷プロだけでなく、それと比較して一段低い評価を与えられていた東映やピー・プロ作品もきちんと取り上げる、実写だけでなくアニメも好き、日本の古い映画も外国作品の良さもどちらも認める、歌謡曲やアイドルの話だって出来る、マンガやプラモデル・玩具にも詳しい、ＳＦ・ミステリも読めば、普通の時代劇や刑事ドラマも見る――というように、怪獣・特撮オンリーではなく、ごく一般的な趣味を持った人たちの集まりでもあった。
後に『ＰＵＦＦ』や『宇宙船』でアニメを取り上げることに、読者の怪獣・特撮ファンが激しい拒否反応を示したので驚いたものだが、『怪獣倶楽部』ではいち早く氷川さんの『宇宙戦艦ヤマトの怪物たち』（優れたＳＦアニメと評価する同作の宇宙生物や異星人を紹介した記事）が第2号に掲載されている。先に紹介した〝創刊のことば〟に偽りはなく、アニメ作品も当たり前に許容する懐の広さで、それを可能にした編集長の竹内さん自身が、酒井敏夫・名義で担当した『フォーカス・オン』では実写とアニメ、劇場映画とテレビ番組、大人向け・子供向けを区別せず、果ては特撮のあるなしさえ関係なくオススメの作品を紹介している。節操がないと言えばそうだが、見方を変えれば、そんな融通無碍な大らかさがグループの自由な雰囲気と居心地の良さを支えていたのだろう。

竹内さんは会誌が順調に発行され始めた75年を経て、翌76年初頭に正式に会費制をとった〝新生怪獣倶楽部〟を発足させる。その際、会則を明文化しているので、以下に抜粋してほぼ原文のまま引用する。

一、当会は主として日本の特撮怪獣映画・ＴＶを対象とした（注　ボーダーライン上の対象は総てこれを認めるものとする）研究、及び評論の促進と、研究者相互の連絡を密にし、その調査研究の便宜を計り、併せて将来の怪獣映画・ＴＶの発展に多少なりとも寄与することを目的とする。

一、当会は〝会長〟という（大袈裟な）者はこれを置かない。代りとして便宜上、会長代行を置き、これを当会運営の責任、並びに全権を委ねるものとする。

一、会長代行は会誌・会報その他の編集を兼ねるものとする。

一、当会はその性質上真摯な研究グループでありたい。また会員の時間的都合及びその他雑務に専念出来る会員が極度に少ない、等の理由により、原則として発足以降（S51・1）の入会はこれを認めない（特別入会は会員の承認、最終的に会長代行の承認を必要とする）

一、怪獣倶楽部刊行物について

①「怪獣倶楽部」（以下本誌とする）
同人の研究・評論の発表の場とする。埋もれた文献発掘と原資料の公開。

②「怪獣倶楽部／研究・資料叢書」
一定のテーマを基にまとめられた研究、及び資料集。

③「怪獣倶楽部／人物研究叢書」

特撮怪獣もの等、〃夢を作る人々〃を主に、一人の人間の徹底研究。年表、作品リスト、関係文献、インタビュー等、総合的に、高い資料性をもたせる。

④その他別冊、増刊

・以上原稿の企画、依頼は編集長がするものとし、補佐として編集担当数名を置く。

・企画を編集長一人にほぼまかせるのは、誌面全体のバランスを計るためと、会の個性を持たせたいためである。ただし会員は本誌その他に対する自分の企画、注文、意見等の発言権がある。

・原稿は原則として本人の肉筆構成（個性を重んじ、執筆責任の明確化）により、そのまま使用（コピー出来る）完成原稿とする。

プロになってからも必ず大学ノートに自分用の工程表を作り、製作意図と編集方針を確認しながら仕事をしていた竹内さんの几帳面さが表れた文章だが、内容は必ずしも文章通りの厳密な縛りがあるものではない。ハードルを高くしても、合議制で融通を利かせる余地が残してあり、これまでの会誌制作を通じて得たノウハウで、引き続き会員と共に評論・研究活動を発展させて行こうという意志を自身で確認したものと言える。ここで示された精神は後の商業出版の仕事にも受け継がれ、反映されたが、本人はたぶん、それが第3次ブームで現実化するとは、この時は予想していなかったと思う。

この会則は同年2月の会合で発表され、その際に会員の数がさらに絞り込まれた。これについては、同時期に発行され始めた連絡誌『怪獣倶楽部会報』（B5青焼きコピー、月刊）の第1号＝76年2月号に次のような記述がある。

「当会は積極的に怪獣（広義の意味、周辺領域も総て含める）を研究する者、又それに準ずる者のみ、の組織であることを再確認したい。（つまり、小さな同人組織である以上、やる気のない者はまったく不用ということ）」

こうした文面から、会合や会誌の編集を通じて竹内さんが強権を振るっているように感じられるとしたら、それは間違っている。前にも書いたように会の雰囲気は自由で、メンバー間の分け隔てはなかった。なにしろ会長という役職すらなかったのだから。ただ代表としてムダと混乱を避けるために会員数を抑えたにすぎず、メンバーは入会の意志を確認するために（命令違反をしたアラシ隊員のごとく）会則を復唱させられたわけでもない。とはいうものの、手渡しや郵便で直接に送られた創刊号の例からすると、竹内さんには竹内さんなりの条件設定があったようで、そのために外部からは閉鎖的・排他的に見えていたかもしれない。

そのことについて竹内さん本人に直接聞いてみると――。

「怪獣倶楽部のメンバーを集める時、何を基準に声をかけたんですか?」

「う〜ん、やっぱりやる気かな。書いたものを見ればわかるよ」

――という答えで、同人誌や投書などの書き手からプロ志向に耐える人材を求めていたのかと腑に落ちた気がした。

『怪獣倶楽部』の会誌はこの後、最大規模となる別冊付録付き、カラーコピー〈注3〉を使用した表紙の第5号(ウルトラQ特集)を発行するまで、1年近いブランクがある。安井さんが小学館の仕事で忙しくなり、西脇さんが就職するなど会員の環境の変化があったり、特集対象が重要な作品だけに編集に時間がかかったりしたのが理由だが、さらに77年頃から火がついた第3次怪獣ブームのおかげで――その一翼を担った仕掛け人は、当の竹内さんや安井さんだったのだが――状況が激変していったために、事実上休刊を余儀なくされる。次に予定されていた『空の大怪獣ラドン』特集の第6号は宙に浮き、集まっていた原稿は後に竹内さんの許可をもらった上で、新生『PUFF』20号(80年4月発行)の東宝特集に組み込まれて発表されることとなった。

付け加えておくと、竹内さんは「怪獣倶楽部は6号でお終いにするつもりだった。他に特集するような大きな作品がないからね」と語っていたが、会則と同じ頃に書かれたと思われるメモには『ウルトラQ』特集号に続けてヒロイン特集号、ピー・プロ特集号、増刊ウルトラヒーロー百科、『G作品繪コンテ』に続く研究・資料叢書の第2弾『ハワイ・マレー沖海戦』、人物研究叢書『渡辺明』『有川貞昌』といったラインナップが掲げられている。それらの幾つかは、やがて形を変えて、その後の竹内さん、安井さんたちの仕

〈注3〉コンビニ全盛期が到来する前で、一般的には図書館や町の文具店などに置かれたコピー機、同人誌のように大量に必要な場合はコピー機がズラリと並んだ神保町のコピーセンターなどが利用されていた。当時はモノクロの普通紙コピーが1枚30〜40円、カラーコピーは1枚400円近くもした。

事の中で実現されていった。その意味では『怪獣倶楽部』は竹内さんのみならず、怪獣ファン全体にとって夢の設計図のような役割を果たしたと言っていいだろう。

付記

竹内博さんは2011年6月27日、数年間にわたり加療中だった入院先の病院で亡くなった。55歳という若さだった。本書はもともと竹内さんの入院中に企画され、見舞いを兼ねて取材を続けていく予定だったが、こちらの力不足で十分には叶わなかった（インタビューの発言は細部に反映させている）。その人柄や果たした役割については第2部でメンバーもそれぞれに語っているので、ここでは私自身の思い出を書いておきたい。

今でもよく思い出すのは、読んでおくべき本、観ておくべき映画を折に触れて教えてくれたことだ。まだ学生だった頃、サイレント映画の歴史的名作『イントレランス』が観られるというので勉強のためだと京橋のフィルムセンター（旧）に連れて行かれ、90分前後のプログラムピクチャーに慣れていた私は3時間の上映が苦行のように感じられて参ったが、一緒に三軒茶屋や吉祥寺の古書店を一回りした後で喫茶店に寄ってコーヒーを奢ってくれたり（お洒落な日本茶専門店の時もあった）面倒見の良さも発揮していた。またフランスの幻想作家、テオフィル・ゴーティエの作品や、古典では『アラビアンナイト』――それも『バートン版 千夜一夜物語』が一番面白いと強く薦められ、世界文学全集を読むなら河出書房新社版と筑摩書房版のどちらがいいかと話し合ったり、読書好きとしてはとても有り難い先輩だった。
研究対象である戦前の映画文献や探偵小説を中心にした読書傾向からか、原稿や手紙の文面にはところどころ旧漢字と旧仮名遣いが混じっていた。文章は成熟した学究的なもので、膨大な古本、古雑誌の記事を資料として所有していることから、私をはじめ多くのメンバーがもっと年上だと思っていた——と言うより、早くから専門研究に目覚めて大人の世界（会社）に飛び込んだ早熟さゆえ、年齢不詳に感じられるところがあった。

こちらが書くものに対してうるさく注意するようなことはなく、初出や出典といった書誌的データを忘れないようにと言われたくらいで『怪獣倶楽部』時代も、ムックの編集など仕事を手伝うようになってからも、かなり自由に書かせてくれたと思う。円谷プロに泊まり込んで一緒に怪獣ネーム〈注４〉を書いていた時、台風の影響だったかで突然停電になり、ローソクの灯りで作業を続けることになった——もちろん、この時代は市販の原稿用紙に鉛筆かシャープペンシルの手書きで、書き直しが出来るように消しゴムが必須。ほとんど学校の課題をやっているのと同じである。ふと気づくと「俺は奥で別の仕事してるから」と言って姿を消した竹内さんが、ちゃっかり映写室の長椅子で寝ているのを発見し、仕方なくそのまま原稿を書きながら1人で夜を明かしたりもした。良い方に解釈すれば、気楽に仕事を任せていい相手だと思ってくれていたのかもしれない。

仕事の面で印象に残っているのは、稀に重版や増刷が決まると一部の写真を初版とは別のカットに差し替えて、ファンがもう1冊欲しくなるような仕掛けをすることだった。

〈注４〉『てれびくん』の付録や『ウルトラマン大百科』のような怪獣図鑑で、別名・身長・体重・武器・出身地・主な特長といった設定データ、つまり怪獣のプロフィールをまとめた短い解説文。例えば『ウルトラマンタロウ』のゲスト怪獣は武器がワンパターンなので「口から火を吐く」「火炎が武器」「口から吐く火炎であらゆるものを焼き尽くす」などと書き方を変え、マンネリを感じさせないようにするのがライターの腕の見せどころであった。

何度も同じ内容の本を売るのではなく、せっかく増刷するならどこかに付加価値があった方がいい、という竹内さんなりのサービスである——その教えを守って、本書も連載したものをそのまま単行本にすることを潔しとせず、細かく手を入れたために大幅に時間がかかってしまったのだが……。

親父ギャグやダジャレを言うのが好きで、勘の鈍い私は簡単なクイズを出されても答えられず、よく肴にされた。また「なーんちゃって」が流行語になった頃は何かとそればかり使っていたのを思い出す。ヘビースモーカーで、会合に手土産を持ってくるなら——あるいは何らかのミスをした時のお詫び、お願いをする時の貢ぎ物はハイライト数箱と決まっていた。後年は軽めのセブンスターに切り替えたが、いつも咳き込みながら喫っているので「いいかげん禁煙した方がいいですよ」と受動喫煙を気にしつつ何度も注意したのに、一向に辞める気配はなかった。

東宝レコード『SF映画の世界』の構成のために『日本誕生』と『怪獣大戦争』の参考試写が行われることになり、新宿にあった太平スタジオに『怪獣倶楽部』のメンバーも呼んでもらって一緒に鑑賞した時のこと。『怪獣大戦争』のラストで、場所柄もわきまえず——当日は東宝の特撮美術監督だった渡辺明さんも招かれていた——、オールナイトや名画座で観るのと同じ調子でX星人統制官の名セリフ「我々は未来に向かって脱出する。まだ見ぬ未来に向かってな」を一同声を揃えて叫んでしまい、呆れた竹内さんから「お前ら、全員除名だ!」と苦笑いしながら怒られた。この時、初めて全長版の『日本誕生』を観て感動した富沢さんが、早速『ＰＵＦＦ』で感想を書いていたのも懐かしい。

『宇宙船』や『東宝SF特撮映画シリーズ』などの取材で本多猪四郎監督のインタビューに何度も同行させてもらったことは、その後の本多家との親交、公式ホームページの運営にも一緒に参加することが出来て、とても感謝している。『怪獣倶楽部』の別冊で第1作『ゴジラ』の絵コンテを復刻した際、本多監督が突然の依頼にもかかわらず直筆のハガキで回想を寄せてくれたことがあり、その人柄を尊敬していた竹内さんは、機会あるごとに原稿を依頼して本多監督の証言を伝え、ビデオシリーズ『東宝怪獣・SF大百科』の構成の手伝いなどもしていた。93年2月に監督が亡くなった時、ご自宅に駆けつけた竹内さんが長いこと黙ってご遺体のそばに付き添っていた——と本多家の人たちが話してくれたことがある。

著書の『元祖怪獣少年〜』が出版されたのをきっかけに、かつての会合のようにみんなで集まろうということになり、私が連絡係になって何度か食事会が開かれた。最初の集まりでは、竹内さんの音頭で乾杯の前にみんなで86年に亡くなった富沢さんに黙祷を捧げた。ある時、仕事で徹夜に近い状態のまま出席した私は、トイレに立った時に意識を失って倒れ込んでしまった。こうした突発事態に慣れている原口さんがすぐに救急車を呼んでくれ、竹内さんに付き添われて近くの病院まで搬送された。他のメンバーは宴席で倒れて帰らぬ人となった大伴さんを連想して心配しながら待っていてくれたが、何のことはない、睡眠不足のまま意地汚く食事を詰め込んだので胃の方に血液が集まり、脳貧血状態になったのである。MRIの検査でも異常はなく、しばらく休んだだけで竹内さんと一緒に帰ってきて、お互い「救急車に乗ったのは初めてだ」と笑い合った。

竹内さんの最後の仕事になった『定本円谷英二随筆評論集成』の構成作業は入院中も続けられ、金田さんと私でデータ確認を手伝ったが、完璧を期す竹内さんのチェックがあまりに細かく、調査に終わりがないように感じられ、一度「こっちの都合も考えて下さいよ！」と、竹内さんが外出許可をもらって打ち合わせをしていた喫茶店で声を荒げてしまったことがある。同席していた金田さんも記憶していると思うが、内心「大人げなかったな、気分を悪くしただろうな」と反省していると、帰りに何ごともなかったように牛丼屋に誘われ並盛りを一緒に食べた——病院食以外は禁じられていたのに。元気な頃と同じように、どんなにか自分で納得するまで調べたかったことだろう。しかし、そんな不満をこちらにぶつけることはなかった。私が知っている竹内さんは、そういう人である。

第5章　見知らぬ、明日。――Tomorrow Never Knows――

世の中よ道こそなけれ思い入る
怪獣界にもマニアぞいるなる

――「怪獣百人一首」より、詠み人・蝉ミンガ丸
（『ＰＵＦＦ』10号、77年2月発行）――

同人グループとしての『怪獣倶楽部』は１９７５年の春から暮れにかけて、ほぼ季刊のペースで手書き・コピー印刷の会誌1～4号と別冊の研究・資料叢書『G作品（ゴジラ）繪コンテ』を発行。しばしのブランクを経て翌76年の末に会誌5号を出した後に自然解消を遂げているため、実質的な活動期間はそれほど長くない。

発足前の円谷プロ見学会を兼ねた『宙』＝『ＰＵＦＦ』の会合が始まった74年の夏から、中心メンバーである竹内博、安井尚志の両氏を軸にしてメンバーがプロまたはセミプロ活動に入っていった時期（77～78年）までの、およそ3～4年ほど。その間、集中して会誌が出ていたのはわずか1年に過ぎなかったが、それらの会誌の内容は『ＰＵＦＦ』しか知らなかった当時の私にはどれも刺激的なものだった。

とりわけ第2号の――

「昭和46年に始まった第二次怪獣ブーム（のち〝変身仮面ブーム〟へと移る）は、

さまざまの変身・怪獣ものを作りだし、中でも東映は等身大ヒーローをいくつも生み落とし、一時代を築き上げた。ウルトラシリーズその他を完全に喰ってしまった、と言ってもよい。あな恐ろしや。その実力は侮ることが出来ないだろう。中には何かと東映作品をバカにする向きもあるが、そんな輩には、結局ウルトラも東宝特撮ものも、正当には評価し得ないであろう」

——という巻頭言に始まる東映特集号は、それまで東宝=ウルトラシリーズ至上主義に凝り固まっていた私の目を開かせてくれた、特別なものだった——ただし、この〝錆びついた鎧〟を脱ぎ捨てるには、まだまだ長い時間がかかるのだが……。

例えば安井さんの『仮面ライダーの夜明けまで』（3号と分載）は、東映テレビの開設から書き起こして、昭和30～40年代の子供向けドラマとテレビアニメの歴史をリンクさせながら『仮面ライダー』誕生までの流れを簡潔にまとめたもの。それも単独で評価するのではなく、テレビドラマ史や児童文化のパースペクティブの中で位置づけようとする視点と、視聴率などのデータでそれを補強するロジカルな文章はまさに独壇場と言えるものだったし、富沢雅彦さんの本格的な評論デビュー作である『イナズマン湖月抄』は、この段階ではまだ十分に論理化できていないものの、『仮面ライダー』的な〝怪人番組〟がウルトラシリーズのような〝怪獣番組〟に決して劣るものではないというマニフェスト——すなわち『PUFF』に見られたような当時支配的だった怪獣ファンの偏見、または思い込みに対する強烈なカウンターパンチとしてのインパクトを持っていた。

富沢さんはその3ヶ月後に発行された第3号（マイティジャック特集）に後の方向性

を決定づけたとも言える『時計じかけのキカイダー』を寄稿、早くも豊富なSF知識と読書体験を活かした独特のレトリックによる論理構築の能力を発揮しているが、この号には他にも、やがてアニメ・特撮だけでなく映画・テレビドラマのムック構成も手がける徳木吉春さんが担当したスチール写真による『MJ（マイティジャック）超兵器大鑑』、後に竹内さんと共に多くのLP構成に携わることになる西脇博光さんのMJ音楽論、自らも特撮の現場に進んだ原口智生さんによる特撮監督・有川貞昌インタビューなど、それぞれの個性を活かした記事が目白押し。

特集以外でも、米谷佳晃さんの体験的な制作裏話『コンドールマン誕生まで』、お役立ち講座のような氷川竜介さんの『テレビ撮りのコツ』、同時期に公開された『新幹線大爆破』と『東京湾炎上』を〝特撮の使われ方〟という論点から明快に分析した岩井田雅行さんの新作映画評、平田実さんのMJ論と『新幹線大爆破』のミニチュア撮影会のミニレポート、名物となった池田憲章さんの巻末大論文『中野昭慶特技監督に問う』等々、当時の同人誌としては破格とも言える充実した内容だったと思う。

続く第4号は『ガメラ』『大魔神』の大映特撮特集で、海外雑誌における大映特撮映画の評価を紹介した徳木さんの記事、金田益実さんのスタッフ・インタビュー『大映特撮マンに聞く』、西脇さんの『伊福部昭と大魔神』、平田さんによる『大魔神』のブルーバッキング方式の特撮解説と続き、これに原口さんの特撮マン・インタビュー、西脇さんの伊福部コンサートのレポート、完成の域に達しつつある富沢さんの話芸ならぬ文章芸が楽しめる『仮面ライダー・論』、話数や視聴率の変遷といった数値化によってシリーズを総括したユニークな視点（©池田憲章）が光る安井さんの『仮面ライダー248』〈注1〉が加わってパワーアップ。すでに2号で創刊号の2倍のページ数になっていたのが、4号は3倍以上の80ページを越えるボリューム。しかも、過去の作品のみにとらわれず、怪獣が登場しないものも含めて新作にも目を配り、映画とテレビを分け隔てせず、メインストリームの東宝＝円谷プロ以外の作品も差別することなく、幅広く取り上げていく編集姿勢が貫かれている。

もちろん、潤沢に提供される映像ソフトや動画配信サービス等で繰り返し画面や台詞をチェックしたり、インターネットを通じて世界中の文献資料を集めたりすることが可能になった現在からみれば、それらの文章には多かれ少なかれ未熟だったり稚拙だったり不十分だったりする部分がある。が、それは情報が迷惑なくらいに溢れかえっている21世紀の今だから言えること。少なくとも私にとって『怪獣倶楽部』は新しい発見と刺激に満ちた、もはや同人誌のイメージを超えるものだった――生前の竹内さんは会誌の復刻を考えていたが、これだけ時代状況や価値観が変わってしまった現在、そのままの形で出版物にするのは難しいだろう。

改めて思うのは、そうやって『怪獣倶楽部』のメンバーが自分たちで取材した特撮スタッフの現場の声や、失われがちな資料の公開や、旧来の価値観に頼らずリアルタイムの感性で文章化した作品の評価といったものは、当時の映画マスコミでは老舗の映画雑誌である『キネマ旬報』を見る限りにおいても数少ない大伴昌司の記事とか『撮影技術』のような専門誌を除いて、ほとんど取り上げられていなかったのではないか、というこ

〈注1〉末尾の数字は1作目の『仮面ライダー』からその時点の最新作『仮面ライダーストロンガー』までの合計話数である。

とだ。

その意味では、同人誌であることの自由さ（メンバーの多くが首都圏在住の学生だったことも大きい）と、主宰者である竹内さんが円谷プロの社員であり、仕事関係で得た人脈を活用できたことなど、様々な条件に恵まれていたとはいえ、共通の趣味嗜好を持った人間がこれだけ一度に集まって、体裁はともかく志において、ちょっとした商業誌レベルの会誌を続けて出すことが出来たのは、やはり僥倖と言っていいのかもしれない——特に付録も含めて資料満載の第5号は、間違いなく特撮ムックの先駆けとなったファンコレ『空想特撮映像のすばらしき世界　ウルトラマン／ウルトラセブン／ウルトラQ』のプロトタイプだと思う。

だからと言って、当時の『怪獣倶楽部』が〝怪獣エリートのドリームチーム〟（資料性博覧会パンフレット）と呼ばれるような集団だったと主張するつもりはまったくない。あえて少数会員にした竹内さんの目標は、確かにグレードの高い研究活動＝会誌だったけれど、その要求は前章でも書いたように高圧的なものではなかったし、何より活動の主体となったのは、月に1度、会社が稼働していない日曜日に円谷プロで開かれる会合という名のおしゃべり会であり、映写室を借りて行われる16ミリフィルムの上映会であり、当日の夜に放送される特撮番組やアニメのオンタイム鑑賞会であり——要するに大学のサークル活動となんら変わらない、仲間同士の交流以外の何ものでもなかった。

テレビではちょうど『猿の軍団』『宇宙戦艦ヤマト』『日本沈没』といったSFファン、怪獣・特撮ファンが見逃せない番組が同時に放映されていた頃で、どれを見るか、特撮守旧派と新興アニメ派の目に見えない駆け引きがあったりしたが、私はと言えば『ヤマト』のアニメーションとしての新鮮なビジュアルに度肝を抜かれ、さらに富沢さんや氷川さんの影響で『マグネロボ　ガ・キーン』の第1話や『UFOロボ　グレンダイザー』の『雪に消えた少女キリカ』などを見たことによって、改めてアニメの魅力にはまってしまった――『惑星ロボ　ダンガードA』の〝ドップラー軍団のキャンディーズ〟が出てくる『愛！それは哀しく美しく』の回も、同じように円谷プロの社長室兼応接室のテレビで見て、まるで修学旅行の中学生のようにみんなで騒いだりした思い出もある。

――何もかもみな懐かしい。何度か忘年会も開かれたし、後年のエピソードに属するが、徹夜明けの妙なテンションのまま5、6人のメンバーで旧池袋文芸座に当時はほとんど上映される機会がなかった『ゲゾラ・ガニメ・カメーバ　決戦！南海の大怪獣』を観に行き、初見だったので見逃すまいと集中していた私を除く全員が――単調な音楽と地味なストーリーに耐えきれなかったのか、途中で寝落ちしてしまったことも憶えている。

徹夜つながりで言えば『ウルトラセブン』のオールナイト上映会も思い出深い。この日の様子は、富沢さんが1年後に『PUFF』の第8号（76年7月発行）の記事『セブン暗殺計画＋怪獣倶楽部』として、極秘に実況録音したテープを採録する形で一部紹介している――富沢さんのイタズラ心だが、メンバーには無断で掲載したのでみんな驚いた。

画面の進行に合わせて台詞を真似したり、合成カットやモノトーン画面のセンスに感嘆の声を上げたり、画面上では複数いるように見えるガッツ星人の着ぐるみが実は2体しか作られていなかった裏話を聞いて笑い転げたり、頭部が大きな星人をタクシーの座席に押し込んだ苦労話に感心したりするメンバー。今ならビールでも飲みながらDVDやブルーレイを見ているのと同じ感覚だろうが、アルコールなしでも十分にハイになっていたのだから、今さらながら若かったのだと思う。

個人的にはこの時『恐怖の超猿人』を見ていて、少し前に読んだ半村良の小説と雰囲気が似ていたので『不可触領域』みたいだと言ったら、前の席に座っていた井口健二さんが「そういえばそうだね」と応えてくれたことが印象に残っている。あるいは、別の回に『怪奇大作戦』の『壁ぬけ男』のラストを見ながら『これ、完全に乱歩の鏡地獄（の上原正三的アレンジ）ですね』と感想をもらすと、打てば響くように池田さんが「ああ、確かに」と頷いてくれた時とか、そういう本筋と関係のない場面に限って割りとはっきり憶えていたりするのだから不思議なものだが、あきらかに『怪獸倶楽部』には、そういう共通認識をもった者同士の安心な空気感、居心地の良さがあった。

『怪獸倶楽部』とは、研究グループや同人誌の名前であるだけでなく、そんなファンの集まりそのものを指していたのだろう。

この『怪獸倶楽部』が順調に活動していた1975年は、同時に怪獣ファンダム（同人活動をするグループの総体を指す）の勃興期だった。アニメ系・ホラー系なども含めた映像ジャンルの同人誌が続々と生まれる時代のストリームに乗って、開田裕治さん主宰の『セブンスター＝衝撃波Q』を皮切りに『宙＝PUFF』の各支部という形で幾つかのグループと会誌が立て続けに名乗りを上げたのだ。

『PUFF』は関東を拠点に全国規模の交流を目指す同人誌だったが、会員限定型の『怪獣倶楽部』は完全な研究誌で、関西発の『衝撃波Q』は当初は前者、第3号あたりから後者に近いスタイルをとった。どちらかというと国産の映画、テレビを主に扱っていた『PUFF』『怪獣倶楽部』に対して、レイ・ハリーハウゼンの諸作や『宇宙大作戦（スタートレック）』のような海外作品やホラーもカバーした内容は、聖咲奇さんをはじめとする関西圏のファンの個性を反映したものと言えるだろう。その一方で、開田さんたち中心メンバーが何度も上京して伊福部昭、本多猪四郎ら当時は雲の上の存在だった先達に取材したり、日本の怪獣映画・特撮映画の原点である『ゴジラ』第1作のシナリオ採録に挑戦したりと行動的な編集方針で、翌年にかけて発行された6冊で正統派の怪獣・特撮同人誌としてのカラーを確立していく。

続いて発足した九州支部『エル』の『スタークロス』（75年5月創刊）はフィルモグラフィーや台詞再現コーナーなど、ビデオが普及していなかった時代らしい工夫で基礎資料の発掘に力を注ぎ、北海道支部『L&M』の『スカイエイ』（8月創刊）は『PUFF』の中心メンバーでもあるHさんの個人誌的な性格も併せ持つ批評誌となった。また、北陸支部『ショートピース』の『MONLO』（9月創刊）は『PUFF』の方針を継承しつつ『モスラ』のシナリオ採録に取り組み、第3号から5号までは連続で『ウルトラセブン』を特集。今では封印作品として知られる第12話『遊星より愛をこめて』

にスポットをあて、多角的に研究するなど独自性を主張している。

　こうして複数の怪獣・特撮同人誌が同時多発的に発行され、多くの共通する読者会員が投書などで交流を図っていたこの時期、一方では憂慮すべき事態が深く静かに進行していた。元祖にして本家の怪獣同人誌『ＰＵＦＦ』が同年３月発行の６号以降、まったく音沙汰がなくなってしまったのだ。

　後の『怪獣ファンジンカタログ』（『ＰＵＦＦ』11号別冊付録）のアンケートに対して、『スカイエイ』のＨさんは自分で同人誌を出すに至った動機について「次々にファンジンが出来ていたことと、ＰＵＦＦが出なくなっていたため」と答えている。少なくとも75年の半ばから『ＰＵＦＦ』が休刊状態にあったことを会員たちは認識していたはずだが、私自身はそれに対して積極的なリアクションをした記憶がない。おそらく慣れない独り暮らしの都会生活を送る中で、『怪獣倶楽部』の活動とメンバーとの出会いが大きな比重を占めるようになっていたことも、その大きな理由だろう。

　１つ象徴的なエピソードを挙げておくなら、円谷プロでの会合に顔を出すようになって間もない頃、私が岸田森の大ファンであること〈注２〉を知った徳木さんが、きれいにカバーをかけたコピー同人誌をプレゼントしてくれた。

　山本迪夫監督『呪いの館　血を吸う眼』で吸血鬼に扮した岸田森のスチール写真を表紙に配したそれは、徳木さんが編集した『恐怖映画研究会』の会誌『ＳＨＯＣＫ』の最新号（75年７月発行）で、丸ごと山本監督のインタビューが掲載された特集号だった。しかも巻末の１ページは『ＰＵＦＦ』『怪獣倶楽部』の名物でもあった竹内博・編によ

〈注２〉あの頃、実相寺作品が好きだということは同時に岸田森のファンだということを意味した。

会誌『ＳＨＯＣＫ』
No.８,９　１９７５年７月　Ｂ５
26Ｐ　コピー誌
特集『山本迪夫の世界』
——山本監督自作を語る——

る最新作『血を吸う薔薇』の関係記事目録。テレビドラマ「木の葉の家」（火曜日の女シリーズ）で山本監督と岸田森のコンビに注目し、前年の夏に公開された『血を吸う薔薇』も封切りで見ていた私が、どれほど感激し感謝したことか。

その後、当時は未見だった『血を吸う眼』や都会派ミステリ『悪魔が呼んでいる』も含めて名画座やオールナイト、さらにビデオ、ＤＶＤと何度も見返すことになる山本作品の資料として、個人的には40年近く経った今でもバイブルになっている1冊だ。怪獣映画と同様、映画専門誌にもあまり取り上げられていなかった日本のジャンル作品——『映画評論』や『映画藝術』などで、キッチュな面白さが評価されていた新東宝の怪談映画の例もあるが——を地道に研究し、形にしているということが何より嬉しかったし、そういう人たちに『ＰＵＦＦ』や『怪獣倶楽部』を通じて出会えたことが、人生において大きな意味を持っていると気づかされた出来事でもあった。

——ちょっと大げさかもしれないが、要するに単純にファン活動の面白さに目覚め、同人誌作りにのめり込んでいく気分が出来上がりつつあった、ということだと思う。

そして、そうこうするうちに１９７６年が明け、2月の半ばになって1通の封書が届く。

「怪獣というものにあこがれて『ＰＵＦＦ』を出しましたが、半年ほど前からまったく情熱というものを失い、このまま沈黙したままでは会員の方々に迷惑がかかると思いますので『宙』を脱退したい。幸い全国に支部も出来て『宙』の所期の目的は達せられたと思います」

という要旨が綴られた、Oさんの「会長退任の辞」だった。

高校生の時に『ＰＵＦＦ』を立ち上げたのだから、Ｏさんにもいろいろな事情があったと思われるが、突然に責任者がいなくなり『宙』と『ＰＵＦＦ』は本当に宙に浮き、活動休止状態となってしまう。これに対して『ＰＵＦＦ』復活を呼びかけるアピールを発信した会員もいたが、私自身はその時、すぐに積極的に動こうという気持ちにはならなかった。不人情な話だけれど『怪獣倶楽部』の活動の方が面白くなっていた、というのが正直なところだったのだ。

だから、自分の中でいったいどんな心の動きがあって富沢さんに「一緒にＰＵＦＦを続けませんか？」などと言ったのか、本書の連載を始めた当初からずっと思い出そうとしているのだが、残念ながらいっこうに判然としない。けれども、その話をした情景だけは憶えている。

ある日の『怪獣倶楽部』会合からの帰り道、小田急線で祖師ヶ谷大蔵から新宿に向かう電車の中である。いつものように物静かな富沢さんと例によってテレビの感想など、他愛ない話をしていて、いきなり切り出したような気がする。富沢さんはこの時、小さく頷きながら「あ、それ僕も考えてました」と即答してくれたのだった。

今にして思えば『ＰＵＦＦ』が休刊状態の間、何となくもやもやしていたことは確かだし、会員による復活アピールも心のどこかに引っかかっていたのだろう。もしかすると、直接のきっかけとなったのは竹内さんが『怪獣倶楽部』を新体制に移行するにあたって、76年の2月から短期間だけ出した会員限定の連絡情報紙『怪獣倶楽部会報』だったかもしれない。

この会報はルーズリーフを原版にした8ページほどの青焼きコピーで、会員名簿をはじめメンバーの近況報告、新刊や新番組の情報、テレビで放送される内外の映画のスケジュールなどを中心とした会員限定のニュース紙である。『PUFF』でもこういう情報コーナーを作りたい、という気持ちは第1号を見た瞬間に生まれた。

それに加えて同じ号で竹内さんが「責任者が放り出したのだから、これで宙も終わり」と書いていたこと。たぶん、その日の会合でも『宙』の話題が出て、このまま『PUFF』もなくなってしまうのだろうかと漠然と思っていたことが引き金になったのだろうか。そこで『怪獣倶楽部』を通じて知った富沢さんの洞察力に満ちた文章の魅力や、おとなしい人柄の中にあるギャグ線とエンターテナー性——冗談でなく、富沢さんの怪獣の鳴き声の真似は絶品だった——を応援したいという気持ちで、同郷という気安さもあって声をかけた、という流れだったような気がする。

要するに自分では無理だけれど、富沢さんが作ってくれるなら面白い『PUFF』が出来るだろうし、自分も読みたい。その手伝いをするくらいなら、という完全に他人まかせの発想である。おそらくこの時、富沢さんが意外なほど乗り気でなかったら私も手を挙げなかっただろう。自分1人でやったとしても続かなかったはず。それはその後の新生『PUFF』を見ていればわかることなのだが、なにはともあれ事態は動き始めたのである。

しかし『PUFF』を復活させたいと思っても、どこから手をつければいいのか。まずはＯさんに連絡を取って今後の相談もしないと……などと考えている間に、富沢さんは驚くべき行動力を発揮する。まず自腹で謄写版印刷のセットを購入し、Ｏさんのもとに集まっていた原稿を引き上げ、その他の原稿を直接会員に呼びかけて送ってもらうよう手配し……と、光の速さで『ＰＵＦＦ』の復刊準備に入ったのだ。

いくら何でも話を盛りすぎだろうと思われるかもしれないが、『怪獣倶楽部会報』を見てみると、竹内さんがＯさんの会長退任に触れた第１号が２月26日発行。続いて正確な日付はわからないが３月下旬発行の第２号には、私が竹内さんに送った近況報告の手紙が次のように引用されている。

前略おふくろ様／中島紳介

「ＰＵＦＦ」７号を４月に出すべく現在鋭意（！）編集中です。怪獣ファンダム隆盛をきわめる今日、その全体の交流をふかめる〈場〉としての可能性をこのまま埋もれさせるにしのびず、非力をもかえりみず（中略）引きつぐことにしましたが、（中略、新生ＰＵＦＦは）富沢さんがめったやたらにはりきっているので、彼の個性が全面に反映した楽しいものになるはずです。

この浮かれきった軽薄な文面には目をつむっていただくとして、Ｏさんが退任してから１ヶ月たたないうちに、富沢さんと私が手紙のやりとりをしながら復刊に向けて動いていたことがわかる。

ということは、あの電車の中の会話は3月の会合の帰りだったわけで、さらに4月28日の日付がある会報第3号には次のような竹内さんの一文があった。

PUFFが復刊、(新生第1号である)第7号が出た。ややこしい。ところがよく読んでみると、継承の経緯が判らない。(中略)なに、イチャモンをつける気ではない。よくよく考えてみれば他のファンジンに肩入れしても、自分のために、最終的によくない。気がついただけである。

つまり、前会長が一方的に退任した後、中島と富沢が事前に会員の了解を得ないまま2代目を襲名した仁義なき戦いであることを、竹内さんは毒舌をまじえて指摘してくれたのだが、富沢さんはともかく、なにしろ浮かれていた私は根回しするような考えもなく勝手に動いていたのである。

ただし、自分が面倒な会計処理や対外的なスポークスマンの役割を引き受けて、富沢さんには『怪獣倶楽部』で見せた文章の冴えを存分に発揮してもらおうという方針だけは決まっていた。

「PUFF」復刊にあたって
お待たせしました、PUFF7号をお届けします。
と言ってもこれは新生「宙」のスタートです。会長O・H氏の退陣に伴いその編集・

発行の全権を引き継いだ私たちがこれからは「ＰＵＦＦ」を続けていくことになりました。（中略）非力をもかえりみませず再発足に踏み切った私たちの、これからの「ＰＵＦＦ」に御期待をいただくと共に、改めて御協力をお願いするしだいです。今後の方針といたしましては、一応これまでの基本線「清く正しくバカバカしくも美しく」を保ちつつ、各支部グループ間の――ひいては全国的規模における怪獣ファンダムの交流の〈場〉としての役割りを果たし、さらに創作面や資料の発掘等にも力を入れていくつもりでおります。もちろん扱う内容はオールタイム・オールラウンド、ハードからソフトまで、ボーダーライン上の作品までひっくるめチャチャメッチャクチャにやってみます。

なお、再発足にあたり正式に会費制をしいて会員を再募集することとし、その事務処理と今後の「宙」運営の全責任を、私たちが代表として負うことになります。なにとぞよろしくお願いいたします。

会長代行
富沢雅彦（編集・発行担当）
中島紳介（編集補佐・会計担当）

新生『ＰＵＦＦ』、すなわち『宙』のセカンド・シーズンはこの巻頭言を掲げた第7号（76年4月発行）から始まった。

『地球防衛軍』のロボット怪獣モゲラをフィーチャーした開田さんのクールな表紙を

めくると、ところどころかすれたり、インクがにじんでいたりするガリ版印刷・わら半紙のページと、従来の手書きコピー（前年にOさんのもとに届いていた原稿）のページが混在する本文32ページのこの号は、会費（会誌代＋送料）を集めて再発足させるための宣伝を兼ね、ほぼ1年ぶりの会誌として前『宙』の会員に無料で配布された。材料・印刷代等の製作費は富沢さん、郵送費（封筒、切手）は私がそれぞれ負担し、富沢さんがガリ切り・印刷した素材を東京の下宿まで郵送してもらい、私が製本して発送するという当時は当たり前の家内制手工業で発行されたものだ。

内容は『怪獣倶楽部会報』を真似た情報ページ『PUFFすきゃなあ』に始まり、初期からの連載である『えすえふ&怪獣映画音楽について』『モーション・モンスター』『怪獣・怪人・宇宙人解説集（仮面ライダー編）』などに『コンドールマン』フィルモグラフィー、TV名作劇場と題した『ウルトラマンレオ　美しいおとめ座の少女』シナリオ掲載（富沢さんの解説付き）など、外見そのまま新旧の原稿が同居したもので、ガリ版刷りのページはほとんどが富沢さんの手書きである——私は『すきゃなあ』の原稿を送っただけで、封筒詰めと発送以外には何の手伝いもしていない。その富沢さんの苦労は以下に書かれている。

編集後記

「インクまみれ　男ひとり」

我々宙軍団は復活に成功し、PUFFを新生させることができた。まずこのことを諸君とともに祝いたい。

「ヘッ　いつのまにかリーダー気どりだ」

何か言われたかな、荒ワシ師団長？

……「お楽しみはこれなのだ」やってるんじゃなかった。マジメにいこう。

ＰＵＦＦ７号はいかがでしたでしょうか？今回は準備期間が短くていろいろ連絡がうまくいかなかったり、また、無料サービスということもあってこの程度でしたが、次号はさらに一段と凄味をおびた超巨弾号にしようと今から㊙計画をねっております。（中略）ＰＵＦＦ復刊のために、アカガマキンニコでためた金を失い、印刷やら何やらで体力も失いつつある私ですが、最後の気力でがんばる決意を固めております。最後になりましたが、Ｈ・Ｙ様はじめ、宙の復活に深く協力して下さった方々には、多大なる感謝をささげさせていただきます。

それでは、次回ＰＵＦＦ８号に、テクセター!!


（Ｔ・Ｍ）

『お楽しみはこれなのだ』とは和田誠の映画の名セリフを紹介するイラストエッセイ（と、みなもと太郎によるそのマンガ版）にちなんだコーナーだが、含意のある冒頭の見事なツカみ、細身の体格とは裏腹な闘志と自信に満ちた宣言……富沢さんのライティング・センスとスキルは、まずこうした短い挨拶文や、小ネタ満載の穴埋め記事——同人誌ならではの遊びが出来る、スタッフのフリースペースで炸裂した。

目次ページの『今月のうた』（♫うなれガリ版、とびだせコピー）、最終ページ『再入会手続きのお知らせ』の下に並んだ広告——「怪獣を見るな　怪獣になれ」「怪獣だってカッコだけじゃダメなんだ」——当時のおしゃれなＣＭから今も歌い継がれている人気アニメソングまで、富沢さんにかかったらおよそパロディにならないものはない。その底知れぬ才気は『ＰＵＦＦ』という、ほぼ自由裁量の編集権がある発表の場を得たことで、さらに磨き上げられていくのだが、その前に——。

こうして新たに会員募集をすることになった『ＰＵＦＦ』の宣伝のため、私は久しぶりにＳＦＭに手紙を送った。以下がその全文である。

終末論とパニック映画のブームが「日本沈没」映画化を助け、「エクソシスト」の大ヒットとオカルト・ブームが「血を吸う薔薇」を生んだように、「ＪＡＷＳ」の大ヒットから何か出てきてもよさそうなものなのに、なかなか出ないいんだなあ、これが——

今や、慢性的な危機状況にある日本映画界に必要なのは、観客（大衆）の求めているものをいち早くとらえる感覚と、それをいかに面白い映画に（しかもていねいに）仕立てあげるかという意欲と、それを可能にする腕、そして結局は勇気と決断ということになるのだけれど、そんな当り前のことが決して当り前にいかないから大変なのでしてねえ。まず観客というのが流動的でつかみどころがないし、映画をつくる現場が企業の合理化やら何やらで意欲を殺がれてしまっているという悪条件が複雑怪奇骨折風にからみあっていて、一体何をつくったらいいのかというそもそも出発点で混乱しているというのが実情のようです。映画は見せもの、ザッツ・エンタテインメント！　ホームドラマはテレビにまかせて、映画独自のスケール、非日常の意外性を追求してもらいたいと思うのですが、はかない夢でしょうか。

だから、あちらの「キングコング」再映画化なんてものをみると、「わあっ、余裕だなあ」などと感心してしまうのだけれど、いつまでも感心ばかりしていてはどうしようもないので、こうしてシコシコと投書したりファンジンを作ったりして失われつつある日本ＳＦ映画の夢を何とかつなぎとめ、ふくらませようと微力を尽くしておるわけです。（売名行為と人の言う！）全国の皆さん、がんばろうねぇ。

さて、昨年「エスパイ」「東京湾炎上」と続いた新しいＳＦ映画路線も作品そのものにパワーがなくて立ち消えとなってしまい、映画の方は我らが志穂美悦子嬢の奇想天外空手大活劇シリーズくらいしかなくて（え？　あれがＳＦなのか、ですって？　あなた、これからはスーパーフィクションの時代ですよ）残念なのですが、テレビの方は小粒ながらファンにも楽しめるような作品がコンスタントに作られているようです。

今年上半期には、リアルな演出で近未来を現出させた「油断！」や、超心理的な愛のふれあいをミステリアスに描いてみせた「幻のささやき」、失われたロマンを浦島伝説に托して現代に甦らせた「三日月情話」など、欠点はあるものの、日常性の亀裂にスポットをあてた興味深い試みがありましたし、ジュヴナイルとはいえ、いつもながらていねいに作っているNHK・少年ドラマシリーズ「明日への追跡」も忘れてはなりません。それにいささかマンネリ気味ですが、お子様番組の中にはナンセンスな飛躍の楽しさが味わえる「ゴレンジャー」等の東映系列の怪作群や、ハードでカラフルなメカニックでスピーディーな戦闘シーンを展開するロボット・アニメのそれなりの魅力もあります。もっとも正直なところ、僕にはこれらの変わりばえしない設定と使い古してボロボロになったアイデアをさらに焼き直し、ヒーローに不可欠なロマンをも置き去りにしたまま、矛盾とギマンに満ちた不毛の戦いをくり返すだけのヒーロー・アクションはかなり苦痛です。でも「見もせずに批判することは出来ないのだ」と無理に言いきかせて、なるべく見るようにしています。

(でも、やっぱり疲れるのです)

見通しは決して明るくありません。「ゴジラ」に始まり「ウルトラQ」によってふくらんだ僕たちのSF映画への夢は、今やみるも無残に歪められ、規制されてしまっています。それは映画やテレビの体質とも無縁ではないし、社会状況そのものとも密接に結びついていていろいろむずかしい問題を含んでいるわけですが、今、ファンとして出来るのは、やはり一人一人が自分たちの夢を何とか形のあるものにしていこうと努力することであるかもしれません。

で、そんな人たちにお知らせ。(売名ついでに宣伝しちゃおうと、まあ、それが本当の目的なのでありまして、ワハハハ)

☆広告☆

怪獣ファンダムの輝ける星、元祖《宙》が一年間の沈黙を破って再スタートしました。常にファンニッシュな楽しみを追求しながら、怪獣を中心に広い視野からのSFドラマ全般をとらえ、創作や資料の発掘により力を入れていこうという方針です。興味を持ちの方、当方までハガキで連絡を。

（『S-Fマガジン』76年10月号『てれぽーと欄』への投書）

相変わらずSF選民思想に凝り固まった文面で、とても富沢さんのようにセンスのいい文章は書けなかったけれど、これが私なりの言わばマニフェストであり決意表明だった——まったくの余談だが、この前の9月号の同欄にはSFクイズの正解当選者として富沢さんの名前が載っていて、ここでも負けたと思った。しかも同じページのアニドウ機関誌『フィルム1／24』の告知で富沢洋子さんの名前があり〈注3〉、あまりといえばあまりの偶然。こうして目標は高く掲げたものの、実は引き継ぎの手続きを無視した、会員が納得してくれるかどうかさえわからない見切り発車だったのだが、私はそんな不安などお構いなしの気楽さ、呑気さですっかり新生『PUFF』をプロデュースしているつもりになっていたのだった。

復活から3ヶ月後、7月初旬に発行された『PUFF』第8号は、オールガリ版印刷。表紙こそ開田さんの手を離れて（すでに自ら主宰する『衝撃波Q』があったため）、自己負担のお手軽コピーになってしまったものの、旧『宙』の積み残し原稿をまとめた前

〈注3〉『アニドウ』はプロのアニメーターを中心に結成された研究団体（67年発足）で『フィルム1／24』はその会誌。現在、結婚後の五味姓でアニメーション研究家として活躍している富沢洋子さんは75年に同誌編集長となり、実弟・雅彦さんと同様に優れた編集センスを発揮した。詳しくは232ページを参照。

号から増ページ。新たに名物コーナーのテレビ時評『驚異を求めて』や読者ページの『てればしい』（どちらの名称もSFMの影響）、これも目玉企画となった『宙』創作研究会（O・Yさんのオリジナルシナリオ）などが新登場し、先の投書でも取り上げた作品を紹介した『'76上半期SFドラマ極私的リストアップ』（中島）、『シルバー仮面』フィルモグラフィー（富沢）、『ノンマルトの使者』シナリオ再録（H・Yさんの解説風エッセイ付き）、そして前出の『セブン暗殺計画＋怪獣倶楽部』（「よそのファンクラブのことを載せていいのかなという感もありますが、そのいいかげんなところが宙の特徴なのですから」という解説付き）と、編集コンビが好き放題やりはじめた感のある、いわば実質上の新生『PUFF』第1号と言える1冊になった。

次の9号（76年10月発行）も同様で、採録シナリオと富沢・中島の解説付き『イナズマンF』特集、『ウルトラファイト』フィルモグラフィー（富沢）、タイムスリップ・コーナーとして、氷川竜介さんが自費で出した『PUFF』増刊『ゴジラの頃』あとがき、64年の『別冊宝石』SF特集号に載った座談会『日本のSFはこれでいいのか』の再録ほか、いささかまとまりのない、にぎやかな内容である。

ここまでで、旧会員に加えて『怪獣倶楽部』のメンバーも再入会してくれ――もちろん、きちんと再入会をしない旨を連絡してきた人もいる――、富沢・中島のコンビで続けていくメドが立ったような気がして2人とも楽しんで作っていた時期である。この第2期（ガリ版時代）を通じて会誌制作の作業分担は変わらず、特集内容などは手紙や電話で相談しながら、基本的に富沢さん主体で決めていた。

原稿待ちで予定が新年にズレ込んだ第10号（77年2月発行）は、通算10号記念と76年度総決算で、お歳暮・クリスマスプレゼント・お年玉・成人式等々のお祝いを兼ねた『ウルトラセブン』大特集。解説付きフィルモグラフィー（富沢・中島）、『怪獣倶楽部』で〝恐怖のメモ魔〟と畏れられた徳木さんが、再放送のたびに画面から丹念にメモった能力・武器の設定を紹介する『ウルトラセブンへのひたすらな歩み』、同じくメカが大好きで〝メカトモ原口〟の異名を持つ原口智生さんの『超兵器百科』、金城哲夫『狙われた街』と佐々木守『遊星より愛をこめて』の豪華シナリオ2本立て、書き手の趣味全開『ウルトラセブンにおける実相寺昭雄』（中島）など、テレビ撮りの写真をふんだんに散りばめた120ページを越える、記念号にふさわしい大冊。このうち徳木・原口両氏の記事や富沢さんの名セリフ採録は、安井さん、徳木さんが編集した『てれびくん別冊　ウルトラセブン』（78年、小学館）に転用されている。

この勢いに乗って140ページの第11号（77年5月発行）は『帰ってきたウルトラマン』特集。フィルモグラフィー、会員アンケートによるベスト&ワースト・エピソードの発表、『許されざるいのち』の原案者・小林晋一郎さんの『我が愛しのレオゴンを語る』と長編論文『帰ってきたウルトラマンの功罪』、無謀にも池田さんに対抗した巻末大論文『帰ってきたウルトラマンの罪と栄光』（中島）――これは竹内さんに「レトリックだけの文章だね」とあっさり見抜かれてしまった――と、驚くほど文字だらけの1冊になった。おまけに『我が青春のシルバー仮面』（富沢）を中心とした小特集まであり、このガリ切りのエネルギーは超・超人的と言うほかない。アナログ極まりないスタイルとはいえ、比較的読みやすい富沢さんの書き文字で統一されていたからこそ、この時代の『PUFF』は現在も熱気を失わないでいるのではないかと個人的には思う。

なお、この号で会員数が旧『宙』時代と同じ30名を超え、原則として新規入会を制限している。これは事務処理の困難さを考えて、あまり大所帯にしないという方針だったため。やがて、そうもいかなくなる歴史の流れがあるのだが、それは次の章で書くとして、この11号で注目しておかなければならないのは、富沢さんが『驚異を求めて』の短評を除けば初めてアニメに関する文章を書いていることだろう。『UFOロボ　グレンダイザー』の勝ち気なお姫様キャラ、グレース・マリア・フリードについて語った『魅力戦争——あるいはデスマッチ!!　甦れ我等のヒロイン達』は、わずか1ページながら巻頭に持ってきたことに富沢さんの意図を感じざるを得ない。

いや、ミニミニエッセイは毎号巻頭に載っているので、単なる偶然かもしれない——と思ったが、円谷プロの大人向けドラマ『恐怖劇場アンバランス』を特集した第12号（77年8月発行）の扉ページには、ヒロイン・ギャラリーと題して『グレンダイザー』のゲストヒロイン、キリカのテレビ撮り写真（をコピーしたもの）が堂々と貼りつけられていた。前号はミラーマンだったのに……。続いて霧野リサ（同じ東映動画のロボットアニメ『惑星ロボ　ダンガードA』のヒロイン、声優はマリアと同じ吉田理保子）になりきって書いた『機械じかけの今日』、革命的論文『ロボットアニメさん、わたしはあなたを愛します』の連載開始と、これは完全に確信犯。富沢さんが、そして新生『PUFF』が、ついに覚醒した瞬間である。

第6章　怪獣を見るな。怪獣になれ。

喪われ、散逸した記録を探し出し、それを復元することはけだし至難のわざである。とくにその記録が故意に破棄され、修正されてしまっている場合はいよいよ不可能に近い。ここにのべた物語は、アム・コダイをはじめとするすぐれた歴史学者の手によって収集され整理された一連の資料によって構成されたものであるが、これが果たしてどれだけ歴史的事実への接近に成功しているものかわれわれには確信はない。

——光瀬龍『たそがれに還る』終章より——

74～75年・第1期・コピー誌時代（1～6号）の『ＰＵＦＦ』を仮に小学校の学級新聞とするなら、76～78年の第2期・ガリ版時代（7～14号）は中学か高校の文芸部の機関誌のようなものだったかもしれない。そして『怪獸倶楽部』は、指導教授のいる大学のゼミの共同レポート、とでも言ったらいいだろうか。

もちろん、どちらが良いとか悪いとか、レベルの高い低いといった評価ではなく、手探りで始まった怪獣・特撮同人誌の発展の過程を簡単に例えてみると、ということであって、私の中では振り返るとそんなイメージがある。

ただただ意見や質問を送るだけで満足して、毎号、届くのが楽しみだった第1期。自分たちで好きな分野の記事を書く面白さを手に入れた第2期。それと交差するように、先輩や仲間の活動に目を瞠らされた『怪獣倶楽部』や『衝撃波Q』の時代……。富沢・中島が『宙』の新代表として復刊させた第2期の『PUFF』は、当然のことながら2人が参加していた『怪獣倶楽部』の影響を受けながら号を重ねていく。

復刊2号目となる第8号で『怪獣倶楽部』で行われた『ウルトラセブン』オールナイト上映会の採録と『ノンマルトの使者』のシナリオを掲載したのを皮切りに、10号『ウルトラセブン』特集、11号『帰ってきたウルトラマン』特集、12号『恐怖劇場アンバランス』特集……と、新生『PUFF』では主に円谷プロ作品（のちには東宝、東映作品）に対する〝ファン目線での再評価〟が進められていったが、そこで取り上げられた資料（シナリオ、文献、スチール写真等）には、『宙』にも入会してくれた『怪獣倶楽部』メンバーのコレクションや、代表である円谷プロ社員・竹内博さん経由で入手したオフィシャルなものも含まれていた。

また、会合の折に円谷プロの文芸部室に保存されていたシナリオや企画書の実物を見る機会が何度かあり、メモやコピーを取らせてもらったこともある。こうした『怪獣倶楽部』メンバーとしての富沢・中島の立場が、この時期の『PUFF』の内容に反映していたことは事実だ。

加えて、富沢さんや氷川竜介さんが小まめにテレビ撮りしていた場面写真や、再放送の度に更新を重ねた徳木吉春さんの自筆メモによる設定考証、困った時の何とやらで竹内さんの知識に頼った質問コーナーへの回答、毎月の会合で交わされる会話から製作予定などの最新情報を硬軟取り混ぜてピックアップした『怪獣界うわさ報告』――等々、他のメンバーにも助けられて、第2期『PUFF』は手書き・謄写版印刷・わら半紙・手作り製本の読み辛さはあったものの、当時としてはそれなりにボリュームと読みごたえのある同人誌になっていたのではないかと思う。

もちろん、資料・情報面だけでなくテレビ、映画の作品時評『驚異を求めて』を中核とした読者会員の投稿原稿、特に富沢さんや氷川さん、同じ初期メンのSさん、Hさん、Oさんたちの寄稿が『PUFF』の売りになっていったのもこの時期だ。そして、その発言は基本的に誰でもフリーな形で掲載された。

だからこそ『ウルトラセブン』の人気作品のシナリオも載れば『トリプルファイター』や『ウルトラファイト』のような省エネ番組のフィルモグラフィー、テープ採録による作品紹介もきちんと載ったし、『驚異を求めて』では『大鉄人17』も『スペース1999』も『メカンダーロボ』も『5年3組魔法組』も――つまり実写もアニメも、国産も洋物も、新作も再放送も、クラシックな名作も世間的にマイナーな番組も、まったく区別なく、みな同じフィールドで批評された。

さらに富沢さんは『ロボットアニメさん、わたしはあなたを愛します』を書き始めて、その後の自身と『PUFF』の方向性を定め、私はといえば『PUFFすきゃなあ』『半分冗談日記』などのコラムを勝手に作り、アイドルや歌謡曲、当時のカルチャー誌ほか多分に趣味的なものも含めて周辺情報や境界線上にあるSF的ドラマを紹介することで、それぞれに同人誌の作りがいを見出すことが出来たのである。

そうした節操のない――または、常識的な怪獣・特撮同人誌のイメージに収まらない内容、編集方針に対して不満を持ったり反対の立場を表明したりする読者会員も少なからず存在したが、同人誌は書きたいことがある人間の〝自己表現の場〟として機能するという思い込みのもと、富沢さんも私も率先して『ＰＵＦＦ』の枠組みを広げようとした。ただ、そのような保守派に対して富沢さんが誌面で攻撃することに関しては、すぐに（次の号が出るまで）反論できない相手をさらし者のようにして批判するのは編集者の横暴ではないか、と苦言を呈したこともある。２人の間で意見の衝突があったとすれば、それくらいだっただろうか。

もちろん、メインの特集はなるべく会員の要望に添う形でセレクトしていたし、怪獣・特撮同人誌であることを放棄するつもりもなかったが、個人的にはファンの間で評価の定まったウルトラシリーズや東宝怪獣映画ではなく、専門的に取り上げられることが少なかった少年ドラマシリーズのようなノン特撮のＳＦ作品を記録に残したり（中島）、変身もの、ロボットものといったブームの流れに埋没しがちな子ども向け特撮＆アニメ番組を、借り物ではない自分の価値観で評価し直そうとしたり（富沢）、それぞれのやり方で『ＰＵＦＦ』を形にしていった。

それは『怪獣倶楽部』や『衝撃波Ｑ』をはじめとする同時期の怪獣・特撮同人誌のどれもがスタイルこそ違え、同じようにたどった道である。

もっとも『ＰＵＦＦ』の場合、その功績の大部分は原稿の整理からレイアウト、ガリ切り、印刷まで１人で手がけた富沢さんの犠牲的な努力に帰するものであり、『怪獣倶楽部』メンバーのサポートや会員のリアクションも大きな力になっていたとはいえ、送られてきた投稿にすべて目を通し、誌面構成を考え、膨大な量の文章を書き写し、さらに自分でも書くだけでなく、細かく感想や反論を載せて内容を活性化させていった彼の存在がなければ、ここまでもそれ以降も『ＰＵＦＦ』が続くことはなかっただろう。そして、その代えがたいパーソナリティーなしに、果たして『ＰＵＦＦ』があのような投稿型同人誌として成立出来たかどうか……。


「冷血編集者の呼び声」

来ない原稿を待つときの鬼のＦ氏の心境をへて原稿をうけとったときの美人編集者Ｓ嬢、40年代のキャンベルの気分、さらにガリ切りの棟方志功のムード（意味不明）、そして発行直前の悪夢のような一週間、新しい機械獣の完成を見るドクター・ヘル（マジンガーZを作る兜博士ではない。ＰＵＦＦの製作には悪の香りがただよっているのである）の感覚にいたる製本段階——ファンジンを創る、ということはつらくもあり、また楽しくもあることです。（８号）

「編集人・月に吼える」

今回は余裕くれて70ページ程度に押えるつもりがまたまたこんな巨大冊になってしまって……。くる日もくる日も地獄の苦しみが続いたわ……。かみしめたくちびるから血がにじむほど耐えたのよ……。

しかし、本当に、このままでは「ＰＵＦＦ」が制御不可能なものに複雑巨大化す

るのではないかという「許されざるいのち」的な不安を感じてもいるのです。（11号）

「愛の使者ＰＵＦＦは不滅だ！」

今回は執筆者不足などもあって、非常に苦しい戦いを強いられましたが、何とか完成させることができました。今はただ、勝利のあとの安らぎを待つ心境です。マリアの鐘よ、編集者の頭上に鳴りわたれ。人間の不屈の魂がＰＵＦＦ発行のペースを守りきったのだ。長い戦いのあいだ、編集者を支えたものは何だろう。

それは、休刊を続ける某ファンジン編集者の中についに発見されることの無かったもの、怪獣ファンとしての使命感、愛の力ではなかったか。（12号）

以上、毎号の名物でもあった富沢さんの心情が吐露された『あとがき』（編集後記）を幾つか抜粋してみた。

文中の〝休刊を続ける某ファンジン〟について補足しておくと、研究・資料誌としての性格から2大ハード派ファンジンと畏怖されていた『怪獣倶楽部』『衝撃波Ｑ』が、メンバーの仕事や学業の都合などで76年後半から発行が止まっていることを指す。皮肉な当てこすりとはいえ、これも『ＰＵＦＦ』の名物、あくまでも富沢さん一流の諧謔を込めた盗文パロディだ。

富沢さんはＳＦ界の反逆児と言われた作家ハーラン・エリスンに傾倒し、あらゆる業界的権威に文章で戦いを挑んだ人だが、引用を駆使したパロディのなかに冗談と本音を混ぜ込んでしまうので、字面だけで意図を判断するのはきわめて危険である。盗文の形で正論を展開するので誤解されることも多かったけれど、『PUFF』の編集に関しては、まだこの段階では〝怪獣・特撮〟に軸足が置かれていることがわかる。それが変化するのもまた第2期『PUFF』を通じてなのだが、その前に――。

『PUFF』は76年春の復刊後、多少の遅れはあったものの、ほぼ3ヶ月に1度のペースで発行されていた。しかし、シナリオや評論といったボリュームのある記事の掲載が増えたことや、自分の文体を発見した富沢さんをはじめ、創作に意欲をみせるO・Yさんのような積極的に発言（投稿）するメンバーの原稿でページ数が膨らんでいく反面、それ以外の会員の原稿（例えばアンケートの回答）の集まりが悪いといった同人誌特有の問題が慢性化していた――責任の一端は私にもあって、自分で書きたいと言い出した『立体テレビ　オズの魔法使い』論や、東宝特集の原稿がまったく書けなかったりして、ラインナップがうまく組めなかったことも続いた。

また、当初は1冊につき誌代300円で年4回発行とし、年会費1200円を切手または小為替で一括前納してもらう形だったが（実質送料のみ、印刷・梱包・発送等のコストは持ち出し）、それが予定通りに徴収できなかったり、内容によっては増ページとなり予算をオーバーしてしまうことが重なるなどの経済的な負担も、学生である代表2人の身には決して軽くなかった。

そうした累積する不安材料を抱えながらも、なんとか順調に『PUFF』が発行されていたこの頃――77年から78年にかけて、怪獣・特撮ファンダムの一部には大きな変化が訪れつつあった。

その直前の74～75年、怪獣・特撮同人誌が誕生した当時を改めて振り返ってみると、東宝のゴジラシリーズが『ゴジラ対メカゴジラ』『メカゴジラの逆襲』の2部作でいったん打ち止めとなり、テレビでは『ウルトラマンレオ』で4作続いた第2期ウルトラシリーズが同じく休止。いわゆるオイルショックとオカルトブーム、ハリウッドの大作パニック映画の流行などを受けて、映画・テレビ界は軒並み非怪獣もの、特撮縮小の方向に流れ、製作費のかかる実写特撮より、商品展開も含めてバラエティのあるアニメ（特にSFヒーローやロボットもの）の勢いが増していった。

一方でスーパー戦隊の原点である『秘密戦隊ゴレンジャー』がスタートし、巨大ヒーローではなく『仮面ライダー』以来の等身大・変身ヒーローと集団型ヒーローが主流になっていく。東宝＝円谷英二のスケールの大きな特撮映画や、そのテレビ進出で生まれたウルトラシリーズを見て育った怪獣・特撮ファンの第1世代にとって、かつてのように夢中になれる内容の新作が途絶え、明らかに対象年齢を下げた番組を見続けるか、再放送や短縮トリミングされた旧作映画のテレビ放送で渇を癒やしていた、トクサツ冬の時代がやってきたのである。

ここで、すでに怪獣やヒーローを必要としないはずの年頃になっていた第1世代と、ストライクど真ん中でライダーや戦隊もの、映画では『東宝チャンピオンまつり』の洗礼を受けたその下の世代のファンとの間に最初の断絶が生まれるのだが、それが表面化するのはもう少し先の話。

そんな時代の変化にあって、とりわけ私のようなガチガチの東宝＝円谷作品原理主義者（当時）から見れば、粗製濫造としか思えないような作品が氾濫する中、大人たちからは省みられずに忘れ去られようとしている怪獣映画や特撮番組の成果――自分たちが驚き、感動し、楽しんだ作品を少しでも記録にとどめようと行動を起こしたのが、いわば『宙』＝『ＰＵＦＦ』（と、それに続くグループ）に集った人々だったということは言えると思う。

しかし、そのために当時の『ＰＵＦＦ』誌上には、苦しい条件のなかで昭和ゴジラシリーズの後期、ポスト円谷英二の東宝特撮を支えた福田純監督と中野昭慶特技監督に対する激烈な批判や、『帰ってきたウルトラマン』以降の第２期ウルトラシリーズへのマニア愛の裏返しである失望と不満、併せて放送中の子ども向け番組に向けた怨嗟の声があふれ、当人たちが意識していたかどうかは別にして、少なからず後ろ向きのノスタルジーと厭世的な気分が漂っていた。

いや、他人のことではない。この頃の『ＰＵＦＦ』に載っている自分の文章を読むと、まさに現在のネット掲示板の書き込みと同じような内容なので居たたまれなくなる。現在は社会環境的にもかなり受け入れられていると感じるが、基本的にマニアの心性、オタクの自意識というのは30年、40年経っても変わらないということか。

もちろん、すべての怪獣ファンが私のようにマイナスの評価に同調していたわけではなかった。池田さん、金田さんをはじめ正しく〝怪獣倶楽部の理念〟を体現するメンバーや『ＰＵＦＦ』の会員たちの中にも、当時から第２期シリーズの作品や変身ヒーロー番組の独自の面白さを認め、楽しんでいる人たちがいたことは、ここではっきりと書いておかなければならないだろう。

むしろ、そうした誌面を覆う懐古趣味の息苦しさに、まず否を突きつけたのが他ならぬ富沢さんだった。怪獣映画と特撮番組のコアな部分から失われた魅力が、それらのファンがスポイルしているロボットものを中心としたアニメーションのなかに花開きつつあったことを発見した富沢さんは、アニメを中心にした子ども向け番組がもつ普遍性や、マニアックな感性が常識を凌駕する可能性についての自らの理論を追求し、第２期『ＰＵＦＦ』とそれに続くオフセット印刷時代の第３期『ＰＵＦＦ』を通じて実践・構築していくのである——それと同時に、各種の雑誌で『ＰＵＦＦ』が紹介されて会員が増えたことで、特撮ファンの根強い保守性との板ばさみになり、次第にこのジャンルに対して冷めていったのだが……。

そして富沢さんをはじめ、この怪獣・特撮同人誌の黎明期に立ち会った人々のうちの何人かが、やがてオタク文化興隆の渦に巻き込まれていくことになるのだが、もしかしたら、ある種の予兆だったのではないかと思えるような出来事が幾つかある。

１９７６年の夏の終わりか秋頃だったと思うが、私を含めた『怪獸倶楽部』のメンバーがいつものように円谷プロの会合に集まると、そこにテレビの撮影クルーが来ていた。その時になって初めて竹内さんからテレビ番組の収録があると聞かされて驚くヒマもなく、私たちは制作ルームのソファに座ってインタビューを受け、竹内さんの発案でスペシウム光線のポーズをしながら決めゼリフまで唱和した。

これが当時の東京12チャンネル（現テレビ東京）で、月～金の夜8時54分からベルト放送されていた、丸井一社提供の『和気あいあい』という5分間番組――しかも驚いたことに、当日の撮影スタッフであるYさんは、なんと初期『宙』の会員だった。つまり、趣味の集まりやサークル活動を紹介するミニ番組の企画として『怪獣倶楽部』が取り上げられたのだ。

まだ家庭用ビデオなど高嶺の花もいいところで、どんな番組も放送されたらそれきりだった頃のこと。確かにオンエアは見ているはずだが、どんな内容だったか記憶はさだかでない。しかし、何事もおろそかにしない富沢さんはちゃんと『全怪獣ファンジンカタログ』にこの番組の採録を載せていた。


ごきげんいかがでしょうか、橋本哲也です。今日は映画・テレビの怪獣を愛する人々の集まりです。では代表の竹内博さんにうかがいましょう。

竹内「怪獣ってのは今まで、テレビ・映画の分野でもあまり真面目な評論の対象にはならなかったし、ま、そういうことで、いわゆる単なる怪獣ファンではなくて、もっと真面目に研究して、あのードラマとして映画としてどう出来てるかとか、そういった真面目な態度からやってみようじゃないかということで、始めたわけです」

会員A「まあ、こういうことってのは普通の友達じゃあんまり話ができないですね。だけどここに来て話をすると、もう自分のバカみたいなことを思いっきりしゃべれるってのが楽しいですね」
会員Ｂ「そうですね、やはり一人ではできないことが、みんな集まればいろんな情報が集まり総合的になるんじゃないですかね」
竹内「ま、結局いちばん重要だと思うのは資料の整理、そのー、評論ってのは研究が基礎になっていなければ出来ないわけで、ちゃんとそういった研究をやって、やった上でいい評論を書こうじゃないか、一般の映画評やなんかにも匹敵するようないいものを書こうと、そういったことでやってます」
　この人たち、職業はまちまちですが滅び去った怪獣たちを懐かしき仲間とし、資料を整理している楽しいグループでした。
一同「怪獣を見るな。怪獣になれ。シュワッチ！」
——東京12チャンネル「和気あいあい」

　滅び去った怪獣……懐かしき仲間……楽しいグループ……。おたく、とか、オタク、なんていう呼び方もまだなかった時代なので、この言葉選びの微妙な距離感がすべてを物語っているような気もするが、正味の放送時間が短いせいか、変に持ち上げたり、逆に揶揄したりするような特別扱いをしていないところが、プレ・おたく時代らしい感じである。
　ところで最後の「怪獣を見るな。怪獣になれ。」は、みんなで画面に向かってスペシウム光線のポーズをして叫んだのでよく憶えているのだが、『ＰＵＦＦ』７号の穴埋めに富沢さんが書いたCMパロディである。元ネタの「裸を見るな。裸になれ。」は糸井重里の作で、コピーライターの存在を世に知らしめるきっかけとなった、当時のCM文化を代表するPARCOの広告コピーだ。

富沢さんが作った同じようなパロディで「怪獣だって　カッコだけじゃダメなんだ。」というのもあったが、竹内さんは「怪獣になれ」の方が気に入っていたらしく、おそらく怪獣・特撮を見て楽しむだけでなく、自分たちで研究し形にして残していこうとする『怪獣倶楽部』の姿にぴったりくる言葉だと思ったのではないだろうか。

とまあ、そんなわけで、この〝冬の時代〟の76～77年にあって『怪獣倶楽部』の集まりが実は様々なメディアに取り上げられていたのである。

○昨年秋、東京12Chの「和気あいあい」に出演して全国に恥をさらした怪獣倶楽部は、「中1コース」に続いて「夕刊フジ」（1／26）にも登場。中1コースの時は「おじさんたちのことをくわしくおしえてください」「かいじゅうのつくりかたをおしえてください」なんて手紙が来て、竹内さんが扱いに困ってたけど、今度はどうなるのかなあ。

――『PUFF』10号（77年2月）「はみだし・すきゃなあ」

○〝週刊大衆〟3月31日号にチラッと「怪獣倶楽部」が紹介されているかと思いきや、若い女性向けの新雑誌〝ノラ〟（婦人生活社）は取材に来るわ、TBS『日曜特バン』

（5月1日放送予定）にはBNFがそろって出演するわ、やたらあわただしい今日この頃。怪獣ファンダムの幸福な蜜月時代と言うべきでしょうな。

——「PUFF」11号（77年5月）「PUFFすきゃなあ」

3月29日
○夜、TさんよりTEL。なんと、またまたTV出演の話である。
TBS日曜特バン「帰ってきたヒーローたち（仮）」、4月5日の夕方VTR撮り、IさんやH君も出るとのことだったが、去年出てこりているので固く辞退する。「いやあ、あんたTV映りいいって評判だよ」などと言われて、あやうくその気になるところだった。ヤバイ、ヤバイ。

〈注〉4月24日、ナイターが中止になって突如「全部見せます!! ヒットTVマンガ20年・懐かしのヒーローたち」として放送。でも皆さん後ろの方へ座ってて画面に出てこないんですもの、ずるいわあ！

——「PUFF」12号（77年8月）「じん☆あきらの半分冗談日記」


やはり日記は付けておくものである。記憶のディテールが多少なりとも蘇ってくる。こういう記事の切り抜きや番組を録音したテープを、手紙と一緒にもっと残しておけば、今になってこれほど苦労しなくてすんだだろうに。

それにしても、随分いろいろな媒体で取材されていたことに驚く。まったく他人事のようで申し訳ないが、怪獣マニアの集まりというのも、それなりに需要があったのだろうか。『中1コース』や『週刊大衆』はわかるが、女性向けの新雑誌までとは……。

異様なものに惚れちゃったわけですよ…
女性入会大歓迎「怪獣倶楽部」
現在男性だけ15名

電話で取材申し込みをすると、「僕たちくらい深くつっ込んで怪獣のこと研究している倶楽部だと、女の人は無理なんじゃない?」などと返ってきたので、これは何が何でも紹介して、乗り込む勇気のある女の出現を期待したい。

——というタイトルと書き出しの『NORA（ノラ）』創刊号（77年7月1日発行）の取材記事は、〝友だちの輪をひろげよう　もうひとりのアナタを発見するサークル・同好会〟という特集の一部で、女子サッカーチーム、アマチュア・バンド、野草の会、雅楽会、アマチュア無線クラブなど、女性中心のサークルが並ぶ中で唯一の男性オンリー・グループとして取り上げられている。

この雑誌自体は、都会で生活する女性のための情報誌を標榜したもので、群像新人賞を受賞したばかりの中島梓をはじめ働く女性たちがフィーチャーされ、吉行淳之介・植草甚一・金井美恵子・森茉莉・安田南といった60～70年代文化人も登場するカルチャー誌的な性格を持っていた。同じようにメンバーの写真入りで掲載されたミニコミ誌『ファミリージョイ』78年3月号や『和気あいあい』と並んで、オタク文化興隆以前の怪獣・特撮ファンの姿が偏見や予断のない、比較的ノーマルな形で——コレクター的な物量のすごさとか、芸能人の趣味としての希少性などでもてはやされるのではなく紹介された、珍しい例ではあった。なお、私の知る限りでは残念ながら女性の入会希望者は現れなかったようである。

さて、ここでもう1つ書いておきたいのが、ある出会いにもなったテレビ出演のことだ。前出の『半分冗談日記』で「去年出てこりているので」とあるのがそれ。やはり1976年の夏だったと思うが、例によって竹内さんからの急な電話に呼び出されて、六本木の森ビルにあった円谷プロの事務所を初めて訪れた——余談だが、このビルは運が良ければ当時同社に勤めていた子門真人に遭遇できるというので、『怪獣倶楽部』メンバーの間でも話題のスポットだった。

そこで紹介された長身痩躯、メガネが似合う知的な風貌、白衣を着せればそのまま悲劇の青年科学者で通りそうな人物こそ誰あろう、医科歯科大を経て後に本物の博士（歯学）になる小林晋一郎さんだった。

「ああ、あなたがレオゴンの……」と絶句する私。言うことは一人前でも実作にはまったく縁がなかったので、傑作『許されざるいのち』の原案者を前にして——特に同い年なのに落ち着いた科学者然とした物腰に、いたく感激したものである。小林さんは高校時代に自作の怪獣デザインやストーリーを円谷プロに送っていて、そこから竹内さんとのつながりが出来たそうで、のちに特別会員のような形で『怪獣倶楽部』の会合に何度か顔を出している。

その後で、どんな話をしたのかほとんど憶えていないが、私は小林さんと一緒に竹内さんの案内で事務所からほど近いNET（現テレビ朝日）へ向かった。これも初めて目にするテレビ局の外観・内観に挙動不審になりながら入り口横のパーラーに連れて行かれ、そこで円谷皐社長と面会したのだが、なんとこの日は私と小林さん、原口智生さんの3人で『アフタヌーンショー』に出演するのだという。

『アフタヌーンショー』は当時人気のお昼の主婦向けワイドショー番組で、大映映画『宇宙人東京に現わる』などに出演した俳優・川崎敬三が司会を務め、同じく俳優の山本耕一（特撮ファンには『ウルトラセブン／消された時間』のユシマ博士で知られる）が事件リポーターとして登場。「そォーなんですよ、川崎さん」というフレーズが漫才のネタにもなったほど、良く知られた番組だった。

その夏休み企画で怪獣特集が組まれ、怪獣の鳴き声や足型を当てるクイズで怪獣ファンの大人と小学生の子供たちが対決することになった。円谷プロに素材のオファーが来て竹内さんが対応したものの、ちょうどお盆休みの時期で必要な〝大人の怪獣ファン〟――この場合は当然『怪獣倶楽部』のメンバーである――がなかなか捕まらず、たまたま連絡の付いた私や原口さん、小林さんが引っぱり出されたのだ。

この時、パーラーでした打ち合わせであらかじめクイズの答えを教えられ、初出演にして早くもテレビ界の内幕を知ってしまったことや、当時小学生だった弟が実家でオンエアを見ていて、いきなり画面に兄貴が出てきたのでひっくり返って爆笑したこと、出演の謝礼は記念品のＮＥＴのロゴ入りボールペンだったことなどは、嘘のようだが本当の話である。

あっという間に進行した本番の記憶は薄れてしまっているが、私たち大人が正解を出すと、前の席にいた男の子が「すげ〜」とでも言いたげな顔で見ていたことは憶えている――ごめんね、汚れたオトナで。

さて生放送が終わり、帰る段になってようやく私は小林さんに『ＰＵＦＦ』の会員になってほしいと持ちかけ、怪獣のデザインに関する文章を書いてみませんかと提案してみたのだった。

この日の様子は小林さん自身も開田裕治さん編集の同人誌『特撮が来た』などに寄せた文章で回想しているが、約半年後に出た『ＰＵＦＦ』11号の『帰ってきたウルトラマン』特集に得虎満（えご・みつる）名義で『我が愛しのレオゴンを語る』と『帰ってきたウルトラマンの功罪』という２本の長編原稿を寄せてくれ、さらに14号の東宝特集から、後に朝日ソノラマから単行本化される『形態学的怪獣論』を連載開始。第３期のオフセット時代には表紙イラストを手がけるなど、大きな戦力となって『ＰＵＦＦ』を支えてくれることになる。

ここまで話があちこちに飛んでしまったが、要するにこの時期、新作はなくてもウルトラシリーズ、あるいは怪獣ブームは〝懐かしの〜〟と漫画やテレビ番組と合わせた形で継続しており、在京・地方局でくり返される再放送と連動して学習誌、児童誌、週刊誌などで大なり小なり取り上げられていた。『怪獣倶楽部』が雑誌やテレビで紹介されたのも、円谷プロで取材の窓口になった竹内さんがいたことが大きいが、まだまだ怪獣・特撮ものに潜在的な人気や話題性、ブームの余韻といったものがあったからだろう。

しかし、1977年の夏に若者向けの雑誌『GORO』（9月8日号）でウルトラマン特集が組まれてから、やや様相が変わってくる。この写真満載のカラー特集は小学館の学年誌や『てれびくん』で編集者として仕事を始めていた安井尚志さんと竹内さん（酒井敏夫名義）が構成し、子ども時代のノスタルジーに訴えつつ、特撮キャラクターを新しい時代の若者のヒーローとして捉え直す内容だった。

竹内さんの著書『元祖怪獣少年の日本特撮映画研究四十年』によると、この特集の後で安井さんと朝日ソノラマ編集部の村山実さんが知り合い、『GORO』の場合と同様に安井さんがソノラマに企画を持ち込んで、資料性のある大人向けの特撮ムックを実現させる。言うまでもなく、それが77年の末に出たファンタスティックコレクション・シリーズ第2弾『空想特撮映像のすばらしき世界　ウルトラマン』である。〈注1〉

ここで裏話、というほどではないが書いておくと、この本の制作スタッフに『怪獣倶楽部』のメンバーの名前が並んでいる（大人の事情によるペンネームも含む）。円谷プロで見本をもらった私が、実際は手伝っていないのに〝ウルトラ調査取材〟として名前が載っているので「何もしていないのに、どうしてですか?」と聞くと、竹内さんは「こういうのは人数が多くてにぎやかな方がいいんだよ」と笑っていた。後になって気づい

〈注1〉ファンコレの第1弾は『科学忍者隊ガッチャマン』で、シリーズ初期はアニメ作品と特撮ものを交互に取り上げていた。

たが、この時からメンバーの業界進出を想定していて、少しでも名前を売っておこうという親心だったのかもしれない。

私は翌年春に出たファンコレ第5弾『空想特撮映像の巨星　ゴジラ』で、今度は本当に仕事としてストーリー・ダイジェストの原稿を書かせてもらった――そう、この77年後半から78年にかけて『怪獣倶楽部』のメンバーは続々とセミプロ活動に入っていくのである。

この頃、すでに安井さんはフリー編集者として小学館や朝日ソノラマの企画を手伝い、金田益実さんも小学館の学年誌等で活躍し始めている。竹内さんは『GORO』に対抗して生まれた青年誌『DONDON』（日本ジャーナルプレス）にライフワークの1つである『日本特撮マンの系譜』を酒井敏夫名義で連載開始（ワイズ出版『特撮をめぐる人々日本映画　昭和時代』に収録）。それが縁で、78年春に発売される東宝レコードのサントラLP『ゴジラ』の構成を西脇博光さんと共に手がけ、さらにキングレコードでウルトラシリーズのBGM集を出し始めるなど、しだいに外仕事が増えていく――酒井敏夫の名で『日本経済新聞』（78年12月4日付）の文化欄に『いとしのゴジラ』を寄稿する一方、筋金入りのマニア〝ゴジラ・コレクター〟として『少年マガジンスペシャル』や『POPEYE』のような雑誌に登場しているのも、多分にブームを意識した竹内さんのセルフ・プロデュースだったのだろう。

こうした動きは、やがて出版物を中心とした〝第3次怪獣ブーム〟へと発展。円谷プロが『機動戦士ガンダム』制作中のサンライズと提携したアニメーション『ザ・ウルトラマン』（79年）、続いて5年ぶりの実写作品『ウルトラマン80』（80年）とシリーズの新作を実現させ、『実相寺昭雄監督作品　ウルトラマン』（79年）に始まる再編集映画（一部に新撮シーンをプラス）を続々と生み出していく流れを側面から支える形となる――その背景にはアニメブームやＳＦブームを敏感に取り入れた当時の円谷皐社長のプロデュース力があったが、皐社長は『怪獣倶楽部』の活動にも理解を示し、それとなく応援してくれた恩人の1人である。

　私たちもその流れに引っぱられるようにして児童誌・学年誌やムック、レコードの構成に参加し、一時は〝グループ有翼人〟という共同ペンネームで活動したりもするのだが、実を言うとメンバーの多くは、この安井・竹内（小学館、ソノラマ）ラインとは別のルートで、相前後して商業誌にデビューしていた。

　その主な舞台となったのが、77年春に創刊された『月刊ＯＵＴ』（みのり書房）である。5月創刊号から聖咲奇さんがブレーンとなってＳＦ関係のページや特集を構成し、まだ大阪の印刷会社でデザイナーをしていた開田さんが図解イラストやカットを提供し始める。また、アングラ系サブカルマガジンとして出発した『ＯＵＴ』がアニメ誌に転換するきっかけとなった『宇宙戦艦ヤマト』特集の6月号、9月号には、同作品の有力なファンクラブだった『宇宙戦艦ヤマト・ラボラトリー（ＣＢＹＬ）』――後の『ＹＡ　ヤマト・アソシエイション』から氷川さんや小牧雅伸さん、伊藤秀明さんたちが参加し、スタッフ・インタビューをはじめ、エピソード・ガイド、用語大事典、脇役ＷＨＯ'Ｓ　ＷＨＯほか、アニメ専門誌顔負けの濃密な記事ページを構成した。

さらに、これぞサブカル雑誌だった初期『OUT』の真骨頂とも言うべき11月号〝東京12チャンネル特集〟では、富沢さんが高坂雅彦のペンネームで異色ヒーローアクション『快傑ズバット』を紹介。その文章のあまりの面白さに感心した読者が、いざ見てみようと思ったらすでに番組は終了していたというオチがついて話題を呼んだ——文中に登場する、ゲスト女優のうんちくを語るNさん、Tさんとは私と徳木さんのこと。『怪獣倶楽部』の会合で富沢さんから原稿を書くことになったと聞いて、それならヒロインの魅力も大事だと主張して勝手にレクチャーした。

これらの記事はほとんどが聖さん、『PUFF』出身の渡辺伸夫さんを通じた編集部からのオファーだったが、もとはといえば『怪獣倶楽部』など同人誌の人脈から生まれた縁もあり、竹内さん・安井さんも企画・資料面で協力していた。渡辺さんは引き続き秋に創刊された『ランデヴー』(月刊OUT増刊)の編集にも携わり、私は年末発売の『ランデヴー』第2号(月刊OUT1月増刊号)の特集〝はばたけスーパー・シップ!〟の解説を依頼され、これが商業誌に載った初めての署名原稿となった。

この記事の内容は『怪獣倶楽部』3号の『マイティジャック』特集をベースにしたものので、本文は私、写真構成やメカ図鑑の文章は徳木さんと2人で分担した。私はサブ解説の『SF映画のスーパー・シップ』も張り切って書いたのだが、早くも単純なケアレスミスをしているので恥ずかしい——『怪獣倶楽部』のメンバーは、ほとんどが怪獣図鑑などを除いてスタートの段階から署名記事を任されることが多く、それだけ内容に責任を持つことを自覚するようになったのだが、私の場合、この何事も迂闊なところはなかなか直らなかった。

なお、同じ号で『それはゴジラから始まった。』という作品紹介のページが始まっている。これも渡辺さんの「特撮ものの連載記事があるといいですよね」という一言から生まれた。忘れもしない、これまた『ＰＵＦＦ』復刊と同じく始まりは某月某日、『怪獣倶楽部』の会合から帰る小田急線の車内でのこと……。

渡辺　コラムのタイトルはどうしますか？

富沢　『それはゴジラから始まった』というのは、どうでしょう。

中島　いいですね。でも1回目から初代『ゴジラ』じゃ当たり前すぎておもしろくないよね。実は僕、前から『狼の紋章』について書きたかったんですよ。

渡辺　タイトルに『ゴジラ』と付いているのに、いきなり『狼の紋章』じゃ読者が混乱しませんか？

中島　うーん、それもそうか。じゃあ、富沢さん『ゴジラ対ヘドラ』書いて下さいよ、好きだって言ってたじゃん。

富沢　は、はあ……。

これが、高坂雅彦による連載第1回『ゴジラ対ヘドラ』の前説で書かれた〃本当はこの裏には実にインケンな事情があるのだけど、ここでは言えないのよネッ〃の真相である。同コラムは第2回『狼の紋章』（3月7日号増刊、中島）、第3回『妖術武芸帳』（5

月25日号増刊、渡辺）、1号空いて第4回『大怪獣バラン』（9月30日号増刊、高坂）と『ランデヴー』が休刊するまで続いた。

この1978年は、他にも私にとって印象に残る仕事が多かった。例えば夏に発売されたケイブンシャの『ウルトラマン大百科』。酒井敏夫・構成で『怪獣倶楽部』メンバーがカラーページのキャプション、モノクロページのエピソードガイドなどを分担したが、体裁は総ルビ付きの子ども向け図鑑でも内容はマニア向けという編集方針だったので、特に小ネタ満載の『うらばなし』というミニコラムは、みな同人誌のノリで好きに書きまくった。ウルトラマンとは関係のない『エースをねらえ！』や『グレンダイザー』の話題、『PUFF』から生まれた〝11月の傑作群〟など、読んだ子供たちを困惑させるようなワードが頻出するのはそのためである。

そして秋に出た『別冊てれびくん　ウルトラセブン』（小学館）。これは安井さんと徳木さんがメインで編集し、私はエピソードガイドを一部担当したが、すでに述べたようにカラーページの名セリフ採録や超兵器大鑑などは『PUFF』10号のセブン特集を参考にしている。

もう1冊、ファンタスティックコレクション№10『空想特撮映像のすばらしき世界ウルトラマンPARTⅡ』（朝日ソノラマ）もこの年の仕事だ。竹内さんから第2期ウルトラシリーズ（『帰ってきたウルトラマン』『ウルトラマンA』『ウルトラマンタロウ』『ウルトラマンレオ』）の総論を頼まれ、各作品の企画書や強化案メモ、関連記事などを見せてもらって、円谷プロと下宿を往復しながら『第2期ウルトラシリーズの系譜』（無署名）を書き上げた。このような総論的な文章は本来、池田憲章さんの得意とするところだが、当時は岸川靖さんと一緒に同じファンコレ『ウルトラセブン　SFヒーローのすばらしき世界』（フィルム・ストーリー・ブック）の編集作業にかかりきりだったため、私に振られたらしい。

この文章は、当時の怪獣・特撮ファンとしての実感に基づいて書いたものだが、ちょうど年少の視聴者としてリアルタイムで楽しんでいた年下世代のファンには全否定と受け取られ、一種のトラウマを与えたようだ。後に〝ファンコレ25年の呪縛〟（角川書店『円谷THE　COMPLETE』）などと呼ばれ、内容が客観性に欠けるとして直接・間接に批判されることとなった。その後、第2期作品で育ったファンによる新たな位置づけが進められ、この40年前の総論は、価値観がアップデートされた現在では遠い歴史の記録として残るのみである。

続く1979年は、安井さんや竹内さんの依頼で講談社ポケット百科シリーズ『ゴジラ大怪獣事典』〈注2〉、徳間書店テレビランド・ブロマイドブック・シリーズ『大怪獣ブロマイド図鑑』、大好きな俳優・岸田森のインタビューを任され、徳木さんと2人でヒロイン・ページを構成したファンタスティックコレクション№16『華麗なる円谷特撮の世界　ミラーマン／ファイヤーマン／ジャンボーグA』と、とにかく楽しくて仕方がないという仕事をにさせてもらった。

時給の多寡や労働条件の良し悪しはともかく、同人誌を作っているほどの怪獣・特撮

〈注2〉ガイラの解説で「クローン怪獣」と書いたら、安井さんから「まだ子供には難しいんじゃないかな」と言われて書き直した思い出がある。

ファンにとって、これほど幸福な学生アルバイトはなかっただろう。見よう見まねで編集、ライターの仕事をかじり、すっかり舞い上がった私は、大学の講義などそっちのけでのめり込んでいき、当然ながらドロップアウト。両親の期待を裏切って嘆かせることになるのだが、同時に『ＰＵＦＦ』に関しても物理的に原稿を書く余裕がなくなっていたこともあり、少しずつ距離を置くようになっていく――サブ情報誌として個人的に出していたコピー誌の『毎月新報』も途中で投げ出してしまった。

いや、編集＝富沢、事務（雑務）＝中島という体制は変わっておらず、もっと分担がはっきりしたと言うべきか。私や富沢さんを含めて『怪獣倶楽部』メンバーが商業誌で仕事をするようになったこの時期、当然のように『ＰＵＦＦ』にもその影響、しわ寄せが及んでいた。

『ＷＯＯ』（『ウルトラQ』の前の企画）を中心としたオクラ入り作品特集と予告された13号（77年12月発行）は、『ランデヴー』の仕事と重なったり郵便不達のアクシデントがあったりで特集の柱がなく、富沢さんの『ロボットアニメさん……』第1章に『アクマイザー3のいばらの旅路』＋シナリオ採録、Ｏ・Ｙさんの『6羽のかもめ・不完全コレクション』（倉本聰ドラマの研究）、『怪獣倶楽部』メンバーであるゲスト会員・岩井田雅行さんによる映画評スペシャル、『ＷＯＯ』の設定とストーリー紹介ほか、よく言えばバラエティに富んだ、しかし統一感のない内容となった。

14号（78年3月発行）は満を持しての東宝特集ＰＡＲＴ1。ベスト&ワースト大アンケートに『惑星大戦争』大批評大会、会員による作品論、『ゴジラ対ヘドラ』『メカゴジラの逆襲』の豪華シナリオ2本立て、得虎満（小林晋一郎）さん『形態学的怪獣論』第1回と、さすがに充実の190ページ！

——しかし、ここで約2年にわたって続いたガリ版時代に、ついに終焉の時がやってくる。『GORO』の特集や『ランデヴー』3号の〝ファンクラブ登場〟のコーナーなどで『PUFF』が紹介されたことで、11号の時点で会員数を制限していたにもかかわらず入会希望の問い合わせが増え始めており、実質2人しかいない編集・事務の処理能力に限界がきていたのだ。

●「GORO」その他を見た入会希望者は今までに約50人。高校のおねえさんからも少しのおたよりがありました。彼らがおもむくところは、幸福のFCよりもなお想像にかたい組織だ。（中略）それが日本のSF映画を真面目に研究する会ではなく、ドガチャガ人間の寄り集まりということさえありうる。しかし、彼らはみずからの行先を心得ているらしいのだ。彼ら、オオゾラに歩み寄る人びとは。——というわけで、全員入会をお断りしてヨソの会に行ってもらったのですが、ついに「PUFF」を豪華オフセット印刷化して、改めて新会員を募集する——という計画も出ているようです。

——『PUFF』13号『てればしい』（連絡欄）より。

☆突然ですが「宙」解散のお知らせ

——と云ってもあわてないで下さい。あくまで事務上、便宜的にこれまでの体制を一部改めるということなのです。
新生「ＰＵＦＦ」も、この14号で2年目のおつとめをつつがなく果たし、一応の区切りがつきました。そこで、かねてから寄せられていた（ＳＦＭ、ＧＯＲＯ、文春デラックス、ランデヴー、高2コース等に紹介されたことによる）入会希望者の方々を始め、より多くのＳＦ＝怪獣＝アニメファンによんでいただけるように、15号から誌代予約・完全購読制を敷き、オフセット化、大量印刷に踏み切ろうということになったものです。（中略）
早い話が、Ｔ氏はガリ切りと印刷に、不器用なＮ氏は製本と入会希望者への返事書きに、それぞれ気力・体力を使い果たしてしまったため、いっそのこと印刷・製本をプロに発注し、お互いの問題を一気に解決しようと考えた結果なのですから。
——『ＰＵＦＦ』14号『てればしい』より

こうして『宙』は改組され、予約購読型の特撮・アニメ複合同人誌『ＰＵＦＦ』として再出発することになる。〈注3〉
1978年7月に発行された第15号（東宝特集ＰＡＲＴ2）は、オフセット印刷化の第1弾。創刊当初からの連載、ミニミニエッセイ、『驚異を求めて』ほかレギュラー連載陣に加えて岩井田さんの映画評、『ＯＵＴ』で紹介されて話題を呼んだＴ・Ｔ監督の『新山形映像』特集、シナリオを中心とした『地球防衛軍』研究、『形態学的怪獣論』など

〈注3〉ここまでの流れについては、資料として再録した富沢さんの『ＰＵＦＦ年代記（前編）』と『ＰＵＦＦ用語事典』を参照のこと。内容は本文と重複しているが、私と富沢さんの『ＰＵＦＦ』に対するスタンスの違いがわかると思う。

で構成。以後、第3のフェーズに入った『PUFF』は、この年に公開された『スター・ウォーズ』を起爆剤とする空前のSFブームや、コミケを中心として盛り上がった同人誌文化、おたく世代の出現といった時代の動きを反映しつつ、富沢雅彦のカラーをさらに濃く、強く、深めていく。

80年前後には『ネオ・フェラス』〈注4〉『日本特撮ファンクラブG』〈注5〉といった、私たちより若い60年代生まれを中心とした第2世代のファンによる同人誌、同人グループが誕生するが、その会員たちの中には、変化してゆく『PUFF』の内容に反発や欲求不満を感じていた人たちも少なからずいたと思う。

なお、この世代から造形研究を主体に多くの著作があるヤマダ・マサミさん、『宇宙船』や『B-CLUB』の編集・ライターを経て脚本家、作家となった會川昇さん、同じく『宇宙船』の編集スタッフからプロの特殊造形クリエイターとなり、宇宙刑事、戦隊もの、ウルトラマン、ゴジラ映画と各シリーズで腕を振るう品田冬樹さん、CD時代のサントラ・アルバム構成で成果を挙げている特撮&アニメ音楽研究家の早川優さん、特撮関連のライター・編集として朝日ソノラマ、小学館など各社で活躍する杉田篤彦さん、間宮尚彦さん、中村哲さん、元山掌さんといった人材が育っていった。

彼らはその後、ウルトラマンや仮面ライダー、ゴジラが平成シリーズとしてリニューアルされ、特撮・怪獣をめぐるパラダイムが変わる80〜90年代以降、創作から出版まで様々な形でトクサツ業界に関わることになるのだが、それはまた別の物語である。先行する『怪獣倶楽部』のメンバーは次々に商業出版や実製作の世界へと飛び込んでいき、

〈注4〉『ネオ・フェラス』
1979年に発足した第二世代を代表する特撮ファンサークル。元代表のヤマダ・マサミ曰く「彼ら（怪獣倶楽部）の仕事に感化された最初の世代」。1980年には「特撮大会」の前身となる『アマチュア8㎜特撮大会』を主催するなど、行動的な集団で200人以上の会員数を誇った。脚本家の會川昇や、スタジオOXの創立者である杉田篤彦、『てれびくん』『超全集』の編集で知られる間宮尚彦など数多くの編集者やクリエイターを輩出した。

70年代の終わりと共に私自身の同人誌時代も幕を閉じようとしていた。

〈注5〉『日本特撮ファンクラブG』1981年1月『日本特撮協会G』として発足。同年3月に酒井敏夫（竹内博）、聖咲奇、開田裕治を顧問に迎え『日本特撮ファンクラブG』に改名。同年8月に開催したイベント『緯度G大作戦』は30年以上経った現在も定期開催を行い、『G会報』の発行も継続中。

追記

本書では、竹内博さんと安井尚志さんが出会い、『宙』＝『ＰＵＦＦ』をはじめ怪獣同好会や同人誌が続々と誕生する中、自分たちの研究グループ結成へと動き出す１９７４年前後から、そうやって集まった『怪獣倶楽部』のメンバーが２人の企画・プロデュースによる書籍・雑誌・レコード・カード商品などの仕事を通じてプロのライター、編集者として業界に進出していき、徐々に同人誌から離れる80年代。初期の小学館、朝日ソノラマ、キングレコードを経て徳間書店、講談社、バンダイ、角川書店——等々、それぞれの活動拠点と方向性を定めるに至った１９８５年頃までの約10年間を〝ＰＵＦＦと怪獣倶楽部の時代〟と位置づけている。

その間に同人誌・研究グループとしての『怪獣倶楽部』は自然休会のような形となり、以後はメンバーもそれぞれ独立した個人での活動が次第に増えていくのだが、度々『怪獣倶楽部』の仲間と協力し合う機会が多く、会そのものがなくなったという感覚は薄かったと思う。あの頃のまま親睦の集まりとして世紀をまたぎ元号が変わっても交流が続いているのは、いわゆる同窓会的な面より現在進行形の仕事仲間という意識が強いせいもあるだろう。その詳細については、これまで自分について語ることが少なかった各メンバーに、同人活動とプロになるまでの経緯、各々の仕事を中心に取材した第２部のインタビュー編を読んでいただくとして、第１部を締めくくる意味で私自身のその後について簡単に触れておく（以下に紹介した肩書き、役職等はすべて当時のもの）。

77年『ランデヴー』のライター・デビューに続いて、まず竹内さんの紹介で『小学三年生』や徳木吉春さんと組んだ二見書房のフィルムブック、安井さんに呼ばれて『てれびくん』の付録・別冊など、ウルトラ・東宝関係の怪獣ネームを書きまくる。80年頃からは、やはり竹内さん経由によるキングレコードの仕事で氷川竜介さんと共にサントラ・レコード作りを学び、ファンコレに続いて創刊された朝日ソノラマ『宇宙船』の初期から金田益実さん、徳木さんたちと一緒に特集ページの構成・原稿執筆を経験した。

ほぼ同時に安井さんが講談社『テレビマガジン』でも仕事を始め、金田さん、氷川さん、徳木さんたちと『グループ有翼人』名義で当時人気上昇中だったサンライズ作品を中心に、ロボットアニメ関連の付録、ポケットサイズの資料集、増刊ムックなどの編集を手伝った。81年創刊の講談社『コミックボンボン』ではアニメ情報ページを担当させてもらい、それらの取材を通じて富野由悠季監督やメカデザイナーの出渕裕さんといった多くのクリエイターの仕事に直に触れることが出来た。やがて出渕さんを介して『アニメック』の小牧雅伸編集長や井上伸一郎副編集長、漫画家のゆうきまさみさんたちと出会って連載エッセイ『アニメック・ステーション』がスタート。『アニメック』では対談などにも参加し、増刊の大事典シリーズにも原稿を書かせてもらった。

また、安井さん、金田さんが企画・構成した『仮面ライダー』や徳木さん編集の『ワンダーウーマン』等、ＳＶシリーズの手伝いで徳間書店にも通うようになり、徳木さんから依頼されて『アニメージュ』の付録、本誌の特集ページにも参加——83年12月号の恋人特集は副編集長の鈴木敏夫さんに褒められた。中でもムック形式の資料本であるスタジオジブリの『ジ・アート』シリーズは、以後30年にわたって新作の度に徳木さんと一緒に作り続けることとなる。

この頃の仕事では、改訂版（第2版）にも関わったファンコレ『ウルトラマン パートII』と『宇宙船』の特集から発展した特撮ヒロイン本『スーパーギャルズ・コレクション』、キングレコードでは『エースをねらえ！』『装甲騎兵ボトムズ』ほか新旧作品のBGM集、金田さんと協力して竹内さん・西脇博光さんコンビの名盤に挑戦した『SF特撮映画音楽全集』、講談社では氷川さんと組んだ『機動戦士ガンダム』のテレビ版ストーリーブック、徳木さんと共同編集の劇場版『伝説巨神イデオン 発動篇』や『PUFF』のメンバーに手伝ってもらった劇場アニメ『SF新世紀 レンズマン』のムック、金田さんが構成した『グラフブック・ゴジラ』などが特に印象に残っている。

フリーランスであるがゆえにまだアルバイト感覚が完全には抜けておらず、原稿を書くのも、レコードの構成をするのも、インタビュー取材をするのもただただ面白かった時期だ。『PUFF』を通じて知り合った友人たち——後に時代小説家になった鳴海丈さん、編集・ライターから脚本家になった町田知之さん、一緒に『ニュータイプ』創刊に加わり角川書店の編集者になった片山浩徳さんなどと共に、好きな題材で思いのままに書いた池田憲章さん編集の『アニメ大好き！』（83年、徳間書店）は、そんなアマチュア＝ファンの感性が特撮・アニメ関連の出版物に必要とされた時代だからこそ生まれた1冊だろう。

なお、私は80年4月発行の第20号（東宝特集パート4）を最後に『PUFF』の発行責任者を退いたが、完全に離れたわけではなく、コミケに出品して富沢さんたちと一緒に売り子をしたり、82年には性懲りもなく『怪獣ランド通信』というレター形式の連絡誌（普通紙コピー4ページ）をごく短期間だけ発行。83年には安井さん、金田さんの協力でプロ、同人作家混載の美少女イラスト集『RUNRUN ルンルン』（モノクロ・オフセット16ページ）を別冊としてコミケ用に作ったりもしている。

そうこうするうちに池田さん、徳木さんたちが『ザテレビジョン』の特集で佐藤良悦さんと知り合い、そこから角川書店とつながりが出来て数冊のアニメムックを経て『月刊ニュータイプ』の創刊（85年）に参加する。ここでレギュラーの編集スタッフとなり、フリーのままバンダイ『B-CLUB』『模型情報』、ふゅーじょんぷろだくと『COMIC BOX』、東北新社のLD解説書など他社の仕事もしつつ90年代後半まで続け、さらに現在へと至る仕事歴を形作っていくのだが、それはここまで見てきたように『怪獣倶楽部』で知り合った人々と、そこから発展した人間関係に支えられているところが大きい。

とりわけ『宇宙船』村山実編集長をはじめ『テレビマガジン』の田中利雄編集長、加賀博義副編集長、キングレコードの藤田純二ディレクター、大場龍男ディレクター、バンダイの出版課を率いた加藤智さん、同じくバンダイのホビー事業、映像事業で活躍した渡辺繁さんといった方々には、こちらが駆け出しの時代に大変お世話になった。いずれもマニア青年の意見を偏見を持たずに聞き、様々な企画を実現させてくれた業界のパイオニアとも言うべき皆さんである。

他にも、原稿のダメ出しは厳しかったが、写真や文章の位置を大まかに図で示すページ構成のやり方（ラフを切るという言い方をする）を教えてくれ、食事もよくご馳走してくれた『小学三年生』編集部の八巻孝夫さん。ガンダムの資料をもらいに来たアルバイトの若僧（私）に、まずコピー機の扱い方から鍛えてくれたサンライズ企画室の飯塚正夫さん。怪獣・アニメ関係でこちらの下手くそなラフをきちんと形にしてくれたデザイナーの稲村賢治さん、藤森尚隆さん。アニメ・セルや16ミリフィルムなど素材の複写からインタビュー、撮影現場の取材写真まで『怪獸倶楽部』のメンバーと協力して各社で活躍したカメラマンの中島秋則さん。場所と立場を変えてその後も仕事を共にすることになる中村学さん、斉藤良一さん、高橋望さん、渡辺隆史さん、大月俊倫さんほか『アニメージュ』編集部に集った若者たちと、バリバリ仕事をしながらハッパを掛けてくれた美人編集者さんたち——先輩・後輩を問わず、多くの人に助けてもらった。

しかし、何と言っても竹内さん、安井さんの存在がなければ、私がこの仕事を長いこと続けてこれなかったことは間違いない。竹内さんの場合は基本的に書き仕事の手伝いが多く、竹内さんが写真を選んで構成し、デザイナーが仕上げたレイアウトの文字数に合わせて文章をまとめる作業がほとんどだった。最初の仕事——ファンタスティックコレクション『空想特撮映像の巨星　ゴジラ』でストーリー・ダイジェストを担当した時、劇中に登場する人名・地名・武器などの固有名詞を出来るだけ活かすよう指示された。作品に埋め込まれた1次情報を尊重する竹内さんの、そして『怪獸倶楽部』メンバーが受け継いだオリジナル資料主義、実証主義を示すもので、従来の出版物では大伴昌司の図鑑類などでも重要視されていなかった基本データの掘り起こしである。

実はこれこそが、この時代の成長した〝オトナの特撮・怪獣ファン〟を満足させるディープでレアな価値を持った〝情報〟であり、それを――ビデオのない時代からメモを取り、カセットテープに録音し、上映会や名画座に通うなどしながら――〝知識〟として個人または同人活動を通じて収集・整理していたコアなファンがアマチュアのまま、まずはアルバイトから始まるフリーランスの書き手として出版社に求められる必然性があった。まず突破口となった安井さんや竹内さん、あるいはサブカル方面から参入した聖咲奇さんたちが蓄積した資料、開拓した人脈を活用しながら各出版社に橋頭堡を築き、アニメーションも含めたマニア向けの新しい出版ジャンルを切り拓いて行ったのである。

私は『ＰＵＦＦ』のウルトラセブン特集など同人誌の原稿でも心がけていたことなので、こうしたトリビアルな書き方は大歓迎だった。それは同時に、限られた字数の中に収めなければならない商業誌の文章として、バランスのある書き方を工夫する訓練にもなった。例えば『東宝ＳＦ特撮映画シリーズ』（85～86年）のフィルム・ストーリー、特に『妖星ゴラス』は台詞中に科学的なデータや数字が頻出するため、ビデオソフトで一つ一つ映像を確認して忠実に文章で再現したが、写真に付けたキャプションで補足できるから、本文では別のデータを入れておくといった具合に配分していった。

徳木さんと『ジ・アート』を構成する際は、逆にキャプションを想定して図版をセレクトし「これを入れておけば、前後のカットがなくてもキャプションで流れが説明出来ますよ」「確かに」などとやりとりしながら進めていくように、今でも使っている便利なメソッドはこの頃に身についたものだ。安井さんから振られた『てれびくん』付録の怪獣ネームや、氷川さんの構成を手伝った『機動戦士ガンダム』のストーリーブック（講談社）なども同様で、パターンの繰り返しになりがちな設定解説や場面キャプションの定型をいかに崩すか、黒子であるべきライターの味をどこまで出せるかという、あくまで自己満足の範囲ながら遊びと挑戦をさせてもらったと思う。

また安井さんは、そうしたライティングと同時にページのラフから本の全体を構成する台割作りまで任せてくれ、最終的には監修としてチェックが入るとはいえ、これも非常に勉強になった。『別冊てれびくん　ウルトラマン80』のフィルム・ストーリー部分の場面写真のセレクトやインタビュー、対談ページの構成、徳木さんと分担した『宇宙船』Vol.7のヒロイン特集、それを発展させたファンコレ別冊『スーパーギャルズ・コレクション』の構成は、私がその最初期に担当させてもらったものだが、それに加えてファンコレ『ミラーマン／ファイヤーマン／ジャンボーグA』を皮切りに、インタビュー取材の機会を多く与えられ、これも対談、座談会のまとめ原稿を含めて重要なライター修業になった。

初期の安井さんとの仕事で面白かったのは『小学三年生』79年8月号の『ウルトラファミリー　ひみつ大かいぼう』や、80年1、2月号の『さらばウルトラ戦士　ウルトラ兄弟最後の戦い』といった記事——共に『学年誌ウルトラ伝説』（小学館）で復刻と写真で収録され、現在も見ることが出来る。前者は〝ウルトラマンはハヤタとは別人だ！〟

〝ウルトラマンAの両親はどこにいる?〟といった具合に見出しを立て、ドラマ内の設定と安井さんのアイデアをミックスして私がまとめた特集読み物。後者は撮り下ろしのグラビア・ページで、安井さんが簡単なストーリーを作り、原口智生さんに発注したウルトラ戦艦や戦闘機、バルタン円盤のミニチュアを使って構成。背景となる〝ウルトラの国〟は近所の店で買ってきたゼリーやプリンを固める型などのキッチン用品、爆発の火花は市販の花火を利用して撮影した。買ってきた品物を安井さんや担当編集の八巻さんと一緒に並べて即席の特撮セットを作り、花火に火を点けたりして私も手伝った思い出のページである。

安井さんは『アニメージュ』81年4月号のガンプラ特集で、模型雑誌のライターとしても活動していたモデラーの小田雅弘さんたちやメカデザイナーの大河原邦男さん、バンダイ静岡工場の技術部による座談会をコーディネートし、さらに小田さんたちを『コミックボンボン』編集部に紹介してガンプラ、特にMSVの誌上展開を推進。同じバンダイの渡辺繁(後のバンダイビジュアル社長)と男玩担当・芳賀聖一の両氏によるリアルホビーの発想――きっかけは82年5月発行『宇宙船』10号に掲載された高山良策・造形のペギラの記事――を受けてモデラーに原型を発注するなど、人と人をつなぐHUBの役割をして企画を軌道に乗せ、自らも小田さんたちのモデラー・グループ『ストリームベース』と組んだユニット『クラフト団』の原作によるマンガ『プラモ狂四郎』をヒットさせてガンプラブームを盛り上げた。

先に挙げた第2世代の特撮・怪獣ファンの多くが、同じように映像と出版、実写とアニメ、立体とコミック&イラスト等にまたがって展開された安井さんの仕事を手伝いながらプロの道へ進み、しばしば私たち第1世代のメンバーとも協力し合ってきたことを考えれば、あるいは『PUFFと怪獣倶楽部の時代』はその後もずっと続いていたということなのだろうか。

やはりあの40年前の出会いは、今日につながるすべての始まりだったのである。

その一方、特撮・アニメにとどまらずアイドル、プロレス、必殺シリーズまでテーマを広げ、思いの丈を語る会員の投稿で埋め尽くされカオス状態となった『PUFF』は、私たちの仕事と並行して富沢さんが86年の秋に亡くなるまで発行され続けた。それはもはや〝富沢雅彦の物語〟であり、メイキング・オブ『PUFF』としてもう1、2章を費やす必要があるのだが、時間とスペースの関係から書き残した部分と併せて機会を改めたい。

富沢さんの仕事に関しては、実姉である五味洋子さんが精魂を込めて編纂した『富沢雅彦追悼集&作品集』正・続の2冊があり、その死に至る経緯は『PUFF』の会員をはじめ友人や関係者に取材した千野光郎『おたくに死す　殉教者・富沢雅彦へのレクイエム』(別冊宝島『おたくの本』89年12月発行)にまとめられている。

私個人について言えば、『PUFF』誌上で読者とバトルしながら『PUFFスクランブル』(『COMICBOX　Jr』の連載コラム)の記事や『美少女症候群』シリーズを作っていた富沢さんを「そこまで身を削らなくても」と案じながら、自分のことで手一杯で積極的にフォローするまでのことはしなかった。

安井さんから「これは富沢君にやってもらおう」と言われて『マジンガーシリーズ大全集』（81年、講談社ポケット百科）の素材を高崎まで届けに行き、当時はデパートのレコードショップで働いていた富沢さんと打ち合わせ、構成台割、ページ・ラフ、原稿のすべてを作ってもらったこと。『アニメック』編集部から創刊に加わった桑原忍さんが「富沢さんにお願いしましょうよ」と提案して、『ニュータイプ』の『とんがり帽子のメモル』特集（85年5月号）を手伝ってもらったこと。その『アニメック』の連載エッセイがリレー形式になったので原稿を依頼し、富沢さんが文字量を間違えて通常の2倍の長さで『キン肉マン』論（85年8月号）を書いてきて、相変わらず内容が素晴らしいので書き直してもらうに忍びず、編集部に頼んでページを増やし、活字を小さくして何とか1回分に詰め込んだこと——あえて富野作品のファンの牙城に斬り込んだ挑発的な文章をそのまま載せたのだから、掲載誌の度量も含めて大らかな時代だった……などなど、決して仕事上のつながりがなかったわけではない。

しかし、東京に出てきてからの住所も知っていたのだし、やはりもっとマメに連絡を取るべきだった。ただ心配するだけでなく行動に移していれば、もう少し何とかなったのではないか——という思いは、いまだに刺さったままのトゲのように心を疼かせる。富沢さんの嫌いな〝ええかっこしい〟だと自分でもわかっているが、葬儀にも出席せず、追悼集に何も書けなかったのは、どこかにそんな悔いと負い目があるからだ。それを精算出来るかどうか、自分なりに考えながら今日まで来てしまった。きっとこれからも考え続けていくのだろう。

さて、予定をはるかに越えて自分語りが長くなってしまった。この辺で切り上げて〝アザーサイドの第1部〟である富沢さんの『ＰＵＦＦ年代記』『ＰＵＦＦ用語事典』の資料編、そして私も初めて知るようなエピソードが満載の第２部へ進むことにしよう。『怪獣倶楽部』とは何であったのかという冒頭の問いの答えが、そこから見えてくるはずである。

怪獣ファンジン年表

	49年	50年	51年	52年
PUFF	1号発行 2号発行 3号発行 4号発行 5号発行	増刊発行 6号発行 大空位時代	「宙」復活 7号発行 8号発行 SFMに広告 9号発行	10号発行 11号発行
衝撃波Q		1号発行 SFMに広告 2号発行 3号発行 4号発行	5号発行 6号発行	
スタークロス		1号発行 SFMに広告 2号発行 SFMに広告 3号発行	4号発行 5号発行 別冊発行 6号発行	7号発行
MONLO		SFMに広告 1号発行	2号発行 3号発行 4号発行 5号発行	
スカイエイ		1号発行	2号発行 3号発行 4号発行	
怪獣倶楽部		1号発行 2号発行 3号発行 別巻発行 4号発行	5号発行	

※「PUFF」11号別冊に掲載された、富沢雅彦制作による怪獣ファンジン年表をリメイクしたもの。

『ＰＵＦＦ』と富沢雅彦

富沢雅彦「PUFF年代記（前編）」（「PUFF」28号より一部修正の上再録）

1973年、夏のこと。「S-Fマガジン」の読者欄・てれぽーとに一通の投書が載りまして――左記参照。ま、つまりそーいうことで、投書者のO氏のもとに全国から数通の賛同の手紙が寄せられて、それが「PUFF」創設の母胎となったワケなのです。以前この話をしたところ、何でS-Fマガジンに、と笑われたことがあったのだけど、考えてみていただきたい、当時は「宇宙船」も「アニメージュ」も全く無かったのだから。そんな中でS-Fマガジンには大伴昌司の始めた「トータル・スコープ」というSF映画紹介コラムがあったし、何よりもゴジラやウルトラで育った世代の怪獣ファンは当然の如くしてSFファンでもあったのだから。ちなみに中島紳介氏はその頃の「てれぽーと」の常連でこの次の9月号にもSF映画に関する投書が載っていたのでした。

私、もちろん純粋なSFファンであります。高校生になって初めてSFを手にして一年余り、かなりSFに対する視野というものも広くなったつもりです。しかし、それとともにテレビや映画の世に言う、変身もの、怪獣ものの大ファンなのでありますす。そりゃあもちろん、ああいったもののSF性は低いでしょう。ただ、バカにしないでまじめに見てゆくと、勧善懲悪のストーリーの中に、SF固有の文明批評めいた要素が発見できるのです。『ゴジラ』『ウルトラQ』『ウルトラマン』『ウルトラセブン』など初期の作品には傑作もちらほら見られ、特に『ゴジラ』などは、日本映画の中で世界に誇れるのはあれくらいだ。などと言う人さえいるほど、すばらしい作品です。ただ一つ残念なことは、現在の作品のあまりの粗悪さ、ストーリーのくだらなさです。安い制作費で高い視聴率を上げる。こんないやらしい考えで大量生産されたのでは、夢多い子供達が（そして私も含めて）あまりにもかわいそうです。少しでもりっぱなものを作り、少しでも多くの子供達に夢を与えてほしいと思うのは私だけでしょうか？

シリアスなSFを好み、スペース・オペラをバカにすることはだれだってできます。しかし、スペース・オペラだって、怪獣映画だってよく見れば、J・G・バラードなんか足もとにも及ばない部分が発見できるのです。

だれかひまな方、あわれな変身マニアといっしょに、日本怪獣史を作りませんか？ア、そこまでひまな人はいませんね！

というわけで、更にその次の10月号にはこのような広告が掲載され、これをもとに約26名のメンバーが集まってくるのでした、と。

広告

怪獣ファンよ来たれ！

S‐Fマガジン八月号にのせた私の変身、怪獣ものについての投書に対して、全国からほんのちょっぴりだけ反響がありました。それで、このまま終わらせてしまったのではあまりにも残念！　と思ったのでここに変身、怪獣もの専門の同好会を結成したいと思います。

日本のSF界においてもっともポピュラーな、かつまた独特な分野といえる。変身、怪獣映画というものを総合的に高めてゆくためにも、一刻も早く、全国の変身、怪獣マニアの入会を望む！


その数週間だか一〜二ヶ月だか後、会としての最初の刊行物が発行される。「ADRESS」とだけ題されたB4版2枚の青コピー誌で、会員の住所・氏名と好きな怪獣映画の題名のリストでありました。今、その年齢のとこなんか見るとワッ若い、つって思わず笑っちゃうんだけど（あえて当時何才とは申しませんが）。ちなみに好きな怪獣映画（TV）の項は、富沢雅彦＝ウルトラセブン・中島紳介＝キングコング対ゴジラでした。

巻末には、それまでのO氏との手紙のやりとりで会の名前を決めようとなったところの、会名候補が約100個、列記されている。前号のO田さんの文とダブらないものをピックアップしてみると、「変身同盟」「G・G・T（ゴジラ・ガメラ・ツブラヤ）」「日本怪物団体」「ウルトラ同好会」「アムワース」「レム」「BOE」「アロイド」「ウォールド」（この辺は何のことか全然わーらん）「パフ」「怪獣サークル」「怪獣キチ会」「日本怪獣党」「怪獣人」「オキシデン・デストロイヤー」「G（ゲー）」etc.、etc.――。ぼくが考えたのは、「モンス党」他でした。

で、その中から投票によって「宙」が一位に選ばれたわけで。大方の人にとっては「宙」の由来なんか分からないでしょーけど、当時新発売された「宙」とゆータバコに「おおぞら」とルビをふることが妥当か否かがちょっとした社会問題になったことがあって、それがもとになっているのです。発案者はH・Y氏で、ぼくも一票を入れていたのでした。それ以降、「宙」の各支部は「セブンスター」をはじめとして皆タバコの名前をつけることに、何とはなしに定まっていくのでありました。

★パフ1号（49年3／11発行）

当時のPUFFには奥付けなんかなかったにもかかわらず何で発行日があるのかというと、これは中島さんが封筒の消印を記録していたからなのです。中島さんはきちょうめんな人だ。

この創刊号はB4・2枚で、巻頭に会長の言葉があります。〝パフという割と有名な外国の歌があります。この歌の内容は?といいますと〟「パフ」という名のおもちゃのマジックドラゴンがおりました。このドラゴン持ち主が子供だった頃はいつも遊んでもらい、とても楽しい毎日だったのですが、持ち主が成長してゆくうちにだんだん忘れられ今はいつもひとりぼっちで泣いている〟という悲しいものです。「滅びゆく怪獣達」を研究するという私達の主旨にぴったりではありませんか！

続いて会名決定のお知らせ。2位・全日本怪獣超人変身怪人総合保護開発促進運動連盟、3位・ノンマルト、4位・G（ゲー）、5位・ウルトラの友でした。

あと、会員の投稿による「カイジュウコラム」とミニミニエッセイ（2名ずつ順番に書くことになっていた）、新会員のリスト、これがPUFF創刊号の全てなのでした。

★パフNo.2（49年6／24）

……と、その前に、この年の4月東京で第一回の会合が行われたのでした。6〜7人が集まって、当時放送中の「レオ」「仮面ライダーX」「ザボーガー」等について、また会の活動について、とか話し合ったりして（しかし、今にして思えば新宿でも池袋でもなく上野駅で待ち合わせしたとゆーのが実にPUFFの体質を表わしているという感がありますのー）。

この号はB4・2枚とB5・3枚。ヘンなページ立てなのはH・Y氏の「怪獣怪人宇宙人資料集」が、自分でコピーして送ってくれたものが一緒に閉じられているからである。同時にS・T氏の「えすえふ&怪獣映画音楽について」の連載、更にベスト&ワースト人気投票、Q&Aコーナー等の企画も始まり、徐々にファンジンとしての格好がつきはじめてきた。

★パフNo.3（49年8／20）

この号から表紙がつき（制作は渡辺伸夫氏）、B5・6ページとなる。ミニミニエッセイに中島氏、また富沢雅彦の新連載「動物系怪獣怪人分類表」が登場する。

また、この夏には第2回会合が開かれ、竹内博・安井ひさし氏の招きで円谷プロ見学を行ったのだった。この席で熊谷プロデューサーとお話したのが、伝説の「ウルトラマンレオ」企画事件なのである（なんで文体が変わったんだろ?）。つまり、放送中の「レオ」に関していろいろ話している中で、今まで出た中ではマグマ星人がいちばんカッコ良かった、ダンはカプセル怪獣を使うべきじゃないか、等の意見が出て、それが取り入れられることになったわけで。それで僕らはタンジュンに喜んじゃったのだけど、しかし実際ＴＶに出たのを見ると、マグマ星人はローランを追いかけ回すだけの役だわ怪獣ボール・セブンガーはボスボロットもどきの三枚目だわ、で——ウルトラシリーズがシリアス調に戻ってくれることを期待した我々のユメは無残にも打ち砕かれ、ぼくはその辺で円谷プロに完全に見切りをつけたという次第なのである。

★ＰＵＦＦ№４（49年11／13）

この号から表紙が開田裕治氏による東宝怪獣シリーズ（シルクスクリーン刷り）になる。お気づきでしょうか、誌名がこの号から「ＰＵＦＦ」に変わったのは正式変更とかではなく、開田さんがカッコいいから（?）英語でタイトル・ロゴを描いたのがそのまま定着してしまったのです。

今回は８ページ。各連載及びミニミニエッセイの他に竹内博氏の「ゴジラ対メカゴジラ関係記事目録」が載る。

★ＰＵＦＦ№５（49年12／

この号は一気に16ページに増大、内容もかなり充実している。徳木吉春氏の「モーション・モンスター」、中島氏の「シナリオ！シナリオ！シナリオ！」が新連載、それに安井ひさし氏の「イナズマン」フィルモグラフィーも載る。ぼくもこの号は、ミニミニエッセイ・動物系…分類表と前の号のエッセイに対する反論（この辺の性格は昔からである）と、三本も書いてしまった。

そしてまた特筆すべきは、B&Wアンケートでヒロイン人気投票、竹内氏の「志穂美悦子関係記事目録」と、ヒロインものの記事が二本も載ったことなのです。前述のぼくの文などと合わせて、現在のPUFFの姿はこの号で基本線が定められていたと言ってよいと思う。（ちなみにヒロインベスト5は1位・アンヌ、2位・ビジンダーのマリ、3位・泉先生（↑「猿の軍団」だよ）&ピット星人、5位・「仮面ライダー」の島田陽子&「ダイヤモンドアイ」の蘭花でした）

思えば、PUFFがスタートした頃は全く〝特撮ファンジンのあり方〟の前例がなかったのだからね。僕の前に道はない　僕の後に道は出来る、の言葉通りに、みんな手さぐりの状態で原稿やアイディアを持ちよって、PUFFを何とか形のあるものにしてきたのである。資料なんかは皆無で、みんな半ページの文を書くのが精いっぱいという状態で、会員の意見やエッセイ中心で映画・TVの資料を載せる、というPUFFのスタイルを確立させてきたわけで。

★ＰＵＦＦ№６（50年３／８）

この号は18ページ。新たにＨ・Ｙ氏のこだわりエッセイ「どうでもいいこと」が新連載され、また安井氏の怪獣番組女性レギュラーリストも掲載されている（「宇宙船」あたりのヒロインブーム仕掛けのルーツですな）。Ｂ＆Ｗアンケートは主題歌。１位・ウルトラＱ、２位・ウルトラセブン、３位・マッハバロン、４位・ファイヤーマン、５位・ウルトラマンレオでした。

さて、この号を以て初期ＰＵＦＦは一時休刊となるのです。他の多くのファンジンがそうであるように、と称するのが適切だと思いますが、ともかくそのようにして、「宙」は一たん休会・解散の危機を迎えたのでした。

休刊して数ヶ月が経ち、その間いろいろありまして――とりわけ、ＨさんがＯ氏と連絡をとり、全国の会員にＰＵＦＦをこのままつぶしてはならないというムネの書状を送付したりの努力などがあり、それをきっかけとして、ＰＵＦＦの今後を引き継ぐべく名乗りをあげたのが富沢・中島の二人だったという次第。

ここでちょいとＰＵＦＦと「怪獣倶楽部」の関係を述べておくと、以前から円谷プロの竹内氏を中心に集まっていたマニア（安井ひさし・徳木吉春・西脇博光・金田益実氏ら）のグループがあって、それが「宙」の結成をきっかけに会としての活動を始め、ＰＵＦＦから特に熱心だったメンバーも参加して「怪獣倶楽部」を発行、それからＰＵＦＦが休刊して、怪獣倶楽部会員である富沢・中島がPUFFを復刊させた——つまり、旧PUFFから怪獣倶楽部が生まれ、怪獣倶楽部から現PUFFが生まれたというこの辺は非常にややこしい状況になっているのです。

でもって、「怪獣倶楽部」というのは完全メンバー制で資料・評論など最高の水準を誇るハイクオリティ・ファンジンだったわけで——そんな中でPUFFを復刊させるということは一段大衆ウケというか、全国の会員の交流の場としての意義をアピールしていこう、とゆーことにポリシーが定められたわけなのです。

そしてまた、当時の特撮ファンダムの状況というものは——この辺は詳しく言うと〝日本特撮ファンダム史〟書かなきゃなんないからアッサリ述べるけど、黄金時代の東宝怪獣映画及び第一次ウルトラシリーズだけが価値ある作品で、第二次ブーム以降の怪獣番組や東映怪人番組はお子様向けのダラクした作品に過ぎない、とゆー風潮が大勢を占めていたのですよ。んで、ぼくはかねがねそういう傾向に不満を抱いていたものだから、そっちのコーキュー作品の研究は「怪獣倶楽部」や「衝撃波Q」の方にまかせて、復活PUFFはハード派ファンジンには無視されがちな最近（当時）の作品やアニメ・周辺作品なども扱っていこう、と。今も残る〝ツブラヤ至上主義者〟とか〝ウルトラ神話〟とかの言葉は、その頃の論議のなごりなのですね。

ま、そのようにして——O氏から集まっていた分の原稿と会員リストを受け取り、新生PUFFはガリ版で行くことになり、ぼくらのPUFFは再スタートを切ることになる。まだ寒い早春のある一日、不安を抱えながら文房具店に謄写版セットを買いに行ったときのことはいまだに忘れられない、のであった。

★ＰＵＦＦ№７（51年４／４）

というわけで記念すべき新生ＰＵＦＦは32ページ、旧連載に加えてＰＵＦＦすきゃなあ・無断転載コーナー・激突！闘論会などの新企画に加えて「コンドールマン」フィルモグラフィー、シナリオ「美しいおとめ座の少女」とそれに関するエッセイ「我々はウルトラマンレオのスタッフを憎む、なぜならば…」（富沢）などが載っている。とにかくこの号は、新生ＰＵＦＦの第一弾として旧会員に送付し、引き続き購読をお願いしたりする関係上、絶対にウケてもらえるものを作らなければならないとゆー背水の陣で臨んでいたのです。ちょっとでもスペースが開くと穴埋めの面白コラムを入れ、ダジャレやパロディのたぐいを盛り込み、東宝ファンにも円谷ファンにも東映ファンにもウケるように気を配って。だからまあ、ぼくとしてはこの号がいちばん努力した、という実感がありますね、今までの中で。そんだもんで、この7号を出してから、Ｓ・Ｔさんからこれほどオモシロイ本は初めてだとゆーお便りをもらった時がいちばん嬉しかったのでした。

さてここで今まで話したことのない〝秘話〟を一つ。ＰＵＦＦを復刊させることになって各方面に連絡をとるなかで、開田裕治氏にこれこれしかじかで再スタートすることになりましたのでつきましては今後も表紙イラスト等で御協力いただけますでしょうかとの手紙を送ったところ、返ってきたお返事は今さらＰＵＦＦを復活させる必要はない、全国向けの怪獣ファンジンとしては「衝撃波Q」があるではないか、とゆーものだったのです。ワタシの胸は怒りでふるえ、いつの日か「衝Q」を倒して日本最強ファンジンの座をかちとってみせると赤い夕陽に誓ったのでした。開田サンはもうとっくにこんなことは忘れてるだろーけど、これが第二期のPUFFが「衝Q」に対して異常的なライバル意識を燃やしていた原因だったのです。執念!!PUFFを支えたのはきさまが教えた執念だ!!ワハハハ…

ちなみに「衝Q」6号のファンジン紹介欄には〝復刊第一号は無料で旧「宙」会員に配布したそうだが、はたしてどれだけの会員がついて来るか? 何しろ一年の間に世情はかなりの変化を見せてますからねえ〟と記されている。

★PUFF№8(51年7/7)

というわけで新生PUFFも軌道に乗って首尾よく2冊め。この号から始まった「驚異を求めて」をはじめ、前号で募集した企画の宙創作研究会(O田さんのシナリオ)や投書欄のてればしい、他に無断転載コーナー、'76上半期SFドラマ極私的リストアップ(中島)、「シルバー仮面」フィルモグラフィー、シナリオ「ノンマルトの使者」、エッセイ・ノンマルト達へ送る(H野)、「セブン暗殺計画プラス怪獣倶楽部」など、かなり充実してきている。

この8号は〜厚さは57ページ(ホントは58)値段はわずか三百円(!)その名は超怪獣ファンジン　その名は~PUFFなのだよPUFF! ということで、あとがきには〝今までのページをまとめてみたら今までのページをまとめてみたら、何という厚さだ！と我ながらあきれてしまった。予定だと、9号はさらに厚くなるのだよ。さて次回は秋の超巨弾号に戦慄していただこう。あなた本当にあるんスよ、これ！〟と書いてある。

★PUFF№9（51年10／10）

この号は76ページ。にもかかわらず、なぜ前号の方ですごい厚さだと言ってるかっつーと、今回から印刷がB4の袋とじからウラオモテ両面刷りになったため、8号の方がツカは厚いのです。どーでもいいことだけど。で、今回はかねてからの企画であったところの、東映番組の良い部分を訴えるための「イナズマンF」特集。採録「レッドクイン暗殺のバラード」「蝶とギロチン・花地獄作戦」に評論「レッドクイン・彼女自身のバラード」（中島）「蝶とギロチン・その他について」（富沢）、更に別冊付録「イナズマンひみつ手帳」が付いている。更に「ウルトラファイト」小特集もあって、フィルモグラフィー、ウルトラマン七番勝負、ウルトラファイトについて（H野）など。

そのように特撮番組をマジメに特集する一方で、軌道に乗るのにともなってワルノリ的雰囲気も目立ちはじめ、PUFFすきゃなあ（中島）・凶悪のページ（H野）・最悪のページ（富沢）で、あの山口百恵あしゅらおう論をはじめとするアイドル論が戦わされたりしている。この辺のことはH野さんがPUFFにおける芸能関係記事についての文を書いてくれるそうですが…。が、しかし！それにも増して特筆されるべきなのは、何つってもこの号の「驚異を求めて」にマリアちゃんと舞ちゃんの名前が初登場したコトでしょーなー。ハッハッハッ。

★ＰＵＦＦ№10（52年２／５）

今回は〝準究極的特集〟を謳った「ウルトラセブン」特集。シナリオ２本立て「狙われた街」「遊星より愛を」、決定版!?フィルモグラフィー、武器・能力白書（徳木吉春）、超兵器図鑑（原口トモオ）、ウルトラセブンにおける、実相寺昭雄（中島）その他、とにかく他のファンジンのセブン特集をしのぐものにしようと頑張った。この特集で選出した各話の名セリフ等はほとんどそのまま「てれびくん別冊・ウルトラセブン」に流用されている。

そんだもんだでこの号は一気に１２４ページに巨大化、写真（コピーして貼りつけたもの）も格段に増え、もうかなりの面で堂々たるもんになっているのです。〝この感激、この喜び、ついに勝ちました！　衝撃波Ｑが海中深く怪獣ファンジン第２位の座へ没し去るのをこの眼ではっきりと認めました！　若い世紀の編集者はついに勝ったのでありますす!!　なんと１２４ページ！〟

だがあの衝撃波Ｑが最後の大冊とは思えない…もしファンジン競争が続けて行われるとしたら…あの衝Ｑの同類がまたファンダムの何処かに現われてくるかも知れない…。

――目次ページより。

そのほかにも、新春記念怪獣百人一首、イモ番組フィルモグラフィー「少年探偵団」「トリプルファイター」、Ｏ田氏のシナリオ等々があって、うーん今みてもかなり充実しております。目次といえば、今号のタイトルは「銀河の試練!!　西暦1977年の発進!!」となっており、ちょうどこの頃が第一次ヤマトブームの時代だったのだ。

★PUFF№11（52年5／1）

今回の表紙は、今まででいちばんセンス良く作れたと思う（「円盤が来た」の写真です。念のため）で、前号の「セブン」に続いて今度は「帰マン」特集。前回のパーフェクト志向とは対照的に、今回は〝準いいかげん的!?特集〟と銘打って会員の意見を中心にまとめてみた。作品・怪獣のB&W3アンケートを募集して、それをそのまま掲載したところ、これが意外と好評で面白くまとまったのでした。その他、シナリオ「ウルトラ特攻大作戦」「残酷!光怪獣プリズ魔」、評論・我が愛しのレオゴンを語る&帰ってきたウルトラマンの功罪（小林晋一郎）、帰ってきたウルトラマンの罪と栄光（中島）など。この号には他にも、「シルバー仮面」フィルモグラフィーと採録「明日のひとみは…」、それについての評論（富沢）、ウルトラファイト（ドタバタの方）傑作選などもあって、やっぱし大したものじゃ。詳しくは目次の復刻を見て下さい。

またこの号で、やってほしい特集・載せてほしいシナリオ、その他の意見、のアンケートの発表も行っている。やってほしい特集＝究極的ゴレンジャー特集、アクマイザー3特集、ロボット番組特集、ロボットアニメ（ヒロイン）特集・等々（富沢）、もちろん「幻想志向と少女趣味における岡田奈々」いつかの芸能版、やりましょうよ。PUFFならできる（O田）、ムフフ…ヌード・ヒロイン大行進…やってやって…（M・T）、etc

——（もちろん、マトモに怪奇大作戦とかファイヤーマンと答えてる人の方が多いんだけど）。また、ＰＵＦＦに対する意見で、読みにくい部分があるとか表紙に色はつかないのでしょうかとかと並んで、あんまり女！女！と言ふのはやめませう、なんてのがあったりして、更にそれに対しての編集、注で〝今回はイロイロな点でますます悪くなってしまったという感がありますが…〟なんてあって、見返して思わず笑ってしまいました。そーいえば巻頭から堂々と、「魅力戦争」（このタイトルは山田正紀の「弥勒戦争」のパロである）つーのを書いて、マリアやらキャンディやらのことで騒いでいたのだった。

この号には、別冊付録として「全怪獣ファンジンカタログ——怪獣映画が私たちを創った——」というのが付いている。名ファンジン代表者へのアンケート・インデックス・ファンジン語録・ファンダム年表などをまとめたもので、これは実は、その前に出た「モンスタージン」が（事情がややこしいから中略）と称しながらも実際は薄っぺらだわ無内容だわ、というのに怒り狂って、ＦＣ同士の横のつながりちゅーのはこーやるんじゃい、と身をもって示すために作ったのである。ヒトのやることに頭にきても、それをアンチテーゼとして実践に移すのがぼくのエライところだ。全く、この頃は我ながらよーやっていたと思う。

でもって、この11号がガリ版時代のベストと言えるのではないか、と思っている。とにかくこの52年頃がノリにノっていた時代だった。大山倍達先生はある時期まぎれもなく自分が地球上で最も強い人間であるとの確信を得ていたそーだけど、ぼくもこの頃、まさしくＰＵＦＦこそは日本でいちばん面白い怪獣ファンジンであるという自覚を抱いていた（これはあくまでも面白い――エンタテナブルに楽しく読めるという意味でのことで、真面目な研究という側面では「怪獣倶楽部」や「衝Ｑ」に対する対抗意識とゆーのは全く持ってない）。今ではもう、完全に退廃しちゃってるんですケド。

★ＰＵＦＦ№12（52年８／15）

本誌としてはまたまた厚くなって１２６ページ。どーでもいいことではありますが、この号から表紙が白画用紙から黒に変わりました。

で、今回の特集は「アンバランス」。シナリオ「木乃伊の恋」・フィルモグラフィー・アンバランス・メモ（中島）・アンバランスについて（池田）他。何となく物足りないので、表紙が仮題の「アンバランス」であるところの「鳥を見た」のシナリオも併載して特集にこじつけてみた。

もう一つ、前号の「帰マン」特集の評論に対する反論・補足の、帰ってきたウルトラマンの〇〇と××（富沢）・帰ってきたウルトラマンに関する補足意見（Ｈ野）・採録「怪獣使いと少年」・資料の追加などで〝帰ってきた帰ってきたウルトラマン特集〟。その他、半分冗談日記（中島）etc。また、ロボットアニメさん、わたしはあなたを愛しますとゆーしょーもないものも始めてしまいましたあたいは。

しかし、ページ数のわりにはイマイチまとまりのない内容で、自分としてはあまり気に入っていない号ではある。

★ＰＵＦＦ№13（52年12／8）

もうこの頃になると、表紙からして堂々と変解を打ち出している。成井紀郎のマンガを知らないH野さんから、「あれは一体何ですか！」とゆー投書が届いたりして。

この号には別冊シナリオ集「ザ・ベスト・オブ・ウルトラQ」（「育てよ！カメ」「クモ男爵」「ガラモンの逆襲」「1／8計画」「2020年の挑戦」及びフィルモグラフィーを掲載）が付いて、〝妖刀13号と轟撃ＰＵＦＦ文庫、合わせてなんと150ページ!!某ファンジンがいくらイキがったところで、しょせん日本じゃあ二番目だ！〟。

本誌の方は、アクマイザー3のいばらの旅路（富沢）、フィルモグラフィー・採録「なぜだ?!2＋3はへのへのもへじ」のアクマイザー小特集、「アイゼンボーグ」撮影現場ルポ（原口トモオ）、こわれそうなマミの詩＆六羽のかもめ不完全コレクション（Ｏ田）、「ＷＯＯ」設定書と解説、その他いろいろが並んでいる。従ってこの号もバラバラな内容なのだが、ページ数が少ないせいかわりと小ぢんまりとまとまっている感じで自分では割と気に入っているのである。

ここでのちゅーもくは、「てればしい——あるいはてれびくん」。

（池田憲章）

○すてきな　会誌を　どうもありがとう。ともだちの　徳木くんに　見せたら　すぐに入会すると　いって　いました。

●「ＧＯＲＯ」その他を見た入会希望者は今までに約50人。高校のおねえさんからも少しのおたよりがありました。彼らがおもむくところは、幸福のFCよりもなお想像にかたい組織だ。私にはそれを描写することさえできない。それが日本のSF映画を真面目に研究する会ではなく、ドガヂャガ人間の寄り集まりということさえありうる。しかし、彼らはみずからの行先を心得ているらしいのだ。彼ら、オオゾラに歩み寄る人びとは。——というわけで、全員入会お断わりしてヨソの会に行ってもらったのですが、ついにPUFFを豪華オフセット印刷化して、改めて新会員を募集する——という計画も出ているようです。

注1…これは当時の「てれびくん」のジャッカーファンクラブの投書欄に、某氏の冗談で一部仲間ウチの名前が使われていたことのパロディなのです。

注2…〝高校のおねえさんからもたくさんのおたよりがありました〟とゆーのは同じくボルテスファンクラブのフレーズから。

注3…記載によるとその頃「文春デラックス」や「高2コース」などにもPUFFが紹介されたとのことだが、手許になく覚えてない。

注4…中盤の文はル・グインのSF「オメラスから歩み去る人びと」のパロディ。この辺の入会希望者に対する意識は今も同じである。

注5…ともかくそのように、この頃から入会希望者が増えだして、少人数対象のガリ版ファンジンでいることが困難になり始めてきた、という状況だったのです。

★PUFF№14（53年3／18）

というわけでガリ版時代の最後を飾るにふさわしい東宝大特集。前号でアンケート用紙と共にしつこく原稿提出を強要したせいか、予想以上に集まって、「なんと驚異の190ページ！　某ファンジンは完全に沈黙しました!!」「衝Q、コロッサスよくやった。ホメてやるぞ！」（注：ヤマトブームはまだ続いていてドメルの台詞）。「史上空前絶後!!最強ファンジン大発行!!」のアオリ文句はダテじゃない。

長編シナリオ一挙二本立て掲載「ゴジラ対ヘドラ」「メカゴジラの逆襲」、形態学的怪獣論（小林晋一郎）、「惑星大戦争」大批評大会、東宝B&Wアンケート、その他書くのがメンドーなほどのエッセイ、etc、etc。とにかくまあ、よーやったとしか言いようのないボリュームであります。

この号で想い出深いのが、千葉で行われた〃アニメディア・カーニバル〃に参加したことで、スタッフに加わっていた池田さんの招きでファンジン即売会に出品することになり（PUFFとしては初めてのことである）、前日の夜中ぎりぎりまでかかって印刷を仕上げたのでした。でもってはるばる千葉まで出かけて駅の近所で表紙と写真のコピーを取って行ったら、なぜか「PUFF」の「F」が取れていたとゆー、これが有名な「PUF」事件。んで、会場の片隅で中島さん、徳木さんと一緒に写真の貼りつけと製本をしたわけなのですが、しかし今にして思えば、当時はガリ版ファンジンなんてものが堂々と即売会で売れたんだから、良い時代だったのですねえ。今じゃオフ誌ですらこーゆー字ばっかりのは（以下略）。そんで、その即売会をきっかけにT・Sさんと知り合ったりもしたのでした。

その日はちょうど3月の土曜日で、遅く帰ったぼくは「ボルテス」の最終回の一話前、白馬を駆るハイネルさまの姿を見のがしてしまったのでありました。

——そういうわけで、この号を最後に会員制としての「宙」を解散し、PUFFは不特定多数向けのオフセット誌として第三期の活動に入っていくことになります。思えば、この53年の春から夏にかけては、SWブームをはじめ「さらばヤマト」の公開、アニメージュの創刊に象徴されるアニメブーム、第三次ウルトラブームといった様々な出来事が集中しているのです（あっ書き忘れてた、14号の「驚異…」にはあの「エースをねらえ」が登場してるんだ！）。これほどSF・アニメを取り巻くシーンがドラスティックな変動を見せたことはかつてなかったのではないでしょうか。そして、その時期にメジャー路線へ踏み出したことは果たしてPUFFにどのような影響をもたらしたのか？　以下、PUFF年代記〈後編〉執念と怒りの巻に続く!!

〈未完〉

富沢雅彦「PUFF用語事典」

（「PUFF」28号より一部修正の上再録）

青焼きコピー

第一期PUFFの誌面はすでに退色してほとんど諦めなくなりつつある。完全な伝説と化すのも遠くない。

吾妻ひでお

PUFFで最初に話題になったのは9号の時点で、「みだれモコ」第一話の〝妖術やぶれたり〜〟のギャグは当時の「キャプター」のカラカサ道人の巻を見て描いたんじゃないかというものでした。その後、「やけ天」のトリフィドあたりで完全に人気が定着。

イナズマンひみつ手帳

「イナズマンF」特集の9号の別冊ふろく。B7版16ページで写真入り、フィルモグラフィー・必殺技辞典・ゲスト名鑑など。

ウルトラマン七番勝負

9号のウルトラファイト特集の一つ。ウルトラファイト富沢の採録で、そのうちのギャンゴ編はそっくり「ファンコレ」に掲載されてしまった。

えすえふ&怪獣映画音楽について

2号から始まったS・T氏の最長不倒連載。

SFMトータルスコープ連載開始以降SF映画関係記事総目録

S-Fマガジンの「トータルスコープ」（大伴昌司のSF映画コーナー）以後の映画関係記事をピックアップした連載。11号から

エースをねらえ過激派

'78年頃に存在したPUFF内派閥の一つ。「ウルトラマン」と「エースをねらえ」が同時間帯で再

放送され、大半の怪獣ファンが後者を見てしまうに至って抗争は頂点に達した。その後運動は沈黙したかのように見えるが、実は今のＰＵＦＦの姿はエースをねらえ過激派が推新軍として特撮正規軍を駆逐した結果だとも言われている。

宙（おおぞら）

会員の投票によって選ばれた、旧ＰＵＦＦの会名（今号のＯ田氏のエッセイ参照）。この名前の由来はというと、当時新発売されたタバコの〝宙〟におおぞらとルビをふることが妥当か否かでちょっとした論争が起きたことがあったのでした。提案者はＨ・Ｙ氏。これ以降、大阪のセブンスター、九州のヤマト、北海道のＬ＆Ｍ、北陸のショートピース、山形（?）のしんせい、と各支部はタバコの名前を付けるシキタリになった。

宙創作研究会（ワークショップ）

小説や創作シナリオの掲載と批評のページ。コーナーとしては消滅したがＯ田・Ｈ野氏らの創作は今でも続いている。当初、怪獣デザインetcのイラストも募集していたのだが全く集まらなかった（！）。

オープニングの常というか

中島紳介氏の「ボーンフリー」第一話の評の一節。その後一話だけが豪華に作られている番組を皮肉るときの決まり文句になった。

怪獣怪人宇宙人解説集

２号から21号まで続いたＨ・Ｙ氏の連載、ＴＶで放映された事が全てという視点で作られた私家版怪獣事典の労作。

怪獣界秘密報告

「××プロの××氏は女優の××と同棲している」「××プロの試写室では秘密裡にブルーフィルムを上映している」といった噂の真相的情報の

コラム。

怪獣クイズ

1・ガイゼル総統と田中角栄に共通する趣味は何でしょう?
2・レインボーマンの好きな食べ物は?
3・あの「少年探偵団」の中村警部がおでん屋へ行きました。さて何を食べたでしょう?
(答……1・ニシキゴイを飼うこと　2・納豆　3・ダイコン)——8号より

カイジュウコラム

H山氏による、創刊号に掲載された史上初の連載記事・しかし一回で中断した(!?)。

怪獣百人一首

蟬ミンガ丸(富沢)作。
世の中よ道こそなけれ思ひ入る　怪獣界にもマニアぞいるなる
外国の仮面ライダー日本が危機とし聞かばいま帰りこむ
折るからに化身忍者の倒るればむべ変身忍者を嵐といふらむ
現われて見しやそれともわかぬまに　すぐにやられた怪獣サイゴ
このPUFFを最強ファンジンとはかれども　世に大阪の衝Qはゆるさじ
——その他いろいろ。

楽屋オチ

PUFF初期の楽屋オチの多くは、すでに書いた当人にも何のことか判らなくなっている。

カート・ヴォネガット

作家、「そういうものだ」「その他いろいろ」「偶然の気まぐれにより」「何てったって…でなくちゃいけないよ」「何の意味もないの。もう、何の意味もないの」等の名文句を輩出し、PUFFに多大な影響を与えた。また、沢野ひとしに先立つヘタヘタ画のルーツでもある（10号の「遊星より愛をこめて」のイラスト「チャンピオンたちの朝食」のマネなのだ）。

関西のホ乳類

ファンダム・ニュースのコーナーで「衝Q」に関して〝おのれ関西のホ乳類め！〟と書いたところ、一部でウケてでは関東はハ虫類がなどと言われた。

関西ファンジン

「衝撃波Q」「コロッサス」「モンスターズ」「不死者画報」「映像SF」etcの総称。なぜか一様に、写真中心のヴィジュアル派・海外志向・アッカーマン好き、装丁が豪華・ロック的美辞麗句、等の点で共通しており、「PUFF」「怪獣倶楽部」の日本・文章中心・歌謡曲的センス等と対象的になっている。

機械じかけの今日

〝時計がちょうど七時を打っている。わたしが眠っていたのは一時間か、あるいは二時間か。わたしの支配者、ジャスダム基地は早くも初期活動の震動をはじめている。全く無益なことがわかっていながら、わたしは叫ぶ…〟これ、アンナ、カヴァンの掌編を霧野リサの手記ふうに書き写したものなのです。自分でも何を考えていた企画なのか判らない。12号に掲載。

北関東逆境会

初代会長が栃木でその後の富沢・中島は群馬。PUFFのクラさはここに起因しているという説もある。

Q&Aコーナー

怪獣関係の疑問を誌上に発表して答えを求めるコーナー。タロウの「怪獣狩り」に出た宇宙人の名前は？　ウルトラ兄弟のウルトラ文字での名前は？「怪獣大戦争」「サンダ対ガイラ」etc の脚本家は？（中島）なんてーソボクな質問が並んでいてホホエマシイが、当時はほんとに子供向けの怪獣図鑑以外資料なんてなーんもなかったんだからね。その後、第三期に入って不毛的トリヴィアリズム的疑問が増えたために取りつぶし。

驚異を求めて

8号から始まったTV評コーナーで、3ページの第一回から毎号増ページを続け、今ではPUFFの半分近くを占めるようになる。タイトルの由来デーモン・ナイトのSF評論「IN SEARCH OF WONDER」で、これから判るように元来は日本のSF番組を真面目に批評するための企画だった（!）。

グレイベアド現象

SF用語。B・W・オールディスの「グレイベアド」（「子供の消えた惑星」）にちなんで、FCが長く続くのに従って会員がジジイばかりになることを云う。

グレース・マリア・フリード

「グレンダイザー」のヒロイン（↑シラジラしいね）。従来、否定的なものとされていたわがまま、ナマイキ等の性質がこの娘の登場によってポジティブなものに転換されてしまった。従ってPUFFのポリシーも当然大きく影響され、編集者も誌面で堂々と「なーにが△△よォ！」といった態度をとるようになったのである。

形態学的怪獣論

14号から始まった得虎満（小林晋一郎）氏の怪獣デザインに関する大論文。その底知れない芸術的生物学的知識に裏打ちされた考察は全ての怪獣ファンをアットーした。

激突！闘論会

富沢雅彦、H・Y氏の二人が「仮面ライダー」に登場したアリジゴク怪人の名前は「地獄サンダー」か「サンダー」かをめぐって手紙で論争したものを、対談ふうに構成して7号に掲載。「驚異を求めて」もこの第二弾として座談会形式でやる予定だった。

ゴジラの頃

第二回日本ＳＦショーで行われたゴジラ座談会を中谷達也氏が採録し、ＰＵＦＦ大増刊として出した別冊。発行元は都立西高物理部、協力・新聞部となっている（!!）。

今月の歌

〽オートバイ一台　ショッカーを追って旅に出るのもライダーの修業

（作詞・三遊亭圓楽）

今月の名セリフ

竜魔だろうが色魔だろうがこわくねえや！（司馬宙）――8号より

やはりいまの世に怪獣ＳＦは通用しなかったのか…（レスレスブロックのねーちゃん）ＳＦ作家は怪獣ものから協力を頼まれたとき、断わるだけの衿持を持ってほしい（佐野洋）――9号より

シナリオ！シナリオ！シナリオ！

5号からの中島紳介氏の連載で、「キネ旬」等の雑誌に掲載されたＳＦ映画のシナリオを紹介したもの。

白雪姫

「夜叉ヶ池」のヒロイン。従来否定的なものとされていた――中略――従って編集者も誌面で堂々と「えゝうるさいなお前たち！　義理や掟は人間の勝手づく、我と我身を縛めの縄よォッ！」的態度をとるようになったのである。

衝撃波Q

宙の関西支部・セブンスターの会誌として50年初めにスタート。ガリ版時代のPUFFの宿命のライバルである。

神話

作品やキャラのイメージが実像とかけ離れたところで定着してしまう現象のこと。最初は「帰ってきたウルトラマン神話」「ツブラヤ神話」などのようにマトモに使われたが、その後「まぼ探神話」「川田荘神話」etcと、わけわーらなくなった。

スカイエイ

H・Y氏による宙北海道支部・L&Mの会誌。50年8月スタートで、印刷=北大文学部1階廊下となっている。自称〝論争が続いても一向に発展しないファンジン〟(PUFF17号より)。

スタークロス

S・T氏による九州支部・ヤマトの会誌、50年5月から発行。ついでながらそのまた支部で作った「ヒロインの会」は日本で最初のアニメ美少女FCとも云われている。

セブン暗殺計画プラス怪獣倶楽部

怪獣倶楽部の上映会で録音した「セブン暗殺計画」を雑音と共に採録したもの。特に、ガッツ星人が分身する場面での「…セブンヲ倒ス暗殺計画ハ(何人いる〜んだ?)完了シタ」(しょせん二人よ)(本当?)(ぬいぐるみ二個しか作らなかった)(わはははは)(それを言っちゃミもフタもない)——の〝しょせん二人よ〟とゆーのがウケて流行した。8号に掲載。

そういうものだ(So it goes)

カート・ヴォネガット「スローターハウス5」の

中で、人や物が死ぬたびに繰り返される言葉。好きな番組がつぶれたりキャラが死んだりしたときにニヒリスティックに呟くと良い。

てればしい
ガリ版時代のお便り欄。タイトルはS-Fマガジンの〝てればーと〟から。オフセット化に併う拡張により、PUFFらんどに変更。

TV名作劇場
7号から始まったシナリオ・TV採録のページ。

どうでもいいこと
6号から「解説集」に付随して始まったH・Y氏のこだわりエッセイ。

動物系怪獣怪人分類表
3号〜5号に掲載された富沢雅彦デビュー作。怪獣・怪人をヘビ、サソリ、クモ等に分類したもの。

東宝SF懐旧的作品論大系
10号から始まったT・T氏の連載。なぜかタイトルが「懐旧的特撮論大系」「特撮論大系」と二転三転する。

肉筆回覧誌
PUFFの発行が遅れると、よく版下をそのまま発送したらなんて冗談がかわされる。しかしPUFFの初期に肉筆回覧誌は実在したのだ。S・T氏の発案で一冊のノートを回送し好きなことを書き加えていくというシステムだったが、なぜかこちらに来る前に中断してしまったらしく未だに実態はつかめていない。

日本船舶振興会
〝しぇかいは一家、怪獣ファンは兄弟！　宙の入会金は健全な怪獣ファンを育てるために使われています〟などの他に8号には〝とじまり用心火の用心

ゲッゲッ月曜カゲスター
とじまり用心火の用心
カッカッ火曜日超神ビビューン
とじまり用心火の用心
スイスイ水曜忍者キャプター
とじまり用心火の用心
モクモク木曜ガイキング
とじまり用心火の用心
キンキン金曜キョーダイン
とじまり用心火の用心
ドンドン土曜日ゴレンジャー〟
とゆーのがあって、うーん当時ば何と特撮番組が多かったことよ、と思ってしまいました。

橋本治

自称・活字文化最後の切り札。ＰＵＦＦは手書き文化最後の切り札をめざします。

ＰＵＦＦ

海のほとりで自己宣伝をぷっと吹く魔法のドラッグ同性愛ファンジンのこと。

ＰＵＦＦ占い

一時話のネタになった、ＰＵＦＦをどこから読み始めるかでその人の性格が判るという冗談。ＴＶ評から読むミーハー派、巻末大論文から読むハード派、一ページめから順に読み進むマジメ派など。

ＰＵＦＦ芸能版

〝しかしみんながこんなことを書きだしたらＰＵＦＦは一体どうなるのだ、ますます本格的に変質と解体してしまうではないか！…とはいうものの女性タレントをＳＦ・怪獣的見地から研究する「ＰＵＦＦ芸能版」なんてのをやってみたい気もする。マスコミによって伝えられる幻影に夢やセンスオブワンダーを求めるという点において怪獣番組と変わらないんだし…〟——現在のＰＵＦＦの姿はすでに9号の時点で予言されていたのです。

PUFFすきやなあ

7号から始まった、じん★あきら（中島紳介）による情報紹介とおしゃべりのコーナー。穴ウメに猫4（富沢雅彦）のコーナーも付記。

PUFFスクランブル

打ち切りの原因は読者アンケートで不人気だったからとも云われているが定かではない（?!）

PUFF文庫

別冊のシナリオ集として「ザ・ベスト・オブ・ウルトラQ」を発行。以下、死闘編ウルトラマン・地獄編怪奇大作戦・望郷編ウルトラセブン・回天編マイティジャック等が出る筈だったが予告のみ。

ハーラン・エリスン

SF作家。ヴォネガットと並んでPUFFの文章に最も影響を与えた人。その文体はレニー・ブルースの喋りを書き言葉にしたものとも言われ、従って現在のPUFFがビートたけし調になっているのも当然のことなのである。

PARCO

語感が何となくPUFFに似ているため、その意味不明コピーがしばしば盗用に使われる。〝ファンジンは誰にも媚びずシコシコと。PUFF〟〝怪獣だってカッコだけじゃダメなんだ。PUFF〟等。そのうちの〝怪獣を見るな。怪獣になれ〟というのは怪獣倶楽部がTV出演（サークル紹介の「和気あいあい」という5分番組）した際のキャッチフレーズにも使われた。

半分冗談日記

中島紳介氏のTV評中心の日記コーナー。12・13号に掲載。

PWTB

〈そうなろうとするPUFF的意志〉の略でPUFFの発行を続けさせ、内容を変解させるエネルギーのこと。原文はカート・ヴォネガット「タイタンの妖女」に出てくる〈そうなろうとする宇宙的意志〉。

匹敵

ぼくはSFバカジンがだいすきです。グランド・マークがカッコいいんですよね。あのメカは、ヤマトにだって匹敵すると思います。ぼくは、××××です。有蛇野チャーリー（SFバカジンより）――とゆーのが気に入って、いまだに口ぐせになっているコトバ。

ヒロインギャラリー

アニメ美少女のTV撮り写真欄。ガリ版時代の数少ない写真（コピーの貼り付け）コーナーで〝モンスター・ギャラリー〟に代わって新設され、PUFFの怪獣から美少女への偏向をまざまざと見せつけた。

ファンクラブを大組織に発展させる法

筒井康隆がSFファンジンに寄稿した文で、会員の中に嫌われ者や名物男などを必ずでっちあげること、会誌の発行はできるだけ遅らせること、会員にしか判らないコトバや洒落などを作ること、等々が並んでいる。PUFFがこれを忠実に実行していることは言うまでもない。

ファン精神の荒廃

14号の巻頭言で「大予言」における丹波哲郎の演談をそっくり書き写した中の一節。一部の人はホンキでカンドーし、また一部の人は更にファン精神を荒廃させた。

ぷはっ

この単語がハーラン・エリスン作「名前のない土

地」（「世界の中心で愛を叫んだけもの」所載）に由来するものであることを知る者は少ない。

不毛

ＰＵＦＦで扱う全ての事柄にかかる、一種の枕詞。

文芸座オールナイト事件

池袋文芸座で行なわれた長編アニメのオールナイトにツアーを組んで出かけた怪獣倶楽部（＝ＰＵＦＦ）のメンバーが周囲の迷惑もかえりみず騒ぎまくり、「1／24」にモロに書かれてしまった事件のこと。すぐ近くにアニドウの面々がいたにもかかわらず、「セブン暗殺計画プラス怪獣倶楽部」の調子で、「オロチ」を見ては「科学忍法火の鳥！」「出た、地球防衛軍マーチ！」等々と騒いでたんだもんねェ。なお、中島紳介氏によると「オロチ」のアマテラスとスサノオを見るたびに富沢サンの姉弟を思い出してしまうとのことである。

B&Wアンケート

2号から開始され、その後も特集の度に行なわれている人気投票。1回目は当然の如く怪獣Ｂ＆Ｗで、結果は1・ゴジラ　2・キングギドラ　3・モスラ（つ、つまらん！）でした。

変解

変質と解体の略。ついうっかり、プロ雑誌でもこの語を使ってしまい校正でしっかり誤植されたこともありました。

編集長

怪獣番組ではたいてい、中年の三枚目というイメージがあるせいかＰＵＦＦではこの語はほとんど使っていない。同様に、会長というのも池田大作的生徒会長的イメージで、名乗りたくないのです。

編集方針

〝復活した宙はデスパー軍団というよりもデルザー軍団のように会員の個性を尊重していきたいと思います。従ってＰＵＦＦも、大特集をぶちかますよりヴァラエティに富んだ総合誌にしていく編集方針です〟——７号の後記より。読み返して、何と言えてることを当時から言っていたのだろーか。と感心してしまいました。

ペンネーム

ＰＵＦＦでは原則として、ペンネームの使用は認められていない（例外は本名と大差ないもの、本名を別記してあるもの等）。その理由は、面白い文を書く以前に面白いペンネームを考えるだけで自己完結しちゃってるとか、たかがファンジンの原稿に本名が出るとまずいとか言いたがる最近のファンの傾向が気に入らない云々と言われているが定かではない。覆面レスラーの登場を禁止していた昔のＭＳＧの方針を真似しているとの説もある。

本多猪四郎インタビュー

中島紳介氏が収録したもので15号に載る予定だったが起こしに時間がかかり、そのままズルズルとオクラになってしまった（！）

毎月新報

52年頃、中島紳介氏が「ＰＵＦＦすきゃなあ」を独立させて出していた月刊情報紙で「怪獣ランド通信」の前身。紙名はウルトラＱの「毎日新報」から。

ミニミニエッセイ

創刊号以来、基本的にはいまだに続いているコーナー。初期には会員が順番に書く方式だった。

無断転載コーナー

ガリ版時代の資料転載ページ。

メカ・メカ

原口トモオ氏が50年頃PUFFの別巻として個人発行していたSFメカの研究誌。

モーション・モンスター

5号から始まった、怪獣映画と海外記事中心の徳木吉春氏の連載。

モノリス

74年に創刊された〝SF映画ともの会〟によるSF映画ファンジン。SF界の中心メンバーが協力し、大伴昌司追悼の意味も込め、創刊号には「ゴジラ」のシナリオが載るなど鳴り物入りでスタートしたが2号でつぶれた。

MONLO

H・T氏による北陸支部・ショートピースの会誌。50年9月から発行。誌名は〝怪獣学〟の略で、怪獣そのものに関するファンジンというコンセプトが当時としては斬新だった。

山口百恵あしゅらおう論

H・Y氏が私設コーナー「兇悪のページ」で提唱。その後賛否を呼んで、いまだに余韻は残っている。

指ゴジラ

えーつまりその、8号参照としか言わないのだった。

横文字転載コーナー

洋書・雑誌の日本の怪獣映画に関する部分を抜き出したコーナー。

吉田理保子

声優。なぜかPUFF内においてはアットー的な人気を誇る。「私のファンはもうみんな社会人になっちゃって今のガキは名前も知らない（笑）」——ペアペアアニメージュより。

ライディーンシリーズ

次号予告のタイトルが、なぜか「ライディーン」のパロが続いたこと。「死神13号悪魔ばさみ」「不死身14号の悪魔裂き」「恐怖の15号さかさ落とし」「怪力16号脳天つぶし」「海竜17号の地獄攻め」「分身魔獣別冊ＰＵＦＦの怪拳」「妖変美女22号（ヒロインとくしゅう）の愛」「強撃！翼獣18号の罠」「乱撃！魔鳥別冊ＰＵＦＦの爪」「殺し屋19号の陰謀」「妖怪ＰＵＦＦ軍団地獄の大進撃」「壮烈！20号必殺の電撃」等々。

ラングイディア姫

「オズのオズマ姫」の生首すげかえ姫。従来否定的なものとされていた――中略――従って堂々と「おだまり、おだまりったらをいらいらさせないでよ。ずうずうしいったらありゃしない！　あんたなんかにつべこべいわれてたまるもんですか。じゃまするならほかのひとのところへいってくることね」とゆー態度をとるようになった。〃姫が

いってしまったからといって、だあれも残念がるものはありませんでした〃。

ロリコン

語義がバベルの塔的混乱をきたして、事実上使用不能になってしまったコトバ。ＰＵＦＦの初出は16号から。（ついでながらどこかの雑誌に〃近頃流行のロリコンとはロリータ・コンプレックスの略で、正しくは劣等感の一種である〃なんてのがあってコケてしまいました）

231　富沢雅彦「ＰＵＦＦ用語事典」

「アニメーション思い出がたり」その１０９
『ＰＵＦＦ』そして富沢雅彦

五味　洋子

当時の『ＦＩＬＭ １／24』（注）誌上にはしばしば『ＰＵＦＦ』（パフ）のことが載っています。『ＰＵＦＦ』は怪獣同人誌の草分けのひとつで、１９７３年に結成された怪獣ファンサークル『宙』（おおぞら）の会誌です。初代会長はＯ・Ｈ氏。斯界の歴史は『ＰＵＦＦ』のメンバーであった中島紳介さんの手により『ＰＵＦＦと怪獣倶楽部の時代　特撮ファンジン風雲録』として『まんだらけＺＥＮＢＵ』第50号から連載されていますので細かい経緯はそちらにお任せするとして、『ＰＵＦＦ』という誌名はフォークグループ、ピーター・ポール＆マリーの曲名が元になっており、パフはそこに出て来る魔法のドラゴンの名です。

Ｏ・Ｈ氏が抜けた宙と『ＰＵＦＦ』を私の実弟・富沢雅彦と中島紳介さんが受け継いだのは１９７６年４月発行の第７号からのこと。２人は群馬県高崎市の出身同士でした。それから『ＰＵＦＦ』の快進撃が始まります。ガリ版刷りのワラ半紙をホチキスで綴じたものから始まり、後に簡易オフセット印刷に移行してからは総ページ数２００近い号もあり、そのほとんど全てのページが富沢雅彦自身によるちまちまとした手書き文字で埋め尽くされ、ページを繰ると

（注）『FILM1/24』：1970 年代に五味洋子（旧姓富沢）が編集長を務めていたアニメーション誌。『アニドウ』（アニメーション同好会）の機関誌であり同人誌でありアニメーション専門誌であった。1976 年５月発行の第８号からは当時には珍しく写植文字を使用したオフセット印刷となり内外の資料写真も掲載、『アニドウ』の会員以外にも広く定期購読者を募り、一般書店にも配本、全国展開を図った。

火を噴くような熱気と楽しさに満ちみちています。バックナンバーは今も我が家にありますが、実は『ＰＵＦＦ』を開くのは危険なことでもあります。余りの面白さに読み耽ってしまって何も進まなくなるからです。

１９８６年に急逝した富沢雅彦の短過ぎる人生とその文章についての論考は浅羽通明さんの『天使の王国』（１９９１年、ＪＩＣＣ出版局刊）所収の『富沢雅彦の生涯―ラディカルな逃避者の蹉跌』（初出＝『別冊宝島１０４ おたくの本』所収『おたくに死す―殉教者・富沢雅彦へのレクイエム』千野光郎名義）に明らかです。また二見書房刊『不滅のスーパーロボット大全』に代表作と言える『花月舞論のためのガ・キーン論』が再録されており、近年では、まんだらけマニア館主催の資料性博覧会02（２０１０年５月開催）のパンフレットに『キン肉マン is the champion!』（初出＝ラポート刊『アニメック』１９８５年８月号）が再録されています。このパンフレットの作成は資料性博覧会02準備会名義となっており、主催者・國澤博司さんによる『再録にあたって』で熱いリスペクトがなされています。さらにすごいのは、巻末に付属する富沢雅彦の生涯と文章を時系列にまとめたリストで、幾重にも折り畳まれたそれを広げるとゆうに1メートルを越える仕様は圧巻。また、最近ではツイッターに富沢雅彦関連のツイートをすると熱いリツイートやリプライをいただくことがしばしばです。没後四半世紀を経てなおこのようなフォロワーが存在してくださることに心から感謝を捧げてやみません。論者としての富沢雅彦についてはこれらの資料、あるいはリストを参考に初出商業誌にあたっていただければ幸いです。

それにしても今手近にあるこの『キン肉マン』論を読むにつけ、何と熱い文章なのだろうと圧倒されざるを得ません。今もビビッドでエモーショナルで刺激に満ち、生死を超越して脈動する魂が立ち上ってくるかのようです。水が流れるように呼吸がそのまま文字になるように自然で流麗で、膨大な知識からなる無限の引用と諧謔を散りばめ、ある時は熱くある時は一転して軽く、猫の目のように変わる眩惑的な文体。鋭敏な感性を備えた華麗な言霊遣い、それが文章家としての富沢雅彦であり、その文章は社会の既成概念に対する戦いの軌跡でした。

私と富沢雅彦とは3歳違いの姉弟。群馬県高崎市で生まれ育ちました。家は両親と祖父祖母の6人暮らし。東映長編漫画映画と東宝特撮怪獣映画で育ち、アニメと怪獣、SFと猫が大好きで、最初の愛読書は『少年』。私は『鉄腕アトム』、弟は『鉄人28号』の大ファン。そのまま長じて私はアニメファン、弟は特撮怪獣ファンになりました。とても仲がよく、きょうだいは結婚できないんだよと友だちに言われるほどでした。

やがて私は進学して家を離れ東京に住み、『アニドウ』に入り、アニメーターとなり、『FILM 1/24』の編集を始めます。弟は高校時代に前述の怪獣ファンサークル『宙』に入会、中島紳介さんと共に『ＰＵＦＦ』を作り始めます。私と弟は互いの作るものを交換して読んでいました。帰省の折に新しい『ＰＵＦＦ』を受け取り、帰りの高崎線の中で読むのは至福のひと時でした。『ＰＵＦＦ』は号を重ねるに連れどんどんページ数を増し、内容もますます濃くバラエティに富み、アニメ・特撮・怪獣・プロレス等、興味の趣くまま広がっていきました。最初期の開田裕治さんによるスタイリッシュなカラーの表紙、後期の小林晋一郎さんのイラストによるアイディアの利いた表紙も素晴らしく、ＰＰＭの歌詞をもじった「ＰＵＦＦ ＴＨＥ ＭＡＧＩＣ ＭＡＧＡＺＩＮＥ」という謳い文句がぴったりでした。

『ＰＵＦＦ』は執筆者も豪華で、富沢・中島コンビを両輪に、今も一貫してアニメと特撮の味方であり続ける氷川竜介さん、アニメ・特撮関連のサントラに博識な腹巻猫さん、傑作『ゴジラvsビオランテ』の原案者であり歯学博士である小林晋一郎さん、小説家に転進されアニメ化された作品も持つ鳴海丈さん、特撮監督であり特殊メイクの第一人者であり、現在は修復師である原口智生さん、『アニメージュ』編集部のベテラン徳木吉春さん、熱い語り口では右に出る者のない池田憲章さん、様々な分野に渡って活躍する金田益実さんをはじめ多彩な書き手が（当時は本名で）参集していました。怪獣界の梁山泊とも言えるでしょう。

私は『ＰＵＦＦ』の新刊を預かって『アニドウ』の上映会で売ったり『ＦＩ

LM 1/24』誌上で取り上げたりしましたので、当時はこの両方を読んでいた人もいたはずです。反発を恐れずに言うなら、一時期はアニメ・特撮両同人誌界の最先端を私たち富沢きょうだいが担っているとの自負さえありました。

富沢雅彦の文章を特徴づけているものは、その独自の文体に加えて、常に「個」の視点を中心に据えていること、と言えるでしょう。

「作品やキャラクターを愛するのは他でもない自分自身であり、評価するのは決して第三者としての大人でも今の子供でも時でもない自分一人である」

「客観性やタテマエ論より自分の感覚が全てなのダ」

と、かつて『PUFF』誌上で高らかに宣言したその姿勢を貫き通し、それ故に富沢雅彦は私にとって日本で最も信頼し得る書き手であり続けたのです。

弟がビデオデッキを操っているのを見たことがあります。自室の小型テレビで特撮番組を見ながら右手にビデオのリモコンを握り録画ボタンを押す。しばらくして番組が日常芝居の段取り部分になるや録画したビデオテープを巻き戻して再生し必要カットの終わりで止め、再び特撮シーンになるや瞬時に録画を再開する。この繰り返しでリアルタイムで番組を視聴しながら必要部分だけが収まった1本の編集テープを作ってしまう。しかもストーリーやキャラクターのスペック、スタッフ、キャストは完璧に記憶しているのです。神業に見えました。

弟は学生時代から商業誌で執筆活動を始めました。商業誌デビューは『月刊

ＯＵＴ』１９７６年11月号の「東京12チャンネル特集」。『快傑ズバット』の紹介記事で、今読んでも完成された見事な文章です。その後も活動の場は広がり、不本意な進学先だったかもしれない立教大学は結局３年で中退してしまいました。『ＰＵＦＦ』というホームグラウンドを守るためには、田舎から通学するタイムロスが惜しかったのもあるでしょう。もし私のように強引に上京して無理矢理にでも生活力をつけていけたなら、その後は違っていたかもしれませんが、中退後は『ＰＵＦＦ』の発行と商業誌への執筆を続けながら高崎市内のデパートのレコードショップで働く道を選びました。世間体が重視される田舎で、その生活は息苦しいものだったと思います。やがて、ふゅーじょんぷろだくとの編集部とのつながりができ、新しい友人も得た弟は、レコードショップの閉店を機に上京しますが、世はロリコンブームの只中。編集部から来る仕事は必ずしも意に添うものではなかったろうと思いますが、それでも、コミケの同人誌を独自の視点で編んだ単行本『美少女症候群』シリーズの後書きや『ＣＯＭＩＣ ＢＯＸ』誌上のエロアニメ紹介ページの文章さえも、富沢雅彦らしさは全くぶれてはいません。どんなものを扱っても自らのフィールドに取り込み、咀嚼して、輝く真実に昇華してみせる稀有な感性が光っていました。構成から手掛けた「内田善美論」や『北斗の拳』『とんがり帽子のメモル』特集等の優れた仕事も残しています。

しかし、ほとんど孤立無援のように見えた同誌上での読者との応酬や慣れない日常生活の些事に神経を磨耗していたようで、向精神薬を常用しているとの記述が見られるのはこの頃です。最後に会ったのは私が結婚して埼玉県戸田市に住んでいた頃で、普段ろくに食べていないのではないかと思うような様子に心配が募ったものです。

そんな中でも『ＰＵＦＦ』の編集は続けており、第29号を１９８６年８月に発行。次号のために、大ファンだったクイーンの来日ライブレポートや『ＰＵＦＦ年代記後編』、ライフワークになった『マリアちゃん論』を書き進めていました。

突然の訃報を聞いたのは１９８６年の12月。私は転居先の広島にいました。池袋のアパートで、大家さんの立会いのもと、編集部の方が発見してくれたそうです。死亡日は11月の何日か定かでなく、警察の検死の後、父の立ち会いで荼毘に付され、お骨となっての帰郷でした。死因は肺炎のウイルスによる心臓発作。心身の衰弱も激しかったようです。

当時の慣習で葬儀は富沢家の自宅で執り行われ、私は肩まであった髪をこれ以上切れないほど短くして臨みました。後日、父と２人で訪れた池袋のアパートは鄙びた閑静な通りにあり、ここで人が死んだとは思えないほど空気は清澄で窓から静かに光が射し込んでいました。愛用の座り机と小型ＴＶ、わずかな本とクイーンのビデオ。通帳にはいくらかの預金が残り、電器釜にはご飯が入ったままだったそうです。内田善美のタペストリーのかかった部屋で、死の瞬間、富沢雅彦は何を思い何を見たでしょう。怪獣倶楽部の旧友である故・竹内博さんはその死を「戦死」と表現してくださいました。

電車の駅もない片田舎の葬儀に参列してくださった友人知己、編集部の方々、小林晋一郎さんの真心のこもった弔電、後日、雨の中を弔問に訪れてくださった氷川竜介さん。多くの方に支えられながら抜け殻のような日々を過ごした私は、やがて追悼集を作ろうと思い立ちます。富沢雅彦の存在を残しておきたかったのです。遺品の中にあった会員名簿を頼りに原稿依頼の手紙を出し、作品集を編むために当時出回り始めていたワープロを買い、広島の家で、1歳と3歳の子供が寝静まった真夜中にマニュアルと首っ引きで、初出本を傍らに1文字1文字打ち出していきました。当時はワープロで使える記号も少なく、DTP機能もスキャナもなく、時にはデータ消失のトラブルに見舞われながら、ほぼ1年がかりで「富沢雅彦追悼集&作品集」という本の形になったのが1988年3月。寄稿や協力をしてくださった方や縁の方に贈呈し、いくらかを頒布して手元にはほんの数冊しか残っていません。総ページ数378、厚さ2センチ、総文字数は数十万字に及ぶ、かつて私たちが作り、今では「黒本」の符丁で呼ばれている『未来少年コナン』の特集本にも勝るボリュームの追悼集をほぼ独力で作り上げたのはひとえに富沢雅彦への思いゆえです。その後、追悼集の反響や未収録分をまとめた続編「続・富沢雅彦追悼集&作品集」を発行、これは在庫が少しあり、まんだらけの國澤さんのお力を借りて資料性博覧会01に委託出品しましたので、手に取ってくださった方もおいでかもしれません。

突然の死から四半世紀以上が過ぎました。特撮冬の時代と呼ばれた時を過ぎ、ゴジラもライダーもウルトラマンも復活し、また多くの人が逝きました。富沢雅彦は今もエーテルの宇宙の中を飛んでいるのでしょうか。大王星には、フリード星には着けたのでしょうか。

昔も今も、新たな映画やTVを見、何かの事件に接する時、一番聞きたい（読みたい）のは富沢雅彦の意見です。富沢雅彦ならどう書いただろうかと思わざるを得ません。必ずどこかで見ていると信じながら、どんなに時が経ってもその思いは消えることはありません。30になるやならずの早世は悲劇ですが、その存在が誰かの心に焼きついているならば、それは永遠の生命と言えるのかもしれないと、今は静かにそう思うのです。

富沢雅彦の文章も、私の文章も、人からはパワフルで熱いと評されますが、当人同士は至って無口で、胸にたぎる思いは文字にして吐き出さなければ決して鎮まることはない、そんな人種なのです。

加筆と注釈執筆（２０１９年３月）の上、収録

『ＰＵＦＦ年代記（前編）』と『ＰＵＦＦ用語辞典』だけでは補完できない富沢雅彦さんの生の実存が書かれたテキストとして、〝「アニメーション思い出がたり」その１０９『ＰＵＦＦ』そして富沢雅彦〟（ＷＥＢアニメスタイル連載）を再録させていただきました。掲載のご許可をいただきましたアニメスタイル編集長小黒祐一郎様に感謝いたします。〈編集部〉

第2部　「それぞれの怪獣倶楽部」

井口健二

——大伴昌司と酒井敏夫をつなぐグループの兄貴分的存在——

●井口健二（元・大伴昌司のアシスタント、SF映画評論家）

大伴さんは情報を信用してましたね。ぼくが文章を書くようになって、『トータル・スコープ』の共同執筆者のような形でやっていたころによく言われたのは「情報で書け」ということでしたね。「情報で書け。主観は出来る限り入れるな」——それは何度も言われましたね。（略）

一度、ぼくが『トータル・スコープ』の原稿を大伴さんに渡した時、不必要な部分に朱（あか）を入れるんですね。そうやって、文章が大伴さんに削られていくと、情報しか残らなかった——そんなことがあるんです。それはたしかに一理あるんで、主観を入れずに情報だけで映画の批評が成り立つ場合があるんですよね。大伴さんには、それこそが自分の究極の映画評論だと考えているみたいなところもありましたね。

——竹内博編『証言構成　ＯＨの肖像　大伴昌司とその時代』（飛鳥新社）より——

まず始めに「僕は『怪獣倶楽部』の会員といっても、会誌に原稿を書いていないし、ほとんど一緒に活動していないから、インタビューしてもらっても、あまり話すことがないんですよ」と切り出した井口健二さんは、１９４９（昭和24）年、神奈川県平塚市生まれ。中学時代にＳＦ同人誌『宇宙塵』や『宇宙気流』に参加し、大学入学後は有名なＳＦファンの集まり『一の日会』のメンバーとなってＳＦ界と交流。その中で、いち早く映像の魅力と可能性に着目していた名プランナー、名編集者である大伴昌司に師事してＳＦ映画評論家・研究家として多くの雑誌、ムック等で健筆を振るった。

『怪獣倶楽部』のメンバーとしては年長組であり、円谷プロで開かれていた会合で初めてお会いした時はすでにプロとして活動し、大伴昌司による『Ｓ－Ｆマガジン』の映画紹介コラム『トータル・スコープ』の連載でお名前を拝見していたので、学生だった自分から見ると、同じく社会人だった岩井田雅行さんと並んで〝大人〟の雰囲気があった。その当時のまま、今も若々しい印象の井口さんに『怪獸倶楽部』とご自分の関わりから話していただいた。

1973年の1月に大伴昌司さんが亡くなって、僕が池上本門寺で行われた告別式の受付をしていた時、竹内（博）君が挨拶に来てくれたんですよ。大伴さんから「怪獣の好きな子がいて、ちょっと手伝ってもらっているんだよ」という話は聞いていたんだけど、会ったのはその時が初めてでした。それからしばらくして彼から電話がかかってきて、円谷プロに遊びに行くようになったんです。

『怪獸倶楽部』の例会に顔を出すようになったのは、もっと後だったかな。いつの間にか会員になっていた……というか、竹内君が勝手に仲間に入れてくれたみたいなんです。ただ、その頃はもう就職していたし、ライターの仕事もしていたから（大伴さんの手伝いをしていたのは大学時代）、休日に円谷プロまで行くのはなかなか大変で、例会に出た回数はあまり多くないですよ。

会誌作りの手伝いもしていないし、『怪獸倶楽部』の思い出というと例会でみんなとおしゃべりしたほかは、竹内君がよく上映会を開いてくれて、当時はビデオもないし、再放送されることが少なくなっていた円谷プロの作品がいろいろ見られたことかな。

いちばん印象に残っているのは『ウルトラQ』の連続上映の時、『海底原人ラゴン』に日本が沈没するという話が出てきて、小松左京さんの『日本沈没』とどっちが先だったんだろうと話題になったことがあったでしょう。あれは脚本が連名になっていて、大伴さんがアドバイスしたんだと思うけど、もともと小松さんの構想は1960年代前半から練られていました。僕らSFファンの間では大伴さんのように小松さん本人から話を聞いている人もいたし、実際に『ウルトラQ』が製作された頃には、小松さんはもう『日本沈没』を書き始めていたんですよね（9年がかりの執筆で1973年に刊行された）。

あと、これは『怪獣倶楽部』とは関係ないけど、僕は1978年に結婚して渋谷に引っ越したので円谷プロにも行きやすくなって、一度、嫁さんを連れて行ったことがあるんですよ。竹内君の案内で怪獣倉庫を見せてもらって、嫁さんが「ウーがいる！」って喜んでいた（笑）。他にも砧の東宝撮影所の大プールで撮影があるからと言われて、夫婦で見学に行ったりもしました。

まあ、そんな感じで『怪獣倶楽部』との関わりといっても、ほかの皆さんのように濃いものではなくて、それぞれの仕事ぶりも知ってはいるけど、あまり詳しくないんです。池田憲章君とは『一の日会』のようなSFファンの集まりでよく顔を合わせていて、つき合いは古いけど、それくらいでね。むしろ最近のように忘年会なんかで毎年会うようになって、改めて皆さんとよく話すようになった感じですね。

「それに、僕は怪獣とは一線を引いている立場だし」とも話す井口さんだが、後年、所属している日本SF作家クラブの世話人として『怪獣倶楽部』メンバーの入会に尽力するなど、決して関係が希薄なわけではない。『怪獣倶楽部』の同人活動には参加していないものの、ごく短期間だけ発行された竹内さん編集による手書きコピーの連絡誌『怪獣倶楽部会報』に海外のSF映画に関するニュースを載せていて、竹内さんが大伴昌司の弟子のような存在として先輩に当たる井口さんを頼りにしていたことも事実だ。

その一方では、大伴昌司没後『トータル・スコープ』に代わって始まった大空翠名義の井口さんの映画紹介コラム『フォーカス・オン』に、竹内さんが酒井敏夫名義で日本の特撮映画・テレビ番組の記事を書いて二人三脚で担当したこともある。

さらに、１９７９年に朝日ソノラマから出た画期的なガイド本『すばらしき特撮映像の世界』（月刊マンガ少年別冊）では、同じく『怪獣倶楽部』のメンバーである聖咲奇さん、安井ひさし（尚志）さんを加えた４人で編集に参加し、酒井敏夫・構成の『日本特撮マン紳士録』に対する『海外特撮マン紳士録』を執筆。海外作品の情報に精通した井口さんは、この前後から『スター・ウォーズ』を中心としたＳＦ映画とＳＦのブームの中でさまざまに活躍していくことになるのだが、次にその活動の二本柱となった映画、ＳＦとの出会いについて伺った。

僕の家は父親が商売人というか、卸問屋を営んでいて、年に何度かお得意さんを集めて歌舞伎座に観劇に行ったり、映画に招待したりといったことをしていたんです。その時は家族も一緒で、帝劇で『世界の七不思議』（57年）のようなシネラマ映画を観る機会もあったり、父親はそういうイベント的な映画が好きだったみたいなんですね。

その血を引いているのか、僕には兄と妹がいるんですが、この兄も映画好きで、ヒッチコックの『鳥』（63年）とか、よく一緒に連れて行ってくれたんです。それで最初に記憶に焼きついたのが、今ではSF映画の古典になっている『禁断の惑星』（56年）。とにかくビジュアルのインパクトが圧倒的で、おかげで人生が決まったようなものです。小学生の頃は東宝の特撮映画もよく観ていて、『地球防衛軍』（57年）や『大怪獣バラン』（59年）は1人で映画館に行きました。『バラン』は着ぐるみに入っていた俳優が弾着で大怪我をしたという情報があって、学校の友だちから聞いたのか、何かの記事で読んで知ったのか忘れたけど、それで気になって観に行ったんですよね。

でも、怪獣映画は『キングコング対ゴジラ』（62年）くらいまでは観ていましたが、怪獣がたくさん出るようになると「ちょっと違うな」と思えてきて、中学時代からは洋画を中心に観るようになりました。僕らの子供の頃って、テレビで『スーパーマン』とか外国のドラマを毎日のように放送していたから、字幕と吹替の区別なく洋画に抵抗がなかったんです。

地元の平塚の映画館だと、新しい映画が封切りから少し遅れて上映されることが多いので、中学生になると月に1度、日曜日に小遣いを握りしめて東京まで新作を観に通いました。まだ子供だから、そう何度も東京へ1人で行かせてもらえない。それで、1日で出来るだけたくさんの映画を観ようと思って、日比谷の映画街なら日比谷、渋谷なら渋谷、新宿なら新宿というふうに場所を決めて、新聞で各映画館の上映時間を調べて、特に観たい作品を中心にスケジュールを組むんです。昔は1時間半くらいの長さの映画がほとんどだったから、朝8時くらいから行って4本くらいはハシゴできたんですよ。

この映画が何時何分で終わって、こっちが何分から始まるから移動に何分かかる、なんて計算してね。なるべく移動時間を少なくするようにして、東劇から日劇文化まで地下鉄で行くより早いからと晴海通りを走ったこともありました（笑）。よく通ったのは銀座の映画館で、東劇、みゆき座、日比谷映画、スカラ座、有楽座、ＡＴＧの日劇文化あたり。邦画系の千代田劇場はあまり行かなかったけど、有楽座でやった岡本喜八監督の『赤毛』とか稲垣浩監督の『風林火山』（共に69年）みたいな東宝の大作時代劇は観てます。なぜか『東宝ともの会』という東宝映画のファンクラブに入っていたんです。たぶん東宝配給の洋画の情報を知るためと、東宝系の映画館の料金が割引になるからじゃなかったかな。

その頃に観ていたのはＳＦ映画はもちろんですけど、西部劇やスパイ物のようなアクション映画が多かったですね。イタリアの艶笑喜劇みたいなものも中学生なのに観てました（笑）。感想ノートのようなものは特に付けていなくて、今言ったように上映作品と上映スケジュールは手帳にびっしり計画表にして書き込んでました。今はもう手元に残っていないですけど。特に好きな監督やスターがいて系統立てて観ていたわけではなく、とにかく映画を観るのが楽しかった。だから試写会にも応募しまくって、よく抽選に当たって行ってましたよ。

そういうふうに中学・高校時代から映画の魅力にハマって、浪人時代がいちばんスゴかった。高田馬場の予備校に通っていて、一応、優秀な生徒が行くと言われている午前の部に入ったから、そこそこ勉強はできた方だと思うんだけど、優秀な人間はちゃんと午後の部の授業も出ますよね。僕は母親が作ってくれた弁当を持って、午後から映画館に行っちゃう。それで、目立たないようにいちばん後ろの席で弁当を食べながら映画を観ていた。だから当然、志望の大学も次々に落ちて、最終的に受かったところは1~2年の授業が埼玉県大宮市の校舎であったので、これまた東京を通るから、時間のある時は映画館や京橋のフィルムセンターに通いつめることになりました。

そんな映画三昧の日々を経て工業系の大学に進んだ井口さんだが、自分の一生を決めることになった映画と同じように、SFとの出会いも小学生の頃だった。それも家庭環境による影響が大きかったのではないかという。

うちの親は少し変わったところがあって、普通の世界名作文学全集の代わりに、なぜか講談社から出ていたジュブナイルのSF全集（『少年少女世界科学冒険全集』）を小学校低学年の時に買ってくれていたんです。それで、学校のテストとか宿題が終わると親が隠しておいたところから取り出して、1冊ずつ読んでいった。最初に読んだのが『魔の衛星カリスト』とか『謎のロボット星』という本で、小学校を卒業する頃までに全35巻の半分以上は読んだかな。

それから中学生になって早川書房の『S-Fマガジン』を読み始めて、そのファンクラブとして発足した『宇宙気流』や柴野拓美さん主宰の『宇宙塵』のような同人誌に参加して、『宇宙気流』の例会である『一の日会』に通ったり、日本SF大会などのファン・イベントにも行くようになりました。そこで出会ったのが大伴昌司さんや野田昌宏さんといったSF界の先輩方です。特に大伴さんは、海外の映画祭で賞を獲ったコマーシャル・フィルムなんかも借りることができるルートを持っていて、よくイベントの度に16ミリの映写機で珍しい映像作品を上映してくれていました。

そういえば、初代の『ゴジラ』(54年)も『TOKON2(第4回日本SF大会、65年開催)』で上映された時に初めて観たんですよ。フィルムの真ん中にデルマ(油性色鉛筆、ダーマトともいう)の線が入っていたから、ひょっとしたら編集用のプリントか何かを借りてきたのかもしれない。その時に思ったのは、テーマやストーリーは真面目なものだし、あの時代の映画として現実を反映したメッセージのある作品で悪くないと納得できるんだけど、最後にオキシジェン・デストロイヤー(水中酸素破壊剤)という非現実的な手段で解決するのはどうなんだろうと疑問だったんですよね。もう少し現実に即した描き方はなかったのか。そこがちょっと安易に感じられて残念だと思ったことを憶えています。

むしろ、着ぐるみという点に関しては全然、気にならなかったですよ。当時はレイ・ハリーハウゼンの人形アニメの方が技術的に高度で優れているという論調で円谷英二さんの着ぐるみ特撮が批判されることが多かったけど、僕はどうもハリーハウゼンの映画のチカチカとした動きがぎこちなく感じられて仕方なかった。

モデル・アニメーションとしては『キング・コング』（33年）の方が面白くできていたと思いますが、それにしても動きが不自然という印象は拭えない。着ぐるみのスムーズな動き、スピード感もこれはこれで良いんじゃないかと思いましたね。

そういう意味では、僕はテーマとかドラマ性も大事だけど、映画や特撮の技術的な面に対する興味の方が強いんです。工業大学に入ったくらいだから、もともとそういう資質があったのかもしれませんが、自分の映画を観る尺度というか、映画を楽しむ意味というのがだいたいその辺に固まってきたのが、この頃だったんじゃないかという気がします。

思い返してみると、両親にしてみれば家業を継ぐのは長男の兄だからというので、次男の僕はわりと自由にさせてくれていたんでしょうね。うちはそもそも映画や小説にはまったく関係ない家庭だったのに、映画とSF漬けの思春期を送って、大学も当時は文化系より格上で就職にも有利だと言われていた工業・技術系に行かせてくれた。そうするうちに特撮、SF、スパイ活劇と自分が面白いと思うものがどんどんエンターテインメントとして成熟していって、しかも大伴さんと出会ったことで、それを仕事にするようになったわけだから、何となく親に刷り込みをされたような気がしないでもない（笑）。本当に何がきっかけになるかわからないものですね。

こうした成り行きで本格的にSFとSF映画の世界に触れた井口さんは、やがて学生時代にSF映画関連のライターとしてデビューする。『S-Fマガジン』の名物コラムだった『トータル・スコープ』は、1965年5月号からスタートしたが（連載第1回の冒頭で『ウルトラQ』の放送開始のニュースが紹介されている）、71年7月号より大伴昌司／井口健二の連名になって続いた。これに至る経緯を聞くと……。

僕が大学に入った1969年は、九州で日本SF大会が開かれることになっていたんです。それ以前からの通例で、東京以外でSF大会が開かれる時は、同時期に東京でも『SFフェスティバル』というイベントをやっていて、『宇宙気流』『一の日会』のメンバーが中心になって実行委員会を立ち上げたんですね。『怪獣倶楽部』と同じで、今でも籍はあるけど会誌に寄稿したこともなくて、あまり積極的な会員ではなかった僕も、その時はなぜか加わって準備することになりました。

それで大伴さんのところにいつものようにフィルムの上映をお願いしに行った時、いろいろ話をしているうちに、僕が高校時代から『Variety（ヴァラエティ）』というアメリカの映画・演劇の業界紙を定期購読していて、SF映画の情報が載っているページをメモして一覧表にしたインデックスみたいなものを作っていると知った大伴さんが、ちょうど『キネマ旬報』の増刊『世界SF映画大鑑』（69年刊行）を作っている時で「来週からでもいいから、手伝いに来てくれ」と言うんです。

そういう、すごくせっかちなところのある人だったんだけど、当時のSF界は小説の方が王道で映像は一段、低く見られていた時代だから、大伴さんとしては熱心に映画の情報を集めている若いやつが出てきたのが嬉しかったし、助かったと思ったんじゃないかな。そこから大伴さんのお手伝いをするようになって、1970年に欧米の大物SF作家を招いて開かれた『国際SFシンポジウム』でも、大伴さんが事務局長だったから当然のように手伝いに行きました。

別に大伴さんに呼ばれたわけでも何でもなかったんですよ。でも、先生がやるんだから自分も手弁当で何かしなくちゃ、という気持ちでしたね。事務局に行ったら大伴さんはちょうど留守で、『一の日会』で面識のあった平井和正さんがいたので「何か手伝わせて下さい」と言って入れてもらった。戻ってきた大伴さんも「そういうことなら」と、事務局のスタッフの端くれに加えてくれました。このシンポジウムの実行委員長が小松左京さんで、それ以来、小松さんにも可愛がってもらったし、ここでSF界のいろんなプロの人たちとの関わりができた感じですね。少し後になって『日本SF作家クラブ』にも小松さんのお世話で入会させてもらいました。

そんなこんなで『トータル・スコープ』に原稿を書かせてもらうようになり、大学時代を通じて週に1回以上は大伴さんの仕事場に通っていました。でも、すぐ隣の家が実家（四至本家）だったのは亡くなるまで、まったく気づきませんでしたね。とにかく忙しい人で、『少年マガジン』の巻頭グラビアをはじめいろんな仕事で飛び回っていました。僕とはSFや映画の話しかしませんでしたが、四至本豊治（本名）としてはもちろん、その他にも「僕らの知らない大伴昌司以外の別の顔が幾つもあったんじゃないか？」という気がします。本当はどんな人だったのか、僕には今でもよくわからないですね。

仕事に関しては厳しかったですよ。一生懸命に書いた原稿や、せっかく選んだ写真をボツにされたことが何度もあって、悔しい思いをしました。でも、それは大伴さんと僕の方向性の違いということもあったんです。僕はさっきも言ったように技術系で、自分でSF映画について書くと、どうしても特撮や撮影の技術に寄ったものになりがちなんです。大伴さんは映画の内容と、技術的なものとのバランスを取りながら紹介していく。スチールにしても、僕は特撮の仕掛けがバレているようなビハインドの写真が好きなんですが、大伴さんはそうじゃない。自分が好きなものと一般の人が求めているものがズレている場合もあるというんですね。

それで悩んで、翻訳家の伊藤典夫さんに相談したこともあります。「気持ちはわかるけど、それは大伴さんの言うことが正しいだろう」という答えで、確かにその通りなんです。大伴さんはロマンチストで、映画の夢を現実のもとにさらけだすようなことは嫌だったんでしょうね。僕はむしろ、現実を支えにして夢を語りたいと思う方なので、大伴さんの亡くなった後、ＳＦＸという呼び方で特撮技術が一般にもクローズアップされていくことになるのですが、もし存命だったら、大伴さんがどんな立場を取っただろうかと今でも気になります。そういう立場の違いから関係がギクシャクしてしまったようで、大伴さんの最後の仕事で、僕も全面的に関わった『写真集円谷英二　日本映画界に残した遺産』（小学館、73年刊行）が出来上がった時、奥付のスタッフの中に僕の名前がなかったことはショックでした。

ただ僕としては、編集にすごく時間がかかったこの本を手伝ったことで、大伴さんに直接教えられたわけではないけど、レイアウトなどの勉強をさせてもらって感謝しています。『トータル・スコープ』も後半はだんだんチェックが少なくなって、最後は認めてくれたのか、それとも匙を投げたのかわかりませんが、僕の書いたものがそのまま載るようになって、物書きとしての自信も付きましたからね。

当初、タイトル部分に連名で執筆者が表記されていた『トータル・スコープ』は、72年9月号からそれぞれが書いた部分の末尾に（大伴）、（井口）と署名が入るようになり、それは大伴昌司の急逝で事実上の最終回となった73年3月号まで変わらなかった。

そして井口さんは師・大伴昌司の後を継ぎ、ほどなくして同じ『S‐Fマガジン』に映画関連コラム『フォーカス・オン』の連載を始める。これは日本の特撮映画・TV番組の新作情報を紹介する酒井敏夫（竹内博）さんと共同で担当した回、または酒井さん単独の回も含め、『S‐Fマガジン』の74年1月号から78年5月号まで不定期連載された。

大伴さんのところと同じように、大学時代から早川書房の編集部にも出入りして、ちょっとしたコラムを何回か書かせてもらったりしていましたから、当時の『S‐Fマガジン』編集長・森優（南山宏）さん、のちに編集長になる今岡清さんたちとも知り合いでした。それで「映画のページをやってくれないか」と早川から依頼の電話が来た時、僕はもう会社に勤め始めていましたが「情報記事だったら出来ますよ」と言って引き受けたんです。

『トータル・スコープ』の時と違って〝大空翠（おおぞら・みどり）〟というペンネームを使ったのは、会社に内緒でやっていたから。『一の日会』の仲間で、東大SF研の出身だった佐藤さんという人に考えてもらった名前で、「大豆・ソラマメのみどり」――『ソイレント・グリーン』というSF映画（人口爆発の未来デストピアを描いた73年公開のアメリカ映画）が由来です。でも、他社の編集者が会社に「大空翠さんをお願いします」と電話をかけてきた時は参りましたね。ここに居ますとはとても言い出せず、その場の混乱を横で見ていたことが何度かありました。

もう一つ、雑誌『POPEYE　ポパイ』なんかで使ったのが〝藤堂英夫〟で、これはTODD-AO（トッド・エーオー）という70ミリ映画の上映方式の名称をもじったものです。いわゆる共同ペンネームで、僕以外にも何人かで使いました。

ここで唐突にSFや特撮とは関係なさそうな若者向け雑誌の名前が出てくるが、実はこの間、日本のSF界、映画界、そして出版界には大きな変化が訪れていた。1978年の春・夏に相次いで公開された『未知との遭遇』(アメリカ公開は前年)と最初の『スター・ウォーズ』(現在の『エピソード4／新たなる希望』、77年アメリカ公開)を中心とする空前のSFブーム、SF映画ブームの盛り上がりである。実際には再編集の劇場版『宇宙戦艦ヤマト』(77年)の大ヒットをきっかけにしたアニメブームもこれと連動しているのだが、参考までに『スター・ウォーズ』と続編『帝国の逆襲』(エピソード5、80年)公開前後の井口さんの仕事を以下に列記してみる。(＊印はペンネームでクレジットされた記事。なお、この期間の前半は『フォーカス・オン』の連載が不定期ながら続いている)

【1977年】

・SF専門誌『奇想天外』3月号(奇想天外社)より、映画コラム『ワンダフル・SFムービー』を連載(78年10月号まで)＊
・『キネマ旬報』4月春の特別号に『今年こそはSF映画の年に…』を寄稿＊
・小松左京監修『SFファンタジア』1〜5(学習研究社)で取材協力＊
・横田順彌『異次元世界の扉を開く　SF事典』(廣済堂ブックス)の資料原稿協力＊

【1978年】

・文藝春秋デラックス2月号『宇宙SF(スペース・オペラ)の時代』で資料提供・取材協力＊
・『季刊映画宝庫・春号　SF少年の夢』(芳賀書店)所収、石上三登志のSF映画大河リレー座談3『大空翠・北島明弘の場合は小説、テレビに囲まれて』に出席＊

・徳間書店タウンムック『決定版スペースSF映画の本　未知との遭遇・スターウォーズ・２００1年宇宙の旅』の作品紹介『99ＳＰＡＣＥ　ＳＦ　ＦＩＬＭＳ　スペースSF映画オールガイド』を構成
・『キネマ旬報』７月上旬号の『スター・ウォーズ』特集で『スター・ウォーズ大カタログ』を石上三登志、門倉純一、野村正昭、北島明弘と共同執筆＊
・『Ｓ-Ｆマガジン』10月臨時増刊号（早川書房）巻頭グラフページ『写真構成・ＳＦ映画年表』を担当
・『Ｓ-Ｆマガジン』11月号（同）より『ＳＦ映画講座』を連載（80年２月号まで）

【１９７９年】

・『月刊スターログ（日本版）』５月号（ツルモトルーム）の『大特集スペース・オペラ　天翔けるヒーロー』で『宇宙英雄ペリー・ローダン・シリーズ』を執筆
・マンガ少年別冊『すばらしき特撮映像の世界』（朝日ソノラマ）に『海外特撮マン紳士録』を執筆
・創刊１周年の『月刊スターログ』８月号『特撮の３大魔術師』でダグラス・トランブルのバイオグラフィーを担当
・『キネマ旬報』11月上旬号で『００７／ムーンレイカー』の分析再録を担当

【１９８０年】

・『月刊スターログ』１月号の80年代特集に『アメリカSFTV近況』を執筆
・朝日ソノラマ『宇宙船』Vol.１　冬（創刊号）より海外作品の情報ページ『ＯＮ　ＴＨＥ　ＰＲＯＤＵＣＴＩＯＮ』を連載（Vol.38　87年10月号まで）
・『キネマ旬報』３月上旬号の『１９４１』特集に『ハリウッドの物量を見せつけられる特撮シーン』を執筆

・『月刊スターログ』7月号の『帝国の逆襲』特集『定本スター・ウォーズ読本』に『携帯用（ハンドブック）スター・ウォーズ生物分類百科』を執筆
・『スクリーン』8月号（近代映画社）のSF映画特集で『テレビで見られた劇場未公開SF映画誌上放映』を構成・執筆

【1981年】

・『月刊スターログ』3月号のアンコール特集『SF-TVが大好き！』で監修の池田憲章、米田リカと座談会に出席＊
・SFポップカルチャーマガジンと銘打った『SFイズム』（SFイズム社）創刊1号よりコラムを連載
・平凡出版社『POPEYE　ポパイ』4月28日号（第29号）の特集『Amazing Warld of SF』で『SPFX（スペシャル・エフェクツ）は少年のドリームだ！（『2001年宇宙の旅』『未知との遭遇』『スター・ウォーズ』の特撮図解特集）』、および『アメリカ製のテレビSF映画は、ぼくたちの少年時代の夕食のおかずみたいにおいしかった……。』を構成・執筆＊
・キネマ旬報社『ザ・スタンリー・キューブリック』に『キューブリック映画の撮影技術10項』を執筆
・徳間書店『SV（スーパービジュアル）マガジン　スタートレック大研究1』『同2』を企画・構成（徳木吉春、池田憲章と共同）

……と、手元にある分をザッと拾い上げただけでも、兼業ライターとしては相当な仕事量だったことがわかる。一時期は月〜金は会社で、仕事を終えてから試写会に通い、土日を執筆に充てるという毎日だったそうだ。

少し付け加えておくと、『ワンダフル・SFムービー』は『2001年宇宙の旅』（68年）に始まって古今の名作ＳＦ映画を分析した労作だが、月刊連載ということで、その時々のＳＦ映画をめぐる最新のトピックがほぼリアルタイムで文中に反映されていて、単に懐古的な名作再発見といった類いの内容にはなっていない。

また『Ｓ－Ｆマガジン』の写真構成による『ＳＦ映画年表』や『ＳＦ映画講座』は、映画の始まりと共に生まれたＳＦ映画を鳥瞰する試みで、大伴昌司が60年代に手がけたグラフ特集ページを彷彿とさせる内容だ。『奇想天外』の連載が終わって、すぐにライバル誌ともいえる『Ｓ－Ｆマガジン』で連載がスタートしているあたりも、ＳＦ映像の啓蒙という点で大伴昌司の仕事ぶりに通じるものがあるだろう。

もちろん、井口さんの仕事はこのほかにも数多くあり、責任編集を務めた映画ムック『Ｍａｋｉｎｇ ｏｆ さよならジュピター』（84年）をはじめ、『キネマ旬報』の外国映画批評、海外レポート、プロダクション・ノート、『宇宙船』の海外情報ページなど80年代、90年代を通じて以後も続いていくのだが――珍しいところでは『小学三年生』82年12月号の『宇宙人大集合』、『日本ロボット学会誌』に寄せた『スクリーンの中のロボットたち』（86年）なんていうのもある――、ここであえて一時期に絞って紹介したのは、こうした主な出版物のリストから、大空翠こと井口健二さんがライター・研究家・評論家として業界に進出していく姿に重ねて、当時のＳＦの〝浸透と拡散〟の様子、そして井口さんの言葉にもある〝特撮がＳＦＸという名前で一般に受け入れられていく〟時代性が垣間見えると思ったからだ。

例えば『キネマ旬報』では、ほかにも82年7月上旬号の『コナン・ザ・グレート』特集に『ロマンを創造する二人の男　ロン・コッブ＆ニック・アルダー』、9月上旬号の『トロン』特集に『新しい映像世界を創り出す人々―作家と芸術家と最新技術』、83年6月上旬号の『スーパーマン3』特集に『プロダクション・ノート　それはカンヌから始まった』等を執筆し、同9月上旬号のグラビア『さよならジュピター……日本映画界空前のSF大作』を構成。また83年3月下旬号の『クラッシャージョウ』特集で原作者・高千穂遥のインタビュー、同8月上旬号の『スター・ウォーズ　ジェダイの復讐』スペシャル・インタビュー4本立てで視覚効果のリチャード・エドランドのインタビューをそれぞれ担当するといった具合で、それらの記事からはSF映画と劇場アニメ、SFXクリエイターなどに同時並行で注目が集まっていたブームの様子が見て取れる。

会社員とライターの両立はあまり苦にならなかったですね。結婚してからは新居が会社に近かったので、徹夜で原稿を書いてそのまま出社したり、会社が引けてから編集部でカンヅメになって、夜中2時過ぎにタクシーで家に帰ったり、『スター・ウォーズ』関係の記事を書いていた頃は本当に忙しかった。若くて体力もあったから出来たことだと思うけど、そんな状態なので、同じ時期に活動していた『怪獣倶楽部』の例会にはなかなか行けなかったんです。

雑誌やムックの記事だけでなく、日本テレビのスペシャル番組の企画・構成をやったこともありますよ。『スター・ウォーズ』の特集番組を作りたいんだけど、何をやっていいかわからないと電話が来て、ああしたらこうしたらとアイデアを出していったら、その通りに律儀に取材して素材を集めてくれた。最終編集にも徹夜で立ち会ってチェックしたけど、けっこう良い番組になったんじゃないかな。

あの頃はだいたい、そういう依頼が多かったんです。まだSFやSF映画に対する認識がそれほど一般的ではなかった時代ですからね。映画の公開前なので当然なんだけど、向こうの映画会社から資料なんて何も来てないし、参考にするものがないんです。「資料はありませんが、こんな記事を書いて下さい」と言われて、2ページとか4ページ分の原稿を書かなきゃいけない。でも、こっちはSFファン出身で長年、映画を観まくってきたSF系の映画ライターだから、ことSF映画に関することなら何でも書けるわけですよ。むしろ、普通の映画ライターや一般の観客が知らない知識や情報を付け加えることができる。それが強みだったと思います。そういえば『ジェダイの復讐』の宣伝で来日したリチャード・エドランドにインタビューした時、肝心の新作の話はそっちのけで、自分が興味のあったそれまでの仕事のことばかり聞いていたので担当編集者が困っていましたっけ(笑)。

当時、映画雑誌の編集者に「なんで、そんなに詳しい記事が書けるんですか?」と聞かれたこともありました。でも、僕からすれば、ある程度ストーリーがわかっていて、スタッフや出演者の名前を見れば、同じジャンルの作品とか監督の作風もわかるから、昔のインタビューを読んだりして幾らでもネタを引っぱってこれる。6ページくらいの特集記事だったら3~4日で仕上げてましたね。

特に僕の場合は、高校生の頃から『ヴァラエティ』を本国アメリカから取り寄せたりして、いろんな情報を集めていたのが役立ちました。監督のインタビューをまとめるにしても、「ここに書かれていることと、何年か前のこの記事をつなげてみると、こういうことがわかる」「以前の記事の発言からすると、今回の映画でやりたかったことはこうなんじゃないか」といった具合に、撮りたかった映画・撮れなかった映画のことまで見えてくるものがあって、それを頭に入れておくと、ただの映画紹介ではない厚みのある記事が書けると思うんです。

最近——といっても少し前ですが、クリストファー・ノーラン監督の『インターステラー』(14年)という映画があったでしょう。あれはスタンリー・キューブリックの『2001年宇宙の旅』そのままのリメイクみたいな映画で、パクリだというふうに批判されたりもしたんだけど、ラストシーンの片隅に『2001

年』の原作者だったアーサー・C・クラークの映像が出てくるんですよ。それを見て納得したんです。『2001年』はクラークより監督のキューブリックの色が強く出ている作品で、ノーランはそれをクラークの側から撮りたかったんじゃないかって。

そして、それはキューブリックが最初にクラークと一緒に構想した、〝本当はこう撮りたかった『2001年宇宙の旅』〟に近いものが出来たんじゃないかという気がして、僕にはすごく面白かった。でも、普通の観客はクラークの顔も、どんな人なのかも知らないから気にせずスルーしてしまう。そうすると、あの映画の大事な部分を見逃すことになって、ちょっともったいないなあと思うんです。ただ単に『2001年宇宙の旅』と同じじゃないかと片付けるんじゃなくて、そういった部分まで理解する助けになるというか、別の見方が出来るような情報や知識を記事に込められたら理想的ですよね。

井口さんは1970年『国際SFシンポジウム』のために来日した〝20世紀最高のSF作家〟A・C・クラークと直に会っている。最終日の大阪万博会場のセレモニーが終わって、隅の方にいた自分たち事務局の若いスタッフにまで「ありがとう」と声をかけ、握手をして労ってくれた姿が忘れられないという。そんな井口さんにとって『インターステラー』は、クリストファー・ノーランのクラーク愛が詰まった映画だったようだ。

こうした井口さんの映画遍歴は会社勤めやライターとしての仕事から離れた現在でも続いており、試写を中心に年間300~500本におよぶ内外の多種多様な映画を鑑賞。個人の映画評ブログ『井口健二のOn The Production』(旧『宇宙船』創刊以来の連載記事と同じタイトル)で次々と作品評を公開している。インターネット時代、SNS時代に合った執筆活動と言えるが、そこにはまた複雑な思いもあるそうだ。

インターネットですぐにデータを調べられる今の時代と違って、僕がいちばん仕事をしていた頃は間違いも少なくありませんでした。特に怪獣ファン、日本の特撮映画のファンから僕の記事は批判されることが多いけど、「(ネットのない)あの時代に自分で資料を集めて調べて書いていたことが重要なんだ」と擁護してくれる人もいて、それは有り難いと思いますね。特に雑誌というのは一過性のものだから、スピードが命というところがあって、十分に調べきれないまま書いてしまったり、情報が薄い記事もあったりするんです。でも、その時その時で読者に納得してもらえるようなものを書いていたつもりだし、依頼されたページは絶対に埋めてみせた。それは自分なりに出来ていたんじゃないかと思いますね。最近、試写会で会った若手のライターから、子供の頃に僕の記事を読んでこの道を選んだ、みたいなことを言われて、それは本当に嬉しかった。

そうやって考えてみると、僕は本業の特許事務所に35年勤めていましたが、仕事としてはなんだか映画ライターと似ているような気がします。企業の人とつき合いながら、発明者が言った一言から、その企業に合った発明の背景を作り上げていくのが特許事務所の仕事ですが、それは僕にとっては資料を調べてSF映画の記事を書くのと同じ作業なんです。大伴さんから「まあ、やってみれば」と言われて始めた仕事を30年以上も続けてこられたのは、実は本業と同じことをやっていたからなのかもしれません。どっちが先かと言ったら、それは間違いなくSF映画の方なんだけど、お互いに似たところがあったからサラリーマン生活とライターの仕事のバランスが取れていたんじゃないかな。

そういえば、発明者本人も驚くような詳しい特許書類を作っていって「こんなことは考えてもみませんでした。これはいいと思うので、この方向で進めてみることにしました」と言われたことが何度もありました。広告代理店の電通の社員心得のなかに「一を聞いて十を知らざれば電通マンに非ず」的な感じのものがあるんだけど、こういう情報を扱う仕事をしていると自然にそうなるわけで、自分が特別に変わっているとは思わないんですよね。

ただ、情報を集めることは昔から好きでした。アメリカから業界紙の『ヴァラエティ』を取り寄せていた話は前にしましたが、それはウィークリー（週刊）で、しかもニューヨークで発行されていたから、どちらかと言うとブロードウェイの舞台関係のニュースがメインでした。それである時、僕は会社から夏休みをもらうと毎年アメリカ旅行をしていたんですが、気がつくとLAの新聞スタンドに『デイリー・ヴァラエティ』というのが置いてある。ハリウッドのある映画の本場で発行されていて、主にエージェントや俳優たちのための情報紙なんですが、いろんなサブ情報が豊富で、当たり前だけど月刊の『スターログ』よりニュースが速い。そこに1行だけ書いてある映画のタイトルが、後になってすごく役立ったりするんですよ。

それからすぐに日刊の『ヴァラエティ』に切り替えて購読するようになったんですが、今はもうネットの方が圧倒的に情報が速いですからね。『ヴァラエティ』のウェブ版だってあるし、新聞や雑誌には載らない、ネット独自で発信されているニュースもある。そうなるともう、資料を調べて書いても、書いているうちに自分でその内容が古いと感じてしまうようなことがあるわけです。それまでは自分がいちばん速いと思って書いていたのに、これでは書く意味がないんじゃないかと考えたりもしました。でも、ＳＦ映画に関してはまだまだ自分なりにプラスするものがあると思うし、ネットにタイトルが出ただけでその背景まで読めたりもするので、そういう作品に出会った場合は自分のブログに上げるようにしています。

10代の頃から長年にわたって常に映画の先端の情報を追い続け、プロになってからはそれを文章化してレポートし、ゼロ年代を経た今もインターネットのブログで発信し続けている井口さんにとって、映画とSFの魅力、そして書くことの意味はどこにあるのだろうか。インタビューの締めくくりに、改めてそのことを聞いてみた。

ちょっと話が飛びますけど、僕はサッカー観戦が趣味で、Jリーグが始まった時から地元チームの応援をしているんですよ。それでインターネットでサッカー関連の掲示板を見ていたら、ある時、相手チームの入場の時に『スター・ウォーズ』の悪役である帝国軍のテーマが流れたことがあるんですね。そうしたら、僕はよく知らなかったんだけど『新世紀エヴァンゲリオン』のBGMによく似た曲があるらしくて、「これはエヴァの曲だったんですね」という書き込みがあったんです。

するとすぐに「いや違うよ、こっちだよ」と指摘する書き込みが続いて、おまけに「帝国は～強い～強い～」という例の替え歌の歌詞まで書かれてた（笑）。サッカー・ファンの間でも『スター・ウォーズ』や『エヴァンゲリオン』が当たり前のように語られる時代なんですね。昔と違ってSFやファンタジーが特別なファンだけのものではなくなっている。そう思って見てみると、最近の日本映画や深夜ドラマなんかでも、SF的な感性を持った若いクリエイターの作品が増えてきているのがわかる。ゾンビが日常化した日本で区役所の職員がゾンビの保護に奮闘する『玉川区役所OF THE DEAD』（14年）なんてすごく面白かったんだけど、そういうふうに生まれた時からＳＦやＳＦ的な映像が身近にある世代がどんなものを生み出すのか。それが楽しみで、これからも新しい映画を追いかけていきたいと思っているんですよ。

でも、その時に、誰もが同じように感動する映画なら、特に僕が何か書く必要はないんじゃないかという気もします。例えば『7デイズ／時空大作戦』（１９９８~２００１年）という海外ドラマがあって、これは特殊なタイムマシンで1週間だけ過去に戻ることができる主人公が過去を修復していく話で、その中に「あなたたちは知らないけれど、私はこの事件の裏側にある哀しみを知っている」というような主人公のセリフがあったんです。修復された時間に生きている人たちの記憶からは消えているけど、ここで確かに大惨事が起きた。それを知っているのは主人公と、ドラマを見ている視聴者だけなんですね。その無常感というか、何とも言えない寂寥感みたいなものはＳＦでしか描けない感覚で、一般の人にはなかなか伝わりきらない部分がある。

さっきの『インターステラー』も、ウラシマ効果に翻弄される人の苦しみというのは、普通にストーリーを追っているだけでもわかるけど、ＳＦを知っているか・いないかで感じるもの、受け取る衝撃や感動が少し違ってくるんじゃないか。そういう、ＳＦが持っている堪らない魅力というのを伝えることができたら、それは僕が書く意味があると思うので、そういうものを今後もブログなどで書いていけたらと考えています。

井口健二　——大伴昌司と酒井敏夫をつなぐグループの兄貴分的存在——

岩井田雅行

——独力で海外ドラマの新しい研究スタイルを確立する——

海外ドラマを専門にしていると言うと、日本のドラマはもちろん映画も見ないと思われる。私が好きなのは、映像で語るドラマである。ＴＶと映画という区別はないし、日本と海外という区別もない。

そもそも、海外ドラマを専門にするようになったのは、映画ファンだからである。映画とＴＶを区別しなかったから、例えばアメリカ映画を見る時、ＴＶを見ているとわかることがたくさんあることに気がついた。その反対ももちろんある。映画とＴＶは密接に繋がっている。

映画についてはは資料もビデオも日本には山のようにある。必要な時は調べる手段はいくらでもある。しかし、ＴＶについては日本のどこにも役立つ資料や本はほとんどない。自分で見て、録画して、それを記録して、分類・整理して、あとはアメリカから必要な雑誌や本を購読するしかない。自分で資料を充実させる以外になんにも頼れるものがないからだ。

――岩井田雅行・著『ここまで知れば面白い　アメリカンＴＶドラマ１２０％ガイド』あとがきより抜粋――

岩井田雅行さんは１９５２（昭和27）年、東京生まれ。絵本作家になった弟さんと２人兄弟で、岩井田という珍しい苗字は、市販の印鑑にも見当たらないそうだが、もとはごく普通の農家の家系で、特に由緒のあるものではないのだという。『怪獣倶楽部』のメンバーとしては聖咲奇さんと同い年の年長組で、学生が多かった中では井口健二さんと共に一足先に社会人になった大人のイメージが強かった。まずはそんな岩井田さんの少年期について、そして、後に趣味や仕事のフィールドとなるテレビ番組や映画との出会いの話から……。

貸本漫画とラジオドラマと街頭テレビ

両親は栃木県の足利の出身ですが、父親が東京に出て役所勤めをしていた時に結婚したので、僕は北区の上中里というところで生まれたんです。４歳の頃に世田谷区の祖師谷団地に引っ越して、そこで20数年暮らして少年期、青年期を過ごしました。砧の東宝撮影所が近いせいもあって、同じ団地や近所には有名な俳優さんが住んでいたり、駅で顔を見かけたりしたことも何度かありました。小学校の時の同じクラスには子役の女の子もいましたよ。

それと、学生時代に近くの本屋で配達のアルバイトをしていたのですが、そこへよくマンガを買いに来る男の子がいて、その子が稲垣浩監督の甥だったんです。それで伯父さんを紹介してもらって、稲垣監督の自宅へ伺ったことがあります。稲垣監督は東宝の『宮本武蔵』（54年）で、日本で初めてアカデミー賞（外国語映画賞）を受賞した人で、その時に本物のオスカー像を見せてもらいました。

そういうことも含めて、その後の生き方には育った場所の環境もなにかと縁があったのかなという気がします。当時は周辺に新東宝や国際放映、東京映画といった映画スタジオが多かったし、後で『怪獣倶楽部』の集まりで通うようになる円谷プロの地元（当時）でしたからね。大人になってから昭和30年代の映画を見ていると、近場でロケをしたらしく、子供の頃に見慣れていた近所のおなじみの風景が出てきて懐かしく思ったりします。

もっとも、小さい頃は電車が大好きで、電車の運転手になりたかったんですよ。よく小田急線の踏切へ行って、電車が行き来するのを飽きずに眺めていました。母親の話では、どこかへ出かけるというと、電車に乗れるから大喜びするような子供だったらしいです。ただ、僕の世代はちょうどテレビ放送が始まった頃に子供時代を過ごした〝テレビっ子〟の走りなのですが、その前に親しんでいたのは貸本漫画と子供向けのラジオドラマです。昭和20年代から30年代にかけて、人気の漫画はほとんどがラジオドラマになっていたと思います。

ちょうど住んでいた団地の入り口のところに貸本屋があって、『月光仮面』『まぼろし探偵』『赤胴鈴之助』『イガグリくん』などを夢中になって読みましたが、並行してそれらを原作にした10分くらいのラジオドラマが夜6時から3作品くらい毎日のように放送されていて、弟と一緒に真剣に聴いていました。なかでも吉永小百合が小学生の頃に出演した『赤胴鈴之助』(57~59年)は主題歌も良くて、いちばん印象に残っています。

このラジオ版『赤胴鈴之助』は人気を呼んで映画や生放送のスタジオドラマになりましたが(57~59年)、その後『月光仮面』(58~59年)を皮切りにして、次々とフィルムで撮影されたテレビドラマ=テレビ映画が始まります。まだ家庭用のテレビ受像機が高価だったので、いわゆる〝街頭テレビ〟の時代です。たぶん、若い人も昔のニュース映像などで見たことがあるんじゃないでしょうか。団地の集会所にテレビが置かれていて、時間になるとみんなで集まって一緒に見るんです。特に人気だったのが『月光仮面』と、力道山が活躍するプロレス中継でした。しばらくして下の階のご家族がテレビを買ったというので、今度はそこにお邪魔して見せてもらうようになって、まさに映画『三丁目の夕日』そのままの光景を体験したわけです。

『月光仮面』のヒットで続々と量産された子供番組は『遊星王子』(58~59年)『まぼろし探偵』(59~60年)『少年ジェット』(同)『矢車剣之助』(59~61年)……どれも好きで欠かさず見ていて、実写版の『鉄腕アトム』(59~60年)『鉄人28号』(60年)もリアルタイムで接しています。時代劇では『琴姫七変化』(60~62年)の主演女優・松山容子が好きで、僕にとって最初の憧れのヒロインになりました。ある時期、『琴姫七変化』

のほかに『月姫峠』（63年）、『旅がらす　くれないお仙』（68～69年）と松山容子主演の時代劇シリーズが3本、再放送を含めて同じ日にオンエアされていて、ちゃんと3本とも見ていました（笑）。

自分の家にテレビが来てからも、そうやってたくさんの番組を見ているうちに『月光仮面』など宣弘社が制作している番組より、『七色仮面』（59～60年）や『ナショナルキッド』（60～61年）、時代劇の『風小僧』（58～59年）のような東映作品の方が面白いと感じるようになりました。国産の連続テレビ映画第1号として、映像制作を手がけるのは初めてという会社が作った作品と、日本映画の黄金時代を支えた東映のテレビ進出作品の差は歴然としていて、懐かしさのフィルターを外した現在の目で見ても当時の『七色仮面』や『ナショナルキッド』の脚本、演出のレベルは高かったと思います。

その『七色仮面』の主演だった波島進が出ているからというので、同じ東映制作の刑事ドラマ『特別機動捜査隊』（61～77年）を見たかったのですが、夜10時という遅い時間帯だったので親が見せてくれませんでした。そういう大人向けの1時間ドラマを見るように（見られるように）なったのは、小学校高学年から中学生になった頃です。『七人の刑事』（61～69年）の時はまだ物語がよく理解できませんでしたが、その後、夜8時から放送された松本清張原作の『黄色い風土』（65～66年）、橋本忍の原作・脚本で天知茂が主演した『悪の紋章』（同）といったサスペンスドラマは非常に面白かった記憶があります。

幼くして番組＝作品にレベルの差があることに気づいた岩井田さんは、こうして大人向けドラマの面白さにも目覚めていくのだが、その楽しみ方のヒントを得るきっかけが他にも同時多発的に生まれていた。その一つは先の話にも出た東映作品、それも草創期のテレビアニメである。

アニメで作り手の存在を意識し、西部劇と探偵物にハマる

僕らの子供の頃は、さっきも言ったようにテレビ時代の始まりで、実写番組だけでなくアニメもたくさん放送されるようになりました。ところが、人気番組だった『鉄腕アトム』(63〜66年)や『鉄人28号』(同)は、絵が下手だと感じたんです。原作の方がダントツに上手いじゃないかと。原作マンガは作者の手塚(治虫)さんや横山(光輝)さん本人が描いているから当たり前なんだけど、それをアニメ化したものは毎回、絵のレベルが違う。どこがどう違うのか具体的にはわかりませんでしたが、今日の回は絵がいい、どうやら上手い人が描いているらしいと子供心に感じていて、それが漠然とですがスタッフの存在に気づいたきっかけだったと思います。

そうして見ていると、アニメも『狼少年ケン』(63〜65年)とか『少年忍者　風のフジ丸』(64〜65年)といった東映(当時の東映動画)が作っている作品の方が、絵もよく動くし話も面白い。これは作っている人によって出来が違うのだということがわかって、そこからまず監督の名前に注目するようになったんです。最初に意識したのは人気時代劇『三匹の侍』(63〜69年)のチーフ・ディレクターだった五社英雄で、脚本を書いている柴英三郎、大野靖子といったシナリオライターの名前も一緒に憶えました。女性の脚本家がいるというのも、この番組で初めて知って驚きましたね。

それと同時に、中学生になった時に父親から日記帳をプレゼントされたので、見たドラマのメモを付けるようになりました。番組タイトル、毎回のサブタイトルと監督、脚本というふうに書いていって——俳優には興味がなかったのか、ゲスト出演者は省略していたのですが——、高校生の頃にはしっかり感想も書き込むようにしていました。

当時は、とにかく手当たり次第に見ていましたよ。本当にテレビっ子で、大人向けの1時間ドラマも見れば『アラーの使者』(60年)や『海底人8823』(同)のような子供番組、海外アニメの『ポパイ』『トムとジェリー』『ベティ・ブープ』も見る。実写の海外ドラマでは、まず始めに『ララミー牧場』(59〜63年)などの西部劇にハマりました。特にスティーブ・マックイーンがまだ映画スターになる前、無名の若手だった頃に主演した『拳銃無宿』(58〜61年)は、主人公が銃身を短くしたライフルをあやつる姿がカッコ良くて好きでしたね。ちなみに『拳銃無宿』は『スーパーマン』(78年)などのヒット作で知られるリチャード・ドナー監督の演出デビュー作で、マックイーンとドナー監督は同じ学校で俳優の勉強をしていた友だち同士だったというのを、大人になってから資料を読んでいて知りました。

西部劇の次に見るようになったのが探偵ドラマです。アメリカのワーナー・テレビが制作した私立探偵物の4部作というのがあって、その『サンセット77』(58〜64年)『ハワイアン・アイ』(59〜63年)『バーボンストリート』(59〜60年)『サーフサイド6』(60〜62年)が、日本でも続けて放送されたんです。『サーフサイド6』は夜8時からだったので普通に見ることができて、『サンセット77』は夜10時からの放送でしたが、もう遅い時間のドラマも見るようになっていたんですね。

当時のテレビは夜7時台が子供の時間でアニメや30分のシリーズ物をやっていて、8時以降が時代劇やホームドラマ、サスペンス物中心の大人の時間というふうにはっきり分かれていました。遅い時間帯になると『ヒッチコック劇場』(57〜63年)『ミステリーゾーン』(60〜67年)『アウターリミッツ』(64年)といったミステリ、SF、ファンタジー系のオムニバス・シリーズや『ショック!』『スリラー』など、海外の古いホラー映画をダイジェストで紹介するような番組もあったので、国産の子供番組から始まってアニメ、時代劇、海外ドラマの西部劇、探偵物、大人向けのサスペンス、SFというふうに、時間帯が深くなるに従って見る作品のジャンルもどんどん広がっていったわけです。

岩井田さんのテレビドラマ体験は、昭和30年代に子供だった人には非常に親近感があると思うのだが、自分(中島)に引き寄せて考えると、岩井田さんとの3歳の年齢差は意外と大きい。こちらは『月光仮面』については オートバイで走るオープニングや川内康範・作詞の有名な主題歌、それに悪役・サタンの爪の不気味さをかろうじて憶えているくらいだが、岩井田さんはマンモスコングの恐ろしさに震え上がる一方、ある回で黒づくめの悪漢一味と主人公の探偵・祝十郎が夜道で出くわし、悪人たちがバレないように顔を背けてすれ違うシーンがあって「さすがにそんなバカな!と思ったよね(笑)」というのだから、少なからずストーリーや演出のディテールに気づく視聴年齢にすでに達していたわけである。

海外ドラマ(当時はほとんどがアメリカ製のテレビドラマ)にしても、子供たちに大人気だった『スーパーマン』(52~58年)や、善悪がわかりやすい『ララミー牧場』のような西部劇は当然として、そこからSF、ファンタジー、ホラーといった子供にもアピールするキャッチーな要素がない、若者向けの恋愛ドラマ的な雰囲気を含んだ私立探偵ミステリの方に傾斜していくあたりも、明らかに少し上の世代の感覚という気がする。それはもちろんテレビ番組だけでなく、岩井田さんの映画体験にも表れている。

例えば、松山容子に始まるヒロインへの憧れは、『昼下がりの情事』(57年)のオードリー・ヘップバーンと監督のビリー・ワイルダー――同じコンビの作品でも定番の『ローマの休日』や『麗しのサブリナ』ではないところが面白い――、『道』(54年)のジュリエッタ・マシーナとフェデリコ・フェリーニ監督の作品、そしてラブコメ、ラブストーリーへの興味に発展してゆき、社会派サスペンスや探偵ドラマの渉猟は

『007』シリーズのヒットによって60年代に世界中で大ブームとなったスパイ・アクション――テレビでは『0011ナポレオン・ソロ』(64〜68年)等――へとたどり着くのである。

劇場映画は親に連れて行ってもらって地元の映画館で観た、中村錦之助(後の萬屋錦之介)や東千代之介、里見浩太朗なんかが主演の東映時代劇が最初ですね。日本映画の全盛期で、祖師谷大蔵もそうでしたが一駅に一軒は駅前に映画館があった時代です。東宝の怪獣映画・特撮映画も『モスラ』(61年)や『キングコング対ゴジラ』(62年)はすごく面白かったし、『妖星ゴラス』(62年)『マタンゴ』(63年)などのSFものも封切りで観ています。『マタンゴ』はけっこう怖かった印象がありますね。でも、ゴジラがシェーをするようになると(65年公開『怪獣大戦争』)だんだん幼稚に思えてきて、むしろ併映(同時上映)の『駅前』シリーズや『若大将』シリーズが面白いと思うようになりました。

ただ、それで怪獣や特撮ものが嫌いになったかというと全然そんなことはなくて、テレビの『ウルトラQ』(66年)は第1回から見ていたし、その前の時間帯にNHKで放送されていた『サンダーバード』(65〜66年)も好きでした。『ウルトラQ』と同時期にフジテレビで『バットマン(怪鳥人間バットマン)』(66〜67年)をやっていて、後で違う時間枠に移動しますが最初のうちは放送時間が15分だけ重なっていたので、今でいうザッピングみたいにしてチャンネルを変えながら見ていました。

もちろん、この頃もテレビドラマに関するメモやリストは付けていて、後でタイプライターで打つようになるのですが、新聞からテレビ番組の紹介記事を切り抜いてスクラップすることも始めました。このスクラップのノートは何冊か欠けていますが、今でも保存してありますよ。

ジャンルを問わず、ドラマも映画も同じように

岩井田さんお手製のスクラップブックは実物を見せてもらったが、こういうものがあれば、新聞の縮刷版を調べる手間がだいぶ省けるだろうと思うような、テレビ好きにはたまらない資料の山だった。資料として必須のデータ――後に『怪獣倶楽部』で竹内博さんが教えてくれたように――掲載された日付が、貼りつけた記事の横にすでにしてきちんと書き込まれていたのは言うまでもない。

たまたま開いたページには、実写とアニメを合成した手塚治虫原作の『バンパイヤ』の5段組広告、〝大人のためのテレビ劇画〟と題された時代劇アニメの傑作『佐武と市捕物控』や、日本映画の名監督・名脚本家が初めて手がけるテレビ時代劇という触れ込みのオムニバス・シリーズ『仇討ち』が1968年の10月新番組として紹介されている記事と並んで、異色の西部劇アクション『隠密ガンマン』（スパイものの設定やSF的アイデアを取り入れた『OO88／ワイルド・ウエスト』のこと）、サハラ砂漠を舞台に4人組のアメリカ兵がジープを駆ってドイツ軍と戦う戦争アクション『砂漠鬼部隊』（『ラット・パトロール』のこと）など、時代性を感じさせる漢字主体の邦題が付けられた輸入ドラマの記事もあり、岩井田さんの視聴体験の趣味・嗜好が窺い知れる。

僕の中ではジャンルに限らず、どのドラマも同列なんですよ。とりあえず第1話を試しに見て、面白かったら続けて見ようかなというスタンスで、自分にとって面白いか、面白くないかの違いだけなんです。『ウルトラQ』は円谷英二の特撮を売り物にした画期的なテレビ番組でしたが、ぜんぶがぜんぶ傑作かと言えば、

良く出来た回もあるけれど、そうでない回ももちろんある。でも、それはドラマにしろ映画にしろ当たり前の話で、どこかに自分がハマるポイントがあれば見ていて楽しいわけです。別に怪獣やSFに特化されているのでもないし、かといって時代劇や刑事ドラマばかり見ていたのでもありません。自分の中に面白いと感じる何かしらの基準があって、すべてのジャンルにその基準に合った作品がある、そういうことなんだと思います。

だから子供番組に限っていえば『ウルトラQ』から続けて『ウルトラマン』(66〜67年)も『マグマ大使』(同)も『怪獣王子』(67〜68年)も見ていたし、大学に入る頃の『仮面ライダー』(71〜73年)も、その後に大量に作られた変身ブームの番組『超人バロム・1』(72年)とか『変身忍者嵐』(72〜73年)も見ていました。『忍者部隊月光』(64〜66年)も『原潜シービュー号 海底科学作戦』(64〜68年)も、同じように好きなんですよ。

ただ、そういうたくさんのドラマの中から、これは自分にとって重要だなと思うような作品がだんだんと出てくるようになりました。例えば、司馬遼太郎・原作の新選組ものの時代劇では、栗塚旭が主演した東映制作の『燃えよ剣』(70年)の人気が高いようですが、僕はその前作にあたる、ほぼ同じスタッフ、キャストで作られた『新選組血風録』(65〜66年)の方が、ドライな群像劇として良く出来ていると思います。ほかにも『月光仮面』『隠密剣士』(62〜65年)と同じ大瀬康一が主演した『黒い編笠』(68〜69年)という、ハードボイルド・タッチの時代劇も良かったのですが、まったく再放送やソフト化がされていなくて、知っている人が少ないのが残念です。

海外ドラマでそういう作品を挙げるとすれば『ハワイ5-0(ファイブ・オー)』(68〜80年)ですね。これはアメリカの刑事ドラマの最長放送記録を誇った人気番組で、残念なことに日本では全話放送されていませんが、ジャック・ロードが演じた主人公のキャラクター——権力には決して屈しないという、内面の強さから出るヒーロー性に大人のかっこよさが感じられて、すごく憧れました。テーマ曲が流れてくる度にゾクゾクしたもので、今でも自分の中ではベストなヒーロー像です。

岩井田さんの興味の対象は、このようにテレビ・映画を見まくるうちに活字ジャンルにも広がり、西沢利明主演のドラマ『黄色い風土』をきっかけに松本清張、007シリーズの原作（イアン・フレミング）を入り口に海外ミステリにも手を伸ばすことになる――ちなみに、山田風太郎の忍法帖シリーズもすでに中学生の頃に読んでいたという――のだが、その原点となる映像へのこだわりは大学に進んでからも持続し、それどころかさらに熱を帯びていった。

大学では当然のように映画研究会に入ったのですが、そこで話題に上るのは黒澤明や成瀬巳喜男のような巨匠の名作、大島渚、吉田喜重など松竹ヌーヴェルヴァーグの監督たち、芸術的なATG（日本アート・シアター・ギルド）の作品、本家であるフランス・ヌーヴェルヴァーグのジャン・リュック・ゴダール、アラン・レネといった監督の名前ばかり。僕がそれまで観ていたような、いわゆる娯楽映画なんてまったく相手にされてないことを思い知らされたわけです。

それに、僕は東宝の映画はゴジラシリーズと2本立てで少しは見ていましたが、洋画・邦画を問わず古典的な名作や、その頃の新しい世代の映画監督の作品はほとんど知りませんでした。だから映研の仲間とは話が合わない、でも無理に合わせるのも嫌だ。それで悔しくなって、大学1年の夏休みに1ヶ月かけて当時の京橋フィルムセンターに通い、名作と言われるいろんな映画や当時話題になっていた実験映画などをできる限り観ることにしました。小津安二郎、溝口健二から寺山修司、唐十郎……洋画ではルキノ・ヴィスコンティ、ルイス・ブニュエル、イングマール・ベルイマン……ますます興味のある映画作家と観る映画の幅が広がって、時間も気力もあった若い頃だから出来たことだと思いますが、この経験は〝自分なりの映画の見方（捉え方）〟を考える上で、とても勉強になりました。

そういう意味では僕の映画の見方というのは何十年も経った今でも変わっていなくて、昔はフィルムセンターや都内にたくさんあった名画座を駆け回って観ていたものですが、最近はケーブルテレビを利用して古い映画、特に見逃していた作品を観るようにしています。毎日1本は必ず観ると決めて、メモを取ってパソコンに記録する。これも昔からの習慣みたいなものですね（笑）。

でも、以前は熱心に観ていた監督の作品、熱中したジャンルの映画というのはもう見飽きたというか、あまり興味がなくなったし、最近の若い監督の映画も何となくピンと来ないので、これまでは仕事柄あまり観る機会のなかった日本の古い映画が中心です。特に木下恵介、渋谷実、清水宏といった松竹の監督たち。この間は山田洋次の『男はつらいよ』シリーズを1作目から順番にぜんぶ観ていって、松竹大船撮影所の伝統が生きているんだなあと改めて感じました。昔は嫌いだった寺山修司の映画もイメージが変わったし、東宝の鈴木英夫の『殺人容疑者』（52年）、あれはハードボイルド映画の傑作ですね……いや、ごめんなさい。どうも映画の話を始めると止まらなくなるんですよ（笑）。

その通り、岩井田さんの映画の話、海外ドラマの話を聞くのは本当に楽しい。池田憲章さんがＭＣを務めたCS放送の解説番組『海外TVシリーズ検証ファイル』で岩井田さんがゲストの回など、次から次にうんちくが出てきて思わず聞き惚れてしまったことが何度もあるのだが、そのように映画漬け・テレビ漬けだった若き日の岩井田さんに、やがてある転機が訪れる。

ピー・プロ、怪獣倶楽部、そしてグループNUTS

なにしろテレビドラマと映画が大好きでしたから、将来は映画に関係した仕事がしたいと何かの時に親に話したことがあるんですね。それで就職の時期が近づいた頃、父親が心配してある知人に相談してくれたんです。これもたまたまなんですが、実はこの人がピー・プロ（Pプロダクション）で『スペクトルマン』（71～72年）などを監督していた石黒光一さんの親戚で、その紹介で石黒監督のお付きというか、書生のような形でピー・プロに入社することができました。映画の仕事が出来るなら、どんな会社でも良かったのですが、それが特撮番組を作っているピー・プロだったというのも、やっぱり縁なのかもしれません。そこで就いた仕事が制作進行、要するに何でも屋です。いちばん下っ端の新人ですから、誰よりも早く出社して、帰るのは誰よりも遅いというキツい毎日でしたが、撮影の裏側を見られて楽しかったですね。

最初に全面的に関わったのは『電人ザボーガー』（74～75年）で、エキストラにも駆り出されました。どこに出ているかは言いません、ビデオで第1話から見て探してみて下さい（笑）。そうやってドラマ制作の現場に関わるうちに、自分でも脚本が書いてみたくなってプロデューサーに相談したら「書いてみれば」ということで、初めてシナリオというのを実際に書いて提出しました。そのうちの何本かが採用されて、プロデューサーや監督からだいぶ直しが入りましたが、運良く映像化されています（クレジットはペンネームで表記）。
次の『冒険ロックバット』（75年）も引き続き制作進行と脚本で参加しましたが、この作品を最後にピー・プロが事業を縮小して制作部門を閉じ、スタッフは解散することになりました。この時、親しくなっていたスタッフから海外ロケのCMの仕事に誘われたので、映像制作の現場に残ろうと思えば残れたのですが、父親から「もっと安定した仕事に就け」と叱られて、今度は小さな広告代理店に入ってサラリーマン生活が始まるわけです。

こうしてテレビ映画のスタッフから会社員へと岩井田さんは新たな転機を迎えるが、このピー・プロ時代にはまた別の大きな出会いがあった。安井尚志さんを通じて『怪獣倶楽部』、つまり同人グループの活動に参加することになったのである。

安井さんはもう、その頃からピー・プロだけでなく東映や円谷プロにデザインの仕事や造形のアルバイトなどで出入りしていて、名前もよく聞いていました。世代が近いこともあって（安井さんが1歳下）だんだん話すようになり「一度来てみて下さい」と円谷プロで開かれている集まりに誘われたんです。これも縁なのでしょうが、僕が偶然にも祖師谷大蔵、それも円谷プロまで気楽に歩いて行ける距離に住んでいなければ、あの時、実際に足を運んでいたかどうかわかりません。電車で通うような必要があったら、交通費や時間を惜しんで行かなかったかもしれず、中島さんたちに会う機会もなかったんじゃないかという気がします。

いつ頃、どんな人たちと初めて会ったとか、細かいことは具体的に思い出せませんが、行ってみていちばん驚いたのは「自分のような人間がほかにもいたんだ」ということです。僕がテレビドラマや映画が好きで、よく見ているのは家族も知っていましたが、放送リストのメモまで作っていることは誰にも口にしていませんでした。おたくとかオタクといった言葉はまだありませんでしたが、こんなにテレビや映画に夢中になって、記録まで付けている自分が何となく普通の人とは違っていて、それが恥ずかしいことだという自覚がどこかにあり、先ほどの映研の話もそうですが、周囲から浮いた存在だと感じていたんです。

ところが『怪獸俱楽部』の人たちは、自分とは違う形、別の対象ではあったけれど、同じようにメモや記録を付けたり資料を集めたりしている。しかも、それぞれ専門分野のようなものを持っていて、かなり本格的に調べているのがわかり、さらに驚きました。そのうちに海外ドラマにも詳しい徳木吉春さんや池田憲章さんと話が合って盛り上がったりするようになるのですが、それだけでなく出演している俳優や、カメラマンなど監督・脚本以外のスタッフ、造形や特撮の話、円谷英二がどんな仕事をしてきたかなど、自分が以前はそこまで突っ込んで調べなかったこと、興味を持っていなかったことを『怪獸俱楽部』の人たちの話を通じて知るようになりました。

怪獸に限らず、どんなジャンル——例えばファッション、洋服のことでも、普通の人には単に着る物でしかないけど、それがどういう意図でデザインされて、どんな工程で作られるのかといった話を詳しく聞くのは面白いでしょう。『怪獸俱楽部』では、この番組が演出次第でこうなって、監督が変わるとこういうふうになるとか、この怪獣のデザインや造形にはこんな意味がある、この作品はこの視点で見るともっと楽しめるといった話がどんどん出てきて、それを聞いているだけで驚いたり感心したりすることばかりでした。特にみんなで議論をしたというようなことはありませんが、単に「面白かった、つまらなかった」で終わらせず、その先にあるものを考えるきっかけをもらった気がしましたね。

ただ、そこで怪獣や特撮の方に行かなかったのは、ここでまた違う物に手を出したらパンクすることが自分でもわかっていたからです。それはもっと詳しい人がすでにやっているから、いまさら自分が出て行ってもしょうがない。それより、ほかの誰もやっていないことを調べてみよう。そこで選んだのが海外ドラマで、別に専門家になろうとは考えていませんでしたが、徹底的に追いかけてみようと思うようになったのは、明らかに『怪獣倶楽部』の皆さんと出会ったお陰です。大学時代の映研でも評論なんか書いたことがなかったのに、自分で『グループNUTS』という海外ドラマのファンクラブを作って会員を募り、弟に表紙の絵を描いてもらって会誌や月刊の情報紙を発行し始めたのも、『怪獣倶楽部』――とりわけ徳木さん、池田さんと知り合って刺激を受けたからです。

『グループNUTS』は岩井田さんと徳木さん、池田さんを中心に1981年に発足し、後に3人の共同事務所の名前にもなるのだが、ちょっと話を先に進めて角川書店の雑誌『バラエティ』1984年10月号の〝大特集　ビデオがほしい〟で紹介された時の記事を以下に引用しておこう。

《外国TVのファンクラブとして正式に発足してすでに3年。全国に会員がいて、月刊と不定期刊で2種類の会誌を発行。不定期刊の同人誌では『超人ハルク』『プリズナーNo.6』『コンバット』等の完全特集をやり、次作も現在制作中。アメリカ人ともテープ交換していて、日本未放映の作品もせっせと集め

ている。できるならばイギリスのTVも集めたいと欲張った考えも持っているが、現状ではビデオ方式の違いからちょっと無理。》

後半は家庭用ビデオの普及期だった当時におけるドラマ研究の苦労が忍ばれる文章だが、会誌本誌と月刊の情報紙『NUTSニュース』はどちらも岩井田さんが1人で編集・執筆を担当（弟さんがカットを描いている）。それまで蓄積したリストやメモが大いに役立ち、書くことがたくさんあって月刊で出すのも苦ではなかったとか。ただ、海外作品を扱うには英語の資料が必須だと痛感し、銀座にあった有名な洋書店『イエナ』に通ったり、拙いながら英文でアメリカの出版元に注文の手紙を書いたりして、洋書や洋雑誌を取り寄せて読むようになったという（その中にはアメリカのTV番組情報誌『TV Guide』や、業界情報誌の『Variety』も含まれる）。

なお『NUTSニュース』は途中から岩井田さんがプロのライターとして多忙になったため、熱心な会員だった池田敏さん（現在は海外ドラマ研究家として活躍）が編集を引き継いで続け、合わせて3～4年間ほどにわたって発行された。

そう言えば『怪獣倶楽部』に参加していた頃、それとは別に評論家の紀田順一郎さんが主宰していた映画同好会に所属していたんです。ちょうど家庭用のビデオテープレコーダーが発売され始めた頃ですが、まだ一般化はしていなくて、見逃している映画や過去の名作を観る機会というのは名画座に行くか、淀川長治さんの解説で有名だった『日曜洋画劇場』のようなテレビ番組しかありませんでした。でも、テレビで放送される映画はほとんどが日本語吹替で（音声多重放送は80年代半ばから）CMも入っていたし、放送時間に合わせて場面をカットしたり、シネスコや70ミリの作品はテレビ画面と同じ左右を切ったスタンダートサイズにトリミングしていたり、オリジナルの形でないことの方がほとんどでした。

そうした頃に紀田さんは個人でアメリカからノーカット版の8ミリや16ミリの映画フィルムを購入していて、同じようなフィルム・コレクターや映画ファンを集めた同好会を作ったんです。僕は映画雑誌に載った募集告知を見て連絡先を取り、仲間に加えてもらったわけです。紀田さんは書評家として多忙だったので、実際に会のリーダーを務めていたのは別の人でしたが、僕はその人と気が合ってサブ・リーダーのようなことをやっていました。毎月1回、会員たちが神保町の喫茶店に集まって「海外からどうやって完全版のフィルムを入手するか」なんて話をしていました。今のようにDVDやブルーレイ、動画配信などで手軽に映画を自分のものに出来る時代ではなかったですからね。紀田さんのお宅にも何度か伺いましたし、神保町のホールを借りて、広告を出して貴重なフィルムの上映会などをやったこともあります。1度などはその会場に漫画家の手塚治虫さんがいらっしゃったこともありました。

ただ『怪獣倶楽部』と大きく違っていたのは、〝映画〟という、あまりにも広い範囲の共通項しかなく、それぞれの嗜好がSF、ホラー、西部劇、ミュージカル、古典名作とバラバラで、1つのジャンルだけを趣味にしている人が多かったことです。僕や紀田さん、あるいは『怪獣倶楽部』の皆さんのようにジャンルにとらわれない人が意外に少なくて、あまり話がかみ合わなかったですね。その後、家庭用VTRが普及し、映画のビデオソフトがどんどん発売されるようになって、いつのまにか会は自然消滅してしまいました。

――とのことで、岩井田さんのファン（同人）活動は、実は『怪獣倶楽部』や『グループＮＵＴＳ』だけではなかったわけだが、紀田順一郎さんは竹内博さんや聖咲奇さんとも交流があり、ここでも偶然のような必然によって同人誌人脈が交差する瞬間があったことになる。

『怪獣倶楽部』と『PUFF』の執筆者として

しかし、何と言っても注目すべきは『怪獣倶楽部』における岩井田さんの文章である。

まず会誌第3号（75年9月発行）に新作映画評『新幹線大爆破と東京湾炎上』を寄稿。実物ないし実物大セットで物量に物を言わせるアメリカのパニック映画と、それを特撮で代用する日本の同ジャンルの違い【実物には実物の迫力があり、特撮には特撮のおもしろさがある】を前提に、特撮を活かしたパニック映画として企画され同時期に公開となった東映、東宝の話題作を〝その企画の狙いは成功したか？〟という観点から論評した文章だ。『新幹線大爆破』（75年）をよく出来た犯罪ドラマと評価しながらも【新幹線に関する特撮のおもしろさがほとんどない。ミニチュア新幹線を生かした目を引きつけるシーンがないのである。新幹線の爆発シーンは空想のカットとしてしか登場しない。これは、『東京湾炎上』も同様で、東京湾の炎上シーンは想像シーンとして登場したのであった。（中略）どちらも、肝心な特撮によるシーンがその映画の見せ場からはずれてしまっていた】と、特撮を目玉にしながらストーリーがそれとは別の方角に進んでいることに疑問を呈している。

もちろん、岩井田さんも書いているように映画として——特に佐藤純彌監督の『新幹線大爆破』で描かれる犯人と捜査陣・国鉄関係者との駆け引きは非常に見応えがあるのだが、特撮シーンは前振りに留まり、ハリウッド製パニック大作のようなそれ自体の見せ場がないことへの不満である。実際には2台のひかり号がすれ違うシュノーケル・カメラを駆使したミニチュア特撮（成田亨が担当）が前半に、救援車と併走するナイトシーンの特撮が後半に登場するが、タイトルや予告編にある大爆破というようなクライマックスの派手な見せ場ではない。一方で犯人がデモンストレーションで爆破する北海道夕張線の機関車は実物を使用していて（これも前半）、特撮がなくても十分に楽しめる作品になっているのである。

同じく『東京湾炎上』（75年）でも随所に特撮が使われているが、それは普通のアクション映画や戦争映画に近い演出効果、またはイメージの補足としてであり、同じ年に大がかりな特撮を使わない新幹線サスペンスとして増村保造監督の『動脈列島』も製作・公開されているのだから、岩井田さんの疑問はもっともな面があるだろう。『新幹線大爆破』は当時からその特撮以外の面白さを評価する意見が多く、確かにこの内容なら新幹線が爆発するシーンは写真を使ったイメージ・ショットでも事足りる。また『東京湾炎上』の特撮シーンは田中光二の原作通り、シージャッカーのゲリラたち（と国民）を欺く日本政府の大トリックとして、いささか楽屋落ち的に成立しているので、いわゆる特撮映画における特撮の使い方とは別物ではないか——などと考えてしまうような、今読んでも問題提起を含んだ原稿だ。

続いて『怪獣倶楽部』第5号（76年12月発行）の『ウルトラQ』10周年総特集で岩井田さんは『シナリオから見たウルトラQ』研究を担当し、手軽に見られるビデオソフトなどない時代なのは言うに及ばず、モノクロ作品ゆえに再放送の機会が少なかったこの作品を、映像が見られないならいっそのことシナリオだけで分析してみようとチャレンジ。特撮ＳＦドラマの名作という評価が定着し、伝説化しつつあったシリーズ全28話のシナリオを改めて読み込んで、ジャンル別・テーマ別・パターン別に分類して検証するという労作をものした（『怪獣倶楽部』を主宰し、会誌編集長も務めた竹内博さんは円谷プロの社員であり、自身で収集したものも含めて会員が執筆するために必要な資料の提供が可能だった）。

ここでも〝日本では成立が難しいSFドラマという新ジャンルに、シナリオライターたちはいかに取り組んだか？〟というテーマ設定が明確で、先の新作映画評と同じように、その企画意図が実際に作品にどう反映されたかを検討し、例えば【（『マンモスフラワー』『変身』を挙げて）人間に害をおよぼす怪獣を殺すために、またラストをハッピーエンドにせんがために、どこから持ってきたのか突如として、新薬品や新兵器が登場するのはどうにもいただけない（中略、『宇宙からの贈りもの』のように）番組の終りは見ている者への課題や警告にしたいものである】と書いている。

このあたりは井口健二さんが『ゴジラ』第1作に感じた疑問と共通していて、デウス・エクス・マキナ的に用意された唐突な解決法や、怪獣をはじめとするSF的アイデア、文明諷刺のテーマが十分に発展せず、別のドラマ（肉親の情愛、男女の恋愛等）にすり替わってしまうか、または怪獣がただ出てくるだけで物語に有機的に絡んでいないエピソードが多いことを欠点として挙げている。当時から〝毎週のようにテレビで怪獣が見られて幸せ〟という意見も多く、現在の作品評価とは差があるかもしれないが、基本的には〝映画として、ドラマとしてどう見るか〟という当たり前の姿勢であって、すでに自然界のバランスが崩れた世界なのだから、猿が巨大化するのに特殊な薬品が必要だったのか（五郎とゴロー）とか、人間のみにくい心が生みだした事件を描くなら単なる巨大モグラではなく、もっとテーマを反映したデザインが必要ではないか（甘い蜜の恐怖）といった示唆に富む指摘が少なくない。

そうした反面、巨大怪獣が暴れるような基本パターンから外れた『育てよ！カメ』『カネゴンの繭』のユニークさを評価し、『2020年の挑戦』『クモ男爵』『海底原人ラゴン』等の脚本、演出にも感心しつつ——

【『ウルトラQ』はまさにゴッタ煮である。四方八方へ全く何の制約も受けずに無限に広がる可能性を秘めていたのである。シナリオライター達は、真暗闇の中でアッチへぶつかり、こっちにぶつかり、自由に伸び伸びと書いたり、とまどったり。SFもの以前にドラマとして未熟なもの、ドラマとしては未熟だがSFとして大いなる可能性のあるものいろいろである。（中略）『ウルトラQ』は日本のTVにおけるSF物としては、まさに新しいジャンルに芽生えた新芽であったことは否定できないと思う】

――と結論づけ、同時に【十年前の作品を今の目で批評しているという時間のへだたりを考慮しなければならないだろう】と、自分の文章に対する客観性、冷静さも失っていない。

このような岩井田さんの見識には私もかなり影響を受け、特に『PUFF』に書いてもらった映画評はどれも興味深く読むことになった。『怪獸倶楽部』の会合で知り合って映画の話をするうちにすっかり感化され、新生『PUFF』を出していた頃に執筆依頼をしたもので――

13号・映画評スペシャル『ハウス』『極底探検船ポーラーボーラ』『惑星ソラリス』
14号・OO7シリーズと最新作『私を愛したスパイ』について
15号・映画評コーナー『未知との遭遇』『オー！ゴッド』
16号・映画評『スウォーム』『デモン・シード』
17号・映画評『ジョーズ2』『2001年宇宙の旅』

——と、77年から79年にかけて原稿が毎号掲載されている。初登場の13号でゲストと紹介しているところは、私だけでなく編集長の富沢雅彦さんも年上の岩井田さんに敬意を払っていることがわかるが、当時公開された新作を中心に、SF映画の名作も怪しげなパニック・ホラーも分け隔てなしに批評していくその文章は実に小気味よく、【劇場映画でTVやCMと同じことをやられてもついていけない（大意）】（ハウス）【続編に傑作はないという過去の例にもれることなく、計算も何もない「いきなり見えない所から」式の恐ろしさしか持ち得ない愚作であった】（ジョーズ2）等、ダメなところはバッサリ切り捨てる率直な書きぶりだ。

その一方では『デモン・シード』（77年）を単純に〝グロテスクな猟奇SFホラー〟と捉えず、感情を持ったコンピューターが世界征服の野望などではなく、平凡な人間と同じように自分の種を残したい、生きたいと願う姿を描いたSF映画の小傑作として【およそこの作品を認める人は数少ないだろうから、私はただ1人でも誉めてやりたいと思っている】と肩入れしたり、【残念ながら私は「神」の存在を信じない。という点で、根本的に私とアメリカ人の間には、生活様式の違い以上の差があり】と前置きした『オー！ゴッド』（78年）の評では、神様が登場するコメディ映画が本国では『未知との遭遇』や『スター・ウォーズ』以上にヒットしていると知り、神様を信じるアメリカ人を見てみたいと（お手並み拝見という感じで）映画館に行って、いたく感激して帰ってきたと正直に書いたりしていて微笑ましい。

なかでもスタンリー・キューブリック監督の『2001年宇宙の旅』（68年／78年にリバイバル公開）を、その作品歴を通じて唐突に宇宙SF映画を撮ったわけではないと位置づけた文章は、まさに目からウロコの内容だった。

【未来社会の映像化という点では、『2001年宇宙の旅』は、現在に至るまで最高のものであろう。だが、そこに「神」、又は「神のごときモノ」がテーマとして存在する以上、それは1宗教と同じく、すべての人々に対し絶対的な真理には到底なり得ないのである。私にとって『2001年宇宙の旅』から映像と音楽の楽しさは味わえても、また、その素晴らしさを尊敬はしても、未来に生きるという事に対しては何ら学ぶ所はない。】

——という言い切り方も痛快この上なく、その一方では、同じ宇宙を舞台にした映画『惑星ソラリス』(72年/日本公開77年)の評では、退屈に見える冒頭の自然描写とそれに続く高速道路のシーンにどのような意味があるかを説きつつ【私もまた、クリス同様、友人を、異性を、そして人間を求め、その愛の世界へのめりこみたい欲望から逃れられないでいる。クリスがハリーとの二人だけの世界へ埋没して行くのを見るにつけ、私も、この映画の世界へ埋没したくなる衝動を押さえることが出来ない】と、正反対の心情を吐露している。

こうした文章で示されている岩井田さんの〝映画を観る自分〟と作品との距離の取り方のバランスが私にとっては新鮮で、それはイデオロギーやアカデミックな視点で書かれた既成の、権威づけされた定番的な評論に追従するのではなく——結果的に同じ評価になることは当然あるだろうが——、お金と時間を使って映画を観るお客さんとして作品と向き合い、自分にとってどのような魅力があるのか(またはないのか)、あくまで自分自身の尺度で考えることを意味していたからである。

これらを読んで以降、自分が批評を書く時の指針になり〝その作品の良さは良さとして認めつつ、上手くいっていないところはきちんと指摘する書き方〟を心がけるようになったが、理想通りに書けたことはほとんどない——それどころか、映画に対する要求度が高い岩井田さんに「ホントにあの映画、面白いと思って書いたの?」とズバリ聞かれて答えに詰まったことがある。ちなみにインタビューの際、ご本人に「この文章にすごく影響を受けたんですよ」と伝えて、ほぼ40年ぶりに『2001年』評を読んでもらったところ、「すっかり忘れてた。ずいぶん生意気なことを書いていたんだね」と笑っていた。とかく物事とはこのように立場の違い、見方の違いでまったく別の様相を持つものである。

ご本人はさぞかし面映ゆいだろうと思いつつ、いろいろと昔の文章を引用してしまったが、ここでインタビューに戻って会社員時代について聞くと……

商業誌デビュー、二足のわらじ、フリー独立への決意

僕が勤めていた広告代理店は銀座にあって、日比谷の映画街がすぐ近くだし——これも偶然ですが、後に少し仕事をすることになる朝日ソノラマも目と鼻の先にありました——、当時は銀座並木座のような旧作を上映してくれる名画座も多かったから、相変わらず映画三昧の毎日でした。池袋文芸座など銀座以外の映画館にも通っていたので、この頃がいちばん映画を観ていた時期です。多い時で年間200本くらいだったかな。言っては悪いですが、定時の会社勤めになって、逆に時間の余裕が出来たんです。ピー・プロ時代は時間が不規則な激務でしたから テレビや映画のメモも途切れていたのですが、それもまた再開して、会社終わりに1日に1本は映画を観てから家に帰るという生活でした。夕方になるとデスクの上をいかにも「仕事をしている途中ですよ」という感じの状態にしておいて、そのまま出かけて5時頃から始まる回を観て、また会社に戻ってタイムカードを押して帰るという、ズルいやり方も覚えましたね。

それで家に帰ってから、その日に観た映画の記録を書いて、夜の遅い時間帯に放送される海外ドラマを、メモを取りながら見る。当時はクレジットを読み上げながらカセットテープに録音して、あとで聞き返して文字にするのですが、スティーブン・スピルバーグなんて最初は綴りが読めなくて、いい加減な名前で書いていました。家庭用ビデオが出てからは、録画して確認できるようになったので少しは楽になりましたが、そういう毎日なので、会社で仕事をして、映画を観て、家に帰ってテレビを見て、ノートに記録するだけで一日が終わる。時間が出来て観る映画の数が増えると、それだけ知識も広がっていくので、さらに観たい映画が多くなり、今度は記録していくことがだんだん負担になってきました。

そこで考え直して、映画に関しては邦画も洋画もいろんな本や資料が豊富に出ていて、日本のテレビドラマについてもある程度は調べられるけど、海外のドラマに関してはまだ日本ではほとんど参考にする資料がない。だったら、自分は海外ドラマだけに絞ってやっていこうと思ったんです。それについては、やっぱり『怪獣倶楽部』で徳木さんや池田さんと知り合ったことも影響していますね。同時に、このままサラリーマン生活を続けながら海外ドラマの研究を続けていくのは限界だと感じるようにもなりました。そこで、30歳の節目に会社を辞めて独立しようと決意したんです。

ちょうど『怪獣倶楽部』の皆さんがプロのライターや編集者として仕事を始めていましたから、そのことも追い風になったと思います。会社員時代にも続けて『NUTSニュース』と会誌を出していたし、それを読んだ『月刊スターログ』（ツルモトルーム）の当時の副編集長・高橋良平さん（SF&映画評論家、翻訳家）から依頼が来て海外ドラマのコラムを書くようになったり、先に『SFヒーロー列伝』を連載していた池田さんの紹介で『アニメック』（ラポート）に名作映画の解説を連載し始めたりしていたので、自分も同じようにフリーランスでやっていけたらいいなと考えるようになっていたんです。

もちろん、10年近く勤めた会社を辞めてフリーで生活していくのは難しいとわかっていましたが、ここで決断しないともうこれからチャンスはないだろうということも予想できました。今度は父親に反対されても自分の意志を貫こうと決めて、しばらくは仕事がなくても食べていけるように1年間、生活を切り詰めてお金を貯め、両親を説得しました。

そういえば前に話した朝日ソノラマの仕事もこの頃で、勤め先の近所だったので打ち合わせに行くのも楽でした。徳木さんが構成した007のムック（83年、ファンコレ『007オクトパシー　ジェームズ・ボンドの華麗なる世界』）の手伝いで1作ごとの裏話を担当したのですが、それまで海外の資料を読んで調べていたメモが役立ち、大好きな007シリーズについて書くことができたので楽しかったですね。

こうして岩井田さんにまた新たな転機が訪れる、というより自ら転機をつかんだわけだが、その前に会社員時代に手がけた連載について触れておくと、商業誌での初めての仕事となった『月刊スターログ』は81年4月号から『ＢＲＩＴＩＳＨ　ＳＦ-ＴＶ』などのコラムを池田さん、徳木さんとリレー連載のような形で担当し、83年3月号より『ＳＦ-ＴＶ　Ｎｏｔｅ』として続く。この連載だけでなく、84年2月号の『ミステリーゾーン読本』（構成・池田憲章）でコンプリート・エピソードガイド、86年5月号でビデオ発売に合わせた『超音速攻撃ヘリ　エアーウルフ』『マイアミ・バイス』の紹介記事なども担当。また同時期の『アニメック』では、20号（81年1月）から29号（83年4月）まで『シネマ・ライブラリー』と題して西部劇（真昼の決闘）、ラブロマンス（ローマの休日）、ミュージカル（雨に唄えば）、古典ＳＦ映画（バック・ロジャース）、サスペンス（太陽がいっぱい）と様々なジャンルの洋画を採り上げて紹介している。

前者はビジュアルSF誌なのでSF関連のドラマが中心なのは当然だが、例えば『インベーダー』(67～68年)のプロデューサー、クイン・マーティンの作品歴をたどってSFドラマが他のジャンルの作品と無縁ではないことを示し、後者ではアニメファンの好みを意識せず、一般向け、大人向けの名作――スタンリー・キューブリックの『ロリータ』、ウィリアム・ワイラーの『コレクター』など、やや毒のある作品も含む――を通じて若い読者に映画の見方(読み方)を提案するという、どちらも岩井田さんらしいスタイルの読み物だった。

私見だが、評論ではなく解説や紹介に寄せた形で本質に迫るこうしたやり方は、『グループNUTS』の3人に――だけでなく『怪獣倶楽部』のほかのメンバーにも――共通していて、ごく簡単にまとめると徳木さんはグラビアやスチール写真などのビジュアルのインパクトで、池田さんは主にドラマ性を支えるセリフの味わいを軸にして、岩井田さんは個々のバイオグラフィーやスタッフワークの豊富なデータから、それぞれ監督や脚本家の狙い、キャストの魅力、作品の特色といったものを明らかにしていくのだ。そうした『怪獣倶楽部』的な作品(映像)尊重主義、資料実証主義はフリーランスのライター、編集者として独立した岩井田さんのその後の仕事にも反映されることになる。

フリーになって仕事をすると言っても特にコネがあるわけではないですから、事務所があった方が何かと便利だろうと思って三軒茶屋の近くに部屋を借りて仕事場にしました。ここで小さな編集プロダクション的な感じで徳木さん、池田さんと一緒に『グループNUTS』を立ち上げたわけです(『スターログ』『アニメック』では同人研究会としての『グループNUTS』の肩書きがすでに使われている)。でも、最初の半年くらいはまったくすることがなくて、朝から事務所に行って録画したドラマや映画をチェックして帰るだけという日もありました。『スターログ』や『アニメック』の連載に続いて『トワイライト・ゾーン』(ワールド・フォトプレス)という雑誌でも映画コラムを書くようになりましたが、それだけでは収入は十分ではありません。徳木さん、池田さんは徳間書店や朝日ソノラマでレギュラー的に仕事をするようになっていましたから、僕だけヒマだったんです。

そうこうしているうちに『ザテレビジョン』でアニメや特撮の記事を書いていた徳木さんたちを通じて角川書店とつながりが出来て、徳木さんが企画を出したフィルム・ストーリーの仕事をすることになりました(84~85年、角川文庫『カドカワ・フィルムストーリー』)。それまでフィルム・ストーリーの本なんて作ったことはなかったのですが、事務所があったので素材のフィルムやリワインダーなどの機材を持ち込むことができ、わからないことは一緒に作業しながら徳木さんに聞いたりして、16ミリに落としたデュープのプリントを切って構成していきました。

原田知世が好きな徳木さんが『愛情物語』『天国にいちばん近い島』を担当し(『時をかける少女』のみ徳木さんの指名で中島が構成)、僕は薬師丸ひろ子のファンだったので『メイン・テーマ』や『探偵物語』『Wの悲劇』といった分担です。このシリーズでは、先に徳木さんと講談社の『フィルム・ファンタスティックーSF・F映画テレビ大鑑』(84~86年、全7巻)に編集協力で参加した時、綺譚社という出版社のアシスタントとして来ていた本田登志子さんと知り合っていたので、彼女にも手伝ってもらい、続いて『月刊ニュータイプ』の創刊スタッフにも加わることになります。

『ニュータイプ』『ビデオでーた』広がる仕事のネットワーク

『グループNUTS』の事務所を開いて半年くらい経った頃、『ザテレビジョン』編集部の佐藤良悦さん（現・株式会社トイズプレス代表）から電話があって、水道橋の喫茶店で会ったのを憶えています。そこで企画書を見せてもらって「角川書店で新しいアニメ雑誌を作ることになったので手伝ってほしい」と相談されました。佐藤さんは『ザテレビジョン』の増刊で作ったアニメのムックが当時の角川春樹社長や角川歴彦専務に認められて、角川書店では初となるアニメ誌の創刊を命じられ、編集スタッフを探していたんです。それで先に『ザテレビジョン』の記事で付き合いのあった徳木さんに声をかけたところ、徳木さん、池田さんは徳間書店の『アニメージュ』やSFテレビ、アニメ関連のムックを作っていて忙しく、メインで関わることはできなかったので、あまり仕事がなかった僕を紹介してくれたようです。

その時に佐藤さんが言っていたのは「従来のような、いわゆるアニメ誌を作るつもりはない。そのためにスタッフにはアニメの専門家ではない人を多く入れたい」ということでした。アニメを扱った編集者としての経験から、アニメファンはアニメしか見ないと感じていて、アニメの周辺にはほかにもこんなに面白いものがあるんだと知らせたいというんですね。アニメが中心であることには変わりないけれど、それ以外の広い意味での映像作品――実写の映画やCM、当時から発達しつつあったビデオ、テレビゲーム、音楽クリップなども総合的に紹介していくというのが最初からの意図でした。それで表紙のロゴに〝THE MOVING PICTURES MAGAZINE〟と付いているんです。

そういう佐藤さんの企画意図に賛同して僕も徳木さんや中島さんたちと一緒に協力することになったのですが、やはりアニメに詳しい人が必要だという話になり、あとから池田さんの紹介で『アニメック』編集部にいた井上伸一郎さん（のち角川書店社長、KADOKAWA取締役）や桑原忍さんにも加わってもらい、新雑誌作りがスタートしました。でも創刊当初は佐藤さんの方針が徹底していて、よく「アニメ誌っぽい記事やレイアウトにしないように」と言っていました。僕は本田さんと一緒に新作映画の特集ページや、情報ページの『ニュータイプ・エクスプレス』、10人近い執筆者を集めたコラム・コーナーの『ニュータイプ・プレス』などを主に担当しましたが、例えば『プレス』の書き手は本田さんと相談しながら、佐藤さんからの紹介も併せてなるべくアニメ業界の外にいる人にお願いしています。

『ニュータイプ』全体がそういう作り方だったので、コアなアニメファンの読者からは反発が強かったですね。ハガキや、時には電話で「アニメ以外は載せるな」というクレームがたくさん来ましたが、編集部としては「これでいい」と思ってやっていました。それから何度かリニューアルされ、スタッフも編集方針も変わりましたから、30年以上経った今の『ニュータイプ』の読者——だけでなく作っている人たちもひょっとしたら知らないかもしれませんが、本来の『ニュータイプ』は初代編集長である佐藤良悦さんが企画から立ち上げて、そのブランド・イメージを確立させたことは確かです。アニメのデザイナーだった永野護さんを見出して大ヒットコミックの『ファイブスター物語』を誕生させたのも、声優の新しい呼び方＝キャラクターボイス（CV）を作り、ちゃんとしたスタジオを用意してスタイリストとヘアメイクを付けて写真を撮るといった現在では常識のようになっていることも、みな佐藤さんが『ニュータイプ』で始めたことなんです。

幾つか補足しておくと、佐藤良悦さんは私や池田さんと同じ1955年生まれ。現在は1986年に設立したトイズプレスを主宰しているが、私たちが出会った頃は『ザテレビジョン』で〝アニメのことはよく知らなかったにも関わらず〟アニメ紹介のページを担当し、SF好きだったことから海外のSFドラマやSF映画、特撮、テレビアニメなどのマニアックな巻頭特集で腕を振るっていた。それらの記事には池田さん、徳木さんをはじめ『グループNUTS』や『怪獣倶楽部』『PUFF』の同人誌人脈も参加していて、続いて『ニュータイプ』創刊に関わっていく——ちなみに徳木さんは『アニメージュ』に専念するようになるまで、約1年ほどビデオ紹介ページを担当。池田さんも初期に『怪獣おたっしゃ倶楽部』というコラムを連載し、創刊第3号の『とんがり帽子のメモル』巻頭特集には富沢雅彦さんが協力している。

佐藤さん自身は当時のことを、自らが編集する雑誌『トイズアップ!』の『時代のリズム〜ザテレビジョン誕生からニュータイプ創刊までの軌跡』と題する連載で回顧している（第7〜17号）。それによると、富野由悠季総監督が手がけた『聖戦士ダンバイン』（83〜84年）『重戦機エルガイム』（84〜85年）と2年続けてサンライズ作品の連載ページに携わり、取材するうちに声優や音楽面も含めたアニメ全体のステータスを引き上げたいという富野監督の熱意に共感、声優取材などを通じて『ザテレビジョン』の誌面に反映させていたという。その間に富野監督の書き下ろし小説と連動して『ダンバイン』の世界観をまとめた『バイストン・ウエル物語』（角川書店）や、ザテレビジョン・アニメシリーズの第1弾『重戦機エルガイム』などのムックを編集し——これらも徳木さんや私、徳間書店の『アニメ大好き!』（池田憲章・編）にも参加した片山浩徳さん、後にシナリオライターになった町田知之さん、現在は作家として活躍中の鳴海丈さんなど『PUFF』のメンバーが手伝った——、その実績が評価されて当時の春樹社長から角川書店初のアニメ誌創刊を託されたのだった。

またCV、キャラクターボイスという造語に関しては、佐藤さん本人が同じ連載の中で次のように回想している。

【徳木吉春が編集部を訪れた際にアメリカのテレビアニメでは声優の呼び名はどうなっているか聞いたことがある。声優の響きがどうにも好きになれなかったからだ。（中略）「ボイスオブキャラクターかな」というので、ちょっと間を置いて「じゃ、キャラクターボイスでどう」と、徳木が「それ、いいんじゃない」と言った。】

ついでに書いておくが、80年代の半ば頃から盛んに作られるようになったオリジナル・ビデオ・アニメーション（テレビ放映や劇場公開ではなくビデオ発売を前提に製作されるアニメ作品）のことを『ニュータイプ』でOVAと表記するようにしたのも、ある日の編集部で原稿を書きながらの会話がきっかけだった。当時はOAVという略語が多かったが、これだと「オリジナルアニメ」の「ビデオ」というふうにパッケージ（商品）に重点が置かれているような気がしていたので、「オリジナル」（小説の書き下ろしに相当する）の「ビデオ用アニメーション」の方が作品本位の感じでいいよねと提案して、佐藤さんが賛成してくれたのである。どちらも編集者、ライターの単なるこだわりに過ぎなかったかもしれないが、そうして生まれた言葉が現在では業界用語としてごく当たり前のように使われているのだから、それほど無駄なことではなかったのだろう。

実際に創刊された『ニュータイプ』は、佐藤さんが『ザテレビジョン』のアニメ・ページで試行錯誤した方法論を、スタッフと共にさまざまな面で発展させたものと言っていいと思うが、当然ながら自社製作のアニメ、角川映画のパブリシティ的な性格もあったし、誌名からもわかるようにガンダムシリーズに代表される富野アニメとサンライズ作品をフィーチャーする機会が多かったため、いわゆるアニメ誌の既成のイメージからはそれほど離れられなかった。しかしながら、女性誌をイメージしたデザイン性の強い大判サイズのページ構成と、編集スタッフの好奇心を反映したボーダーレスな内容で、以後のアニメ誌・アニメ関連本のスタイルに大きな影響を与えたことは間違いない。

少なくとも私自身は雑誌を一から作っていく楽しさを味わうことができたし、フリーランスが多い職場でスタッフは気持ちのいい人たちばかりだったから、三崎町（水道橋）のビルの倉庫のようなフロアの片隅からスタートして、同じ水道橋で2回、さらに四谷へと引っ越しを重ね〝さすらいの編集部〟と自分たちで呼んでいた『ニュータイプ』の日々は楽しかった。とりわけ初期の数年間は、CMや映画でにわかにブームを呼んでいたペンギン特集、ミュージック・クリップ（ミュージックビデオ）のアニメ特集、沖縄ロケによる女性CVの水着グラビア特集、『電撃戦隊チェンジマン』の取材特集をはじめ実写特撮にスポットをあてたSFX-TVのページ、『スケバン刑事』から『夕焼けニャンニャン』『オレたちひょうきん族』まで含めた〝1冊丸ごとCX-TV（フジテレビ）特集〟その他、今見ても冒険的な面白さが誌面にあふれていたような気がする。

ただ、良かれと考えてそうした幅と広がりのある編集方針が、読者の保守性を突き崩すまでには至らず、次第に平均的なアニメ誌へと舵を取っていったのは惜しかったと思う。それは〝ビジュアルSF世代の雑誌〟を標榜して誕生した『宇宙船』（朝日ソノラマ）が、特撮専門誌を望む読者の反発から早い段階でアニメの記事を扱わなくなった事情とも重なる、排他的なマニア気質の反映ということだろうか。ともあれ『ニュータイプ』は編集長はじめスタッフの代替わりを重ねる過程でアンケート重視の方針を採り、より読者の好みに合わせた内容を心がけていったことで、やがて業界をリードするメジャーなアニメ誌とへと成長し、その長い歴史を刻んできたのも事実である。

――などと個人的な感慨を書いていたら、ますます横道に逸れてしまうので話を戻す。岩井田さんは『ニュータイプ』で本誌以外にも映画、アニメ作品を特集した別冊・増刊のムック『ニュータイプ100％コレクション』などの編集・構成に携わっている。その過程で角川書店のさまざまなセクションや人材と関わることになり、『ニュータイプ』副編集長（編集デスク）で音楽・ビデオ紹介ページなどを担当した土屋良彦さんがザテレビジョン編集の季刊ビデオ情報誌『ビデオカーテンコール』（86～87年）を作った時には、ほかの『ニュータイプ』スタッフと共に編集協力やライターとして参加。土屋さんが続いて月刊化された『ビデオでーた』（87年創刊、現『DVD&動画配信でーた』）の創刊編集長になると、毎号のように記事を書くようになった。

また、そのために試写会に通うなどして各映画会社、配給会社の宣伝担当者と知り合ったことから、まだ字幕が付いていない段階の作品を見てマスコミ向けと一般試写会用のパンフレットの解説文を頼まれたり――無記名なので自分でも憶えていないほど大量にあるとか――、『ミッション：インポッシブル』（96年、日本でも人気のテレビシリーズ『スパイ大作戦』の映画化）『アベンジャーズ』（98年、知る人ぞ知る英国テレビ作品『おしゃれ㊙探偵』の映画化）等の劇場パンフに寄稿したりする機会が増えていった。それだけでなく、アメリカの業界誌『ＴＶ Ｇｕｉｄｅ』や『Ｖａｒｉｅｔｙ』を購読していたので、配給会社の人間よりも早く新作の情報を知ることができ、その知識を買われて各出版社に紹介され『キネマ旬報』『スクリーン』といった老舗の映画雑誌はもちろん『映画宝島』『日経エンタテインメント』など、映画ライターとしての活躍の場もさらに広がっていった。また角川書店の書籍部から、いち早く翻訳出版の権利を獲得するため「アメリカで小説を原作にした新作映画の情報があったら教えてほしい」と依頼されていた時期があり、これもアメリカの業界誌を購読していたことから得られた仕事だったという。

四半世紀の編集者生活と次なる転機、新たな選択

ここで参考までに岩井田さんの主な仕事をリストにしてみた。

1981年

＊『グループNUTS』発足（海外ドラマ研究会として、会誌および連絡誌発行）

・『月刊スターログ』（ツルモトルーム）【4月号『BRITISH　SF-TV』ほか不定期連載】↓1982年

・『アニメック』（ラポート）20号【『シネマ・ライブラリー』連載】↓29号（1983年4月）

1983年

・『月刊スターログ』3月号【『SF-TV　Note』連載】↓1987年2月号（休刊号）

・ファンタスティックコレクション№27『007　オクトパシー　ジェームズ・ボンドの華麗なる世界』（朝日ソノラマ）【執筆協力／構成・徳木吉春】

・『トワイライト・ゾーン』（ワールド・フォトプレス）【映画コラム連載】↓1986年

1984年

・『月刊スターログ』2月号『ミステリーゾーン読本』【エピソードガイド構成】

・中子真治・編著『フィルム・ファンタスティック―SF・F映画テレビ大鑑』1〜7（講談社）【編集協力】
↓1986年
・カドカワ・フィルムストーリー『メイン・テーマ』『探偵物語』『Wの悲劇』『早春物語』『キャバレー』（角川書店）【構成】↓1985年

1985年

・『月刊ニュータイプ』（角川書店）【編集スタッフ】↓2010年
・ザテレビジョン・アニメシリーズ『ザ・メイキング・オブ・テラホークス』（角川書店）【編集】
・『プリズナーNo.6』VHSビデオ（東北新社、バンダイビジュアル）【解説（押井守と分担）】

1986年

・ロマンアルバム『超音速攻撃ヘリ　エアーウルフ』（徳間書店）【構成】
・ザテレビジョン臨時増刊『エイリアン2』（角川書店）【編集】
＊ポニーキャニオンのビデオ『旧ドクター・フー（4代目、トム・ベイカー編）』『ミス・マープル（ジョーン・ヒックソン編）』『ブレイクス7』等のシリーズや単発作品の解説とビデオ化の作品選定を担当。

1987年

・『ビデオでーた』（角川書店）【作品紹介】
・アニメージュ増刊『ZIP!』（徳間書店）【編集スタッフ：グループNUTS（岩井田雅行・徳木吉春・高橋良平・渡辺麻紀）】

1988年

・ニュータイプ100％コレクション『帝都物語』（角川書店）【編集】

・ニュータイプ100％コレクション『ぼくらの七日間戦争』（同）【編集】
・アニメージュ文庫『ザ・香港ムービー』上・下（徳間書店）【グループNUTS（岩井田雅行・徳木吉春・高橋良平）編】
・シネアルバム『ヒッチコック・ヒロイン』（芳賀書店）【TV『ヒッチコック劇場』全話解説】
・ムック『ジム・ヘンソン／ストーリーテラー』（富士見書房）【構成】
・『プレシディオの男たち』劇場パンフ【寄稿】

1989年

・『キネマ旬報』7月下旬号～特別企画　香港ノワールの魅力～【『電撃的なる日本上陸～新しい映画メーカーが生んだ香港ノワール』寄稿】
・ニュータイプ100％コレクション『帝都大戦』【編集】

1990年

・『POP'INS』【映画評連載】→1992年
・『映画宝島』創刊準備号→第3号『地獄のハリウッド』1993年（JICC出版局）【外国TVコラム『Same Time!Same Channel!』連載】

1991年

・デラックスカラーシネアルバム『チョウ・ユンファ』（芳賀書店）【責任編集・岩井田雅行＋徳木吉春／監修・倉田緑朗】

1992年

・雑誌『ホットドッグ・プレス』（講談社）【映画評コラム連載】→1993年

・『プリズナーNo.6』LD-BOX　PERT1〜3（東北新社、バンダイ）【解説書】

1995年

・ニュータイプ100%コレクション『天地無用！　地球編』（角川書店）【編集】
・ニュータイプ100%コレクション『天地無用！　宇宙編』（角川書店）【編集】
・マーク・ダヴィッドジアク著『刑事コロンボの秘密』（風雅書房）【訳・岩井田雅行、あずまゆか】→1999年『刑事コロンボ　レインコートの中のすべて』改題改訂版（角川書店）

1996年

・『映画秘宝Vol.4　男泣きTVランド』（洋泉社）【『素浪人月影兵庫』『新選組血風録』寄稿】
・『THE　X-FILES　COLLECTION』（徳間書店）【クリス・カーター（原作・プロデューサー）インタビュー】
・『ミッション：インポッシブル』劇場パンフ【寄稿】

1997年

・『NHKテレビ版　フルハウス』（求龍堂）【著・岩井田雅行、池田敏】

1998年

・ピーター・ヘイニング文『NHKテレビ版　シャーロック・ホームズの冒険』（求龍堂）【訳・岩井田雅行、緒方桂子】　＊第21回日本シャーロック・ホームズ大賞
・ピーター・ヘイニング文『テレビ版　名探偵ポワロ』（求龍堂）【訳・岩井田雅行、緒方桂子】
・『ゲーム・ウォーカー』（角川書店）【映画評連載】→1999年
・『アベンジャーズ（The Avengers）』劇場パンフ【寄稿】

・クラーク・カールトン著『フェイス／オフ』ノベライズ（徳間文庫）【あとがき】

1999年

・『テレビ版　夢見る小犬ウィッシュボーン』（求龍堂）【著】

・CS番組『池田憲章の海外ドラマ・検証ファイル』（スーパーチャンネル）【ゲスト出演】→2006年

2000年

・『フルハウス・ノベルズ』1～4（求龍堂）【監修】

・『ここまで知れば面白い　アメリカンTVドラマ120％ガイド』（求龍堂）【著】

2001年

・『心理探偵フィッツ』DVD（ハピネットピクチャーズ）【ブックレット】

2002年

・デヴィッド・パソム著『クリエイティング・バビロン5』（学研）【訳・岩井田雅行、緒方桂子】

2003年

・『コンバット』DVDボックス1～4（角川書店）【監修】

2005年

・『新ドクター・フー／シーズン1』DVD（バップ）【解説】

このほか『日本版シネフェックス』（トイズプレス）、Webサイト『映画.com（ドットコム）』などにも執筆し、数々の映画評、テレビドラマ解説、インタビュー・取材記事を手がけている。キングレコードのディレクターだった大月俊倫さんから依頼されて『エアーウルフ』『ナイトライダー』『宇宙空母ギャラクティカ』等の海外ドラマのレコード解説、パイオニアＬＤＣで『シカゴホープ（第1シーズン）』、ワーナーでは大ヒットしたＳＦドラマ『Ｖ』の、それぞれＬＤボックスの解説やブックレットを担当。ディズニービデオの販売会社で毎月、販促用の小冊子を編集――と、書き出していけばキリがない。

そうした文章以外に岩井田さんの仕事で特徴的なのは、右のリストにもあるビデオ会社の作品アドバイザー的なものだろう。日本では知られていない香港映画やアメリカ、イギリスのテレビドラマ、テレビムービーの中から面白い作品をセレクトして紹介し、実際にビデオ商品化に繋げて売れ行きが非常に良かったものもあるそうだ。

特に好きだった英国のドラマに関しては、ポニーキャニオンが国営放送のＢＢＣと契約してビデオ発売することになり、その選定の仕事もしていました。先のリストにある『ドクター・フー』シリーズなどがそうで、もちろん解説も書いていました。日本ではなかなか見られなかった英国の、特にミステリやサスペンス作品を何本も見ることが出来て、仕事とはいえ楽しかったですね。アメリカよりも英国のテレビドラマの方が質がかなり高く、しかも小説・映画を問わずミステリ、サスペンス、冒険物の本場なので出来はとても良かったのですが、日本人の感覚に合わないのか、こちらは期待したほどは売れなかったようです。

その頃、英国で大評判だったのがコリン・デクスター原作の『モース警部』シリーズです。日本では原作がすべて早川書房から翻訳出版されていてミステリ・ファンの間で評判になっていたので、ポニーキャニオンには何度もビデオ化を勧めましたが、驚異的な人気を誇る作品だったため権利料が高すぎて叶いませんでした。今ではＣＳの『ＡＸＮミステリー』で繰り返し放送されて日本でも楽しむことが出来ますが、原作者や主演俳優が亡くなってシリーズが終了したのに人気が衰えず、モース警部の相棒を主人公にした新シリーズが作られ、それが終了したら今度は若き日のモースを描いたシリーズになって継続中。その最新シリーズはＷＯＷＯＷで放送されています。初登場から20年以上が経過していますから、とてつもない人気番組ですね。ちなみに『モース警部』にはアカデミー賞監督のアンソニー・ミンゲラやダニー・ボイルが脚本、監督で参加していましたから面白いのも納得です。

解説ということでは、やはりCS放送の『ミステリチャンネル』（現・ＡＸＮミステリー）で、池田さんの『海外ＴＶシリーズ検証ファイル』と同じような番組に出演していたこともあります。このチャンネルは英国のテレビドラマがメインで、アメリカのドラマ以上に知っている人が少なかったのです。僕はアメリカのテレビ雑誌だけでなく英国からも、ＢＢＣテレビの番組が載っている『ラジオタイムス』（ラジオ放送時代から発売されていた老舗雑誌）と民放局を掲載している『ＴＶタイムス』の2誌（現在は『ＴＶタイムス』が『ラジオタイムス』を吸収合併）を定期購読していたので日本未放送の作品についても知識があり、それで度々ＭＣとして呼ばれました。僕1人だけの出演で放送時間も長く、『特捜班ＣＩ－５』の特番が作られた時は1日がかりで収録したことがあります。

海外ドラマの専門家としての知名度が上がってから、アメリカのテレビシリーズのビデオが新発売される際にマスコミ関係者の前で30分くらい、作品について話すという仕事もよくやりました。こちらは知っていることを自由に喋るだけだからあまり苦労はなかったし、時にはそれがきっかけで原稿を依頼してくれる出版社もあって嬉しかったですね。おまけに人前で話す度胸もついたと思います。

以上、映画とテレビドラマを横断する岩井田さんの多岐にわたる仕事ぶり、そして若い頃から変わらぬ映画やドラマを観る眼の確かさがおわかりいただけただろうか。

それらの結実と言えるのが冒頭に引用した著書『ここまで知れば面白い　アメリカンTVドラマ120%ガイド』であり、NHKで放送された人気ドラマ『刑事コロンボ』や『シャーロック・ホームズ』に関する海外の研究本の翻訳ということになるわけだが、長い編集者・ライター生活の中では何度か海外取材も経験している。日本では85年〜86年にNHKで放送された特撮人形劇『地球防衛軍テラホークス』のムック（『ザ・メイキング・オブ・テラホークス』）を『ニュータイプ』のスタッフで作った時、単身イギリスへ飛んでプロデューサーのジェリー・アンダーソンにインタビューしたのが最初。しかも海外旅行自体この時が初めてだったため、いろいろな思い出があるそうで、その中から一つだけ紹介すると、岩井田さんがそれまで日本の出版物で書かれていたとおりに「ゲーリー」と呼びかけると、相手は笑って「ノー、ノー、ジェリー」と訂正してくれ、同じようにレッグ・ヒルと呼ばれていた協力プロデューサー（『サンダーバード』などの製作補）の名前の正しい発音も判明した。Ｒｅｇはレジナルドの略だったのだ。以後、日本でもジェリー・アンダーソン、レッジ・ヒルと本来の発音表記で統一されることになったのである。

また、80年代に大きな変革をとげた香港映画の現地取材は、岩井田さんの仕事にも大きな実りをもたらした。徳木さんが企画を出し、『グループNUTS』が中心となって編集した〝一冊まるごと香港映画大特集〟のヤング映像メディア誌『ZIP!』は、香港映画の歴史から最新情報まで広く深く、全方位で採り上げたムック的ボリュームの一冊。残念ながら目標とした雑誌レギュラー化はならなかったものの、引き続き香港映画の魅力をコンパクトにまとめたアニメージュ文庫『ザ・香港ムービー』上・下を生み出し、映画スターの写真集・資料本として定評のある芳賀書店シネアルバム・シリーズの『チョウ・ユンファ』にもつながった。

有名なスターや大きな映画会社の作品だけでなく、ツイ・ハーク、リンゴ・ラムといった当時の新進監督と若手俳優たちを中心にした取材、本作りを通じて岩井田さんたちの仕事は香港の映画人から「わざわざ日本から取材に来て、初めて自分たちの映画を日本に紹介してくれた」と大きな信頼を得ることになった。なかでも『男たちの挽歌』（86年）のジョン・ウー監督は取材の度に「香港に来たら必ず電話してくれ」と食事を共にして歓迎し、引っ越した時には直筆のFAXを岩井田さんの自宅まで送って新しい連絡先を教えてきたほど。ハリウッド進出を果たした後も『フェイス／オフ』（97年）のプロモーションで来日した際には、帝国ホテルに取材に行った岩井田さんに監督の方から話しかけて来てくれたので感激したという。

そうした取材をまとめた記事として、岩井田さんは『キネマ旬報』に『電撃的なる日本上陸～新しい映画メーカーが生んだ香港ノワール』を発表している。80年代後半の香港アクション映画のムーブメントを監督や俳優の出自から解説したもので、後に創刊75周年記念出版として重要な評論や特集記事、対談・座談会などを集大成した『ベスト・オブ・キネマ旬報』（94年、上下2巻）に収録され、書いた本人は驚いたそうだ。ハリウッドや日本の映画界と同じように、テレビから育った才能が新しい香港映画を支えているという視点が新鮮に受けとめられたからだろうが、そうした形で評価された記事はもちろんのこと。徳間書店から出た『エアーウルフ』のムックをはじめ『サンダーバード』『謎の円盤ＵＦＯ』『スタートレック大研究』等のＳＶ（スーパー・ビジュアル）シリーズや『ＺＩＰ！』『ザ・香港ムービー』ほか、岩井田さん、徳木さん、池田さんたち「グループＮＵＴＳ」のメンバーが企画・構成・編集に携わった当時の出版物は、いずれも類書のない、極めて先駆的な研究の成果として現在でも高い資料性を誇っている。

なお、岩井田さんは25年間在籍した『ニュータイプ』編集部を辞めるのとほぼ同時に編集・ライターの仕事からも退いたが、実はそれ以前から別の興味を見つけていて、今度も自分の力で新たな転機をつかんだ。

それはなんと作家の道である。2018年4月、小説家としての本格的なデビュー作となる長編『隣に座った女』（文芸社）がぶ厚い文庫本で発売された。本格ミステリのため内容は読んでのお楽しみということで詳しく触れることは差し控えるが、元来ミステリ好きで海外のミステリ映画、ミステリドラマに造詣の深い岩井田さんらしい仕掛けを施した、読み応え十分の一作になっている。

実は、長年にわたって多くの映画や海外ドラマを研究し、分析と批評を加えてきた岩井田さんはいつしか人の作品を紹介するだけでは飽き足らず、自分でも創作してみたいと思うようになった。そして10年以上も前から少しずつ小説を書き始め、途中まで書いただけで完成しなかったものも多いというが、やがて出版社に自作を持ち込むようになり、編集者とやりとりしながらさらに腕を磨いていた。その中から生まれた一編が、このほどめでたく書き下ろし文庫の形で刊行の運びとなったわけである。個人的には『隣に座った女』を非常に面白く読ませてもらったので、ぜひ2作目、3作目と書き続けていってほしいと願わずにいられない――と岩井田さんの今後の創作活動に期待しつつ、インタビューの締めくくりに改めて『怪獸倶楽部』の存在について振り返ってもらった。

あの頃、それほど熱心な特撮映画のファンでも怪獣好きでもなかった僕が、なぜ『怪獸倶楽部』の集まりに参加していたかと考えてみると、やっぱりあそこに集まっていた人たちの人間性に魅力があったからでしょうね。中島さんはよく「富沢（雅彦）さんの文章には勝てなかった」と言うけど、そういう言い方をするなら、別に勝ち負けを競っていたわけではありませんが「全員に勝って全員に負けた」ということだと思うんです。1人1人個性が違っていて、それぞれに秀でたところがあって、みんながみんな相手のことを「すごい、この人にはかなわない」と思ってお互いに尊敬し合っていた。社会人だから学生だからとか、年上とか年下とか、そういう区別のない付き合いだったし、僕自身からすれば、ほかの皆さんの方が大人に見えました。

若い時にそういう人たちに出会えたのは幸せだったと思います。前にも話しましたが、学生時代はクラスでも浮いていて、自分と同じようなことをやっている人間はほかにいないと思っていました。ふつうの人は将来みんなサラリーマンになって、毎日同じように働いて、仕事帰りに飲み屋で上司の悪口を言ったり愚痴をこぼしたりして、あとは家に帰って寝るだけ。すべての人がそうだというわけではありませんが、僕らの時代の大人とか社会人のイメージというのはそんな感じだったんです。でも、僕は『怪獣倶楽部』の人たちと出会ったおかげで、そういう生活とは縁遠かった。自分は世間の人とは違うという劣等感のようなものがあったのに、そういうふうに考えなくていいんだと自信を持たせてくれたことが、いちばんの財産になったかもしれません。

もちろん、その時には気づかなかったですけど、今になって思うと、ある種人生の勉強をさせてもらった気がします。この年齢になって好きなことが出来る——自分が小説を書くなんて、50歳になるまで考えもしなかったようなことが出来ているのも、『怪獣倶楽部』があったからこそだと本当に感謝しています。

聖咲奇

――怪しげなもの、奇妙なもの、普通ではないものの探究――

「映画とテレビの分野別ジャンルを問うことなく、我々は、映像に表現されたいわゆる特撮映像を、こよなく愛する者である。
それは、映画とテレビを、映像という同一視点で捕え、そのイメージを最も豊かにふくらませる最高の手段が、特撮であると信じているからだ。」
――朝日ソノラマ・月刊マンガ少年別冊『すばらしき特撮映像の世界』より、
聖咲奇・井口健二・安井ひさし・酒井敏夫の連名によるまえがき――

日本で初めてとも言えるSF特撮映像作品を専門に扱う雑誌『宇宙船』が創刊されたのは昭和55年＝1980年のはじめ（旧・朝日ソノラマ版、発行の日付は翌80年2月）。その前身となったのはムック形式の資料本、ファンタスティックコレクション・シリーズの『空想特撮映像のすばらしき世界　ウルトラマン』『特撮映像の巨星　ゴジラ』（ともに78年）と、読み物満載のバラエティ本である『すばらしき特撮映像の世界』（79年）だった。そこには〝まえがき〟で堂々とマニフェストを掲げた4氏とともに、『怪獸倶楽部』をはじめとする多くの特撮怪獣・SF・ホラー系ファンジンの関係者が編集スタッフ、ライター、イラストレーターとして参加していた。聖咲奇さんはその中心人物の1人である。
あらかじめ断っておくと、聖さんは厳密に言えば『怪獸倶楽部』の正式な同人会員ではない。会合には何度も出席していたが会誌に原稿を発表することはなく、76年2月に少数会員制をとって再発足した際にも名簿には名前が記載されていなかった。主宰者である竹内博さんとしては、SFファンダムに人脈を持ち怪奇映画に軸足を置いて独自に活動していた聖さんを、すでに特撮の現場でプロとして仕事をしていたアート・

クリエイターで、グループ結成の後押しをしてくれた米谷佳晃さんと同じように、いわば特別会員のような形で遇していたようである。

また、学生が多かった他のメンバーとは異なり、竹内さんや安井尚志さんとほとんど同時に出版業界で仕事を始めていたことも、その理由の1つだったと思われる。しかし正式会員とは言えなくても、聖さんは竹内・安井の両氏だけでなく『怪獣倶楽部』のメンバーにとって大事な仕事仲間であり、互いの活動を間近に見てきた同志であることは間違いない。特撮ジャーナリズムが勃興した70年代の同人誌界と出版界を知る貴重な証言者の一人として、ご自身の半生から見た『怪獣倶楽部』とその周辺について語っていただいた次第である。

現在、SF映画・ホラー映画を中心として玩具、ガレージキットまで含むサブカルチャーの伝道師として知られる聖さんは海外のSFファンや研究家、プロの映像・造形クリエイターたちとの交流も深く、特撮作品やアニメ、ゲームの実製作に関わるなど幅広く活躍しているが、10数名をかぞえる『怪獣倶楽部』のほかのメンバーと比べても、ひときわ異彩を放つ経歴の持ち主だ。

僕は昭和27（1952）年に京都市左京区で生まれました。父親が映画の看板描きの仕事をしていた関係で、映画館にはタダで入れてもらえたから、小さい頃から父に連れて行ってもらったりして昭和30年代の子供向け映画とコメディはほとんど観ていると思います。特にその頃は日本映画の全盛期で、僕にとって1番安い、無料で楽しめる娯楽が映画だったんです。

しかも、生まれて初めて観た映画が『ゴジラ』（1954）でした。まだ2歳のときですよ。もちろんストーリーなんて憶えていないし、ゴジラがいったい何なのかもわからなかったけど、有名な大戸島の八幡山の尾根からゴジラが顔を出すシーンで泣き出してしまって、父も収拾がつかなくなって途中で外に出ちゃったんです。たぶん、その時に僕の中に何かが生まれたんでしょうね。インプットされたと言ってもいいかな。とにかく気がついたら、なにやら怪しげなもの、奇妙なもの、普通でないものが大好きになっていました。

もともと父はSFものや怪奇映画が好きな人で、子供を叱る時に「ボリス・カーロフのフランケンシュタインが来るぞ!」なんて言って脅かすんです。だから3、4歳の頃にはもうカーロフの名前を知ってました。ある意味、マニアのエリート教育を受けているようなものですよ。父はデパートに行っても、ゴルフ売り場とかスーツ売り場とか、一般的な成人男性が行くようなフロアじゃなくて、真っ先に玩具売り場に行くような人。飛行機マニアでメカも好きだったから、もし僕がSFやホラーの世界を知らずにいたら完全にミリタリーの方に行っていたと思いますよ。

それと、僕には4人の叔父と叔母がいるんですけど、この人たちの影響も大きかった。父親の弟というのが手塚治虫の大ファンで、しかも恐竜好き。叔父の部屋に遊びに行くたびに手塚漫画や恐竜の本を見せてもらって楽しかったし、大阪の叔母は怪談好きで、もうひとりの叔父さんは推理小説マニア。この人は散髪屋で、子供が退屈しないように散髪しながら面白い話をしてくれるんです、屋根裏を散歩する男の話とか(笑)。あとになって実物を読んで、あれは江戸川乱歩の小説だったのかって気づくわけですけどね。

横溝正史の『本陣殺人事件』もありました。むちゃですね、子供になにを聞かせてるんだって話ですよ。その点では、普通の家庭なら禁止されるような娯楽が周囲にあふれていました。幼稚園に入る時には、祖母が記念に何か雑誌をとってあげようというので、まだ何もわからない僕に代わってきっとマンガ好きの叔父が決めたんでしょうね、月刊誌の『少年』を定期購読させてくれて、おかげで『鉄腕アトム』や『鉄人28号』は連載当初から読むことが出来ました。もっとも、僕があまりに夢中になりすぎて勉強をしなくなったから、あとで禁止されることになるんですが（笑）。
そういう家庭環境もあったし、小学生の頃にテレビで『ショック！』という番組が始まって、ユニヴァーサルのホラー映画をダイジェストで放送したり、『アウターリミッツ』のようなSFドラマが増えたりして、大好きな超現実の世界に日常的に触れることが出来るようになったんです。

幼い頃は毎日のように父親のアトリエである看板店に行き、仕事が終わると食事や遊びに連れて行ってもらうのが楽しみだったという聖さんは、不思議なことに看板に描かれた映画スターや場面そのものではなくタイトルの意匠文字に強く惹かれるものを感じたという。これも後年の仕事につながるビジュアルやレイアウトに対する興味の萌芽だったのだろうか。そして、同じようにSFとの出会いもお父さんの仕事場が1つのきっかけになったそうだ。

父は仕事中、看板の絵を描きながら、いつもラジオを聴いていたんです。ある時、朗読かラジオドラマのどちらかわからないんだけど、星新一の『ようこそ地球さん』が放送されたんですね。それがあまりに面白かったものだから、息子にも読ませてやろうと思って本を買ってきてくれたんです。それで僕は一発で日本のSFにハマってしまった。当時の星さんはまだ『人造美人（ボッコちゃん）』しか本を出していない頃で、発売される新刊を片っ端から夢中になって読みました。なかでも『進化した猿たち』（海外の一コママンガに関するエッセイ集）は自分が文章を書くことになった時に、非常に勉強になりましたね。

もちろん、小説との出会いはそれ以前——小学校に入ってからで、学校の図書室にあった子供向けのSF全集だとか、近所の貸本屋に通って面白そうな童話とか、つまり超現実の空想が楽しめるような本を見つけて読みまくりました。それで中学生になって——この話をすると、あまりに出来すぎているので話を作ったんだろうとよく言われるのですが、御霊神社（中京区にある下御霊神社）の境内で古本を買ったんですよ。

当時はお祭りや縁日で板の上に古本を並べて売っている人がいたんです。夜店の屋台が並んでいる隅の方にアーク灯を点けて、何となく怪しい雰囲気で座っていて……。そこに妙に表紙が気になる一冊があったんです。しかも文庫本なのに、すごく分厚い。それが創元推理文庫で出ていた『10月はたそがれの国』というレイ・ブラッドベリの短編集。中身も面白かったし、今は新装版になっていますけど、初版のムニャイニ（ジョセフ・マグナイニ）の表紙がすごく雰囲気があって、今度はブラッドベリを入り口にしてR・A・ハインラインとか大人向けの、ダイジェストじゃないSFを本格的に読みまくって人生を支配されてしまうんです。それくらい衝撃的な出会いでした。

その後、高校生になってジャック・フィニイを読んで、そこでまた大きな発見をしたんです。ブラッドベリもそうだけど、フィニイは特にノスタルジアの作家というふうに呼ばれていますよね。僕はそれまで、過去を振り返ってノスタルジアにふけることを何となく女々しいというふうに感じていたんだけど、フィニイの『レベル3』という短編集などを読んだ時に、いや、そうじゃないんだって思ったんです。ノスタルジアは決して老人や酔っ払いの繰り言なんかじゃない。それ自体が力になる、新しいものに負けない魅力があるんだって……。

僕らが生まれた1950年代というのは、戦争が終わって復興が進む中で民需転用というか、戦争で生まれた技術がどっと民間に流れ込んで新製品が次々に出てきた時代です。すべてが新しく、前向きの未来志向で、しかもその未来がわかりやすく形になって見えていた。代表的なのが流線型の飛行機や自動車です。新幹線、高速道路、モノレールといったものが来たるべき未来の象徴だったし、雑誌には〝21世紀の世界はこうなる!〟といった内容のグラビアや記事が取り上げられていました。その多くは僕らの先達である大伴昌司さんや、大好きな日本のSF作家の人たちが関わっていたわけですけど、その未来志向の結実が1970年の大阪万博だったんです。

僕らはそうした時代の流れをリアルタイムで経験しているでしょう? 今の若い人たちにとって50年代、60年代、70年代は大昔に感じられると思うけど、僕ら——というか、ほかにそういう人に出会ったことがないから僕だけなのかもしれませんが、それらの時代は実はノスタルジアの対象にはならない。なぜなら自分で生きてきた、自分が見てきた、自分が知っている時間だから。むしろ僕が興味を持って調べたいと思うのは、まだ見ぬノスタルジア、自分が生まれる前の例えば1930年代の文化だったりするんです。

京都と東京を結ぶ雌伏のアングラ時代

後年『宇宙船』で代表的な著作である『フラッシュ・ゴードンの思春記』を連載する聖さんの、まさに思春記の出会いと発見は同じSFファンとして聞いているだけで胸が熱くなるものを感じるが、ここでそのままSF一辺倒にならないところが人生の綾というか、聖さん自身のキャラクターの妙と言うべきか……。

そうこうするうちに高校を卒業してデザインの専門学校に入ったんです。小さい頃から父の仕事を見ていてデザイン的なものには興味があったし、看板屋を継ぐといったようなことも少しは意識の隅にあったと思うんですけどね。ところが、父親が絵描きだから自分にも絵の仕事が出来るだろうと思っていたら、実はどうしようもなく不器用だということに気づいてしまった。僕はダメだとわかると切り替えが早いほうなのでスパッと絵はあきらめて、ちょうど京都に公演に来ていたアングラ劇団に飛び込んだんです。

これが『劇団黒旗劇場』といって、寺山修司が主宰していた『天井桟敷』の弟劇団みたいなグループだったんですよ。そこで誘われるままに東京に出てきて、しばらく音楽を担当したりして公演の準備を手伝ったんですが、結局、本公演には参加しないまま辞めて、一緒にその劇団を辞めた連中と組んで明治大学で無料の自主公演を1度やりました。そのあと別の劇団に入って、これがフランケンシュタインやキングコングをモチーフにした芝居をやっていたところで、一回だけ『人肉スーパーマン』というカニバリズムがテーマの舞台を手伝いました。僕は少しだけ演技をしたこともありますけど、こうした劇団時代はおもに音楽担当でギターを弾いてたんです。

音楽――僕の場合はロックですけど――との出会いは高校時代。当時はニューロック、アートロックといってアート志向のロックが流行っていました。ピンク・フロイドの『原子心母』が代表的ですけど、A・B両面で一曲とか実験的でシングルヒットを意識しないアルバムをつくるバンドがどんどん出てきた頃です。しかも、ファンタジーやSFの要素が入っている曲もけっこうありました。僕はそういう、音だけでなくいろんな意味で常識破りなロックの破壊的なところが好きで、特にプログレッシブ・ロックにのめり込みましたね。父親は子供の情操を考えて、ずいぶんクラシック音楽を聞かせてくれていたんだけど、オヤジと喧嘩してでもロックの方を取るというか（笑）。

たまたま友人が家に置いていったギターを見よう見まねで弾き始めたのも、その流れです。弦の数が少ないから弾きやすいだろうと思ってすぐにベースに転向しましたけど、クリームのコピーなんかやってましたね。あと好きだったのはエリック・クラプトンがいたブラインド・フェイスとか、レッド・ツェッペリン、ドイツのアモン・デュールⅡ（ツヴァイ）、カンなんていうバンド。この辺の趣味は、後に出会う開田（裕治）君と似ているところがあるかもしれません。僕の場合は小説や映画だけでなく、そうやって芝居の世界やアートロックに触れたことで、ＳＦ的な要素――僕はそれを超現実、現実を超えた感覚と呼んでいますが――があればジャンルを問わずオールＯＫ、何でもありという大らかな、見方を変えれば実にいい加減なんだけど、そういう自由な発想が生まれてきたのだと思っています。

そうして少し寄り道をしていた１９７０年前後、聖さんはしばらくＳＦやホラー、怪獣映画といったジャンルのマニアの世界とは縁のない環境にいた。引き続きＳＦ小説は読んでいたし、ＳＦ・ホラー映画の新作も――お金がなかったから封切りではなく名画座に通って観たりしていたそうで、劇団にくっついて東京に出てきた時には、一方で『天井桟敷』の拠点劇場だった桟敷館に通ったりしながら、やはりＳＦを語り合える同好の士が欲しいと思ったという。

もともと高校時代からアメリカの雑誌『フェイマス・モンスターズ（・オブ・フィルムランド）』（フォレスト・Ｊ・アッカーマン編集のＳＦ・ホラー映画専門誌）を購読していて、少しずつ向こうのファンと情報交換のために文通を始めていたんです。面白いのは、スナックのおまけのライダーカードや、テレビ雑誌の付録の怪獣カードを同封すると返事が来る確率が高くなるんですよ。それで知り合った人には数年後にアメリカまで会いに行ったり、そのまた友達を紹介してもらったりして自分なりにネットワークを作ろうと考えていました。実際に今でも交流のある人が多いですね。

でも日本ではSFファンの知り合いもいないし、ファンダムに伝手があるわけでもない。そこで同じように『フェイマス・モンスターズ』のスタッフ・クレジットで見つけたタクミ・シバノという人に連絡してみようと思い立ったんです。

柴野拓美さん（翻訳家・小隅黎としても知られる日本SF界のパイオニアの1人）は、その頃に出た『キネマ旬報増刊　世界SF映画大鑑』の『世界SFマン交友記』という記事でアッカーマンのことを書いていたので、編集部に教えてもらって連絡をとったら——恐ろしいことに、当時は雑誌や本の奥付にも載っていたくらいで、住所も電話番号も無防備に公開されていました——ちょうど『宇宙塵』の例会があるから来てみたらと言って下さったんです。

「えっ、宇宙人の集まりがあるんですか、パイラ人は来ますか?」なんて思ったくらいで（笑）『宇宙塵』という同人誌も知らなかったし、柴野さんが日本のSF界とSFファンダムにとってどんなにすごい人かということも理解していなかったんですけどね。さっそく行ってみたら本当に濃い人たちばかりで、SFファンダムというのは独特の雰囲気があるんですけど、すっかりそれにアテられた感じがしました。

ちょうどデビュー前の山田正紀さんが『宇宙塵』に次々に作品を書いている頃で、今でも付き合いのある永瀬唯君（評論家、科学ジャーナリスト）とか難波弘之さん（ミュージシャン、作家）、長く柴野さんを支えて編集人を務めた山岡謙さん、同じくファンダムの重鎮で鬼軍曹と呼ばれた大宮信光さん（科学評論家）

といった人たちと知り合うことも出来ました。
ところが、僕がいつまでもフラフラしているので業を煮やした父が帰ってこいと言ってきたんです。その頃はまだ映画の看板の需要もあったから、することがないんだったら看板屋を継がせようと思ったんですね。それが70年代に入って映画産業自体が急激に落ち込んでしまって、あそこで不器用な僕が家業を継いでいたら悲惨なことになっただろうと思うんですけど……。それでも20歳になったことだし、いったん京都へ帰ることにしたんです。その時に、せっかく知り合ったんだからと仲間たちと語らって出したミニコミ誌が『不死者画報』でした。

聖さんが中心になって編集・発行し〝日本ではおそらく初めての怪奇映画専門の雑誌〟と自負する『不死者画報』（トランシルヴァニア協会・73年7月発行）は、モノクロ50ページのタイプ・オフセット誌。洋物ホラーのスチールをふんだんに使い（父親の仕事柄、映画の宣伝スチール写真は比較的豊富に手に入ったという）、グラフページの『失われた世界の夢』や長めの論考『ハマーフィルムの怪奇な世界』第1回（平井真一郎）、『怪物紳士録　其の一　吸血鬼』（聖咲奇）などの合間に新作ニュース、ブックレビューといった情報が散りばめられている。

「ノスタルジアは、老人が唯一度のみ犯す罪でしかないのだろうか？　もう戻ることのない者に対するレクイエムでしかないのだろうか？　【否】　戻ってくるのだ！　故にそれは、モンスターを再生した、あのイナズマよりも、確実なものなのだ。ノスタルジアの魔力は、我々に最もシュールで自由なイメージを与えてくれる。(中略)私は、十才の時から、失っては集め、失っては集めで怪奇に関する資料に生きがいすら見出してきた。本誌はそんな私の夢であり、開き直りであり、呼びかけである」

——と、聖さんが巻頭言で自身の信念を打ち出したこの第1号は全部で50冊ほど作って配ったそうで、当時、柴野さんが担当していた『S-Fマガジン』や『宇宙塵』のファンジン・レビューでも紹介された。資料提供として柴野さんのほか、安孫子素雄、児玉数夫、須永朝彦、このあと『恐怖映画研究会』の副会長を務めることになる繁田俊幸といった人たちの名前が並んでいるのが目を惹くが、これと前後して石田一さんの『ザ・モンスターズ』(怪奇SF映画研究会モンスターズ会誌・73年6月創刊)が登場。やがて『PUFF』(『宙』会誌・74年3月創刊)を含めてホラー系と特撮怪獣系の研究型ファンジンが相次いで誕生するプチ同人誌ブームがやってくる。

もっとも『不死者画報』は創刊号だけで打ち止めとなり、その後『気味悪青年ニュース』といった数種の情報連絡誌を出したものの、聖さんの同人活動はごく短い期間で終わりを告げた(ただし、プロになってから開田さんの同人誌『衝撃波Q』等に寄稿している)。

『怪獣倶楽部』との出会い、ライターへの道

1973年に京都へ帰ってから、しばらく看板屋で修業をしていたんですけど、どうも肌が合わない。東京の空気に触れて帰ってきたことで、地元では自分がちょっと浮いているようにも感じていました。だから、

その頃はいろんなことに手を出しましたね。デパートからの依頼でタロットカードの展覧会を開くといったイベント・プロモーターのようなこととか——この時は京都でちょっとしたタロットカードのブームが起きたんですよ——、お化け屋敷をプロデュースしたこともあります。ロックのコンサートに顔を出したり、ドイツ表現主義をテーマに取り上げていた関係で京大の映画研究会に出入りしてみたり……。

一方で、時間を作って東京にもしばしば出てきていました。ファンクラブのつながりで知り合った紀田順一郎さん（評論家、作家）——僕は紀田さんの学校の先生のような雰囲気が大好きで、とても憧れているんですけど——が、16ミリの映画フィルムを集めて『紀田映画』という個人のシネマテークを始めた頃で、二子多摩川のご自宅に伺うと「聖君が来たから紀田映画をやろう」と言って『メトロポリス』と『ノスフェラトゥ』の2本立てを映写して下さいました。そこに、僕より若いと思われる、Tシャツ姿の見るからにやんちゃそうな男がいたんです。見ていると紙袋から『ガメラ』や『大魔神』のスチールを出してみんなに見せまくっている。

こいつは面白い奴だなと思っていたら、たまたま帰りに駅まで一緒になって「これから円谷プロに行くんだ」と言うわけです。話を聞いてみると、どうも円谷プロに住み込みで勤めているらしい。おまけに、その日は怪獣好きの仲間が集まっているという。名前を聞いたら『不死者画報』を作った時に購読希望でコンタクトしてきた人たち——徳木吉春君もそのひとりでした——がいることがわかって、それはぜひ会いたいと言って連れて行ってもらったんです。それが竹内（博）君との出会いだったんですよ。

それから『怪獣倶楽部』の会合——当初はまだ『PUFF』＝宙の集まりだったかもしれない——に通うようになって、それとは別の日に円谷プロに行った時に紹介されたのが安井（尚志）君でした。そこで洋物を中心に研究したり資料を集めたりしていますという話をしたら、しばらくたって安井君から電話がかかってきて「聖氏はマーベルコミックについて詳しい?」って聞くんです。もちろん読んでいたし好きだよって答えたら「すぐに行ってくれ」と言って紹介されたのが企画者104(東映スーパー戦隊シリーズなどの企画・デザインを手がけるプロダクション)でした。

僕はその頃『OUT』の編集を手伝っていて……

話が先に進みすぎたので、ここで少し時間を巻き戻そう。この時代、特撮怪獣ファンダムの人の往来が様々な方向から集まり、ひとつの潮流を作っていくのだが、ほぼ並行しながら同時進行しているので整理しておく必要があるのだ。

京都の実家に帰っていた頃、僕は東京へ行くたびに友だちのところに泊めてもらっていたんだけど、その友だちというのが今作家になってクトゥルーものを書いている朝松健なんです。朝松君はもともと北海道で『黒魔団』という、小説のほうのホラーの研究会と同人誌を主宰していて、『不死者画報』を出した僕の同好会『トランシルヴァニア協会』とは友好関係にあったんです。

その朝松君に紹介されて『オカルト時代』(みのり書房)という雑誌に連載を持ったのが1976年。これで初めて原稿料をもらいました。プロのライター、編集者としてのスタートです。この雑誌には矢追純一、中岡俊哉、団鬼六、山村正夫、黒田みのる、団精二(荒俣宏)といった人たちのほかに『モンスターズ』の石田一君も寄稿していて、僕はおもに残英陸というペンネームで音楽に関するコラムを書いていました。

このペンネームについて説明しておくと、音楽について書く時の残英陸は、逆さまに読むと英陸残（えいりく・ざん）、ドイツ語にするとエーリッヒ・ツァン。つまりH・P・ラヴクラフトの短編『エーリッヒ・ツァンの音楽』から採ったんです。あちらはベースギターじゃなくてチェロ奏者ですけど。聖咲奇のほうは、劇団にいた時に付き合っていた女の子の名前から聖をもらって、その頃、異色作家のサキを読んで衝撃を受けたので、狂い咲きという意味をこめて咲奇の当て字を考えました。当時からこの2つのペンネームと本名を使い分けていたんですが、今では馴染みすぎて、今さら本名には戻れなくなってしまいました（笑）。

この『オカルト時代』は一年足らずで休刊になるのですが、その間に僕は編集部から取材費をもらって初めてアメリカ旅行に行きました。目的は文通で知り合った向こうのSFファンに会うことだったんですが、ついでに取材費で買い込んだコレクションで記事を作ってまた原稿料がもらえたから、これはいい仕事を見つけたと思いましたね。でも、当時はなにしろアメリカのファンは日本の情報に飢えていましたよ。今のようにインターネットで簡単に映像が見られるような時代ではなかったですから。35ミリの映画コレクターの家に泊めてもらって毎晩、映画三昧だったり、SF映画専門誌『シネ・ファンタスティック』の編集長に会ったり、自分にとっては収穫の多い旅でした。

それで話を戻すと、『オカルト時代』に代わって新たに創刊（77年5月）されたのが『OUT』で、引き続いて編集を手伝うことになったんですが、最初はサブカル・マガジンとして出発したのに編集長が交代したり、いろんな事情もあって結局、僕は初期の数号だけで離れてしまいました。『OUT』ではアメリカ土産のポスターのコレクションでグラフページを構成したり、いろいろやりましたが、後に開田君や『サンダーバード』の研究家として有名な伊藤秀明さんたちと一緒に編集プロの銀映社を立ち上げる浜松克樹という面白い編集者がいて、彼と半分ずつ構成する形でコラボした第9号の特集『大SF映画館』が特に印象に残っていますね。

金田一耕助やレイ・ブラッドベリ（創刊号）で始まり、日本映画、ロック、東京12チャンネルといった当時のサブカル、アングラ的にマイナーな素材を特集していた『月刊ＯＵＴ』が、『ヤマト・アソシエイション』の面々によってマニアックに構成された『宇宙戦艦ヤマト』特集をきっかけにアニメ誌のスタイルへと変貌していったことはすでに第1部でも触れた。

その一方で『ＯＵＴ』には、創刊号から数回のみ連載されたコミック『ペイル・ココーン』の作者・いたはししゅうほう（板橋秀法）、9号のＳＦ映画特集で『禁断の惑星』のロボット・ロビーの図解を担当した開田裕治、『２３００年未来への旅』スゴロク（！）を描いた米田仁士、別冊『ランデヴー』に移った『ペイル・ココーン』に作画協力で参加した増尾隆幸の各氏といった関西圏の人脈が登場。安井・竹内ラインとつながった聖さんを通じて、彼らが『怪獸倶楽部』メンバーと共に出版メディアに進出していくきっかけとなったのである。

『怪獸倶楽部』の会合に顔を出すようになって、すぐに竹内君から「大阪にも熱心な特撮怪獸ファンがいるよ」と開田君の連絡先を教えてもらったんです。開田君は当時『宙』の関西支部『セブンスター』を主宰して会誌『衝撃波Ｑ』を出しながら、地元のファンと交流する例会を開いていて、そこで彼の出身校である京都芸大の仲間——板橋君、増尾君、米田君、久保（宗雄）君たちや、自力で研究書『大特撮』（78年・有文社）を出した同人グループ『コロッサス・コーオペレーション』の面々と知り合うこと出来ました。

その後78年に開田君たちが上京して共同生活を始め、僕も東京に来て一緒に仕事をするようになったところで、ようやく先ほどの話につながります。安井君の紹介で『企画者１０４』の事務所に行ってみると、東映がマーベルコミックの版権を買って『スパイダーマン』を実写特撮でテレビ化するから、原作に詳しい人に企画書づくりを手伝ってほしいということだったんです。

当初、僕はアメリカのヒーロー（スパイダーマン）と日本のヒーロー（ヤマトタケル）が力を合わせてＷヒーローとなって敵を倒す設定を考えたのですが、これがなかなかうまく形にならない。そこで久保君に会議に加わってもらったところ、彼は小学館で編集をしたりしていた器用な人で、いろんなアイデアを出してうまく東映作品としてまとめてくれたので助かりました。

巨大変形ロボット、レオパルドンが登場するテレビシリーズ『スパイダーマン』（78年）ではゲスト怪人などのデザインワークに久保、板橋、増尾、米田の各氏が参加。引き続き『企画者１０４』で開田さんたちが『バトルフィーバーＪ』（79年、戦隊シリーズ第３弾）のキャラクターデザインを任されるなど、美術系が多かった関西勢は実製作に携わる一方でマンガ家、イラストレーター、デザイナー、そして編集者・ライターとしてそれぞれに活動を始めるが――一時、ＪＦＵ（ジャパン・ファンタジイ・ユニオン）というグループも結成していた――、その初期の舞台となったのが『宇宙戦艦ヤマト』や『スター・ウォーズ』のヒットで盛り上がった70年代後半からのアニメブーム、ＳＦブームで続々と生み出された一連のアニメ・特撮関連の出版物である。聖さんの話はさらに続く――

ファンコレ、マンガ少年別冊、そして『宇宙船』

『企画者104』の仕事に続いて安井君から紹介された朝日ソノラマのファンタスティックコレクション・シリーズ『科学忍者隊ガッチャマン』第2集（78年）を構成して、この時に初めて村山実編集長にお会いしたんです。村山さんは大伴昌司と組んで怪獣図鑑やソノシートを作っていた、僕らの世代にとっては恩人のような人ですけど、僕や安井君の話を面白がってくれて、それから頻繁にソノラマに出入りするようになって『マンガ少年』に連載を持たせてもらったり、ソノラマとのお付き合いが始まるんです。

それと同時に『企画者104』は出版物の編集も手がけていたので、日本で初めて出た『スター・ウォーズ』のムック（監修・小野耕世『スター・ウォーズ　特撮の秘密』）と、東映が対抗して製作した映画『宇宙からのメッセージ』のストーリーブック（『宇宙からのメッセージ　カラー・フォト・ストーリー』どちらも78年、バンダイ）を構成・編集して、ソノラマでも同じ年に『マンガ少年』の臨時増刊『SFTV・コミック・アニメ・映画の世界』（監修・豊田有恒）を作りました。

『SFTV〜の世界』は前年に出た『TVアニメの世界』に続くもので、ヴィジュアルとしてのSFの魅力を多角的に紹介した内容。編集協力および協力のクレジットで企画者104、聖咲奇、久保宗雄、安井ひさし、酒井敏夫らが名を連ね『日米ヴィジュアルSFの流れ』（JFU）『SF映画ポスター迷作展』（増尾隆幸とARUGONAUTS)『来たるべきもの・その名は……終末』(残英陸)といった記事に個性を発揮している。

そして79年、さらにマニアックで資料性を高めた内容の『マンガ少年別冊　すばらしき特撮映像の世界』が発売され、児童誌やファンジンで渇を癒やすしかなかった当時の特撮怪獣ファンの度肝を抜いた。

ビハインド写真を網羅した巻頭グラビア『特撮スタッフ大奮闘』、竹内・安井コンビによる年表『日本特撮史　映画編・テレビ編』、実相寺昭雄の未製作シナリオをコミカライズした『ウルトラマンタロウ』(板橋しゅうほう、アルゴノウツ)、『日本特撮マン紳士録』(酒井敏夫)と『海外特撮マン紳士録』(井口健二)の2本立て、当時の現役スタッフを集めた座談会『日本の特撮はまかせておけ!!』、ピープロ作品『豹マン』のパイロット版をカラーの場面写真で紹介した『TV特撮の世界』、勝田安彦さん(恐怖映画研究会)によるブロードウェイの怪奇劇レポート、ファンジンを含む関連書籍とレコードのガイド、米田仁士さんがイラストを担当した8ミリ特撮映画の作り方講座、特撮用語事典、巻末の『マリンコング』シナリオ再録、さらにCMの特撮映像やパロディ、クイズまで目配りの利いた至れり尽くせりの構成で、徹底して特撮怪獣ファンの視点からプロの世界を俯瞰したという意味で画期的な出版物であり、1作品1冊のファンコレに対して、まさに大人向け総合誌のスタイルをとった特撮専門マガジンの理想型にして原型と言えるものだった。

この『マンガ少年別冊』から『宇宙船』創刊までの流れ、そして聖さん、安井さん、竹内さんをはじめとする『怪獣倶楽部』などファンダム出身のライターと朝日ソノラマとの関わりについては当時の村山編集長のインタビュー(P513)を参照していただくとして、引き続き聖さんの回想に耳を傾けよう。

ソノラマに出入りするようになって安井君、竹内君と『すばらしき特撮映像の世界』を作ったあと、僕は2回目のアメリカ旅行へ行ったんです。その前に『企画者104』を辞めているんですが、村山さんから定期収入が要るだろうから雑誌を作ったらどうかと言われて考えたのが『宇宙船』の企画でした。その創刊時期が年末に予定されていたので、今度のアメリカ行きは新雑誌のための材料集めも兼ねていました。

〝アメリカの自分（聖咲奇）〟みたいなSF・ホラー研究家のドン・グルートやボブ・バーンズ、ティム・バートン監督の『ビートルジュース』でアカデミー賞を獲る前のロバート・ショート（SFXクリエイター）、『グレムリン』などの特殊メイクを担当したクリス・ウェイラスといった、76年の時よりもっとたくさんの素敵な人たちに会って帰ってきたんですけど、その時に肌で感じたのは3Dの魅力です。これからは立体物の時代だと思って、『宇宙船』では創刊号から立体造形、それも国内外のファンが自作したものをフィーチャーする方針にしました。

それ以前に『マンガ少年』の記事で田宮模型の人形改造コンテストを採り上げたりしていて、川口哲也君や品田冬樹君のような造形をめざす若い人たちがいるのも知っていましたからね。自分自身は不器用なので模型は好きだけど、うまく作れない。でも模型の魅力は知っているから、上手に作れる人をプロデュースすることは出来るかもしれない。そこからガレージキットのメーカーとのつながりも生まれたりして、創刊2号では玩具やアマチュア（自主）映画の作家——後にプロデューサーや監督になる一瀬隆重、河崎実といった人たちを特集したり、自分が好きなことをどんどん誌面にしていきました。

もちろん親分的な存在である村山さんのサジェッションが非常に大きかったし、あれだけ長く続けられたのは明らかに安井君の力です（創刊25周年を迎えた2005年に休刊。現在はホビージャパンより復刊）。村山さんはもともとファンコレや『TVアニメの世界』『特撮映像の世界』などの手応えから、大人のマニアに向けた定期刊行物を出したいという構想をもっていらして、そこへ僕と安井君がいろいろアイデアを出して方向性を決めていったんです。僕自身のキーワードは〝レトロフューチャー〟ということで、だから村山さんが「宇宙船」なんていう古くさい誌名に決めたんですよ。

でも今までにない雑誌だから、内容の実験や冒険はしたいけど、まったく売れないようなものではソノラマとしても困る。そこで実験的な部分は僕、売れる要素は安井君というふうに分担して、それぞれにやりたいことをやろうと。それで、ここに安井君の記事を入れて、日本の怪獣ものは竹内君が書くからオレは洋物の連載をやろう、なんて考えながら台割を埋めていって「ハイ、まとまりました」って村山さんに渡すと、まとまってないじゃないかって村山さんがまた台割を作り直すという、そんな形で編集していきました。

だから創刊当初の『宇宙船』は、よく「素人っぽい」とか「同人誌みたい」だって言われたんだけど、僕としてはプロが作った同人誌みたいな感覚があったんです。中身もいろんなものがごちゃまぜでいいんだ、と。むしろファンの目線、ファンの驚き、ファンとして自分が楽しむ感覚というのを忘れたくなかったですね。今の雑誌を見ていると、売れ行きを気にするあまりなのか、作っている人たちが楽しんでいないように感じられる。編集者に雑誌を作ることへの強い想いやこだわりがなくて、どれも薄い感じがしてしまうんです。

だって『怪獣倶楽部』の人たちが作ったムックなんて、今見ても濃いでしょう(笑)。円谷プロの会合で会っていた頃、まだアマチュアだった徳木君や氷川(竜介)君がつけていたメモを見て本当にびっくりした。こいつらスゲーって思いましたよ。本当に好きなもののためには骨身を惜しまない人たちで、それが当時も今も書く文章や構成するページに表れている。その筆頭が竹内君だったわけだけど、彼は書誌家の資質をもった学究肌の人間。それに対して安井君は同じ研究者タイプではあるんだけど、企業と渡り合う力、世間知のようなものも兼ね備えているところが強みですね。

そういう意味では、安井君はオタク的なひ弱さのない、むしろ知識と合わせて交渉術という無敵の鎧を着けた英雄騎士で、竹内君は古今の学問に通じた僧侶。僕は打たれ弱い新米魔法使いみたいなものです。研究者としても編集者としても安井・竹内の２人に憧れて目標にしながらやってきたけど、まったくマネが出来ませんでした。だから今、安井君が身体を壊して一線を離れてしまったのはすごくもったいないと思うし、亡くなった竹内君は本当に惜しいですね。

でも、竹内君は健康面では苦しかったかもしれないけど、仕事や人間関係には恵まれていたと思いますよ。『怪獣倶楽部』の仲間がいて、ずいぶん助けられたんじゃないかな。実は僕も２０１２年に一度倒れて、池田（憲章）君たちがいろいろ気を遣って呼びかけてくれて、また新しい雑誌を作ったりすることが出来るようになった。まだまだ、やらなきゃいけないことがあるってことですよね。

聖さんはその言葉通り、専門学校の講師をする傍ら『聖咲奇のタイムマシン』という雑誌を創刊。身近なお茶会やトークショーから、世界最大規模のガレージキット・イベント『ワンダーフェスティバル』のような各種の催し、またインターネットなどを通じて現在も内外のファンとの交流を続けている。

「昔のことをただ懐かしく思い出すだけではなく、時間の流れのなかで埋もれてしまったもの、忘れられてしまったものを掘り起こし、新しい光をあてるのが僕らの仕事じゃないかと思う。その気持ちをこめて誌名をタイムマシンにしました」と語る聖さんだが、奇しくも同じホラー系の研究家である石田一さんも、ファンジン時代の誌名を引き継いだ個人誌『モンスタージン』を新たに立ち上げた。２人とも電子書籍への移行期にある現在、あえて紙媒体の雑誌を選択するあたりに筋金入りのマニア魂を見る思いがする。

聖さんの仕事について補足しておくと、文中に挙げたほかに『宇宙船』の連載をまとめた『フラッシュ・ゴードンの思春記――50年代・60年代超現実映画史』『電子頭脳映画史――「メトロポリス」から新「スター・ウォーズ」まで』『百万人の超現実――特撮・怪獣・SF・ホラー　キーワードLIB』『eBay探検――世界最大のオークションサイト』といった著書、徳木さんと共同で構成・執筆した小学館のコロタン文庫『SF怪獣と宇宙戦艦』（79年）、同じくコロタン文庫の『世界の妖怪全百科』（81年）、『宇宙船』初期のレギュラー執筆者だった菊地秀行さんと共同で海外編を担当したファンコレ・スペシャル『世界怪獣大全集』（同、日本編担当はコロッサス）、テレビアニメ『亜空大作戦スラングル』（83年）の脚本、スーファミ用アドベンチャーゲームのサウンドノベル『ざくろの味』（95年）のシナリオ等がある。

最後に、個人的に私がいちばん好きな――そして聖さんにしか書けない記事として、85年に宝島（JICC出版局）から出た『ゴジラ宣言』収録の『海外ゴジラ評判記　ゴジラ IN USA』の一部を引用しておこう。最初のアメリカ旅行など自身の体験をまじえながらアメリカにおけるゴジラ人気を取材したレポートで、『PUFF』という名の同人誌出身でありながら東宝=円谷原理主義に凝り固まっていた私を、穴があったら入りたくなるような気分にさせた一文である。

3年前のハロウィン（10月30日）の夜に放映されたスペシャル番組「怪物について知りたい総ての事」は、映画怪物のダイジェストを矢継ぎ早に見せていくが、ここで、ゴジラの役割が重要なのである。「ゴジラ」のフィルムが流れ、「ゴジラ対ヘドラ」が流れ、そして番組のラストシーンはこんな具合だ。

ゴジラが荒地を去って行く。子供が走ってきて大きく手を振る。

「さよーならァ、ゴジラァ」

「ゴジラ対ヘドラ」のラストシーンである。
構成者はきっと子供たちにとって〝心なごむ〟ラストにしたかったのだろう。ゴジラの後期作品を堕落とは見ずに、現代のパフ・ザ・マジックドラゴンとしてとらえたアメリカの子供たちの反応がそこに見えてくる。

——その子供たちが大人になっても日本のKAIJU映画を忘れずにいてくれたのだろう。ゴジラ・シリーズがハリウッドでリメイクされることなど夢物語だった時代のエピソードだが、何ともいい話ではないか。

開田裕治

――特撮・怪獣ファンの出会いに支えられて歩んだ怪獣絵師の道――

思い返してみますと、私は今まで全く関心の持てない分野のイラストレーションを、ほとんど描いたことが無いのです。（中略）

その訳は、この仕事を始めるきっかけを作ってくれた友人達との出会いが、そもそも怪獣映画などを介してだったからなのです。

子供の頃から絵を描くのが好きで、ほかにこれといった能も無かった私は、将来は絵を描いて暮らしてゆくしか道は無いのだと、闇雲に思い込んでいたのですが、もう一つの趣味である特撮ＳＦ怪獣映画まで同時に仕事にしてしまうとは、夢にも思いませんでした。

ただ単に生活の糧を得る為だけに絵を描くのでは無く、対象を描き出す仕事自体が喜びにつながるというのは、なんと幸せなことでありましょう。

——開田裕治画集『怪獣戯画』あとがきより——

人とのつながり、形に残るものを求めて同人誌（ファンジン）活動へ

開田裕治さんは１９５３（昭和28）年生まれ、兵庫県出身。怪獣映画、特撮映画に親しみＳＦ小説を愛読した少年期を経て京都市立芸術大学でデザインを学び、在学中の74年、関東に拠点を持つ怪獣ファングループ『宙』の発足と同時に加入。第４号から会誌『ＰＵＦＦ』の表紙を担当する一方、翌年みずから関西支部『セブンスター』を立ち上げ、会誌として『衝撃波Ｑ』を創刊。さらに竹内博さん主宰の同人グループ『怪獣倶

楽部』のメンバーとなる。大学卒業後、1年ほど印刷会社のデザイナーを務めたが、その間にファン活動を通じて知り合った同じ関西出身のフリー編集者・ライターの聖咲奇さんから依頼され『月刊ＯＵＴ』77年9月号のＳＦ映画特集に描いた『禁断の惑星』に登場するロボット、ロビーの内部構造図解で、イラストレーターとしてデビュー。78年に上京し、編集・企画・デザインを手がけるプロダクション『企画者１０４』の嘱託から編集企画会社『銀映社』の創立に参加した後、フリーとなり朝日ソノラマのビジュアル誌『宇宙船』の創刊号から8年にわたって表紙イラストを担当。前後して徳間書店の児童向けテレビ誌『テレビランド』やムックの図解、バンダイのプラモデルのパッケージ、キングレコードの『ゴジラ伝説』とウルトラシリーズのＢＧＭ集をはじめとする各社のＬＰ、ビデオソフト、レーザーディスクのジャケット等のイラストを手がけ……。

——などと、今さらプロフィール紹介をするのは無粋かもしれない。すでに『ＧＩＧＡ　怪獣戯画』（89年、バンダイ）以来、『ウルトラＱ　開田裕治画集』（01年、角川書店）『ゴジラ・イラストレーションズ』（14年、アスペクト社）『開田裕治画集　ガンダム編』（15年、大日本絵画）ほか単独・共著合わせて10冊を越える画集を出版し、『怪獣画廊　開田裕治展』（96年）『怪獣ミュージアム　開田裕治の世界展』（97年）『怪獣回廊展』（99年）『怪獣ギャラリー　開田裕治展』（00年）『怪獣と20世紀の夢　開田裕治展～21世紀につなぐ幻想とロマンの系譜～』（07年）『猫とドラゴン展』（12年）『怪獣絵師　開田裕治とウルトラの世界展』（同）『怪獣絵師　開田裕治と円谷特撮の世界』（13年）、画業40年を記念した『怪獣絵師　開田裕治のウルトラマンズギャラリー』（17、18年）等々、グループ展や二人展・三人展も含めて毎年のように展示イベントを開催する、押しも押されもせぬ怪獣イラストの第一人者として海外でも知られる存在だ。

特にゴジラ生誕60周年、ハリウッド版新作の第2弾である『ＧＯＤＺＩＬＬＡ／ゴジラ』（ギャレス・エドワーズ監督）の公開、さらに伊福部昭生誕百年紀が重なったメモリアル・イヤーの２０１４年は『幻視怪獣展』『ウルトラの世界展 in 神戸』『ゴジラ伝説と伊福部昭展』『ゴジラ・ジェネレーション』（生頼範義と共同）ほかの画展だけでなく、サイン会のようなイベントに加えてテレビの情報番組や雑誌の取材と引っ張りだこの忙しさであり、それは〝ゴジラ生誕65周年〟を迎えた現在もなお、少なからぬ形で続いている。

その世界的人気イラストレーター、〝怪獣絵師〟開田裕治のプロとしての本格的な出発点となったのが、先に挙げた『宇宙船』（80年創刊）だった。それまで商業イラストとしてカラー画を描いた経験のなかった開田さんが、表紙担当に抜擢されて苦心惨憺しながら、その仕事を通して独学で技法とスタイルを獲得していったことは本人がインタビュー等で繰り返し語っており、さらにその原点に怪獣・特撮ファンとしての活動があったこともよく知られている。ここでは『衝撃波Q』を中心に、開田さんの同人誌時代の思い出に絞ってお話を伺った。

最初のきっかけは、やはり『S-Fマガジン』73年9月号の読者欄に載ったOさん（『PUFF』＝『宙』の初代代表）の投書です。私は東宝の『宇宙大戦争』（59年）や『モスラ』（61年）で怪獣と特撮もの、SF映画の魅力に目覚めたのですが、その当時というのは小学生、中学生時代がいちばん怪獣熱、特撮熱が盛り上がって、高校生になると部活（美術部）が楽しくなっていく一方、肝心の特撮映画はどんどん魅力がなくなってきたと感じて少し距離を置いていたのです。

大学生になってからも、周囲には自分と同じように子供の頃に怪獣映画を観ていた人はいたと思いますけど、積極的にそれについて語り合うようなことはありませんでした。当時は大人になるにつれて、そういう子供っぽい趣味から卒業するのが当たり前という風潮だったのです。それが「怪獣ファンの仲間よ、集まりましょう」という内容の投書を見た時に、自分と同じ気持ちの人がほかにもいることがわかって「そういえば自分も好きだったな、今でも観てみたいな」と改めて思ったんです。でも、現在と違って映像ソフトや書籍で手軽に作品に触れることが出来るわけではなく、ロードショーやテレビ放映で見終わるとすぐに消えてしまって手元に何も残らない時代でした。そこで、友達と話をするのでも何でもいい、何かしら手応えが欲しいという気持ちになったわけです。

ですから、私の場合は他の『怪獣倶楽部』のメンバーと違って、何かを研究分析しようというような考えはそれほど持っていなかったし、リスト作りは好きでしたけど、特別にこれについて詳しい対象があるとか、たくさんのデータを集めていたわけでもありませんでした。ただ単純に「好きだから」というだけで、『宙』に入会するにしても自分で同人誌を作るにしても、まず人とのつながりを持ちたいという気持ちのほうが強かったですね。その上で怪獣や特撮映画に関して何かしら形になったものを手元に残したいというのが、ファン活動を始めたいちばんの動機だったと思います。

そもそも『宙』の関西支部として『セブンスター』を発足させたのも、同じ怪獣映画・特撮映画好きの人たちと単に手紙のやり取りだけでなく、直接会って話したい、触れ合いたいという思いからです。当時、大阪近辺に7人くらい『宙』の会員がいたので「せっかくだから顔が見たいね」ということになって、会合というほどのものではありませんが自然に集まるようになりました。

後に仕事仲間になる聖咲奇さんとも、その頃に知り合ったんです。最初に会った時、彼が真っ白なスーツ姿で現れたのでびっくりしましたけど、それまで学校だけの狭い世界しか知らなかったから、そういう出会いは新鮮でした。ちょうど同時期に全国的なSFファンのイベントである『日本SF大会』——75年に神戸で開催されたＳＨＩＮＣＯＮなど――にも参加するようになって、共通の趣味を持つ人たちと語り合う楽しみに目覚めた時期でもありました。

みんなで16ミリのフィルムと会議室を借りて上映会を開いたり、地元の京一会館という映画館のオールナイトに一緒に行ったりもしました。その頃の仲間とは現在は年賀状のやり取りをするくらいで特別な交流はなくなってしまいましたけど、何年か前に1人だけいた女性の方と再会しました。その人は当時中学生でアニメーター志望でした。後年、何度かアニメのエンドロールで名前を見たことがあって、志望通りの道に進んだことがわかっていたのですが、ある時コミケの会場で声をかけてくれて「あの時はお世話になりました」とお互いに挨拶したことがあります。

また『宙』とは別に、後に『コロッサス・コーオペレーション』というグループを作って、本格的な研究書である『大特撮』（79年初版）を出すことになるメンバーとも知り合いました。こちらは『宇宙船』にも登場した竹内義和さん（『大映テレビの研究』で知られる作家、研究家。『ＰＵＦＦ』の初期会員でもある）や堀内祐輔さん（自主映画作家）など、プロになった人が比較的多かったですね。『大特撮』には私の名前が載っていますけど、実際には原稿は書いていません。その頃『日本誕生』（59年）を観ている人が執筆メンバーの中にいなかったので、旧・京橋フィルムセンターで上映された時に夜行バスで東京まで行って観てきて、その内容を伝えて原稿の形にしてもらったというのが正確なところです。

こうした仲間との出会いと共に『セブンスター』の会誌『衝撃波Ｑ』が誕生するのは１９７５年。富沢雅彦さんが各代表のアンケートを集めて作った『全怪獣ファンジンカタログ』（『ＰＵＦＦ』11号別冊付録）をもとに紹介すると——

第1号は会員の自己紹介やミニエッセイ、開田さん自身による映画評、連載リレー小説『紅蜥蜴』の第1回など。第2号は同年2月に逝去した幻想作家・香山滋の追悼文（酒井敏夫、南敬二）、京一会館ゴジラ大会レポート、『伊福部昭の音楽世界』（八朝裕樹）に加えてOさんのエッセイも載っている。第3号は開田さんの大学の後輩でもある久保宗雄さんの『キングコング創成記』をはじめとする、リメイク版公開に合わせた『キングコング』特集と南敬二さんの連載『時の剥製師・香山滋』、ファンダム・レーダーなど。第4号は竹内博さんも加わったインタビューを中心に、作品目録、クラシックアルバム・リスト、略年譜、本多猪四郎監督の寄稿と田中友幸プロデューサーのコメント等で立体的に構成された伊福部昭特集。ほかに聖咲奇さんの連載エッセイ『メリケン・モンスターズ・ストライク』、『スタートレック』フィルモグラフィーなど。第5号はシナリオ採録（竹内博、開田裕治）と本多猪四郎監督インタビューなどの『ゴジラ』特集。第6号は特殊効果のクリエイター、レイ・ハリーハウゼンの特集で『ハリーハウゼンの初期作品考』（竹内義和）、フィルモグラフィー（聖咲奇）、ベスト・ワースト・ファン投票など。『怪談映画にみる怨念の世界』（佐竹則迪）もあり、海外ホラーや日本の怪談映画もカバーした関西在住のファンの特色が示された内容となっている。

——という具合に、翌1976年の春頃にかけて続けざまに6冊が出ている。

開田さんによれば、誌名のQはもともとQuarterly（季刊）の意味だそうで、年4回の発行ペースは既定路線。「ガリ切りと印刷は何人かに手伝ってもらいましたが、編集作業は写真製版やレイアウトも含めて基本的に私一人でやっていました。最初は少数の集まりの連絡誌のようなつもりでしたが、しだいにちゃんとした内容の本を作りたいと思うようになりました。4号から手書きオフセットにして、少し間があってから出した7号と、さらに5年後になってしまった復刊8号は、大学卒業後にしばらく印刷所に勤めていた関係もあって写植オフセットにすることが出来ました。10数部から始まって、最終的には通販で200部くらい出していたはずです」とのこと。

そして、この同人誌時代に学生だった開田さんは夏休みなどを利用して上京し、『怪獣倶楽部』をはじめ関東のファンと交流したり、先に挙げた会誌のためのインタビュー取材を行ったりしている。

はっきりとした日付は憶えていませんけど、最初に『怪獣倶楽部』の会合（まだ『宙』の会合だったかもしれません）に行ったのは、竹内さんと一緒に伊福部先生のインタビューをする前ですから、たぶん74年の終わりか75年の初め頃だと思います。竹内さんに会ったのがその会合がある前の日（土曜日）で、円谷プロの中を案内してくれて『衝撃波Q』に使う写真を貸してもらったのですが、私にとっての竹内さんの印象は最初の頃はとても怖かったです（笑）。

こちらが会誌を送ると電話などでいろいろ厳しい意見が返ってきて、特に「人の名前を間違えてはいけない」ということは強く言われました。自分が仕事をするようになって良くわかりましたけど、フリーランスの人間にとっては名前が大事な看板ですからね。それとプロとしての意識の持ち方というか、名前を出して仕事をしている以上は発信することに責任を持つべきだとも言われました。それはネット時代になって、無責任な匿名の発言が飛び交っている今、改めて感じることです。その点、ただ厳しいだけではなくて親切なアドバイスをしてくれたり、貴重な写真をどんどん貸してくれたりしたのですから、それだけこちらを信用してくれていたのでしょう。自分としてもいい同人誌を作って、その期待に応えなければと気持ちを引き締めました。

それに竹内さんは現代に通じる先端的な考えの持ち主で、集めた資料を自分で抱えて仕舞い込んでしまうのではなく、多くの人が利用できるようにすべてオープンソースにするということを心がけていたと思います。だから資料整理にお金をケチってはいけないとも言っていました。今のようにあらゆる情報が氾濫していると、どこにどんな情報があるのか検索する能力とノウハウが問われてくる。情報という形のないものの価値は、形のないままではどうしようもない。それにどうやってタグ（付箋）をつけるかが大事だと教えられた気がします。私が自分で習得した絵の技法を映像や解説書（玄光社ＭＯＯＫ『開田裕治　怪獣イラストテクニック』、16年刊行）で公開したりするのは、そうやってオープンにして同じ技法を使ってもらっても、描くものはおのずとそれぞれの個性が出て違った表現になるのが面白いと思うからです。

ただ、私の『怪獣倶楽部』での活動というのは、文章ではなくてペン画のピンナップ・イラストを何回か会誌に描いたくらいです。あとは会合でみんなと話していたことの方が多かったですね。その前には『ＰＵＦＦ』のカラーの表紙（４～７号）も作りました。Ｏさんから頼まれたのか自分から言い出したのか、もう忘れてしまいましたけど、ちょうど美大の授業でシルクスクリーン印刷を習ったので実践してみたんです。自分で写真の現像や焼き付けなどもするようになっていましたし、材料は学校に幾らでも揃っていましたから、それほど手間ではなかったですよ。なにしろ大好きな怪獣の写真で作るわけですから、楽しくて仕方ありませんでした。今はパソコンでいろいろ凝った加工が出来ますが、あの頃は学校の上にスチール写真の怪獣を合成しただけで「写真でこんなことができるのか」と、友達がみんな驚いてくれたんです。

そういう意味では『衝撃波Ｑ』も含めて、私のファン活動は本当に遊び感覚というか、仲良しクラブの延長みたいにみんなでワイワイするのが目的という感じでした。『怪獣倶楽部』で知り合った氷川竜介さんや、その友人でメカデザイナーになった出渕裕さんたちと文通したりもしていました。あの頃は『ＰＵＦＦ』の富沢雅彦さんのように本気で同人誌作りに取り組んでいる人がいるということが、正直に言って想像がつかなかったですね。作品の価値を認めてもらうにはどうすればいいのかと真剣に考察して、それを言語化するというようなことは、もちろん自分なりに気持ちとしてはあったし、このまま消えてしまう怪獣映画の魅力を何かの形で残さなければ――とは思っていましたけど、特別な覚悟があったわけではないんです。それでうっかり富沢さんの逆鱗に触れてしまって……。

怪獣ファンダム史上に名高い関東vs関西の東海道戦争

この件については説明が必要だろう。初代会長辞任に伴う約1年の大空位時代を経て76年に復刊した新生『PUFF』。その誌面には一時期、関西系の特撮・SF同人誌に対する次のような挑発的な文言が躍っていた。

・「衝撃波Q」は近日発売で、開田さんはPUFFが日本で2番目になると言っている。気にいったぜェー、うぬぼれってのはいいもんだ。1年も休んでりゃ自然に原稿はたまるもんよ。まあ、とにかく「衝撃波Q」の復活を素直に驚かせていただきます――おのれ関西のほ乳類め、いつのまにこのようなものを!【77年8月発行・12号「ファンダム・ニュース」】

・「コロッサス」創刊号はいよいよ今月中頃に出る。当初タイプオフの予定が、なんと写植オフセットになり、写真満載で総２００ページ！　定価は千円程度になるらしい。内容は「ゴメスを倒せ！」ノベライズ、「大魔神」分析、ヒーロー列伝、アッカーマン会見記、そして「月光仮面」研究など盛り沢山。（ついに「ＰＵＦＦ」は日本で3番目になってしまった……しかし、明日のために今日の屈辱に耐えるのだ、この美しい地球を必ず手に入れてみせるぞ!!）【77年発行「毎月新報」11月号「アッと驚く乱だむにゅうず」】

・「衝撃波Ｑ」（発行＝セブンスター）特集、栄光の東宝映画。（中略）なんと１４４ページ。「フハハハ、その程度のファンジンではわれわれ宙軍団の科学には歯が立たぬわ！」――なーんて言ってるけど、内容に関してはアッサリと脱帽。特に70ページに及ぶ巻頭写真集は圧巻で、貴重な特撮撮影スチールやスクリーン撮りなど、怪獣ファン必見である。（中略）ダガ開田サン、我々ガ感服スルノハ君ニ対シテデハナイ。一年半待タサレテ黙ッテイタせぶんすたー会員ノ忍耐ダ。ソノコトヲヨク知ッテオクガイイ、ハッハッ！」【77年12月発行・第13号「ファンダム・ニュース」】

・さて次回はいよいよ某ファンジン打倒のため、ひいては全怪獣界の平和を獲得するために水さかずきをかわして送る、東宝ＳＦ怪獣映画の大特集。「宙」の興亡を賭けてこの一戦に期待する!!【同あとがき「さらば編集の日々、そして」】

・怪獣ファンダムの支配権をめぐる富沢組と関西連合会の仁義なき戦い――云わゆる〝東海道ページ数戦争〟は、77年当初の新生「PUFF」絶対優位から「衝Q」7号と「コロッサス」の登場で逆転し、一進一退のままニラミ合いが続いている。しかし「PUFF」も15号あたりからオフセット・大量印刷に踏み切る予定で準備を進めており、いぜんとして予断を許さぬ情勢と言ってよいだろう。そして、眠れる獅子「怪獣倶楽部」のブキミな沈黙、「モノリス」復活の動き、はたまた謎の第3勢力進出の気配と合わせて、いよいよ動乱の1978年があと数週間のうちに明けようとしている。風雲急を告げて、さあ怪獣ファンの明日はどっちだ?!【同「毎月新報」12月号「撃ちてしやまむ乱だむにゅうず」】

・私たち編集者は、長い間皆さんにこう言い続けてきました。「信頼し、支持してくれ。我々はより豊かな明日のPUFFを約束するから」と。そして数百人の人間がひしめく狭隘な怪獣ファンダムに驚くべき高成長会誌を築き上げて来たのですが、その上で我々が得たものは何か！　今日のPUFF誌面の破綻とファン精神の荒廃であります。しかも、膨大なページ数を濫費し某ファンジンを攻撃して来ました。だが私たちは某誌を破壊する前に人間が破壊されるということを学びました。その恐れを忘れた我々編集者の傲慢さと愚かさを、ここに深くお詫びします。

我々にとって必要なのは勇気であります。「今こそ怪獣・アニメファンは資料収集の欲望に終止符を打たなければならない。さもなければ、欲望がファンの生存に終止符を打つだろう」この現実を正しく認識し、世界中のファンが一丸となってPUFFオフセット化による大幅値上げの窮乏の生活に耐えてみせる、その勇気であります。【78年3月発行・第14号巻頭言「怪獣ファンダムの大ファンジン」】

・日本で3番目になるなんて、あたくしのシフグレソルが立たないわ（とモルフォ蝶夫人は言った）。「PUFF」はオフセット化されても、これまで通り関東ファンジンの伝統を守って、写真・イラスト・アッカーマン情報などよりも〝ファン〟の意見や論文を中心にしていきたいと思っています。それに……オフセットにしても予算の関係でアミ処理はできないので、写真のオンパレードなんてやれんのです。「貴重な写真もその使用を誤ると悲惨だ。「PUFF」は「衝Q」の悲劇を繰り返すなーっ！」（これ、単なる盗文のための盗文ですから、開田さん気にしないでね）（T）【同・お便りコーナー「てればしい」】

あまりの面白さについ引用が増えてしまったが、今の人たちには当時の同人誌事情がわからない上に、これらの文章のどこまでがパロディで、どこからが本音の地の文なのか判断に困るだろう。そもそも盗文の元ネタがピンと来ない人も多いに違いない（今となっては当事者の私にもすべてを特定するのは困難だ）。しかし、この虚実のはざまを瞬間的に行き来する文章のスピード感こそ『PUFF』のカラーであり、大きな魅力であったことは改めて強調しておきたい。

ちなみにコピーの情報誌『毎月新報』のニュース記事は中島、それ以外は富沢さんが書いたもの。いずれも冗談に本音が多分にまぶしてあるのだが――ことに東宝映画『ノストラダムスの大予言』の丹波哲郎の大演説をパロった14号の巻頭言はまさしく予言的で、富沢さんの洞察力の鋭さに何度読んでも鳥肌が立つ――、細かく解説しておくと『コロッサス』は、前出『コロッサス・コーオペレーション』の会誌で、聖さんも寄稿している分厚い創刊1・2合併号が77年、同じく分厚い『悪魔くん』特集の第3号が79年に出ている。『モノリス』はSF映画研究の先駆者である大伴昌司の遺志を継ぐ形で生まれた『SF映画とものの会』（ともは友と大伴を掛けてある）の会誌。同会発足には大伴の弟子と自他共に認める竹内さんや、アシスタントを務めた井口健二さんという『怪獣倶楽部』メンバーも関わっており、鳴り物入りで創刊されたが――76年発行の創刊号の内容は『ゴジラ』第1作のシナリオに加えて、星新一の特別寄稿「大伴さんのこと」や酒井敏夫（竹内さん）、大空翠（井口さん）の連載エッセイなど――、残念ながら2号で終わった。なお〝謎の第3勢力〟が何を指すのか、ただのハッタリだったのか、50年近くを経た現在では書いた本人にもはっきりとは思い出せない――おそらく『ＰＵＦＦ』の会員を含む、より若い世代のファンによる同人誌発刊の動きを示唆していたのだろう。

要するに、前出の『ＰＵＦＦ』の文章に見られる『衝撃波Ｑ』および関西系同人誌、プロ参加型のメジャー系同人誌へのむき出しの対抗心は、そのボリュームや写真とイラストをふんだんに使った（レイアウト＝デザイン性を含めた）見栄えの良さだけでなく、内容の充実――商業誌にもないような評論やインタビュー記事が載っていることへの羨望が背景にあったことは事実だ。例えば富沢さんがクール星人のセリフで皮肉った77年10月発行の『衝撃波Ｑ』７号は（刊行が遅れた理由については後述）、今見ても当時の怪獣同人誌としては最高レベルの一冊と言える内容と体裁を誇っていると思う。

今回の取材の際「感想文中心のＰＵＦＦにくらべると内容がアカデミックですよね」と伝えると、開田さんは「ええっ、そうかなあ」と笑って謙遜していたが、自分の原稿（『宇宙船』に転載された『キングコング対ゴジラ』論）が載っているので、いささか忸怩たるものを感じてしまうとはいえ、これは当時からのきわめて素直な感想である。

とにかくきれいな印刷、しっかりした製本で、同時期に出したガリ版『ＰＵＦＦ』が今ではあちこち破れ、印刷が薄れてしまっているのとは好対照なのも羨ましい。中身にしても、先の引用にもあるように全体の半分を占めるスチール集は言うまでもなく、ほかに類を見ない画期的な論考『東宝特撮映画における〝特撮演技〟者たちの系譜』（野尻浩一）、洋楽と怪獣映画の関係に触れた『ゴジラとロックでパンチパンチパンチ』（渡辺仁）、聖さんが自身のミニコミ誌『不死者画報』第2号（未刊）のために書いたという『フランケンシュタイン博士と100万の怪物』、久保さんが担当したレコードレビュー『音盤捜査線』、資料復刻コーナー（円谷英二がキネマ旬報に書いた『特撮映画について』）、さらに『紅蜥蜴』などの連載ページを加えてバラエティに富んでおり、実に読み応えのある構成だ。

この『衝撃波Q』7号や、同時期に生まれた『コロッサス』『モノリス』など（あくまで当時の水準で）グレードの高い特撮・SF映画系同人誌に対して、文字だらけ／にもかかわらず印刷が悪くて読みにくく／糊で貼り付けた写真コピーがすぐに剥がれてしまうような手作り雑誌の『PUFF』が、内容はさておき自分のスタイルにコンプレックスを感じるのは当然だった。富沢さんの文章からは、その反発をエネルギーにして編集作業にいっそう打ち込んでいった気迫を感じるし、雑誌メディアで採り上げられたことによる入会希望者の増大に応えたオフセット化、『宙』の発展的解消と『PUFF』への改組といった流れも、そうしたことが理由の一つになったと言えるだろう。

しかし、後に『PUFF』の読者はその真相の一端を知ることとなる。本書にも収録した、富沢さん構成による『PUFF』年代記（前編）の中の一文である。

さてここで今まで話したことのない〝秘話〟を一つ。PUFFを復刊させることになって、各方面に連絡をとるなかで、開田裕治氏にこれこれしかじかで再スタートすることになりましたので、つきましては今後も表紙イラスト等で御協力いただけますでしょうかとの手紙を送ったところ、返ってきたお返事は今さらPUFFを復刊させる必要はない、全国向けの怪獣ファンジンとしては「衝撃波Q」があるではないか、とゆーものだったのです。ワタシの胸は怒りでふるえ、いつの日か「衝撃波Q」を倒して日本最強ファンジンの座をかちとってみせると赤い夕陽に誓ったのでした。開田サンはもうとっくにこんなことは忘れてるだろーけど、これが第二期のPUFFが「衝Q」に対して異常的なライバル意識を燃やしていた原因だったのです。執念!! PUFFを支えたのはきさまが教えた執念だ!!ワハハハ——

当時これを読んだ人と、今の時代に目にした人とでは受け取り方が違うかも知れないので念のために断っておくと、開田さんも富沢さんも揃って（悪い人はいない）猫好きである。

開田さんが『衝撃波Q』7号の編集後記で——

《ああ、某ファンジンにやっと言えるこの台詞「有名ですからねェ。宙の会誌で大量ページの名人！

ただし、日本じゃあ2番目だっ。》

——と『PUFF』の皮肉に『快傑ズバット』の名セリフのパロディで返したり、富沢さんが年代記と同じ11周年記念企画の『PUFF用語事典』で——

《関西ファンジン

「衝撃波Q」「コロッサス」「モンスターズ」「不死者画報」「映像SF」etc. の総称。なぜか一様に、写真中心のヴィジュアル派・海外志向・アッカーマン好き・装丁が豪華・ロック的美辞麗句、等の点で共通しており、「PUFF」「怪獣倶楽部」の日本・文章中心・歌謡曲的センス等と対照的になっている。》

——と、8年も経っているのにダメ押しをしたりするのも、すべては〝そうあろうとするPUFF的（または怪獣倶楽部的）意志〟なのであって、喧嘩するでもなく馴れ合うでもないメンバー同士の何とも不思議な距離感は、誌面を通じてリルタイムにあの時代・あの世界・あの空間を少しでも共有した、いや、今でも共有している人でなければ理解できないだろうけれど、なるべく想像力を働かせてわかってもらいたいと思う。

いやいや、また思わぬ道草を食ってしまったので急いで開田さんの思い出に戻ることにしよう。

プロ・デビュー50周年も目前 なお衰えぬファンダム・スピリット

実は大学時代は怪獣・特撮・SFのファン活動以外にも、いろいろやっていたんですよ。東京で仕事をしている、今は有名なデザイナーになっている方のところに転がり込んでお手伝いしながらテキスタイルの勉強をしたり、大学在学中に音楽の世界にちょっと足を踏み入れて、その関係で2ヶ月ばかりアメリカとイギリスへ当時のロックシーンを追いかける貧乏旅行に出かけてひどい目に遭ったりしました。

これがまあムチャクチャな旅行で、ロンドンからニューヨークの空港に着いた時はすでにほとんど手持ちのお金が無かったので、まずスタンドの新聞を買ってそこに載っているいちばん安い宿に飛び込んで、いきなり「泊めて下さい」って言うところからスタート。ゴツいお兄ちゃんたちに混じってパンクロックのライブを聴いて、真夜中のニューヨークの下町を歩いて帰るとか。そういう生活を3週間ばかりしてから、今度はロンドンに行って同じように音楽三昧。あちこちのライブハウスだけじゃなくて、7万人くらい集まったオープンエアのコンサートにも行きました。「こいつらがローリング・ストーンズか、すげーっ」という感じです。

でも、映画『ウッドストック』（69年）のような楽園気分とは大違いで、トイレはないしゴミだらけで雰囲気が悪かったのには閉口しました。帰りの駅もすでに深夜を廻っていましたが興奮した若者であふれていて、その中でポツンと一人、英語もよくわからないし「どの電車に乗ったらホテルまで帰れるのかなぁ」と途方に暮れましたね。今考えると、よく無事に日本に帰って来られたと思いますけど、そんなこんなで76年はいつの間にか過ぎてしまい、さらに編集作業の土壇場になって印刷や郵便に関するアクシデントも重なったりして『衝撃波Q』の7号がなかなか出なかったのは、そういうわけなのです。

こうして、いかにも70年代の若者らしい青春の彷徨を経験したのち、開田さんはこの7号を出した後で小さな印刷会社に就職する。しかし、その間に一足先に上京していた聖さんから図解などのイラストを発注され二重生活が続くようになったため、一念発起して退社。78年に東京に居を移して本格的にプロ生活を始めることとなった。それ以後の活躍については冒頭でも簡単に紹介したので繰り返さないが、転身を後押ししたのはファン活動で知り合った人たちをはじめ、多くの出会いだったと振り返る。

ほぼ1年ごとに環境が変わったというか、たまたまそういうふうになりましたけど、小さい頃から絵を描くことが好きで、将来も絵を描く仕事に就くだろうと当たり前のように思い込んでいたので、特に就職活動と言えるようなこともしませんでした。でも『宇宙船』編集長だった朝日ソノラマの村山実さんをはじめ、たくさんの人が手を差し伸べてくれたお陰でイラストレーターとしてスタートすることが出来たのは幸せだと思います。ちょうど特撮業界や雑誌メディアが、海外のSF映画・特撮映画の盛り上がりを受けて拡大していく時代の流れにも助けられたわけで、そうした人たちも含めて自分の仕事や作品を通じて何とか恩返ししなければということはいつも考えていますね。

『怪獣倶楽部』や『PUFF』のメンバーからはいろいろと刺激を受け、影響もされましたが、特に竹内さん、聖さん、それに安井尚志さんには本当にお世話になりました。竹内さんは先ほども言いましたが、ふつう、あのような立場にいる――大伴昌司の直弟子のような研究家で、しかもファンにとって憧れの円谷プロで働いている人だったら、私たちのようなファンに対してもっと尊大な態度をとってもおかしくないのに、偉ぶったところが全然なくて、すごく温かい人でした。

聖さんもクセはありますが、会ってみればとてもフレンドリーで付き合いやすい。それだけでなく、早い段階から東京で仕事をしようと自分で足がかりを作って、積極的にサブカルのメディアに切り込んでいったパワーはすごいと思います。私や同じ大学の仲間である久保さん、増尾さん、米田さんたちも彼に引っぱられて上京してきたことで仕事の道が開けていきましたから、やはりパイオニアと言える人です。

恩人といえば安井さんにも感謝しています。単に仕事を紹介してもらったというだけでなく、業界の人たちとつながりを作ってくれたことで自分の仕事の幅、描く絵そのものの幅も広がったと思います。これまで大勢のオタク的な人たちと知り合ってきましたが、安井さんはもちろん研究家としても優れていますけど、あれほど高い実務能力を兼ね備えた人というのはなかなか珍しいのではないでしょうか。フィギュアやガンプラのような立体造形物のブームも、あの頃に安井さんがいろいろ仕掛けたことが、今になって大きく花開いていますよね。
こうして改めて『怪獣倶楽部』の頃を思い出すと、怪獣や特撮が好きな点では同じなのに、よくこれだけ個性の違う人たちが集まったなあという感じです。初対面なのに誰からも紹介されなくて、改まって自己紹介したわけでもないのに、あの円谷プロの一室に来ればすぐに打ち解けて話ができました。「あの人、いつも会合に来ているけど誰だろう?」と思っても、いまさら名前を聞けないなんてことが何度もありました(笑)。いったい、あの雰囲気は何だったのだろうと今でも不思議に思います。

それでお互いのことを知るにつれて、何々については彼が熱心に調べているから、自分はこっちの分野にしようとか、それぞれの方向性に特化しながら活動することが出来たのも面白いですね。初めは自分と同じように大人になっても怪獣映画を観ているような人間は少ないと思っていたから、作品を見るにしても資料を集めるにしても、何でも独りでカバーしようとしていたのが、そういう仲間と出会って本当に好きな対象に集中できるようになった。一時はなぜか「この海外のSF雑誌も買っておかなきゃ、このホラー映画も観なくちゃ」なんて変な使命感にかられていたのが、それは専門にやっている人に任せようというふうに割り切ることが出来ました。

ですから『衝撃波Q』の場合は、過去の資料の発掘や本格的な評論では『怪獣倶楽部』があるから、基本的になるべく新しい情報を伝えていくことを心がけたつもりです。本誌がなかなか出せないでいる時に、連絡誌としてレター形式の『インフォメーションQ』(82~87年、B5サイズ・手書きオフ・4ページ)を出したのも、せっかく仕事で最新の特撮業界と接しているのだから、同時代の生の情報をファンの人たちに発信していきたいという気持ちからでした。

開田さんの編集による『衝撃波Q』は、当然のことに仕事量が急激に増えて多忙になったため、7号からしばらく休刊状態に入ってしまうが、自身のファン活動は並行して続き、特撮ファンにとって初めてとなる大規模コンベンション『第1回アマチュア連合特撮大会』（81年）にスタッフとして参加。翌82年の第2回大会では実行委員長を務め、『日本SF大会』をお手本にしつつ負けないような内容にしようと奮闘し、丸二日間トイレに行けず、食事もおにぎり1つしか食べられないような激務をこなしてイベントを成功に導いた。本人は〝同人誌を作るだけでは飽き足らなくなって〟参加した特撮大会だったが、2回目を終えた時には「これでファンとしての活動はやりきった」とさえ感じるくらい打ち込んだという。

ついでに書いておくと、この大会には私も2年続けてスタッフの端くれとして参加し、聖さんや池田憲章さん、『PUFF』代表として来た富沢さん、それに怪獣ファンダムの第2世代となる若手の同人グループ『ネオ・フェラス』や『日本特撮ファンクラブG』のメンバーたちと、まさに『うる星やつら2 ビューティフル・ドリーマー』的な祝祭空間を経験した。開田さんと一緒にクイズショーの問題を作ったり、プログラムに原稿を書いたり、第2回大会のあと、開田さんが当時住んでいたアパートで他のスタッフとワイワイ言いながら記録集を編集したりしたのも懐かしい思い出だ――この頃は近所に下宿していたので、同じように開田さんの部屋で『衝撃波Q』の版下作りを手伝ったこともある。

この2回の特撮大会と重なるように『衝撃波Q』の復刊準備号と第8号が出ている。準備号（81年8月発行）は20ページの薄さながら、聖さんが盟友の開田さんに復刊の祝福とあわせてオリジナル作品への挑戦を呼びかける『作品世界からの飛翔又は、オリジナル・アプローチの勧め』、安井さんが特撮番組に登場する架空の銃器を玩具やモデルガンとからめて回顧した『SFガン四方山話』、『ゴジラ伝説』を生んだミュージシャン・

井上誠さんが自らの音楽のルーツを探索する『FLASH BACK!伊福部SOUND』、没後10年を機に思い出を綴り、仕事への決意を新たにした竹内さんの『我が師大伴昌司!』――と、最強執筆陣が揃った濃い内容だ。

さらに〝復刊お祝い特撮大会バンザイ号〟と銘打たれた8号（82年8月発行）は、巻頭に聖・久保・開田3氏がスタッフとして参加した東映戦隊シリーズ『バトルフィーバーJ』の内幕対談に加え、巨大ロボ発進シーンの絵コンテ、キャラクターデザインの変遷を原資料で紹介。ほかに7号に続く野尻浩一さんの『俳優・三船敏郎が円谷特撮にもたらしたもの（前）』、安井さんによる追悼文『高山良策さん、安らかに……』、『宇宙船』のライターも務めた作家・菊地秀行さんの『特撮洋画レビュー』、特撮サントラブームを支えた東宝音楽出版・岩瀬政雄プロデューサーのインタビューと『日本特撮映画サウンドトラックレコードカタログ』、『映画作品別　伊福部昭特撮映画音楽インデックス』（どちらも西脇博光さん、井上誠さんたちが協力）という、当時の同人誌としては破格に資料性の高い一冊であり、怪獣・特撮同人誌の西の雄『衝撃波Q』の健在を示した（東の雄については言うまでもない）。

開田さんの話では引き続いて『バトルフィーバーJ』の資料集のようなものを出す予定だったというが、残念ながら頓挫（途中までエピソード集の原稿を書いたのが、後にプロデューサーとなる会員時代の大月俊倫さん）。数年後に会員から預かっていた会誌代と送料の会費を精算・返却し、同人誌『衝撃波Q』の歴史はここで途絶えることとなった。

――そして現在。開田さんは毎年2回、夏・冬のコミケに『特撮が来た』をはじめとする数種の同人誌の新刊を持って参加している。創刊から20年近く、すでに『衝撃波Q』の記録をはるかに越えて34号を数える『特撮が来た』はプロ、アマ入り乱れる多彩な執筆陣もさることながら、平成シリーズの特撮スタッフのインタビューなど、その時々のエポックな記事が満載で、ある意味、年鑑的な特撮映像記録集になっている点では『衝撃波Q』や『インフォメーションQ』の編集ポリシーを受け継いだものと言えるだろう。

そうした同人誌作りを忙しい仕事の合間を縫って続ける一方、SNSで国内外のファンと交流しながら、画展を開くたびに愛妻・あや夫人と共に各地を（時には海外のイベントにも招待されて）飛び回る開田さん。その瑞々しい特撮・怪獣ファンとしての感性、今だ尽きない好奇心と行動力は、大阪・東京間を行き来して取材しながら『衝撃波Q』を発行していた頃、単身ニューヨークやロンドンに飛んで同時代の音楽に触れ、さらには独学でイラストレーターとしての地位を築いていった若き日々と少しも変わっていないようである。

西脇博光

——二人三脚で作り上げた特撮サントラレコードのスタンダード——

当時私は、ピアノを習っていたが、『海底軍艦』を観て以来、ショパンもへったくれもあったものでは無い。毎日の様に海底軍艦のテーマを弾き続け、特撮映画少年になってしまった。伊福部先生の影響力はそれほど強く、深かった。

——西脇博光『私と伊福部先生』（東芝ＥＭＩ『伊福部昭特撮映画音楽　東宝篇４』解説書）より

特撮怪獣映画・テレビの研究グループとして発足した『怪獣倶楽部』は、メンバーの多くが70年代末から90年代にかけて続いた第３次怪獣ブーム、『スター・ウォーズ』（77年）をきっかけにしたＳＦブーム、さらに劇場版『宇宙戦艦ヤマト』（77年）同『機動戦士ガンダム』（81年）のヒットで盛り上がったアニメブームという、同時並行かつ互いに連動した３つの潮流の中でプロの編集者やライターの道に進んだため、特撮怪獣ファンのエリート集団のような言い方をされることがあるが、実際には共通の趣味を持った、当時のごく一般的な——興味が偏ったジャンルに特化されていたとはいえ——10代・20代の青年の集まりであった。

高校生や大学生の時にグループに参加して、その後アルバイト・セミプロ期間を経てライター・編集者・研究家になった人もいれば、業界には入らず、普通に就職して趣味として特撮研究を続けている人、別の仕事をしながら執筆活動をしてきた人、大手企業に勤めた後に評論家として再出発した人など、その軌跡も出自と同様にさまざまである。

そうした『怪獣倶楽部』のメンバーの中でも、やや年上世代に属する西脇博光さん（１９５３年生まれ）の場合は、また少し事情が違う。

西脇さんは『怪獣倶楽部』を主宰した竹内博さんと安井尚志さんの共通の友人であり、アナログレコードの時代から竹内さん（酒井敏夫名義）と共に数多くの音源を掘り起こして特撮怪獣映画のサントラアルバム（ＬＰ）の構成に携わり、その仕事を通じて作曲家・伊福部昭（以下、いつも通り伊福部先生と呼ばせていただく）と親交を深めてアルバムやコンサート制作のブレーン的な役割を務めたり、90年代には平成ゴジラシリーズやテレビアニメなど新作のサントラＣＤの構成を担当したりしている。

しかしながら、その実体は、55歳で退職するまで堅実に勤めてきた信用金庫の職員であり、特撮音楽関係の仕事は竹内さんや伊福部先生に個人的に協力するという形がほとんどで、専業の編集者・ライター・評論家などとは立ち位置が微妙に異なっているのだ。

では、西脇さんと特撮怪獣映画、伊福部音楽との出会い、そして竹内さんや安井さん、『怪獣倶楽部』との結びつきはどのようにして始まったのだろうか。

『海底軍艦』が映画音楽の魅力を教えてくれた

僕は生まれは神戸なんだけど、5歳の時に引っ越して、それからはずっと東京に住んでいます。小さい時から6歳上の兄と一緒に、まだ家にテレビがなかったから近所の喫茶店に行って『月光仮面』（58～59年）のような子供向けの番組を見せてもらっていました。特撮とか、そういう言葉は知りませんでしたが、特にすごいなと思ったのは『ナショナルキッド』（60～61年）。それから『七色仮面』（59～60年）とか、あの頃の子供番組はアニメも含めて、だいたい見ていましたね。

それと、うちはもともと家族揃って映画好きだったんですよ。父親は若い頃は映画俳優、といっても主役の二枚目じゃなくて、加東大介さんみたいな主役も脇役も両方できて、善人も悪人も演じられる俳優になりたかったなんて言ってたし、母親は兄弟が映画好きだったので、子供の頃に『キング・コング』（33年）を封切りで観たそうです。それから、ジャン・コクトーの『美女と野獣』（46年）のラスト、野獣が人間に戻るとジャン・マレーの美男の王子様になって感動したとかね。ディズニーの『ファンタジア』（40年／日本公開は55年）の時は、まだ赤ん坊だった僕が泣き出したので途中で出なくちゃいけなかったって、そんな思い出話を聞いていたから、自分が社会人になってからリバイバル公開の時に連れていったことがあります。「やっと観られた」って喜んでいましたけど、もしかしたら、僕が特撮映画・怪獣映画が好きなのはそういう血筋が影響しているのかなと思ったりもしますよ。

そんな環境だったから、ディズニーや東映動画の長編アニメもよく観ていましたけど、初めて映画館で観た特撮映画は、偶然にも竹内君と同じ『キングコング対ゴジラ』（62年）です。公開前にテレビで特番が放送されて、横長のシネスコ画面で映画のシーンを見せてくれた。これはどうしても観たいからと兄にせがんで、兄の中学からの友人だった萩原朔美さん（映像作家。日本近代詩の父とされる詩人・萩原朔太郎の孫にあたる）の2人に映画館に連れてってもらったんです。とにかくゴジラとキングコングのバトルの迫力に圧倒されましたよ。

その前の『モスラ』（61年）は週刊誌の記事か何かで知っていて、映画館の前まで行って立て看板やロビーカードは見たんだけど、1人では入れなかった。結局、縁がなかったのか封切りで観られなくて悔しい思いをしていたら、同じクラスの女の子がザ・ピーナッツが歌う主題歌を口ずさんでくれた思い出があります。子供にも覚えやすいメロディーでしたからね。

だけど、決定的だったのは、やっぱり『海底軍艦』（63年）です。『キンゴジ』の時は怪獣同士の戦いの派手なビジュアルに目を奪われたけど、『海底軍艦』は完全に音楽に魅せられました。特にタイトルバックと、轟天号が初めて全容を現すところから発進していくまでのプロセス、猛スピードで飛んでいくテスト飛行のシーンまで、場面に合わせていろんなアレンジで流れるテーマ曲の使い方に引き込まれました。それで、いっぺんに音楽を担当している人への興味が湧いたんです。

もちろん、伊福部先生は前作の『キングコング対ゴジラ』も担当していたんだけど、その時はなぜか、あまり意識しませんでした。プログラム（パンフレット）に特技監督の円谷英二さんと本多猪四郎監督が写真入りで載っていたから、2人のことは知っていて、特技監督と本編監督の役割についても兄から教えてもらっていましたが、音楽の伊福部昭という人のことを知りたいと思ったのは『海底軍艦』がきっかけでしたね。

ここで余談だが『海底軍艦』には別の思い出もあるとか。中学生の時、世田谷区砧にある東宝撮影所でアルバイトの募集——エキストラではなく搬入作業のような仕事——があり、西脇さんは撮影所に行けば海底軍艦・轟天号の本物が見られるかもしれないと思って同級生5～6人で応募したものの、中学生であることがバレてしまい採用はされなかった。だが、せっかく来たのだからと見学を許してくれたので、初めて撮影所の中に入り、町並みのセットなどを見ることが出来たそうだ。また、池袋の西武デパートで轟天号の最大級と思われるミニチュアがオークションにかけられたことがあり、これを見に行けなかったのが今でも残念だという。

ともあれ『海底軍艦』を観て以来、西脇さんは怪獣映画や特撮映画の音楽に注意を向けるようになり、後にはテレビで放送される際にオープンリールのテープレコーダーで——さらに学生時代、東宝チャンピオンまつりや名画座に通うようになると、映画館にポータブルやカセット式のレコーダーを持ち込んで、子供たちの喚声や場内の雑音もろとも映画の音声を録音するようになった。怪獣映画と伊福部昭を入り口にして、広く内外の映画音楽についての独自の調査と研究が始まったのだ。ファンのほとんどがそうであるように、誰に見せようとか、どこに発表しようなどとは考えもせず、その知識や情報が未来の自分に役立つとは想像すらしないまま、ただ興味があるから、好きだから、面白いからという理由だけで……。

小学生の頃に観た『海底軍艦』で映画音楽に目覚めて、最初はとにかく、伊福部先生が音楽を担当した作品をフォローするところから始まったわけです。昔（アナログ放送時代）は、テレビでごく日常的に古い日本映画をスタンダードサイズにトリミングしたカット版で放送していたでしょう。今は衛星放送やケーブルテレビに映画専門のチャンネルが幾つもあって、ネット配信でも普通に完全版が見られますが、その頃はまだビデオソフトなんてものもなかったから、たとえカットされていてもテレビ放送版は貴重な資料でした。

いつだったか、東京12チャンネル（テレビ東京）が『地球防衛軍』（57年）や『海底軍艦』『マタンゴ』（63年）をほぼノーカットの2時間枠で放送してくれたのは嬉しかった。あと日本テレビで『モスラ対ゴジラ』（64年）が2回放送されたことがあるのですが、両方の編集が少しずつ違っていて、2本をうまくつなぎ合わせると1時間15分の短縮版になるんですよ。それで、映像は見返すことができないから記憶を頼りに録音しておいたテープを編集して、自分で短縮完全版の『モスラ対ゴジラ』のサウンドテープを作ったりしました。

そうやって音楽に気をつけながら怪獣映画だけでなく、いろんな作品を見ていって、自分なりに映画音楽の良し悪しとか、作曲家の特色といったものを判断するようになったし、ちゃんと資料を調べるようになりました。竹内君や安井君ほど、熱心に古本屋回りをしたわけではないですけどね。

でも、例えば映画の資料本なんかで〝音楽　伊福部昭〟と書かれている1作目の『悪名』（61年）が、実際に観てみたら鏑木創だったとか、そういう間違いがあることがわかって、自分だけの伊福部昭映画音楽リストみたいなものを整理しながら、観た映画は日記に感想を書いて、音楽についてのメモも残すようにしました。

洋画では、ユニバーサルやハマーフィルムのホラー映画も好きでよく見ていたんだけど、ジェームズ・バーナードとバーナード・ハーマンという、似たような名前の作曲家がいて一時はごっちゃになっていたんです。だから、改めてちゃんと調べて2人の音楽性の違いを見つけたり、中学生の頃に『ミクロの決死圏』（66年、音楽はレナード・ローゼンマン）を観てからは、どこに音楽を入れて、どこに音楽を使わないかという、いわゆる音楽設計ということについても、漠然とですけど自分なりに考えるようになりましたね。

自分と同じ特撮ファンが、こんなにたくさんいるんだ

まず音楽面から特撮怪獣映画にアプローチすることになった一ファンの西脇さんに、やがてある出会いが訪れる。大学の同級生だった安井尚志、安井さんを通じて知り合った竹内博、竹内さんが募った『怪獣倶楽部』の面々、そして敬愛してやまない伊福部昭といった人たちとのつながりが生まれていくのだ。

安井君とは大学で知り合ったんですよ。同じクラスで、たまたま授業の合間に話をしていたら、お互いに特撮ファンだということがわかって親しくなった。その頃、彼は円谷プロの怪獣ショーのアトラクションで怪獣の着ぐるみに入るアルバイトをしていて、着ぐるみを保管してある怪獣倉庫でメンテナンスを手伝ったりしていたから、もう竹内君とも知り合いだったんですよ。だから、先に安井君と竹内君の交流があって、そこに僕があとから加わったという感じです。

安井君は本当に器用な人で、当時から造形に興味があって仮面ライダーとかレインボーマンのコスチュームを、まったくの趣味で自作していました。市販のパーティーグッズなんかも利用していたと思うけど、マスクから変身ベルト、ブーツまで、ぜんぶ手作りなんです。安井君が作った怪人のマスクと手を僕が身に着けて、女子大の文化祭へ行って女の子を驚かせたりしたこともあります。そういうイタズラをしていたかと思えば、うちの大学の学園祭では安井君が演出してミニ・ライダーショーみたいなものをやりましたよ。

僕らの同級生で、特撮や怪獣にはまったく興味がないH君という仲のいい友達がいたんだけど(安井君に誘われて、テレビ番組に怪獣の着ぐるみを着て出たこともあった)、彼は身長も高いしスマートだから仮面ライダーになって、僕と安井君がショッカー怪人役で闘う寸劇みたいなものです。ライダーだけじゃなくて怪人も自作ですよ。それで安井君が1分弱くらいの簡単な殺陣をつけて、要するに企画・脚本・演出・アクション監督・造形・出演までやったんです。3人だけだから迫力はそんなにないんだけど、彼は芝居っけがあって、その頃からプロデューサー的な才能も芽生えていたんですね。

そんな学生時代のある時、円谷プロで怪獣ファンの集まりがあるから来てみないかって、安井君に誘われて行ったのがメンバーのみんなに会った最初です。その時はまだ同人誌の『怪獣倶楽部』を発行する前でしたけど、竹内君、安井君はもちろん金田(益実)君、池田(憲章)君、徳木(吉春)君、岩井田(雅行)さん、それに平田（実）君や富沢（雅彦）君たちもいたと思います、中島君や氷川竜介君は少しあとから入ってきたんじゃなかったかな。記憶が間違っていたらごめんね。

実は、竹内君とはそれ以前に顔を合わせているんですよ。昭和48年（73年）に小学館から『写真集円谷英二　日本映画界に残した遺産』という本が出たでしょう。あの時、安井君が「社販価格（割引）で安く買えるよ」と言って竹内君を紹介してくれたんです。それで六本木の森ビルにあった円谷プロの事務所まで行ったのが、竹内君に会った最初です。往復の交通費を入れたら、それほど割引価格になってないんですけどね（笑）。

そんな経緯で毎月の会合に出るようになって、竹内君をはじめ、みんなと話しているうちに「ああ、こんなバカなことやってるのはオレだけじゃなかったんだ」って思った（笑）。みんな、いい年をしてウルトラマンがどうの、ゴジラがどうのって夢中で話してて……。いつだったか、会合に30人以上も集まったことがあったよね。円谷プロの制作の部屋がいっぱいになって、怪獣や特撮映画の好きな人間が、こんなにたくさんいるのかってびっくりした。

それから『怪獣倶楽部』の会員になって、もっと驚いたんですよ。『PUFF』はもっぱら読むだけだったけど、大阪の開田（裕治）さんや聖（咲奇）さんも同人誌を出し始めて、みんな自分たちで誌面を構成して、それぞれに得意なテーマで評論や記事を書いている。すごいなって思った。特に富沢君の文章はよく練られた、しっかりした文章で毎回、感心させられました。

今思えば、安井君に会わなければ竹内君に会うこともなかったし、『怪獣倶楽部』のみんなとも出会うことはなかったでしょう。2人のことをすぐそばで見ていたからわかるけど、『怪獣倶楽部』の発案者は竹内君と相談相手だったアート・クリエイターの米谷佳晃さんで、それを支えたいちばん重要なブレーンが安井君だったということは確かだと思いますよ。

こうして同人仲間と出会った西脇さんは『怪獣倶楽部』創刊号から最後の第5号まで、毎号に〃特撮作品と音楽〃をテーマにした文章を寄せている。しかし同人誌での活動はこれらが発行された1、2年ほどに限られ、その後は都内の信用金庫に勤める傍ら、最初は竹内さんを手伝う形でレコード構成に携わるようになりメディア業界と関わっていった。

それら西脇さんの仕事について触れる前に、伊福部先生との出会いについて語っていただこう。

怪獣倶楽部が縁で伊福部先生の人間性に触れることができた

伊福部先生に初めてお会いしたのは大学時代、昭和50年（75年）の秋頃だったと思います。この年に出た『衝撃波Q』の第4号が伊福部先生の特集号で、編集長の開田君たち『衝Q』のメンバーと竹内君が一緒にインタビューに行ったんです。そこから伊福部先生とファンのつながりが出来て、竹内君が今度は僕を誘ってくれて、当時ファン活動をしていた井上誠君――後にユニークなロックバンド『ヒカシュー』のメンバーになり、シンセサイザーで『ゴジラ伝説』のアルバム（83年、キングレコード）を作ることになる――と3人で伊福部先生のお宅にお邪魔しました。

というのは、『怪獣倶楽部』の会合で話していて、僕が竹内君と同じように伊福部音楽の大ファンだということや、ほかにも佐藤勝や團伊玖磨、芥川也寸志といった人たちの音楽のことも調べているとか、ピアノを習っていて多少は音楽について詳しいというのはわかっていたから、竹内君はそういう部分を認めて声をかけてくれたんじゃないかと思うんですけどね。

でも、この時は純然たるファンとしての訪問で、雑談の方が多かったし、初めて先生に会うので緊張していたから、当日に録音したインタビューのテープは絶対、誰にも聞かせられない（笑）。

伊福部先生とは、その後もご家族揃って親しくさせてもらって、レコード作りの仕事以外でも、いろいろなことを教えていただきました。とにかく先生は知識が豊富で話も飾らなくて面白いし、僕らのような若僧にもフランクに接してくださってね。これは本多監督や特撮監督の中野昭慶さんたちに会った時も同じですが、ぜんぜん偉ぶらないで相手をしてくれて、いい作品を作る人は、やっぱり人間的にもすばらしいんだなあって感じました。

伊福部先生の特撮もの、怪獣ものの音楽の楽譜は、作品名がロシア語やイタリア語で書かれているんですよ。それは息子さんが見てもわからないようにという配慮で、以前は怪獣映画の音楽を書いていることが親としてはちょっと恥ずかしかったようです。でも、円谷さんや本多監督と同じで「子供が見る映画だからといって手は抜かなかった。子供は正直だから、嘘はつけないですよ」っておっしゃってました。

ほかにも特撮映画と一般映画の音楽の違いとか、僕たちが聞きたかった質問をぶつけると、本当にざっくばらんに答えてくれた。「一般映画より特撮映画の方が曲を書きやすい、ああいう作り物（虚構）の世界に音楽をつけるのは得意なんです」とか「ゲテモノ映画といわれているものの方が書いていて面白いし、いくらでも書けますよ」なんていう言葉が印象に残ってます。権威に頼らず、独学で音楽を極めた伊福部先生らしい発言だなって思いましたね。

反対に人間の心理的な葛藤を描くようなメロドラマとか恋愛ものは苦手で、ラブシーンの音楽を書かなきゃいけない時は本当に困ったそうです。怪獣映画は怪獣映画で「キャラクター（怪獣やメカ）が出てくるたびに音楽を付けなくてはいけないから、曲数が多くなってやっぱり大変だ」とも言ってました。

思わぬ余録みたいなこともありました。僕らが伊福部家にお邪魔するようになった当時、先生は東京音楽大学の作曲科の教授をされていて、僕は音大の学生じゃないのに先生の講義を聞いたことがあるんですよ。『怪獣倶楽部』とは別ルートで知り合ったコレクターの隅谷和夫さんから教えてもらったのですが、その頃、ほとんど観る機会がなかった東映動画の長編アニメ『わんぱく王子の大蛇退治』（62年）の16ミリ版を伊福部先生のクラスで上映するというので、先生に許可をもらって竹内君と一緒にテープレコーダーを持ってすっ飛んで行きました。

その日の講義は〝映画に対する音楽の効果〟という内容で、最初に先生が話をして、ここはこういう意図で曲を付けたとか、ここは苦労しましたとか解説してから「じゃあ上映します、西脇さん（テープの）スタンバイいいですか？」って聞くものだから、大勢の学生たちに見られて恥ずかしかった。

今考えると実にもったいないことに、先生の講義自体は録音してないんですよ、こちらにしてみればノーカットの『わんぱく』の音を録る方が大事だったから（笑）。でも、僕らを相手に話す時と同じ柔らかい、飄々とした話し方で、ああ、先生は教える時も普段と変わらないんだなと思ったことは憶えてます。

今はもう『わんぱく』に限らず、ほとんどの作品のＤＶＤや完全版のサントラＣＤが出ているけど、この頃に苦労して録ったテープは、そういう思い出も一緒に詰めこまれているから、さっき言った『モスラ対ゴジラ』の短縮完全版も含めていまだに保存してありますよ。

こうした伊福部先生との親交、竹内さんをはじめとする特撮怪獣映画ファンとの交流を続けるうちに、西脇さんは特撮サントラの世界に足を踏み入れることになるのだが、ここで回り道をして、私自身の体験を交えて当時の国内のサントラ事情に触れておきたい。

70年代以前には邦洋問わず映画のBGM、劇伴音楽がレコード化されることはほとんどなく、主題歌や挿入歌とのカップリング、またはセリフなどが入ったEP（シングル盤）か、LPの場合はオリジナルサウンドトラックではないカバー演奏やカバーソングを集めた混載もの（オムニバス）が主流だったと記憶している。衝撃的な『2001年宇宙の旅』（68年）のサントラLPは私も発売時に飛びついたが、これは既成のクラシックを使っていたから実現したと思われる例外で、リバイバルに合わせた『ベン・ハー』序曲も、ジェリー・ゴールドスミスが作曲したサスペンス映画『Oの決死圏』（69年）のテーマも、映画館の感動を再現しようとして買ったレコードは、みな1～2曲しか入っていないEP盤だった。

特撮ものや伊福部音楽に関連したものでは『キスカマーチ』（65年の東宝戦記映画『太平洋奇跡の作戦キスカ』のテーマ曲。ただしサントラではなくレコード用の演奏版）、『緯度0大作戦』（69年、ドラマ入り）、『座頭市と用心棒』（70年、映画の冒頭シーンの音声付き）などが同じくEPで出ていたが、そういった情報に疎かった私はまさか発売されているとは思わず、後に『怪獣倶楽部』の例会でメンバーから教えてもらうまで存在を知らなかったくらいである。

怪獣映画やテレビの特撮ものに関しては、基本的に子供向けの主題歌集、ドラマレコードがほとんど――オリジナルドラマを収録した朝日ソノラマのソノシートブックや、ゴジラ映画のイメージソング、キャラクターソング集のような内容ばかりで、『ゴジラの逆襲』（55年）に合わせて出たお座敷ソング調の『ゴジラさん／うちのアンギラス』なども含めて、歴史的・資料的な価値はともかく、個人的には純粋な映画音楽とは別のものという感覚が強い。

実感として、この状況に変化が訪れたのは70年代に入ってからではないだろうか。オープニングとエンディング曲を収録した『日本沈没』（73年）はまだEPで、同じくシングル発売の『ゴジラ対メカゴジラ』（74年）はBGMではなく主題歌とイメージソングのみ。またLP『ノストラダムスの大予言』（同）は組曲ふうの特殊な構成だったが、当時ヒットした山口百恵主演の『伊豆の踊子』（74年）や『潮騒』（75年）などのサントラLPは、セリフ込みとはいえ映画のシーンごとのBGMが聴けた。

以後、桜田淳子や松田聖子ら70～80年代のアイドル、およびアイドル映画のブームがサントラレコードを活性化させた面もあり、同じくアイドルの主演作である『立体テレビ　オズの魔法使い』（75年）は、当時としては珍しいテレビドラマのサントラとしてLPが発売されている（ただし、ミュージカル仕立てだった同作の主題歌・挿入歌を収めたもの）。

また、これらに先駆けて当時の話題作のテーマ曲ばかりを集めた『日本映画オリジナル・サウンド・トラックＢｅｓｔ12』（73年、キャニオンレコード）が発売されたのは嬉しかった。萩原健一主演の『約束』『股旅』をはじめ、ベストセラーの映画化『恍惚の人』、劇画原作の勝プロ時代劇『御用牙』、虫プロの大人向け劇場アニメ『哀しみのベラドンナ』、カルト的な人気を誇った日活青春映画『八月の濡れた砂』ほかのラインナップで、武満徹・佐藤勝・宮川泰・村井邦彦・星勝に阿久悠（作詞）＋小林亜星（作曲）のコンビなど、まさに日本の映画・ドラマ音楽の名手たちが一堂に会したコンセプト・アルバムの先駆的な1枚だが、映画ファンが期待している本格的なＢＧＭ集、1本の映画やテレビ番組の劇伴音楽をオリジナルのまま、しかも丸ごと収録するようなスタイルのレコードの出現には至っていなかった。

しかし、70年代末からのＳＦ、アニメブームの影響もあって新作（『宇宙戦艦ヤマト』『ＨＯＵＳＥ』『惑星大戦争』『宇宙からのメッセージ』『火の鳥』など）のLPが――全曲集ではなかったり、組曲仕立てだったりしたものの――次々と発売されるようになり、東宝レコードから作曲家別に代表作を収めた『日本の映画音楽シリーズ』が出たあたりから事情が変わってくる。

このシリーズは、それまでフィルムからセリフや効果音込みでダビングされることが多かった映画のBGMを、オリジナルの録音テープを使ってレコード化、しかもタイトルバックのテーマ曲や場面音楽のみを収録した画期的なもので、なかでも第4集『伊福部昭の世界』（77年）が発売元の予想を上回るヒットとなり、ここから空前の特撮サントラ・ブームの扉が開いたと言っていい。

当時、このレコード制作を手がけた東宝音楽出版の岩瀬政雄プロデューサー（82年発行『衝撃波Q』第8号のインタビュー）によると、それまで千枚そこそこしか売れず、4集目で打ち止めにする予定だったが、当の伊福部アルバムは6千枚、新宿のレコード店で売り上げ1位を記録したほどで、それによってシリーズを続けることができたという――補足しておくと、同じインタビューで「レコードは基本的にミニコミ。BGM集はマニアックに作った方がいい」という認識を示す一方「1本の映画で1枚のレコードというのは、ちょっと苦しい」とも発言しており、サントラ盤に対する業界の考えが現在とは異なっていたことが伺える。

この『伊福部昭の世界』は当然ながら特撮怪獣ファンの間でも話題になり、酒井敏夫＝竹内さんが雑誌『DONDON』の連載で取り上げ、読者プレゼントに提供してもらうため東宝レコードに接触。特撮映画と伊福部音楽を愛するマニア層の存在に手応えを感じていた、岩瀬プロデューサーと出会うこととなったのである。

ここからサントラアルバムの名盤『ゴジラ』（78年）が生まれた経緯は、竹内さんの著書『元祖怪獣少年の日本特撮映画研究四十年』に詳しく書かれているので、そちらを併せて読んでいただくとして、再び西脇さんの回想に戻る。

レコード作りで心がけたのはドラマ性と聴きやすさ

東宝レコードの『ゴジラ』（第1集）の時は、竹内君が興奮して勤務先に電話をかけてきたんです。こんど『ゴジラ』のLPを出すんだ、今ここに1作目から『メカゴジラの逆襲』までの音楽テープが全部あるぞって。それで家に帰ってから、その夜のうちに竹内君のいる祖師谷大蔵の円谷プロ（彼は守衛を兼ねて住み込みで働いていた）へ行って構想を練り始めたんです。

僕の名前はクレジットされていませんが、2人で半分ずつ構成を考えました。最初に『黒部谷のテーマ』を持ってきて、最後に『モスラ対ゴジラ』のエンディングを置いたのは竹内君のアイデア。僕がどうしても入れたかったのは『モスラの旅立ち』という曲で、あとで安井君に「これを選んだのはお前の案だろう」って見破られてしまいました。すごく好きな曲でしたからね。

当時、アナログレコードには針飛びを防いだり音質をキープしたりするために、片面の収録時間は22～3分までが適切という制限があったんです。長くても25分くらいが限度。だから、その制限時間いっぱいにできるだけ多く入るように、しかも良い曲を厳選して、A面とB面のバランスも見ながら並べ方を工夫しました。曲目のタイトルもぜんぶ自分たちで考えました。これには2人とも精根尽き果てるくらい頭を使ったし、大げさではなく心血を注いで作ったベストの構成だったと思います。

で、これが売れたんですよ。2千枚行けばペイするところが、1万枚を越えちゃった。さっそく第2弾を出そうということになって、今度は2人で頭を抱えたんです。たぶんそれほど売れなくて1枚しか出せないだろうと思っていたから、これだけでゴジラのすべてがわかるように、代表的な曲を1枚目にぜんぶブチ込んでしまった。あと何を入れればいいんだって（笑）。

結局『ゴジラ2』は『1』を補完するような形にして『ゴジラ3』（79年）は、それまで入れていなかった歌ものを中心にしたんです。そうやってゴジラシリーズの音楽をまとめてみると、次は当然、ほかの特撮映画の音楽集も作りたくなって、竹内君が『ゴジラ』に続いて『SF映画の世界』1～6集（78年）の企画を出した。これは大映や日活、松竹といった東宝以外の会社の作品まで範囲を拡げただけじゃなく、時代劇（大魔神）やファンタジー（日本誕生）まで幅広く入れて、『ゴジラ』の3枚と同じようにセリフや効果音を交えながら、なるべく作品の雰囲気、世界観を再現するような構成にしました。セリフや効果音のセレクトは竹内君がしていましたね。

竹内君と僕がレコードを構成する上で心がけたのは、1枚目の『ゴジラ』から一貫しているのですが、音で聞く映画と言ったらいいかな。全体を起承転結のある、1つの物語のようにして、聴く人に映画の世界に入って欲しいという気持ちで作りました。それと何より大切なのは、聴きやすさですね。ファンの人が気分良く聴けるように、内容もあまりマニア向けにはしませんでした。だから「あの曲が入ってない、この曲も入れて欲しかった」と感じた人もいるでしょうが、極端なことを言えば怪獣や伊福部先生に興味のない、一般の音楽ファンが聴いて心地よいと感じてもらえればいいと思っていたんです。

そのために、実際の映画とは使われている順番を入れ替えるとか、レコード会社から「1曲につき1分以上にして欲しい」と言われていたので、短い曲の場合は2～3曲をつないで、または編集でリピートして聴き心地のいい長さにするとか、そういった意味での加工はしています。レコードの原盤を作るダビング作業にはなるべく僕らも立ち会うようにして、曲によってはスタジオのエンジニアに頼んでレベルの調整にも気を遣いました。それと演奏がいきなりカットアウトしていて、尻切れトンボで終わったりすると聞いていて気持ちが悪いじゃないですか。ですから、オリジナルでも原曲がそうなっている場合は、適当なところでフェイドアウトさせて耳障りをよくするとか、その判断は主に僕がしていました。

そういう意味では『SF映画の世界』を作って、エンジニアの人とのコミュニケーションを含めて自分たちの構成のやり方に自信がついた感じです。『ゴジラ』1～3集の時はまだ手探り状態で、映像をチェックする手段がなかったから、実は『ゴジラ3』では効果音を入れる場所を間違えたりしているんですよ。そういう失敗もあったけど、自分がファンだから、同じファンが喜んでくれて納得してくれるようなレコードを作ろうといつも考えていましたね。

80年代以降、急速なCDの普及で完全収録盤の音楽集が各社から豊富なラインナップで発売され、プレーヤーのシャッフル機能を使って好きな曲順に並べ替えて再生したり、自分だけのオリジナル構成のプレイリストを作って聴いたりすることが、アナログレコードやテープの時代に比べれば、はるかに手軽に出来るようになった現在、多かれ少なかれ構成者の好みに左右された選曲（抜粋）にならざるを得なかった、この時代のサントラレコードはすでに使命を終えた感がある。

しかし、ほぼゼロの状態から特撮サントラの基本形となるスタイルを作り上げた竹内さんと西脇さんの精神が、以後の構成者たちに影響を与えたことは言うまでもないだろう。撮影所の倉庫に埋もれていた素材テープの発掘と保存、隠れた名作とその音楽の再発見・再評価といった文化運動の意味も含めて……。

竹内さんは東宝レコードに引き続き、同じように商品となる素材を模索していたキングレコードや日本コロムビア（コロムビアレコード）にも企画を出し、キングの『サウンド・ウルトラマン』（78年）など〝ウルトラ大百科！〟シリーズ以降、特撮テレビ番組のサントラ音楽集を実現させる。また版権の関係で『SF映画の世界』に収録できなかった『モスラの歌』を、原盤権をもつキングレコードからシングル盤で再発売することにも成功。コロムビアレコードではウルトラシリーズの音楽をまとめた『特撮オリジナルBGMシリーズ』（80・81年）、東宝レコード版に再挑戦した『怪獣王ゴジラ　オリジナルBGM傑作集』上・下（81年、構成は西脇さん）を生み出した。

一方の西脇さんもキングレコードで『マイティジャック』『キャプテンウルトラ』『仮面の忍者赤影』のサントラ（78〜80年）や、開田さんがジャケットイラストを手がけた『ウルトラQ／ウルトラマン　宮内國郎の世界』に始まるウルトラ・オリジナルBGMシリーズ（79年）の構成を単独、または竹内さんと共同で担当（ここまでの仕事はすべてノンクレジット）。続いて安井さんが主題歌集『TV映画特撮オリジナル・セレクト40』と『月光仮面』『快傑ハリマオ』『隠密剣士』の〝懐かしの少年映画名作劇場〟シリーズ（いずれも79年）、金田さんが『サスケ』『ゲゲゲの鬼太郎』のオリジナルBGM集（どちらも81年）の構成に携わって円谷作品や実写作品以外の子供番組の音楽にもスポットをあてるなど、雑誌・ムックに続いてレコード業界へと『怪獣倶楽部』メンバーが進出していった。

同時期に氷川竜介さんと私も安井さん、竹内さんの紹介でキングレコードの藤田純二ディレクターのもとで仕事を始め、『機動戦士ガンダム　ドラマ編　アムロよ…』（80年）をはじめ『エイトマン』『エースをねらえ！』のような旧作から『伝説巨神イデオン』『宇宙戦士バルディオス』といった当時の新作まで、多くのアニメ作品のドラマ編や音楽集の構成に携わることになる。

これはたまたま、そういうタイミングと巡り合わせでそこに〝僕らがいた〟に過ぎないわけだが、80年前後、出版・音楽業界の一部が、こうしたファンの知識やマニア的なこだわりを必要としていたのは確かだろう。後にそう呼ばれることになる広大なオタク市場とオタク産業が出現しつつあったのだ。

ちなみに、この頃大ヒットしていた『宇宙戦艦ヤマト』に対抗する商品として、キングレコードがウルトラシリーズに着目したのは、大学生がウルトラに夢中になっているという『GORO』の特集記事がヒントになったという（83年『STARCHILD HANDBOOK』より）。こうしたサントラ盤の好評を受け、キングレコードは将来を見すえて『機動戦士ガンダム』（78年）からBGMを従来のモノラルではなくステレオで録音することに決め、その動きは以後のアニメやテレビドラマの音楽作りにも波及していくのだ。奇しくも安井さんと竹内さんが仕掛けたウルトラ再評価の記事が、過去の財産を未来へとつなぐ業界内外の意識改革に少なからぬ影響を与えたことになる。

ここでまた私事になって恐縮だが、83年に発売されたキングレコード『SF特撮映画音楽全集』1～10集＋第2期・11～15集は、私と金田益実さんで構成を分担。その5年前に出た『ゴジラ』や『SF映画の世界』を再構成するというコンセプトだったので、竹内さんと西脇さんが確立したサントラ構成のノウハウとフォーマットを踏襲しつつ（一部は先輩たちにも協力してもらった）、『キングコング対ゴジラ』の未使用曲や『モスラ対ゴジラ』の8分を越える長い曲、特撮ものの本流ではないホラー映画の〝血を吸うシリーズ〟（71～74年）や平井和正原作の青春SF『狼の紋章』（73年）の音楽まで入れるなど、それまで2人がやっていないことをしようと心がけた。

それもこれも、先達の2人がそうであったように〝自分なりのベストなサントラ〟を目指したわけで、その後に続いた多くの構成者、レコード（CD）制作者の誰しもに共通する想いのはずだ。そうして今日に至るサントラの道筋を作ったパイオニアとも言える竹内さんと西脇さんは、特撮映画ファン、伊福部音楽ファンにとって、もうひとつの大きな成果を生み出す手助けをしている。伊福部特撮音楽の集大成ともいうべき新作にして大作『SF交響ファンタジー 第1〜3番』である。

伊福部先生の新作が誕生する瞬間を目撃できて幸せでした

『SF交響ファンタジー』全3楽章ができるきっかけは、竹内君とサントラレコードを作っていく過程で、よく2人で「これは生のオーケストラの演奏で聴きたいね」なんて話をしていたんです。それで83年の初め頃、東宝音楽出版のプロデューサーである大石稀哉さんがコンサートの企画をもって伊福部先生のところへ相談に行かれたんです。これがその年の8月に日比谷公会堂で開催された『伊福部昭 SF特撮映画音楽の夕べ』の素案でした。

そこで演奏する曲目はどれにしようかということになり、先生から相談を受けた竹内君の「デモテープを作るのは任せるからやってくれ」という一言があって、僕がまず最初に選曲をしました。やっぱり物語ふうの構成で、マーチも入っていて……といろいろ考えて、カセットの片面30分ずつ、計1時間くらいにまとめたデモテープを作って、先生に素材としてお渡ししたんです。

次にそれを基本にして楽譜を揃え、先生がラフ構成を作ったところで竹内君と僕、それに井上誠君が加わって検討し、中身を固めていくという話し合いを何度かやりました。それで、最終的に形がまとまったところで、先生から電話がかかってきたんです、「ちょっと用があるので来てくれませんか」って。夜になってから先生のお宅に伺ったんだけど、なぜか僕が1人だけ呼ばれていて、目の前で先生みずからピアノで仮構成したものを弾いてくれたんです。

「これ、どうですか?」「いいですねえ、オーケストラで演奏されるのが楽しみです」「この組み立てで大丈夫ですか?」「ぜんぜん問題ありません」「じゃあ次、参りましょう」

こんな感じで〝朝まで生伊福部昭状態〟。先生の演奏だからテンポはゆっくりだったけど、あの曲がこういうふうにつながったのかって、感動しました。「ああ、テープレコーダーを持ってくれば良かった」って、何度後悔したことか。でも先生の新作が生まれた瞬間を独り占め出来たわけですから、こんな幸せな時間はなかったですね。デモテープを作ったご褒美だったんだと思います。

そうやって僕が感激しながら聞いていたので先生も安心したのか、すぐにオーケストレーションに取りかかって、東京交響楽団のリハーサル時には竹内君と僕も立ち会いました。完成したものは、僕が作ったデモテープとはまったく違う形になっているけど、セレクトした曲はほとんど入れてもらえたから嬉しかったですね。本番のコンサートの日は、裏方のスタッフの1人として会場の外で観客の誘導をしていたので、司会の平田昭彦さんや田中友幸プロデューサー、本多監督の舞台挨拶は観られませんでしたけど、お客さんは超満員。初めは観客の入りを心配していた大石さんも大喜びしたくらいの大成功で、本当に良かったですよ。


この『SF交響ファンタジー』の裏話を聞くと、伊福部先生がいかに西脇さんをはじめとする、特撮怪獣映画を通じて純粋にリスペクトしてきたファンを信頼していたかがわかる。不遜・傲慢・僭越を承知で書いてしまうが、80年代からゼロ年代までを通じて、伊福部音楽を映画界やクラシックの世界にカムバックさせる後押しをしたのは、同人誌『衝撃波Q』の特集をきっかけにして伊福部昭の周囲に集まり、その後も長く応援し続けたファンたちだったのではないかという気がする。だからこそ先生は、それに応えて晩年も精力的に新作を書き、旧作の改訂を続けたのではないだろうか。

ところで、81年発売の『伊福部昭映画音楽全集』全10枚についても面白いエピソードがあるので紹介しておこう。

キングレコードの『伊福部昭映画音楽全集』も竹内君の企画だったんだけど、彼が病気で作業できなくなったので、僕と大石さんが手伝いながら、伊福部先生と奥さんの自選という形で選曲していったんです。でも、先生としては同じような旋律がいくつも入っているのは気になるから、ときどき「この曲はちょっと……」と困ったような顔をされるわけ。こちらは、どれも作品の印象的なBGMだから落とさせないように「いや、これも大事な曲ですから」って説得するのに必死でした。

本当を言うと先生の手がけた映画音楽は膨大な量で、この全集は選曲と構成、マスターテープの録音まで1年以上かかったんですよ。だから初めの頃に選んだ曲は、もう先生は忘れているんです。それをいいことに「これ、前にも入れましたよね」と聞かれると「そうですか?」なんてごまかして(笑)。そこで奥さんが横から「この人に任せていれば大丈夫よ」と助け船を出して下さって、これは非常にありがたかったですね。

伊福部夫妻の大らかさと共に、西脇さんの人柄も伝わってくるような話だが(17年に発売されたCDボックス『伊福部昭映画音楽全集　復刻箱』の解説書に制作当時を振り返った西脇さんのインタビューが収録されている）、この信頼感は各レコード会社などの担当者とも良好な関係を築くこととなり、『メカゴジラの逆襲』（75年）以来となる伊福部音楽の怪獣映画『ゴジラVSキングギドラ』（91年）では録音現場にも立ち会って伊福部先生をサポート。同作の2枚組サントラCDの構成・解説を任されたほか、東宝特撮やウルトラシリーズなどの旧作にとどまらず、仮面ライダー20周年記念の劇場作品『仮面ライダーZO』（93年）や、伊福部門下の和田薫が音楽を担当した『疾風！アイアンリーガー』（同）『銀河戦国群雄伝ライ』（94年）『マーズ』（同）といったテレビアニメ、OVA『卒業～Graduation～』（95年）『聖羅V（ヴィクトリー）』（同）のサントラや音楽集のCD構成・解説も手がけるようになった。また意外なところでは『声優ヴォーカルベストセレクション』（93年）の構成、『深見梨加／モーニングアフター』（94年）のインタビューといった声優関係のCDにも協力している（以上、いずれもアポロンより発売）。

その他、西脇さんの主な仕事には、雑誌『宇宙船』の原型とも言える『月刊マンガ少年別冊　すばらしき特撮映像の世界』（79年、朝日ソノラマ）に寄せた開田さんとの連名による音楽記事に始まって、銀行の業務をこなしながら4日間の強行軍で構成したというカセット10巻組ボックス『ゴジラ　東宝特撮映画音楽全集』（85年、日本ディスクライブラリー）、LDボックス『大魔神全集』（90年、パイオニアLDC）の作品解説、学研のムック『ゴジラ大百科』（90年）所収の論考『ゴジラ映画と伊福部昭の世界』、大映の特撮ホラー時代劇の音楽集『妖怪百物語／東海道お化け道中』（92年、バンダイ）、先生ご本人からも評価されたという自信作『伊福部昭特撮映画マーチ集』（94年、ユーメックス）などがあり、2001年から発売開始された東宝特撮映画のDVDブックレットでは、作品解説の竹内さんとコンビを組んで音楽解説を担当した。

どれもみなレコードやCDの構成と同じく、銀行員との二足のわらじ生活のなかで世に送り出されたものだが、その出発点となった竹内さんとの友情は2011年6月に亡くなるまで、いや、その後も続いて、現在は竹内さんから託された資料をもとに伊福部昭研究をまとめようと構想を練っているという。

「さっきの『SF交響ファンタジー』誕生の夜の件は、竹内君には伝えてなかったんですよ。初めてここで話したから、化けて出てくるかもしれないですね（笑）。一緒にレコードを作ったりしていた時は迷惑をかけられたこともあったけど、それもみんないい思い出になってしまいました。せっかく彼が苦労して集めた資料だからムダにしないように、何とか形にできたらなあと思っています」

――と語る西脇さん。その後も川北紘一特技監督が監修したムック『ガンヘッド パーフェクション』（13年、アスキー・メディアワークス）で音楽の本多俊之インタビューを担当したほか、研究家の小林淳さんが編纂した論文・随筆集『伊福部昭綴る』（同、ワイズ出版）や、CDでは『伊福部昭生誕100年記念コンサート』（15年、ゼール音楽事務所）、デジタル・リマスタリングによる最終盤と銘打たれた『大魔神オリジナル・サウンドトラック』『大映妖怪三部作 オリジナル・サウンドトラック』『蛇娘と白髪魔 オリジナル・サウンドトラック』（17・18年、ディスクユニオン）等への寄稿、『エンターテイメントアーカイブ ウルトラQ/ウルトラマン』（18年、NEKO PUBLISHING）所収の『ウルトラQ・ウルトラマン オリジナルBGM商品化の始まり』で竹内さんと組んだキングレコード時代のサントラLP作りを回想する文章など、引き続いて執筆活動に取り組んでいる。

また、伊福部昭生誕100年となった2014年、音楽プロデューサーの西耕一さんを中心に伊福部先生の映画音楽を主体にしたコンサート『伊福部昭百年紀』のプロジェクトが実現し、西脇さんはそのVol.1～3にスペシャル・アドバイザーの肩書きで協力している。

洋画・邦画を問わず映画音楽をオーケストラの生演奏で聴かせるコンサートは昨今では珍しいものではな

くなったし、ウルトラシリーズや人気アニメのオリジナルBGMを交響曲にアレンジしたアルバム、演奏会の類いもこれまで数多くあった。しかし『伊福部昭百年紀』の注目すべき点は、従来では映画製作当時にモノラル録音された音楽テープからレコード化、CD化されたサントラ音源を聴くしかなかった曲の数々が、現存する伊福部先生の楽譜（オリジナルスコア）をもとに、録音時の初出の形を生かしながらライブで再現されることだ。

伊福部先生が亡くなられて10年あまりが経過しているが、雄渾な特撮スペクタクル映画のBGMや、今日では上映される機会がほとんどない貴重な記録映画のテーマ曲など、多彩な伊福部音楽の粋を若い演奏家たちが迫力ある現代の音として甦らせた百年紀コンサートは、すぐさまシリーズ化されて回を重ねる人気ぶり。その都度ゆかりのゲストを招き、曲目構成にも工夫を凝らした内容で多くの聴衆を楽しませている。そうした機運を受けて、映画とテレビ、実写とアニメを横断して活躍し数々のヒーロー音楽を手がけた渡辺宙明、菊池俊輔といった音楽家たちにも、デジタル・リマスターでのCD化やライブの演奏会を通じてまた新たな光が当てられ始めた。西脇さんと竹内さんが方向付けたオリジナル・サントラレコードのスタイルや、そこから生まれ日比谷公会堂に集った特撮映画・怪獣映画ファンの若者たちを感動させた伝説のコンサート『伊福部昭　SF特撮映画音楽の夕べ』から時は流れても、特撮映画音楽の魅力はさらに多くの聴衆、多くの新しいファンを生み出していくことだろう。

395　西脇博光　──二人三脚で作り上げた特撮サントラレコードのスタンダード──

徳木吉春

――怪獣もメカも女優も美しく見せる確固としたビジュアル・センス――

異星人との戦いは、時代劇における忍者戦と似ています。たとえば、ウルトラマンの使う八ツ裂き光輪は、明らかに忍者が使う大型手裏剣と同じ発想から生まれています。このことは、銃器類の支配するアメリカやヨーロッパでは考えられない東洋的な発想です。

――徳木吉春『ウルトラセブンへのひたすらな歩み』（77年発行『ＰＵＦＦ』10号）より

怪獣映画はなぜか怖いものだと思っていた

徳木吉春さんは私が最初に商業誌に原稿を書かせてもらった『ランデヴー』78年1月増刊号や、豆本サイズのフィルムストーリー『ウルトラマン・ブック』シリーズ（78～79年、二見書房／ケース入り・３冊セット）から現在に至るまで、もっとも多くチームを組んだ『怪獣倶楽部』出身の仕事仲間であり、長年の編集・ライター生活の中で打ち合わせや編集・構成作業を通じて毎週のように顔を合わせていた時期が何度もある。

徳木という苗字は石川県出身の母方の姓だそうで、ゴジラと同じ昭和29（１９５４）年生まれ。すでに還暦を過ぎたメンバーが多い『怪獣倶楽部』の会員の中でも年上の方に属するが、いまだに若々しい風貌なのには驚かされる。誰とでもフランクに接する明るい人柄であり――特に編集部やスタジオの女性陣からの好感度が高い――、その印象は他のメンバーと同じように30年以上も前に『怪獣倶楽部』の会合で始めて会った頃からまったく変わっていない。

僕はひとりっ子で、横浜生まれの横浜育ち。ジブリアニメの『コクリコ坂から』（11年）は実際の地理とはちょっと変えて描かれている部分があるけど、子供の頃の風景はあんな感じでしたよ。米軍の施設があって、占領時代の雰囲気も少し残っていました。だから昔の日活映画とか『あぶない刑事』（86〜87年）みたいに横浜を舞台にしたアクション映画やテレビドラマには、特に親近感がありますね。

子供の頃は典型的なテレビっ子。うちは両親が自由に見せてくれたので『月光仮面』（58〜59年）などの子供番組から海外ドラマ、時代劇まで何でも見ていました。といっても当然、夜7時台の番組が多かったですけど。少し大きくなると『世にも不思議な物語』（59〜61年）『ミステリーゾーン』（59〜64年）のような遅い時間帯のSF、ファンタジーものを見始めて、そういう海外ドラマのクレジットが読みたくて英語に興味を持ち、後に大学の英文科に行くことになるわけです。

それから小学生の頃に『ショック！』という、ポリス・カーロフ主演の『フランケンシュタイン』（31年）、ベラ・ルゴシ主演の『魔人ドラキュラ』（同）といったホラー映画の名作を短縮版で放送する番組があって、これも毎回ドキドキしながら見ていました。怖い怖いと思いながら、なんであんなに夢中になっていたのかよくわからないんだけど（笑）。

映画との出会いは、やっぱり東宝の怪獣映画です。でも僕にとっては、怪獣映画もはじめは非常に怖いというイメージがあったんですよ。4、5歳の頃、近所の牛乳屋さんの前の電柱に『大怪獣バラン』（58年）のポスターが貼ってあって、バランの顔と飛びかかってくるようなポーズがものすごく怖くて、その店に近づけなかったことがあります。

それと、当時はよく祖母が映画館に連れて行ってくれたのですが、自分が怪獣映画を見たいわけじゃないから、子供の都合なんて構わずに上映の途中からでも平気で入っちゃうんです。だから『モスラ』（61年）も、いきなり激流が橋に迫って来る中で主人公のフランキー堺が赤ん坊を助ける危機一髪のシーンとか、『妖星ゴラス』（63年）も久保明の宇宙パイロットがゴラスの引力につかまって記憶喪失になってしまうシーンから見始めちゃったので、最初は怪獣やメカよりも、そういうショッキングな映像の印象の方が強かったですね。
もしかしたら、そういった子供時代の体験が後にホラー映画を好きになるところにつながっているのかもしれません。『白蛇伝』（58年）とか『安寿と厨子王』（61年）のような初期の東映長編アニメも、ワクワクする冒険ものだったり感動的な物語だったりしたはずなのに、あの生っぽい絵柄からして怖いと思ったし、『ウルトラQ』（66年）や『ウルトラマン』（66～67年）だって、けっこうホラー的なエピソードが多かったじゃないですか。『仮面ライダー』（71～73年）も、僕は最初の1クール（1～13話）が完全にホラーのテイストだったから見ていたようなものですね。

ある人にとっては気分を高揚させ、爽快なカタルシスを提供してくれる娯楽でもあった東宝の怪獣映画、特撮ＳＦ映画を「怖い」と感じた徳木少年は〝理由はさだかではないが〟ホラー的な映像を好んで観るようになり、大学時代にはホラー映画の研究会に参加するまでになるのだが、もうひとつ重要な子供時代の出会いがある。

あの頃の子供はみんなそうだったと思うけど、とにかく多種多様なテレビ番組を見ていて、それと同時に怪獣映画が好きで、マンガも手塚治虫の『鉄腕アトム』、横山光輝の『鉄人28号』あたりから読んでいました。

特に月刊誌の『少年』(46～68年、光文社)を愛読していて、『アトム』『鉄人』だけでなく『ストップ!にいちゃん』(関谷ひさし)とか『発明ソン太』(あさのりじ)とか、その頃に連載されていた作品はみんな好きでしたよ。

週刊誌がたくさん出るようになってからは、確か『少年キング』(63～82年、少年画報社)の創刊号が当時30円だったかな。そんなに裕福な家庭ではなかったから、読みたい雑誌を何誌も、毎週買っているわけにはいかないので、お小遣いを前借りして選んで買ったりしていました。若者向けの雑誌だった『ボーイズライフ』(63～69年、小学館)なんかも、大好きな007映画の記事が載っている号を中心に買い始めていましたね。

でも、家が狭かったせいもあって、そういう少年週刊誌やマンガ雑誌は1年ごとにまとめて捨てるようにしていたんです。それで、処分する前に自分が好きな場面(コマ)を切り抜いてノートに貼って保存するというようなことを、わりと早くから始めてました。

それもアトムが飛んでいるところとか、見た目にかっこいい決めのポーズのところばかり。印象的な吹き出し(セリフ)とかストーリー的に重要な部分ではなくて、単純に自分がかっこいいと感じたキャラクターのポーズに限定した絵や写真なんですよ。それでディテールがわかるようなものを並べた簡単な設定集とか、1つの作品の登場人物をぜんぶ集めてキャラクター名鑑のようなものを作っていたんです。

なんて言ったらいいんだろう、きっと好きなものがぜんぶなくなってしまうのがイヤだったんでしょうね。その切り抜きノートはずっと手元に残してあるし、週刊誌の記事やグラビアを切り取ってファイリングするのは今でも続けています。考えてみたら小学生の頃から自作の怪獣図鑑を作っていた竹内(博)さんとまではいかないにしても、実は自分も今の編集の仕事と同じようなことを昔からやってたわけですね。

徳木さんが『怪獣倶楽部』を経て早くから商業誌で即戦力として仕事を始める未来への伏線は、この頃から培われていたのだろうか。とりわけ興味深いのは〝自分がかっこいいと感じるポーズ〟への強いこだわりと、その絵柄を選別する眼——つまり、徳木さん独自のビジュアル感覚を獲得していった過程である。

それは住宅環境のために楽しんでいたマンガ雑誌を捨てざるを得なくなった時、そこで消えてなくなってしまうものを、一部分だけでも保存したいと願い、そのために必要な術を学ぶ中で身につけていったものに違いない。もちろん年少の頃のことゆえ、アーカイブの構築として明確に意識されたものではなかっただろうが、やはりここでもライトスタッフ（そうあるべき正しい資質）という言葉を思い出してしまう。

そして、そのように世の中からムダとされ、いつかは捨てなければならないような趣味・娯楽、とりわけ上映や放送と同時に流れるように消えてしまって、元に戻すことも手に入れることも出来ない映像作品に対して、世の中の常識や大人たちから与えられたものではない自分なりの価値を見出し、それぞれのやり方で形にしようとすることこそ『ＰＵＦＦ（宙）』や『怪獣倶楽部』に集った若者たちに共通する心性だったのだが、これは怪獣映画やアニメファン、いわゆるオタクと呼ばれるような人々だけに限ったことではない。カーマニア、オーディオマニア、アイドルファン、絵画や美術工芸品のコレクター、高級食器を買いそろえる主婦——いつの時代にも存在するすべてのオタク的資質と感性の持ち主たちの中にも、ごく当たり前に見られる特長だろう。

そう考えると徳木さんのホラーへの関心も、普通に考えるような〝怖い物見たさ〟といった単純なものではなく、もっと違う形——見たこともない非現実・非日常の風景や事象、つまりは特撮や特殊メイク、広い意味での特殊効果が作り出す特異なビジュアルに対する憧れ、渇望から来ていたのかもしれない。

そういえば、自分で描いた絵や切り抜いた少年誌のイラスト、グラビア写真でオリジナルの怪獣図鑑を作っていた竹内さんや、自分にとって極めつけと思うスタイルを並べたキャラクターブックを構成していた徳木さんの少年時代は、標本キットを揃えて昆虫採集に夢中になったり、一時ブームになった切手の収集に精を出したりしていた自分の同級生たちの姿に重なるものがある。そこに違いがあるとすれば、具体的に手で触れることが出来ないビジュアル作品が対象であり、幸か不幸か、その趣味が職業にまで発展したという点だろうか。

かっこいいポーズ、スタイリッシュな構図に魅力を感じた

僕の場合はドラマ、ストーリーも当然重要なんだけど、そうやってまず見た目のインパクトから映像作品の魅力に目覚めたということが大きいと思うんです。だから、成長して大人向けの映画を観るようになってからも画面のレイアウト、カメラの構図が面白いと感じる作品が印象に残ったし、特徴的な構図の画面を撮る監督に注目するようになりました。ウルトラシリーズならもちろん実相寺（昭雄）さんの回が好きで、テレビで放送された大映時代劇の三隅研次監督の映画も、まず構図の良さに惹かれました。三隅さんは特に『座頭市』シリーズで有名だけど、僕は『眠狂四郎』シリーズの三隅作品の方が好きだったんです。座頭市＝勝新太郎のアクロバット的にわざと崩したチャンバラじゃなくて、眠狂四郎＝市川雷蔵の端正な佇まいから生まれる静の殺陣。必殺技である円月殺法の構えをした雷蔵の、スラリとした立ち姿とかね。

ホラー映画にハマったのも『吸血鬼ドラキュラ』（58年）のクリストファー・リーが、あまりにかっこよかったから。普通の映画ファンと違って、ちょっと見方が変だよね（笑）。シルエットなのかフォルムなのか、それともプロポーションなのか、言葉ではうまく言えないんだけど、そういうポーズが決まったシーンや、照明や美術も含めてスタイリッシュに仕上げられた映像に憧れるんです。

マンガにしても『アトム』より『鉄人』の方が面白かったですね。手塚さんは動きを感じさせる映画的な描き方だけど、横山さんの絵には本来のマンガ的というか、一枚絵として成立するかっこよさを感じました。ウルトラマンやウルトラセブンの光線技が好きな理由も同じです。スマートな巨大ヒーローがかっこよくポーズを決めて、必殺の光線の一撃で怪獣を倒す。これが実写特撮の醍醐味だと思うけど、そういうふうにビジュアルのかっこよさを追いかけていくうちに007シリーズも好きになったんです。

最初に映画館で観たのは日本が舞台で現代的な忍者が出てくる『007は二度死ぬ』（67年）、次がジェームズ・ボンドが何人もいるという設定のパロディ版的な『カジノロワイヤル』（同）。どちらも評論家やファンの評価は低いけど、僕はすごく楽しんで観ました。もともと007シリーズにはサスペンス、アクション、メカ、特撮、エロス、凝った設定と小道具、個性的な悪役といった映画の魅力がぜんぶ入っている。僕はさらにそこからイギリス映画がもつシュールさや皮肉っぽさ、アメリカ映画とは違う落ち着いたカメラワークと演出、渋い色調といったものに目覚めて、だから人形劇の『サンダーバード』（65〜66年）もイギリス的な作品として楽しんだし、もっとあとになるけど『チャイニーズ・ゴースト・ストーリー』（87年）を見てからは香港映画の見得を切るような華麗なアクション・スタイルにものめり込んでいきました。

００７といえばボンドガール、香港映画といえばワイヤーアクションもこなす美人女優の宝庫。徳木さんは女優、アイドルに関しても優れた審美眼を持っているが、そのベースには００７シリーズや香港のファンタジーアクションに登場する女優たちのスタイル（プロポーション）の良さはもちろん、モード（ファッション）としての美しさというファクターもあるに違いない。そこから磨き上げられた徳木さんのビジュアル・センス、レイアウト感覚の実例として、ＳＦ映画のヒロインを特集した『月刊スターログ』84年2月号の『ＯＨ ＳＦ ＧＡＬＳ　美女ありき』（海外編）と同4月号『本邦ＳＦ女優美人帖（ひろいんのーと）』（日本編）を挙げておこう。誌面には『銀河伝説クルール』の恐怖王ビースト、映画『トワイライトゾーン』のお化けウサギ（ラビット・モンスター）などグロテスクな怪物と並んでナスターシャ・キンスキー（キャット・ピープル）から松本伊代・榊原郁恵（ピンキー・パンチ大逆転）まで、美女・美少女のオンパレード。どれも見慣れた宣伝用スチールにもかかわらず、１ページ大の原田知世の笑顔や、見開きにドーンと引き伸ばされた水野久美のＸ星人全身像（魔法使いのような先の尖ったレザーブーツまでよく見える）に改めて魅了されること請け合いである。

ちなみに、徳木さんお気に入りの日本の女優は浅丘ルリ子、夏純子のような主演級を除くと、悪女役を得意とした高毬子、真山知子、森秋子、赤座美代子といった60〜70年代のシックでアンニュイな雰囲気をもつモデル系（つまりモード系）である。大映出身の高毬子は『マイティジャック』（68年）のＱ幹部や『ウルトラマンＡ』（72〜73年）の女ヤプール（Ｑ歯科医院の女医）、蜷川幸雄夫人の真山知子は『ダイヤモンド・アイ』（73〜74年）の前世魔人幹部と特撮番組にも縁があるが、いずれも『ザ・ガードマン』（65〜71年）『キイハンター』（68〜73年）『プレイガール』（69〜76年）などのアクションものや数々の時代劇の常連ゲストとして活躍した——と言えば思い出す人がいるかもしれない。

こうした女優の趣味が、私の好みとかなりの部分で重なっているのだから気が合うのも当然という気がするのだが、それはともかく徳木さんは特撮怪獣ものだけでなくホラーから時代劇まで幅広く、最初はテレビの映画劇場を通じて、さらに中高・大学へと成長するに伴って映画館で——という具合に邦画・洋画の区別なく鑑賞するようになり、同時に『キネマ旬報』をはじめとする映画関係の雑誌、とりわけ洋書店を通じて海外の映画雑誌や書籍を購読しながら情報収集につとめ始める。

あの頃は学校で怪獣映画やSFドラマの話が出来るような仲間はほとんどいなかったですね。でも、自分なりに研究といったらおこがましいけど、再放送や新聞・雑誌からメモしてウルトラシリーズのような特撮ものだけでなく一般のドラマの作品リストを作ったりしていました。

そういうメモやリスト作りを本格的に始めたのは中学生の頃からで、大学時代には休講の日や時間がある時には図書館へ行って、新聞のテレビ欄を調べて劇場未公開の映画だけをリストアップするとか、そんなこともやってましたよ。それをどこかに発表しようとか、あとで名画座まで追いかけて行って観てみようとか、特に具体的な理由や目的なんてなかったんですけどね。なんで、あんなことを始めたんだろう（笑）。

でも、そうこうしているうちにキネ旬の投稿欄を通じて秋本鉄次さんと知り合って文通したり、大森一樹さんや藤田真男さんのような（いずれも後に監督や映画評論家となる）人たちと交流が出来たりして付き合いが広がっていきました。それで74年に続けて誕生したホラー映画同好会（聖咲奇さんの『トランシルヴァニア協会』、石田一さんの『モンスターズ The Monsters』）に刺激を受けて浜松在住の勝田安彦さんが『恐怖映画研究会』を立ち上げたので、僕も入会させてもらったんです。

その会誌が『SHOCK』というコピー誌で、映画研究家の北島明弘さんと並んで海外情報の記事を書いたり、今の話に出たテレビで初放映された劇場未公開のSF映画、怪奇映画のリストを載せたりしました。それで6・7合併号――といっても8ページの薄いやつですけど――の編集をしたあとで、代表（会長、編集長）の勝田さんがお医者さんになるための勉強で忙しくなったので、いきなり26ページに増えた8・9合併号の『特集・山本迪夫の世界』（75年7月発行、事実上の最終号）を1冊丸ごと編集することになったんです。

ただ僕は池田（憲章）君や中島君たちと違って、同人誌活動というのはあまり本格的にやってないんですよ。もともと文章を書くことが苦手で、今でも原稿を頼まれると書き上げるのに四苦八苦しちゃう。同人誌で記事を書いたのも『PUFF』と『怪獣倶楽部』、それに『SHOCK』くらいじゃないかな。

ここで言及されている『SHOCK』の山本迪夫監督特集号は、第1部でも紹介したように新作映画『血を吸う薔薇』（74年）を中心にした山本監督のロングインタビュー〝自作を語る〟に東宝宣伝部提供のスチール写真を配し（写真構成は副会長・繁田俊幸さんが担当）、竹内博・編の関係記事目録と勝田会長の作品評を加えた充実の内容。その本文はすべて徳木さんの特長のある細かな手書き文字で構成されていて、『PUFF』の富沢雅彦さんの文字と同様に、この時代の手作り同人誌の苦労と、そこに賭けた編集者の気概や情熱が伝わってくる。

徳木さんは「もう、あんなこと絶対できないよ」と笑うのだが、竹内さんの目録があることからもわかるように『PUFF』『怪獣倶楽部』との出会いもこの頃、映画ファンとの交友と同時並行的なものだった。

生前の竹内さんに聞いた話や他のメンバーの証言を整理すると、『怪獣倶楽部』の発足以前、まだ『宙』の会合が円谷プロで開かれるようになる前の73年頃、竹内さんがまず安井尚志さん、次に金田益実さんと知り合い、当時円谷プロの仕事をしていたアート・クリエイターの米谷佳晃さんから支援やアドバイスを受け怪獣研究会と同人誌の構想が生まれている。

そして74年に『PUFF』が誕生し、その夏から月1回の会合が始まるが、そうしたファンたちとは別に、自分で作った作品リストの不明部分を教えてもらおうと円谷プロに電話してきたのが徳木さんだった。

「もうひとり、金田君も同じようにわからないところがあるから教えて下さいと電話してきたのがきっかけで知り合った。自分で資料を調べるだけでなく、それをなるべく完全なものにしたいと直接コンタクトしてきたわけだから、これは見どころがあると思ったね。

円谷プロでアルバイトをしていた安井君はデータ的なことをよく調べていて、かなりマイナーな怪獣まで記憶していたから、オレよりすごい奴がいたって驚いた。あと、池田君は丸ごと1冊、自分で評論を書いたガリ版刷りの同人誌（空想創作団『甦れ円谷プロ！』）を送ってきたから、一発で名前を覚えたよ」

——と、竹内さんは「『怪獣倶楽部』のメンバーをどのようにセレクションしたのですか」という質問に対する答えの中で語ってくれたのだが、『PUFF』『衝撃波Q』の創刊とあわせて、こうした積極的なファンの登場が竹内さんの怪獣同人誌構想を後押ししたことは間違いないだろう。

この時、円谷プロの六本木事務所に呼ばれて竹内さんに初めて会った印象を、徳木さんは「なんだか怪しい人って感じ（笑）。でも、そんな初対面の僕にも気軽に資料を見せてくれたりして、根はすごく親切で優しい人だった」と振り返る。その怪しくて親切な竹内さんから会合に招待され、そこでさらに『PUFF』の存在を知って開田裕治さんの手になる美麗な表紙が付いた第4号より『宙』に入会。早速、それまで個人的に調べていた洋書の知識をもとに、日本の怪獣映画に関する海外の情報を紹介する『モーション・モンスター』の連載を開始した。

この記事は初代会長辞任に伴う〝大空位時代〟を挟んで復刊10号まで続くが、徳木さん自身の言葉にもあるように東宝特集のベスト&ワースト・アンケートなどを除くと『PUFF』への寄稿自体は意外なほど少ない。その中で注目したいのが、冒頭に引用した『ウルトラセブンへのひたすらな歩み～武器・能力白書～』（2回分載）だ。再放送を見て書き溜めたメモをもとに、セブンの光線技や超能力の数々を紹介した文章は次のように続く。

SF類に登場する光線の描写にしても、海外では、ほとんどが、直線的で帯状のレーザービーム型で、かわっていいてもイナズマ型ぐらいなものですが、日本の場合は、直線型はもとより、キングギドラの吐く光線や、スーパーガンのようにジグザグ的なものや、スペシューム光線のようなシャワー状のものなど、多種多様です。しかしながら、『スタートレック』のフェーザーや『インベーダー』のスキャナー・ビームのようにエネルギー出量の威力を描くことでは、まだまだ研究の余地があるようです。

40年も前の、学生時代に書いた原稿の一部をそのまま採録されて、徳木さんもさぞや迷惑しているに違いないが、ここには、当時は気づく人が少なかったであろう、多くの重要な示唆が含まれている。日本とアメリカの映像や特撮に対する感覚の違い。アメリカのSFドラマに比べて日本の子供向け番組がほぼ1話ごとに新しいキャラクター（怪獣、メカなど）を登場させている事実。同じスタッフが参加したウルトラシリーズと時代劇『風』（67～68年）の相似。そして『仮面ライダー』のアクション演出（擬闘、殺陣）

を大野〝剣友会〟が担当していること――などなど、海外作品と照らし合わせることで多くの謎を解くヒントになる、新しい見方をファンに提示しているのがわかるだろう。

作品論のようなものを書くのは苦手だという徳木さんの分析の確かさを示すために、ここで同人誌時代の文章を紹介した次第である。

あの頃の会合の雰囲気そのものが『怪獣倶楽部』だった

苦手とは言いながら、徳木さんは『PUFF』や『SHOCK』と並行して『怪獣倶楽部』の会誌にも新作映画評『メカゴジラの逆襲』（創刊号）、怪獣キャラクター論『メカゴジラ賛江』（第2号）を寄せ、第3号『大特集・マイティジャックの世界』では子供時代から続けていた切り貼りノートのセンスとテクニックを発揮して16ページの『MJ超兵器大鑑』を構成する。

MJ号の搭載機や敵組織Qの各話ゲストメカなど、番組の登場メカを網羅した写真のセレクトから全体のレイアウト、ロゴふうに処理した各タイトル、本文、『戦え！マイティジャック』の超兵器一覧表まで、すべて徳木さんが手書き・手作りで版下を作った、全70ページに及ぶこの特集号の白眉ともいえるグラフページだ――『怪獣倶楽部』の会誌は原則として執筆者がコピー用箋や原稿用紙に書いた直筆原稿を画用紙の台紙に貼って、そのまま版下＝コピー原版にしていた。

例えば高速戦闘機コンクルーダーは大伴図解のイラストとスチールを比較する形で並べ、雑誌などではカットされてしまうことが多い背景（撮影のためにミニチュアを置いた台）もそのまま残して、トリミングせずに角版で見せるといった、すっきりした写真の配置には、現在の仕事でも変わらずに持ち続けている徳木さんの〝ビジュアルとしての心地よさ〟を重視した誌面構成の方向性が、すでにはっきりと示されている。

自分が切り抜きばかりやっていたせいなのか、理由はよくわからないんだけど、子供向けの雑誌や本でよくあるような、怪獣とかヒーローの写真を切り抜いて勝手に加工して見せるページが嫌いだったんですよ。自分でもウルトラシリーズのフィルムコミックを作ったことがあるけど、実を言うと一般的なマンガと同じスタイルで吹き出しを付けたり、擬音を描き文字で入れたりするような構成はあまり好きではありませんでした。だから『くりいむレモン』シリーズの時は海外の映画本なども参考にして、それまでにないようなフィルムコミックを目指しました。

『くりいむレモン』のフィルムコミックス（85〜86年、ＡＢＣ出版）は、徳木さんがデザイナー（当時は編集者）の友人、海老原秀幸さんと組んだ仕事のひとつ。「彼のデザインセンスに負けないようにと1作ごとに構成を変えていろいろな実験をやったから、自分の本作りに自信が持てるようになった」と言うが、前段の発言からは、後に特撮・アニメ誌やムックなどの編集を手がけることになる『怪獣倶楽部』のメンバーに共通した、ある志向が見て取れる。それは〝オリジナルの画面（とそこに含まれる情報）を尊重し、読者に出来るだけ生のまま提供する〟〝そのためにイラストではなく、基本的に原版のフィルムを（コマの切り出し、または複写するなどして）素材として使う〟〝装飾過多なデザインを避ける（シンプル・イズ・ベスト）〟といった点だ。

実は『MJ超兵器大鑑』最終ページの欄外にある徳木さんの断り書き【○○話（各話数を挙げて）はフィルムが未確認のため、不明な点はシナリオに沿って記述したので注意されたし】が、徳木さんの律儀な性格を表すと同時に、そのことを何よりも雄弁に物語っている。

——また先回りをしそうになったので『怪獣倶楽部』に話を戻すと、徳木さんは続く第4号『特集ガメラvs大魔神』で専門分野である紹介ページ『海外に於ける大映ファンタジー・フィルム』を書き、第5号『ウルトラQ　10周年記念総特集』では別冊付録『エンサイクロペディア・ウルQニカ』の用語事典を担当した。

『MJ』特集号は安井さんの見開きイラスト『MJ怪獣総進撃』や開田さんの『モスラ』ピンナップも含めてメンバーの総力を結集した感があったが、ほぼ1年がかりで編集され、事実上の最終号となった『ウルトラQ』特集号はそれを上回る90ページのボリューム。付録の3分の1を占める『ウルQ用語事典』も、写真と文章（ここでも凡例に〝決定台本を尊重した〟と但し書きがある）をバランスよく並べた見やすいページで、このまま活字化してムックの巻末に収録してもいいほどのクオリティになっている。

そして、この号で特筆しておきたいのが前述のオリジナルを尊重した〝フィルム主義〟だ。4号まではカットやグラビアページに使用された写真は、円谷プロまたは東宝のオフィシャルな宣伝用スチール、あるいは雑誌などからコピーしたものがほとんどだった。しかし5号では、円谷プロの資料管理をしていた竹内さんが、怪獣特集を組む学年誌などの要求に対応できるよう独自の判断と地道な作業で保管・整理していたコマネガや、ラッシュ・フィルムの切り出しから紙焼きした場面写真——繭から出てくるカネゴンの連続カット、バルンガとそれを見上げる警官の合成カット、夕陽をバックに飛ぶラルゲユウスなど——が、巻頭グラビアをはじめ随所に使用されていた。


キャラなので、今後もレオの前に立ちふさがる敵としてレギュラー化して欲しい」「せっかくモロボシ・ダンが出ているのだから『ウルトラセブン』で残っているカプセル怪獣を出してはどうか」といったアイデアが出され、その幾つかは実際にボール怪獣セブンガーのような形で採用された。ただ、その描き方はメンバーの期待したものとは大きくかけ離れたものだった。

本書の第1部で、この『ウルトラQ』特集号が記念すべき大人向け特撮本の先駆け、朝日ソノラマのファンタスティックコレクション第1弾『空想特撮映像のすばらしき世界　ウルトラマン（ウルトラセブン／ウルトラQ）』のプロトタイプになったと書いたが、それは竹内さんと安井さんが意図した特撮出版物の戦略が、この時点で具体的な形になっていたからである。そして間もなく2人によって各出版社、編集部に紹介された『怪獣倶楽部』メンバーによってそのポリシーが広く実現されていくことになるのだが、その前にもう少し徳木さんの同人誌時代の思い出を聞こう。

『超兵器大鑑』も『ウルQニカ』も、編集長の竹内さんからテーマをもらって作りました。最初に創刊号でメカゴジラの原稿を頼まれた時は、なにしろまとまった文章を書くのがイヤで1度は断って、しばらくウジウジと悩んでいたんですよ。それで、竹内さんは前に僕の作ったリストや設定メモを見ていたから「じゃあ、徳木君は用語事典をやってよ」ということになったんです。そこで、僕のメモで抜けている部分を、円谷プロの企画室（文芸室）にあったシナリオをチェックしたりしてまとめました。

実は『怪獣倶楽部』の思い出というと、そういう原稿のことより、なぜか『がきデカ』（山上たつひこ）と『やけくそ天使』（吾妻ひでお）の話ばかりしていたことしか憶えてない（笑）。竹内さんが好きで、よく西脇（博光）さんと2人で『死刑！』のギャグのマネをやってたからかな。あと『シャン・キャット』とか吾妻ひでおのマンガはメンバー内で人気があって、みんな読んでましたよね。

氷川（竜介）君がよくエピソードとして紹介している『ウルトラマンレオ』の強化案のアイデア出しとか〈注〉、富沢（雅彦）君が『PUFF』で採録していた内論の『ウルトラセブン』上映会、それにテレビの

〈注〉74年の8月頃、当時の熊谷健プロデューサーが会合に参加し、放送中の『ウルトラマンレオ』に関してメンバーから意見を聞いて今後の展開に活かすアイデアを求めたことがあった。私（中島）が参加していない時期なので、以下は伝聞になるが、その席で最も積極的に発言したのが徳木さんだったという。席上では「第1、2話に登場したマグマ星人は久々に格好いい悪役

ミニ番組『和気あいあい』の収録や雑誌の『NORA』の取材とか、あの頃はもっといろいろなことがあったはずなのに、今振り返るとこまわりくんと阿素子さんしか出てこないんです。それだけ会合でみんなと話す時間が楽しかったということなんでしょうね。

そうは言っても、もちろん『怪獣倶楽部』は勉強になることばかりでした。具体的に何を教えた、教わったということじゃなくてね。僕はもっぱら聞き役で、円谷プロの会議室や喫茶店でのおしゃべりの中でみんなが提供してくれる情報や知識を、赤ん坊みたいなスポンジ状態でどんどん吸収していった感じです。池田君や岩井田（雅行）さんのように、自分よりも海外ドラマに詳しくて深く研究している人がいると知って驚いたと同時に嬉しかったし、それぞれ興味の方向や着眼点が違うのも面白かったですよ。

それで、岩井田さんが会社勤めを辞めてフリーになるというので、資料の置き場所を兼ねて事務所を借り、3人で海外ドラマを研究する『グループNUTS』を81年に結成するんです。朝日ソノラマのファンコレで『007　オクトパシー』のビジュアルブック、徳間書店で香港映画特集の雑誌『ZIP！』やアニメージュ文庫の『ザ・香港ムービー』を作ったり、角川書店で文庫版の角川映画のフィルムストーリーブックを構成したり、一緒に仕事が出来てよかったと思います。

ほかにも西脇（博光）さんには伊福部昭の音楽について、氷川君には金田伊功というすごいアニメーターの存在を教えてもらいました。中島君とは実相寺作品や岸田森、シナリオライターの倉本聰や市川森一のドラマの話で最初から気が合ったよね。あの頃、怪獣映画だけなら同世代の共通体験として見ている人は多かったと思うけど、倉本さんたちみたいに普通のドラマに幽霊やUFOを登場させるような、そんなマニアックな脚本家の話をして通じる人なんて周囲にいなかった。みんなでそういう話が出来るのはすごく楽しかったし、視野を広げるという点でもとても刺激を受けました。

そういう意味では、確かに会誌（同人誌）も作っていたけど、むしろ形のない、あの頃の会合の雰囲気そのものが、きっと『怪獣倶楽部』というものだったんでしょうね。

ちゃんと僕らのことを見ていてくれたんだなって思った

こうして気の合う仲間たちと趣味の世界を楽しんでいた徳木さんをはじめとする『怪獣倶楽部』のメンバーは、やがて続々とプロの道に進んでいく。そのきっかけはまず安井さんがフリーの編集者として仕事を始め、円谷プロにいた竹内さんや関西から来たサブカル系ライター・編集者である聖咲奇さんたちと協力しながら、各社で特撮・怪獣関連の雑誌記事や書籍の企画を実現させていったことだった。徳木さんはその中でも、かなり早い時期から安井さんたちの仕事を手伝っていたという。

中島君と一緒にやった『ランデヴー』創刊号（78年）のMJ特集の記事、あれより少し前から『てれびくん』（小学館）の付録の怪獣ネームを手伝っていたような気がします。それとファンコレの『ウルトラマン（ウルトラセブン／ウルトラQ）』も同じ77年の仕事でした。この時に竹内さんから頼まれて、当時はまだ公式な1次資料が見つからなくて、英語表記がわからなかったTDF（地球防衛軍）や、UG（ウルトラ警備隊）のフルスペルを考えたり、Q・マン・セブン3作品の怪獣リストを作ったりしています。怪獣の英語名もほとんど僕が考えました。

例えばバルタン星人は60年代の人気歌手、シルヴィー・バルタンから採ったというのは有名な話ですけど、1つの種族だから英語で複数形にすると〝バルタンズ（BALTANS）〟になる。でも、バルタンとバルタンズでは似た感じになって子供たちが混乱するかもしれない。どうしようかと考えた時に、ほかの星から来た異邦人なんだから星人の表記は〝エイリアン（ALIEN）〟でいいんだと気づいたんです。それで、あとはすべて〝ALIEN　ZARAB（ザラブ星人）〟というふうに接頭語として付けるように統一しました。

この〝エイリアン○○〟という英語表記は、実際に『てれびくん』編集部に送られてきた子供たちのイラストに書かれていて、作っておいて良かったと思いました。ただ失敗したのはボーグ星人（ALIEN　BORG）です。僕はサイボーグの〝ボーグ〟から付けたんだけど、あとで聞いたら女性誌の『VOGUE』が元ネタなんですね。そうか、みんな女性の姿をした宇宙人だからヴォーグなのかって関心した憶えがあります。もっとも『機動戦士ガンダム』に出てくるモビルアーマーのエルメスと同じで、商標権の問題で同じスペルには出来なかったでしょうけど。

怪獣リストは引き続き『ウルトラマン　PARTⅡ』（78年）でも作っていて、ウルトラマンレオの光線技はまったく設定がなかったから、僕が名前を決めさせてもらいました。

この時期（1978年）はほかにケイブンシャ『ウルトラマン大百科』、朝日ソノラマのファンコレ『華麗なる円谷特撮の世界　ミラーマン／ファイヤーマン／ジャンボーグA』、徳間書店『大怪獣ブロマイド図鑑』などのネーム原稿を手伝っていますが、何といっても安井さんから『別冊てれびくん　ウルトラセブン』のカラーページの構成を任されたのが、僕としては最初の大きな仕事でした。

現在の眼で見ても『別冊てれびくん　ウルトラセブン』は難しい漢字にルビが振ってある以外、子供向けの本とはとても思えない本格的な内容で、特にファンコレのリストと同様、アンドロイド少女ゼロワンをアンドロイド・ガールでもアンドロイド・レディでもなく、アンドロイド・メイデンと表記する徳木さんのセンスには脱帽する他ない。表紙やピンナップはもちろん、最終回のシナリオを掲載したページにも場面写真をふんだんにちりばめたビジュアル重視の作りは、モノクロページのエピソードガイドと重複しないように、あえてカラーページの名場面集ではストーリー紹介を省いて名セリフしか書いてない回もあるという思いきりの良さだ。

セブンの能力紹介、怪獣・宇宙人の名鑑、超兵器大鑑、未使用シナリオのダイジェスト紹介、商品カタログ、放映リストと続く整然とした章立て、さらに各タイトルに英文を併記するなどの小技を駆使した徳木さんの構成は、モノクロページを担当した安井さんのそれと合わせて、ファンコレとも共通する『怪獣倶楽部』フォーマットのまさしく商業誌バージョンである。

『別冊てれびくん　ウルトラセブン』は竹内さん提供のコマ写真をぜいたくに使えたので、海外の映画の本を参考にしたりして、本編のドラマ部分の場面をたくさん入れて構成していたら「ちゃんと怪獣の写真も入れなきゃダメだよ」と安井さんに注意されました。子供が見る本だから当たり前の話なんですけど、そうやって安井さんに構成や編集のノウハウみたいなものを教えてもらいながら作った思い出深い1冊です。

どちらかといえば僕は、『怪獣倶楽部』のメンバーの中では竹内さんよりも安井さんと仕事をすることが多かったですね。同じ横浜に住んでいたから、安井さんの家に泊まり込んで構成や原稿を手伝って、朝ごはんをごちそうになったり、最初は学生のアルバイトとしてギャラをもらったりしていました。

ある時、安井さんの部屋の本棚に、きれいにカバーをかけた楳図かずおのマンガがたくさん並んでいるのを見て感心していたら「読みたいのがあったら貸してあげるよ」と言われたんですが、僕は楳図さんの絵柄が怖くて好きではなかったので断っちゃったんです。そうしたら、実は楳図先生のアシスタントをしていたことがあるというのでびっくりしました。

なにしろ楳図先生ご本人が「作品のことは僕より良く知っているから、話なら彼に聞いて」と取材に来た人に言っていたくらいだそうですから、相当に信頼されていたんですね。僕ら（『怪獣倶楽部』のメンバー）はみんな、そういう各人の来歴やプライベートなことをあまり細かく聞いていないから、今でも知らないことが意外に多かったりするんですよ。

改めて考えてみると、例えば東宝・円谷作品は池田君や中島君、東映やピー・プロ作品は金田君、アニメだったら氷川君、富沢君というようにそれぞれの個性に合わせて、竹内さんと安井さんがうまく仕事を振り分けてくれていたんじゃないかな。長い文章が書けない僕には写真構成と細かいリストや設定の解説をやってもらおう、みたいな（笑）。だから「ああ、ちゃんと僕らのことを見てくれていたんだな」って思いますね。おかげさまで、それが今でも役に立っているわけですから。


そのようにして始まった徳木さんの仕事はすでに膨大な量にのぼるため、主に80年前後、私自身が編集協力などで関わったものに絞り、出版社別にコメントを付けて簡単にまとめてみた。ここから『怪獣倶楽部』が70年代末からの第３次怪獣ブームやＳＦブーム、アニメブームに果たした役割も見えてくるだろう。

●小学館

・77年頃から安井さんの依頼で『てれびくん』の付録を手伝ったのがプロとしてのスタート。別冊てれびくん『ウルトラセブン』(78)のほか、『小学二年生』編集部に紹介されてウルトラのページを担当。【徳木】

・てれびくん付録『ウルトラマン怪獣大全集』(79)などを手伝い、安井さんと別冊てれびくん『ウルトラマン80』(80)を構成。徳木さんと同時期に『小学三年生』の名物編集者・八巻孝夫さんのもとでウルトラページを担当。スポーツ新聞のプロレス記事のように構成するよう指示されて苦労した。【中島】

●朝日ソノラマ

・78年から85年にかけ、ファンコレ『ウルトラマン』『ゴジラ』『ウルトラマン　PARTⅡ』『ミラーマン・ファイヤーマン・ジャンボーグ』を経て『宇宙船』に参加。安井さん監修のヒロイン特集〝SFXギャル・グラフィティ〟(7、9号)をはじめ、大魔神特集(8号)、ファンコレ『マイティジャック』(81)、別冊『スーパーギャルズ・コレクション』(83)などを徳木さんと共同編集。徳木さん編集の『宇宙刑事シリーズ』と同時進行で『超電子バイオマン』ほか戦隊シリーズのファンコレを担当。【中島】

●徳間書店

・『テレビランド』の仕事もしていた安井さんに代わり、80年から池田君と『サンダーバード』『謎の円盤UFO』などのスーパービジュアル(SV)シリーズを創刊。そこで『アニメージュ』とのつながりが生まれ、池田君のスケジュールがパンクしたため、急遽82年4月号のロリコン・トランプから付録作りを手伝う。当時の副編集長・鈴木敏夫さんが僕らの意見を面白がってくれ『風の谷のナウシカ』(84)からジ・アート・シリーズを立ち上げた。83年より本誌の名物連載『いいキャラ見つけた!』がスタート。

ほかに『銀河旋風ブライガー・ノート』『戦国魔神ゴーショーグン・ノート』などの別冊付録、『マクロス・ラブ・ストーリー』『オーガス・コネクション』『SEKISHA!（宇宙刑事シャリバン）』ほかアニメージュ文庫を多数手がける。【徳木】

・安井さん・金田さんが構成したSVシリーズ『仮面ライダー』のストーリー・ダイジェストや、徳木さん編集『ワンダーウーマン』の声優取材の応援で、80年頃から徳間書店に出入りするようになる。『アニメージュ』本誌の恋人特集・失恋特集などを手伝い、徳木さん構成の付録『MACROSS GALS BOOK』『カリ城リクエストBOOK』に寄稿。ほかに『風の谷のナウシカ』のロマンアルバム、ジ・アート（84）の双方で徳木さんと組んだ。【中島】

●講談社

・安井さんがプロデュースしたグループ有翼人・名義のロボット大全集『トライダーG7』（81）で、サンライズに代わり体長・体重の設定を担当。安井さんから『半端な数字が好まれる」と教えられ、数字を細かく刻んで決めた。82年『伝説巨神イデオン・発動篇』のストーリーブック、ポケット百科『ロボット大全集　イデオン』を中島君と共同で構成。【徳木】

・安井さんのもとで金田さん、氷川さんたちと『テレビマガジン』の付録、ポケット百科・ロボット大全集シリーズなどを手伝い、81年創刊『コミックボンボン』のアニメ情報ページ、および前記『イデオン』ストーリーブックや劇場アニメ『SF新世紀　レンズマン』等の別冊ムック（84）の編集構成を担当。当時はデュープしたポジフィルムを直接入稿していたので、講談社旧社屋の古い洋館の一室で素材となる映画1本分の35ミリフィルムをすべて切ってシート詰めするという、気の遠くなるような作業を経験した。【中島】

●角川書店

・83年『バラエティ』10月号のビデオ特集に『グループNUTS』として登場。翌年に『バイストン・ウェル物語』『重戦機エルガイム』などのムック編集を手伝い、岩井田さん、池田君、中島君と共に『ニュータイプ』創刊スタッフとなるが、当初の1年ほど参加した後『アニメージュ』に再び活動の重点を移した。【徳木】

・84年『ザテレビジョン』のアニメ特集に徳木さんと共に執筆。この号の売り上げが良かったため、担当だった佐藤良悦さんが当時の春樹社長に認められ、富野由悠季監督の作品『聖戦士ダンバイン』をもとにしたアニメムック『バイストン・ウェル物語』が誕生、これも徳木さんと構成を手伝う。さらにザテレビジョンアニメシリーズ『重戦機エルガイム』を経て、85年に月刊『ニュータイプ』創刊へと至る。佐藤さんの個性を反映し、初期の誌面はアニメ専門誌ではなく総合的なビジュアル・エンターテインメント・マガジンを目指していた。【中島】

というわけで、徳木さんはペンネームで書いた一般雑誌のアニメ関連記事を含めて各社で仕事をしており、人気ドラマや映画のガイドブック――『NIGHT HEAD FINAL COLLECTION』（94年）『THE X-FILE COLLECTION』（96年）『漂流街 HAZARD BOOK』（00年）や、映像マガジン『GaZO』（93年）、ロマンアルバム『攻殻機動隊 PERSONA 押井守の世界』（97年、増補改訂版『イノセンス』04年）、など徳間書店で構成・編集を手がけたものだけでなく、LDボックス『魔法の天使クリィミーマミ』（91年、バップ）および『魔法のプリンセス ミンキーモモ』（91・92年、バンダイ）

の各解説書、伊藤卓さんとの共著で香港映画の新聞広告を集めた資料集『香港電影広告大鑑』Ⅰ～Ⅲ（95～97年、ワイズ出版）、また『月刊スターログ』86年2月号『85年SF総括座談会（伊藤典夫、徳木吉春、羽仁未央、藤田尚）』『スクリーン』85年9月号（近代映画社）の『SFX座談会（井口健二、池田憲章、徳木吉春）』『COMIC BOX JR』Vol.2（83年11月）の『座談会　アニメは今どうなっておるのか？（池田憲章、徳木吉春、中村学）』、『別冊comic box』2号（87年）の『スケバン刑事に東映特撮シリーズを見た！』、『Little boy』3号（88年、以上ふゅーじょんぷろだくと）の『第12回香港国際映画祭報告』等々、扱うジャンルもスタイルもバラエティに富んでいる。

それらの仕事歴をたどると、まずはウルトラシリーズや東宝特撮映画といった、その時点では多分にノスタルジックだったものに新しい光をあてる再評価から始まっているが、同時に旧作だけにとどまらず、時代に沿って最新の映像作品をフォローする役割も担ってきたことに気づくだろう。これこそが先に挙げたオールラウンド・プレイヤーとしての仕事ぶりと合わせて『怪獣倶楽部』を経て業界に飛び込んだライター、編集者に共通するプロフィールであり、徳木さんは近年もスタジオジブリの『ジ・アート』シリーズの構成、文春ジブリ文庫『ジブリの教科書』シリーズの編集協力というふうに作品をリアルタイムに追いかける仕事が多い。世の中には何かと『怪獣倶楽部』を過去の存在、伝説のように語りたがる人がいるが、本書を読めば明らかなように、実はメンバーはみな、プロとしてもファンとしても今なお現役なのである。

池田憲章

——怪獣・ＳＦからアニメ、海外ドラマ、マンガ、紙芝居まで
カバーする博覧強記のトクサツ伝道師——

いち早くSFファンダムと交流し、『PUFF』や『怪獣倶楽部』に先行して同人活動を始めた池田憲章さんは1955（昭和30）年、埼玉県生まれ。SF映像、海外ドラマ、アニメ、マンガ、人形劇――等々、ジャンルを横断する豊富な知識とパワーみなぎる行動力で執筆、編集、イベント出演など多方面で活躍する研究・評論の第一人者であり、数多くの関連書籍と雑誌記事を生み出してきたベテラン編集者でもある。

ご自身のファン歴と仕事歴については、著書や出演したネットラジオ番組を含めて複数の雑誌・同人誌のインタビュー等で語られており、ここでは重複を避ける意味でファン活動を中心にしたインタビューを再録する。また、その研究対象や関連する人脈がきわめて広範囲かつ多岐にわたるため、特に『怪獣倶楽部』を取り巻く人の流れ、出版界・映像業界の変化の一端がわかるように末尾に註釈と仕事リストを兼ねた年譜を付した。『怪獣倶楽部』を通じてだけでなく、独自に特撮・アニメ評論の道を開拓していった池田さんの全貌を知るための現時点でベストの資料としてまとめたものである。

――池田さんがSFファンとして活動し始めたのは中学生の頃だそうですね？

僕は子どもの頃、身体が弱くてよく入院していたんだけど、入院中はすることがなくてヒマだろうからというので、父親が講談社のSFシリーズで出ていた『みえない生物バイトン』（エリック・フランク・ラッセル『超生命ヴァイトン』のジュブナイル版）を買ってきてくれて、それがSFファンになったきっかけです。学校の図書館にあるジュール・ヴェルヌ、H・G・ウェルズ、コナン・ドイルなんかの古典SFのジュブナイル版を読んだりして、昭和42年4月に早稲田中学に入ってからは、高田馬場と早稲田の間の古本屋街を回るようになって、毎日もらっていた昼飯代200円の半分を残して、それを資金にSF関連の本を買い始めてました。それで昭和43年頃、友人4人と『空想創作団』という同好会を作って、ガリ版同人誌『空想創作群』を創刊しました。

プロの作家も参加する『日本SF大会』へ行くようになったのはずっと後年の大学生の頃で、中3ぐらいで渋谷の喫茶店にSFファンが集まる『一の日会』（毎月1の付く日に10日間毎に集まっていた）へ出かけたのがファン活動の始まりかな。高校生になったら、ファン主催の『SFショー』や『SFクリスマス』という小イベントへは、よく顔を出すようになっていました。SF研のある女子高の文化祭にもよく出かけてましたよ。

——池田さんの特撮コラムの執筆活動の原点は、その頃にあったのでしょうか？

書くことに目覚めたのも、やっぱり中学・高校時代ですね。その頃の映画雑誌や評論家が書いたものを読むと1作目の『ゴジラ』はかろうじて褒めているんだけど、どうしても偏見があるみたいで、それ以外の作品はちゃんと見てないんじゃないかという気がした。SF関係者の書く日本SF史にしても小説だけの歴史で、漫画は手塚治虫の作品ぐらいしか入ってない。映像関係は『ゴジラ』1本が認められている程度で、円谷プロのウルトラシリーズなんて評価の対象外だったんです。それはおかしいと思って、東映動画の劇場用長編アニメやテレビのSFアニメ、東宝や各社のSF映画、特撮映画、テレビのヒーロー物、ラジオ、漫画、絵物語、紙芝居、挿絵と総合的な日本SF史を書くべきなんじゃないか……と、その論陣を張るにはどうすればいいんだろうと考え続けました。それで『空想創作群』には、小説じゃなく『日本SF史』というコラムでSFイラストや紙芝居（『黄金バット』とか）と幅広く書き始めたんです。

――怪獣映画や特撮ヒーローを論じるムードは、その頃のSFファンダムにはなかったのですか？

例えば『一の日会』で『海底軍艦』は面白いと言ったら、「あれはSFじゃない」と怒られた。いや、小松崎茂のメカデザインの良さ、円谷英二特技監督のスーパーメカの特撮の迫力、伊福部昭作曲の音楽の魅力と力説しても、大学生だったメカ好きの宮武一貴さん、SF映画の音楽を論じていた門倉純一さんの2人が頷いてくれるだけで、他はシラーッとしてました。これは新しい論法を作らないとダメだなと思った。

特撮を書く文章の形が見えてきたのは、昭和45〜46年の頃で、まず大伴昌司さんの資料性のある文章、次が自分が面白いと思う作品を情熱あふれる文章で縦横に語っていく野田宏一郎（昌宏）さんの『SF実験室』と『SF英雄群像』の手法。最後が作家・司馬遼太郎の『燃えよ剣』の土方歳三や沖田総司がそのままの人物像で『竜馬がゆく』に出てくる手法。歴史の中で描いていけば、どんなに価値感が違う人物も同居していられる。それなら歴史の潮流の中に『ウルトラマン』や『悪魔くん』『仮面ライダー』を置けば互いを傷つけずに並存しながら論じることが出来る。この3つの視点で「これだ！」と思いついたのが『アニメック』に連載した『SFヒーロー列伝』の書き方でした。

――当時、怪獣や特撮に注目していた大伴昌司さんの編集する本、文章、特撮への評価については、どう思われていましたか？

忘れもしない、小学6年生の時に『キネマ旬報』の増刊『世界怪物怪獣大全集』を本屋で見て、すぐに買いました。日本映画の各撮影所の特撮課、円谷プロの取材記事と写真にびっくりして、初めて見る怪獣も多かったから、それが動いている映像を夢見ながら、ボロボロになるまで読み倒したもんです。でも、それを作った大伴さんはSF映画としての評価となると厳しい採点ばかりで、大伴さん自身が怪獣・特撮好きとSFファンとしての両極で引き裂かれている感じがした。中学3年くらいになると、僕らの世代で新しい評価を作らないとダメかもしれないと思い始めていました。

——池田さんはよくテレビのメモをつけていたそうですが、それはどんな形だったんですか?

むかしはテレビ番組に関するデータを調べようとしても、特撮もアニメも海外ドラマも頼りになる資料は、ほとんどなかったから、自分で作るしかないと思って、ドラマを見ながらノートにストーリーとセリフ、脚本監督、海外ドラマの場合は原題、それに放送日と、ともかくすべてメモしていったんです。

タイトルのテロップだけモノクロ写真で撮影して、あとで記録するという方法も数ヶ月やってみましたが、フィルム代がかかり過ぎて断念。慣れてくると、かなりセリフが再録できて、熱中した時期があります。昭和46年ぐらいから本格的に始めて、家庭用のVTR（ビデオテープレコーダー）を買う昭和50年まで、あんなに真剣にテレビを見ていた時期はなかったですね。2年間、大学浪人していて時間が自由に使えたのも理由の1つだけど。

——15歳の時に30年計画を立てたというのは、どういうものなんですか?

とにかく膨大な量の作品を調べて論じようとしていたので、15才の時、10年ごとに3期に分けて映像を含めた日本SF史の研究を完成させようと考えたんです。15才から25才まで、メモをつけ、文献を調べて、研究するする対象を見つけ、資料を作る。25才から35才まで、雑誌に何本もの連載記事を書きまくって、調査したものを文章にしていく。35才から45才まで、その記事を単行本にまとめて、世に問おうと決めました。

ガリ版印刷の同人誌を作りながら、心の中では1人でもやるぞと思っていたけど、計算が違ったのは、16才の時は変身ものやロボット・ブームの最中で見なきゃいけない番組が3倍ぐらいになって、総量がドカッと増えたこと。でも25才から35才の計画までは、何とかやれていたと思います。

――怪獣ものについて長い論考を書いたのは『甦れ円谷プロ!』が最初だったんですか?

『ウルトラマンA』(72~73年)を4話ぐらいまで見て、超獣のベロクロンやバキシム、アリブンタなどは好きだったんだけど、早稲田高校のクラブ活動で物理研究部のリニア・モーター班(一時期、国鉄の技術研究所に迫る実験をやっていた)とアニメーション同好会(根岸泉たちと人形アニメの恐竜とセルの少年を合成した8ミリ映画を作っていた)と図書委員を掛け持ちしていて忙しく、しばらく見ていない時期があったんです。

それで久しぶりに見たら、次の週にウルトラの父が出るという予告編の映像を見て「エーッ! 僕の大好きな『ウルトラQ』や『ウルトラマン』『ウルトラセブン』がどうしたら、ウルトラの父になるんだ!?」と怒り心頭に発して、ちゃんとした評論がないからこんなことになったんだと心の中で叫んで、『ウルトラQ』

がいかにSFドラマとして優れているかについて56ページの『甦れ円谷プロ!』を書き下したのが、最初のまとまった長い原稿だと思います。この時、自分の好きな回は大半が脚本・金城哲夫が書いたもので、「ああっ、この人が僕の好きなウルトラをきっと作った人だ」と気づいたんです。

——怪獣ファンダムとは、いつ頃からつながりが出来たんですか?

昭和47年頃『S-Fマガジン』で、大伴昌司さんがSF映画を研究する『SFシネマテーク』の参加募集をしたことがありました。僕も参加して、第1回目は大伴邸で16ミリのCM映像セレクトと『アウターリミッツ』のクロモ星人の回を上映。高校2年の時で、大伴さんと直接話をして小学館の『怪獣図解入門』上下巻をもらいました。大伴さんは僕と話す時も大人として扱ってくれて「怪獣の特撮が好きなんです」と言ったら「僕もです」と喜んでくれた。

第2回が昭和47年の暮れ、六本木の地下のスナックで、オクラになっていた円谷プロの『恐怖劇場アンバランス』の放送が決まったと、熊谷健プロデューサーが第1話『木乃伊の恋』の16ミリフィルムを持ってきて上映したんです。その時、熊谷さんの隣に竹内博さんもいたそうで、知りあう前だったから挨拶くらいで話は出来なかったですね。大伴さんが『円谷英二写真集』がやっと出版できると言っていて、年が明けて急に亡くなられた。SF映画研究はこれで何年も遅れるなと思ったのが忘れられません。

この研究会を継続しようと大伴さんと親しかったSFファンの井口健二さんや門倉純一さん、加藤義行さんたちが『SF映画とものの会』(大伴のともに掛けていたんだと後で気がついた)を立ち上げて、SF映画同人誌『モノリス』を2冊刊行しました。その会合で竹内さんと少し話して、その資料の読み込みの深さ、気迫を感じて「こういう人がいてくれたのか！」と感激しました。でも、本人が言わないので、まさかこの人が『Ｓ－Ｆマガジン』の『フォーカス・オン』を書いてる酒井敏夫さんとは、この後『怪獣倶楽部』の会合に呼んでもらうまで気づきませんでした。

――『怪獣倶楽部』の前に、池田さんも『ＰＵＦＦ』の会員になっていたんですよね？

一応、会員にはなっていたけど、会長のＯさんとは指向が違ってたし、富沢雅彦さんや中島紳介さんが代表になってからも、文章は2回ぐらいしか書いてません。自分で同人誌を作っていたから、他の人が作る同人誌には書きにくかったこともありますが、『ＰＵＦＦ』は感想文みたいな短文とやたら長い作品論が無作為に載ってて「これは僕の求めてるタイプじゃないな」と距離を置いていたんです。富沢さんたち会員の感性が光る番組評コーナー『驚異を求めて』の文章を、一読者として楽しんでいた感じですね。

そのうちに大阪で開田裕治さんが『衝撃波Ｑ』を出し始めて、なかなか本格的で、竹内さんは安井さんと自分たちもめざす研究誌を創刊しようと『怪獣倶楽部』が動きだした。特集は竹内さんと安井さんの2人で決め、全員が得意のタームを受けて文章を書いていました。この会合と編集手伝い（主にペン字での清書を担当した）に通った『怪獣倶楽部』の4年間は、夢のような楽しさでした。孤独な怪獣ファンの時代は終ったんだと思いましたよ。

――『怪獣倶楽部』は他の怪獣・特撮系の同人誌とは違って、かなり本格的な研究誌でしたね。

『怪獣倶楽部』の僕の原稿は、あまり特集とはリンクしていなくて、竹内さんから「池田君は何を書きたい？」と聞かれて、こんな原稿を書いてみたいと話してOKをもらっていました。原稿のラフの段階で一度見てもらって、差別用語は直すようにとか、細かく言われましたね。たかだか30部程度の同人誌で、なぜそこまで気を使うのかと聞くと「『怪獣倶楽部』の原稿は、いつ『キネマ旬報』から転載したいと言われてもいいようになっているので、今のうちにライターの基本は身につけといた方がいい」と言われて、そこからこちらもプロのライターの意識になってしまいました。

『怪獣倶楽部』では後に『円谷英二の映像世界』やファンコレに書いた『ウルトラセブン総論』、金城哲夫さんの作品論など自分の大きなテーマで書かせてもらって、予行練習をしたみたいでした。竹内さんは内容については一切アドバイスしなくて、相談すると「それならこれを読みなよ」と的確な指摘をしてくれて、材料になる写真や資料も惜しげもなく、いろいろ貸し出してくれた。自分が出会った最初の名編集長でした。

——円谷プロで開かれていた『怪獣倶楽部』の会合はどんな雰囲気でしたか？

竹内さんが東宝特撮映画の準備稿と決定稿がどう違うかと脚本について語り、安井さんはウルトラマンの顔が最初のタイプと中盤のタイプ、ラストの方のタイプと3種類の形をしていると指摘していました。僕も変わっているのは気づいていたけど、３種類と数えたことはなかったので、ちゃんと数えているのかと驚きましたね。そうかと思うと、金田益実さんが『遊星王子』から『宇宙Gメン』『ナショナルキッド』と宇宙ヒーローの資料を見せてくれたり、平田実さんはゴジラの魅力は破壊シーンだけじゃなくて、街を睨みつける静かなシーンにあると言ったり、ヒーローや怪獣について新しい視点を持っていた人ばかりでした。

特に印象に残っているのは、安井さんが「ジェーン海軍年鑑（イギリスで出版されている各国の軍艦、艦船の図鑑）が『ウルトラマン』の時代にあったら、科学特捜隊のメカニックも載っているはずだ。そういうページを作ったら面白い企画になると思うんだ」と言っていて、後のMSVの展開にもつながる原点じゃないかという気がします。あと、これはファンコレを作るので円谷プロに通っていた時ですが、竹内さんが珍しい『ゴジラ』のメイキング写真を見せてくれて「今これを見ていて楽しいのは、俺と池田だけだ。俺は、編集者の仕事というのはこの写真を1万部の本にして、1万人の宝物にすることだと思うんだ」と言っていて、本当に感動しましたね。

——『怪獣倶楽部』の人たち以前には、日本の特撮作品やアニメをフォローするライターは、どんな人がいたのでしょうか？

大伴昌司さんは多才で多忙な人で、日本の特撮や怪獣の資料を大系的に、組織的にまとめる時間も余裕もなかったんだと思います。『ゴジラ』の1作目と円谷英二の業績だけは、いずれまとめるつもりだった気配があるけど、道半ばで惜しくも亡くなってしまった。外国の特撮映画では、石上三登志さんと『スター・ウォーズ』以後に中子真治さんが活躍していますけど、日本の特撮と怪獣は対象にしていなかったですね。

竹内博さんは、円谷プロが作品のスケジュール管理に使っていた黒板ボードの記録をそのままリスト化して、放送リストの決定版のフォーマットを生み出してます。海外の雑誌『LIFE』や『ジェーン海軍年鑑』の写真の見せ方、情報のまとめ方、諸元を怪獣図鑑、写真集に持ちこんだのは、安井尚志さんですね。ねばり強く特撮スタッフの取材、インタビューのスタイルを作ったのも、怪獣の本にコマ焼きの合成シーンを持ちこんだのも竹内さん。これは大伴さんも感心していました。おかげで怪獣ファンは、ヒーローの光線技、怪獣の合成シーンを本で味わえるようになったんです。

アニメの方だと、先行していた『ファントーシュ』というアニメ研究誌を出した広瀬和好さん。リイド社の『パーフェクト・メモワール』の編集をやっていた『メモリーバンク』（編集プロ）の綿引勝美さん。綿引さんは元秋田書店の『少年チャンピオン』『まんが王』『プレイコミック』のマンガ編集者で、『バビルII世』『キャプテン・ハーロック』『気まぐれ悟空』の担当者。アニメのフィルム・コミックをマンガに近づけた大の功労者だと思います。

僕たちから10年先行して、マンガ&テレビフィルムのヒーロー物を総合的にとらえていた人で、教えられることが多々あった。懐マン（懐かしのマンガ）というのも綿引さんが作った言葉で、大都社などの昭和30年代の漫画本復刻は小沢さとる、横山光輝、久松文雄、一峰大二とこの人のプロジェクトで復活してきたんです。原稿のないマンガを雑誌のコピーにホワイトで修正して、ペンの線だけを残して原稿にするやり方を発明した人で、今このやり方は一般化してますけど、すべて綿引さんのアイデアなんですよ。代々木にあったスナックで毎月16ミリ・フィルムの上映会を開いて、人形劇の『伊賀の影丸』、アニメ＋人形劇の『銀河少年隊』、モノクロの『エイトマン』と無料で研究者や熱心なファンに公開したりもしていました。徳間書店のコミック誌『リュウ』のSFピープル特集も、SF界とマンガ界、アニメ界の人材交流を追ったすばらしい取材人物レポートだったですね。

徳間書店の『アニメージュ』には、石森章太郎ファンクラブ出身で編集者のかたわら『テレビっ子センター』というサークルを主宰して『テレビアニメーション放映リスト』という資料同人誌を出していた鈴木克伸さんがいて、資料面と特集の取材チーフとしてテレビ局別のアニメ特集や作品研究を支えていました。マンガ家取材とインタビュー構成、特集班では『COM』の編集長だった石井文男さんが中心になって、例えば藤子不二雄アニメ特集では、記事評論を僕が担当して、石井さんが藤子・F・不二雄さんと大山のぶ代さん、福富博監督の座談会の司会、構成を担当。当時、よくぞ出せたと思うムック型の単行本『金田伊功スペシャル』も石井さんの企画、責任編集でした。中味の記事と文章は僕の担当だったけど、金田伊功さんも石井さんだからOKした本だった。今は亡き金田さんが仕上がりを喜んでくれた思い出の本です。

——池田さんは大学時代からライター、編集者として各社で活動していきますが、これはどういう経緯だったんですか？

僕は大学でSF同好会を作ったんだけど、隣の推理小説同好会にいた岸川靖君と親しくなって、彼も編集・ライターの仕事を始めていた。それで岸川君が『ウルトラセブン』のフィルム・ストーリーブックの企画を立てて、2人で朝日ソノラマに持ちこんだのが最初の大きな仕事です。そこから季刊雑誌として創刊された『宇宙船』の手伝いをしたり、いろんな人に呼ばれて『アニメック』や『月刊スターログ』『冒険王』なんかに書くようになっていきました。

僕のファン活動の最後のピークになるのも大学生の頃で、78年に箱根・芦ノ湖のホテルで行われた『第17回日本SF大会（ASHINOCON）』で、駒沢大学SF同好会の後輩に協力してもらって、ガリ版刷り・168ページの海外SFテレビ番組の解説本『海外TV・SF列伝』を100冊作って、大会参加者全員に無料で手渡したことです。宿泊のホテルでは上映部屋の企画で夜通し2つの部屋で各20時間、あらゆる外国SFテレビをビデオ上映しました。作品の魅力を伝えてファンを増やすには、上映して実物を見せるのが1

番だと、これまでの自主上映会の経験でわかっていましたからね。何としても外国ＳＦテレビの全体像と基礎データを、ＳＦファンに広めたいと決意したチャレンジでした。

そのうち、79年に東京12チャンネルが『サンダーバード』の再放送をすることが決まって、当時『テレビランド』の仕事もしていた安井さんが徳間書店に、再放送にタイミングを合わせてムックを出そうと企画を持ち込んだんです。僕と徳木さんも手伝う予定で、これはファンコレとは違うタイプの本が出来そうだし、『テレビランド』には石森章太郎ファンクラブの先輩だった島田寿昭さんや鈴木克伸さん（『アニメージュ』を経て後に学研『アニメディア』の編集に携わる）がいるから、何かと助けてもらえるだろうと待っていたら、ちょっとゴタゴタして発売スケジュールが３ヶ月ズレこんだ。そうしたら、安井さんはもう別の本の編集に取りかかっていて、とても自分で担当できないと。電話で話して「放送にも間に合わなかったし、この企画はボツですね」と残念がっていたら「いや、池田君と徳木君が出来るなら、２人でやればいいじゃん」だって（笑）。それで最初はアニメムックのロマンアルバムの増刊という形でＳＶ（スーパービジュアル）シリーズがスタートして、僕と徳木さんはそのまま徳間書店の２階の編集部で『テレビランド』や『アニメージュ』の仕事をレギュラー的にするようになったんです。

――『アニメック』に連載した『日本特撮映画史　ＳＦヒーロー列伝』は、どういう意図で始めて、あのセリフを再現するスタイルになったんですか？

あの連載は生きている限り書こうと思っていた全１００作のライフワークの１つで、足かけ８年の連載になったけど、『アニメック』の休刊で載せてくれる雑誌がなくなって中断してしまいました。とても手間のかかる作業だったので、理解してくれた小牧雅伸編集長だったから続けられて、それは今でも感謝しています。最初の頃は竹内さん、安井さんにもアドバイスをもらって、安井さんには『ナショナルキッド』の第1話のフイルムが東映教育映画にあると教えてもらったり、秘蔵の写真を貸してもらったり、いろいろと助けてもらいました。東映の版権の大坪さん、円谷プロの当時の営業部の梅本さんたちの支援も有り難かったですね。

内容は批判も含めていろいろな意見を言われるけど、書く上の方針として次の7つのポイントがあったんです。

・誰でも書けるテレビシリーズの紹介と作品論の新しい形式と文体を作りたかった。

・1話の基本設定、セリフと本文をうまく融合して、ダイジェストの味もそっけもないストーリーではない作品再現を誌面に展開すること。最終回にも出来るだけ触れて、総論に近い意見をつけ加えること。

・作品を取り上げる順番はランダムで行くこと。僕たち特撮ファンの頭の中では、ランダムに作品が記憶されている。作品を年表みたいなリストから解放したかった。

・原則は、テレビで見ただけで書ける作品論をめざす。作ったスタッフに作品の制作意図を語らせるのは愚の骨頂、ましてテーマなど本人から聞きたくない。テレビを見つめていた視聴者の目線から作品論が書けるはずだ。

・当時はビデオがほとんどなかったため（録音テープはかなり手元にあったけど）、16ミリフィルムも借用代金で4本が借りられる限界で、結果として脚本を全て読み、借りるフィルムの話数を決めるしかなかった。幸いなことに、東映は大泉の東京撮影所の会議室の一面の棚が保存用台本を揃えていて（脚本家の参考資料だった。新人の脚本家は皆、そこで名作の脚本を読みこんでいた）、石森プロにも石森章太郎原作の脚本は全て合本にして保存されていた。円谷プロは竹内さんに頼んで、文芸部の脚本倉庫で徹夜でメモを取りながら読んだ。東映の東京撮影所になかった『仮面の忍者赤影』は平山亨プロデューサーから借用して、家でメモを取ってから返却した。宣弘社、Pプロは営業担当の方と鷺巣富雄社長に頼んで、社内で保存用の脚本を読んだ。8年半の連載で、おそらく1500冊以上の脚本をメモしながら読んだと思う。テンポのいいセリフが対話でもりあがっていく伊上勝の脚本、セリフが激突し、たぎっていく人物の思いが胸をうつ長坂秀佳脚本、スピード感があって、カット転換が大胆な藤川桂介脚本、3人なり5人なりのセリフさばきがうまくて、快走感のある筋立てが多かった上原正三脚本、ビジュアル・イメージが必ずあって、構成とセリフが美しい金城哲夫脚本……この脚本が読めた経験は、本当に大きかった。

・スチールではなく、16ミリフィルムを複写して、皆が見た画面を中心に誌面の写真を構成する。スチール写真も入れたが、イメージとしては4割ぐらいに押さえること。

・写真のキャプションで遊ぶこと。本文のノリとは違う特撮ファンのはずむ心が欲しいと思って、キャプションの文は工夫に工夫を重ねた。書けるものなら、あの長さであの熱さで特撮テレビを書いて論じてほしい。

——池田さんは海外ドラマを研究する『グループNUTS』のメンバーですが、これはどんなグループだったんですか？

『グループNUTS』は『怪獣倶楽部』の仲間である岩井田雅行さんが、同じ海外ドラマのファンで『アニメージュ』本誌、ロマンアルバム、アニメージュ文庫と大活躍していた徳木吉春さんと結成したグループで、僕はオマケで入れてもらったようなものです。岩井田さんが仕事場として借りていた部屋に、徳木さんと僕も間借りして、作業用の机を置いて、3人の海外ドラマ関係の英文雑誌、ビデオなんかの資料を持ち寄って皆で使えるようにしていました。

岩井田さんは、中学生くらいの頃から海外ドラマのストーリー、演出メモ、分析、作家論のノートをつけていて、大半の作品のデータをカード1枚の裏表にストーリー、スタッフ・クレジットをまとめた資料を作り続けていたんです。しかも、劇場映画を年に150本も見る映画の鬼でした。徳木さんは海外ドラマの原題とゲスト女優、見所と監督論をメモしてリスト化していて、僕がストーリー中心のメモとセリフの再録を『怪獣倶楽部』の会合で見せると、3人それぞれ研究のアプローチが違っていて、非常に刺激を受けましたね。

実はアメリカ、イギリスのテレビドラマ制作の主導権は脚本家上がりのプロデューサーが握っていて、ロイ・ハギンズ、スティーブン・キャネル、スティーブン・ボチコ、ドナルド・ベリサリオといったプロデューサー研究を進めるべきだと、岩井田さんは80年代前半の時点で力説していました。これはアメリカ本国のドラマ研究に10年先行する視点で、世界一早い論点で『スターログ』にテレビプロデューサーの列伝を連載していて、本当にいろいろ教えられました。

それと、岩井田さんは角川書店で『ニュータイプ』や『ビデオでーた』の仕事をして、徳木さんと僕は徳間書店のSVシリーズ、朝日ソノラマの『宇宙船』、日本版『スターログ』、キングレコードのLPの構成、安井さんがやっていたバンダイの『模型情報』の記事といった具合に出版の仕事を持ち寄って、80〜90年代の20年間、海外ドラマ研究の血脈が絶えないようにしたつもりでした。その間を縫って出したタイプ打ちの同人誌『NUTS』の『超人ハルク』『コンバット』『プリズナー№6』の特集は徳木さん、岩井田さん入魂の内容で、いまだ商業誌も及ばぬ完成度を誇っていると思います。

ＳＶシリーズは『グループＮＵＴＳ』の活動とセットになる出版企画で、海外ドラマシリーズ１作を１冊にすべて収録するというのは、日本オリジナルの発案でした。海外ＳＦドラマを本にまとめる新しい編集スタイルを徳木さんと必死に考えましたね。徳木さんが女優とメカのビジュアル、僕の方はエピソード解説とフィルム・ストーリー、総論というふうに分担して、互いの力を倍加出来たと思います。世界初の『サンダーバード』の大人向け研究本が作れたことと、作品の時代設定だった１９８０年に『謎の円盤ＵＦＯ』が出版できたことがうれしかった。日本特撮にとって『サンダーバード』『ＵＦＯ』のデレク・メディングス特撮監督のメカ特撮は絶対研究が必要だと思っていましたからね。

ちなみに岩井田さんの手伝いで３年程、60人くらいいた会員へ送る『ＮＵＴＳニュース』の編集をサポートした日比谷高校外国テレビ研究会出身のコーレー池田こと池田敏さんは、その後、海外ドラマのライターとして各誌で書きまくってます。

――池田さん、徳木さんが中心になって企画・編集したＳＶシリーズは海外ＳＦドラマのファンの間で評価が高いですね。

ＳＶシリーズは『テレビランド』の島田寿昭さんが担当してくれて、素材になるフィルムの複写をふんだんにさせてくれました。デザインも自分たちで考えて、『スペース１９９９』の編集中に、徳木さんが「ゲスト女優をすべて集めてカラーページで特集できないかなぁ」と言うので大賛成して１ページにまとめてもらった。世界広しといえども、そんなページを考えるのは徳木さんただ１人です。ヒロインの魅力が満載の

『ワンダーウーマン』も、類書がまだ1冊もありません。あの本のデザインこそ、徳木さんが目指したビジュアルブックそのもの。綺麗な本でした。

放送リストの原題やスタッフを英語で表記したのも、徳木さんの提案です。『サンダーバード』や『謎の円盤UFO』を製作したジェリー・アンダーソンの名前は、日本では長い間、ゲリーとかゲーリーと表記されていたのですが、岩井田さんが角川書店の仕事でイギリスに取材に行き、本人と会って初めてジェリーと発音するのがわかったくらいで、人名はなかなか日本語に直すのが難しい。それで英語表記にしたんですが、当時は英文の写植は日本語より高かったのに、このシリーズ企画を面白がってくれた島田さんが何も言わずにやらせてくれたので、全冊それで通しました。日本語版キャストのゲスト声優をリストに載せるのも徳木さんが主張したことで、録音ディレクターの台本をチェックして記録した貴重なデータです。こういうこだわりは編集者の力とセンスがあればこそで、SVシリーズの要の部分を徳木さんが押さえてくれことは実に大きかったと思います。

また、このシリーズは配給の東北新社にとって、再放送の枠を開拓するチャンスでもあったんです。当時の星野章営業部長は、全話のフィルムを複写するために貸し出すよう会社を説得し、スチール写真の提供でもかなり便宜を図ってくれました。そして「こんな本が出るぐらい人気が上がってる」とセールスして、再放送を次々に実現して、『スペース1999』『ワンダーウーマン』は、どちらもオクラ入りしていた第2シーズンを放送するきっかけになったんです。『スタートレック』も関東圏で全話を再放送したのは10年ぶりのことで、海外テレビドラマを研究している『グループNUTS』のメンバーとしては、何よりそれがうれしかったですね。

それと、以前ファンコレ『ゴジラ』のストーリー・ダイジェストを、中島さんと2人で任された時、竹内さんから映画に出て来る人名や地名なんかの固有名詞を正しく書いて、後世に資料として伝えるようにと言われました。その時も文字量が少なくて苦労したんだけど、SVシリーズの場合、外国人のキャラクターの名前は長いので、ファンコレより多めの分量にして、駒澤大学SF同好会の後輩にも手伝ってもらって何とかまとめ上げました。

――同じ徳間書店で池田さんが編集した『アニメ大好き!』は、『PUFF』『怪獣倶楽部』『ヤマト・アソシエイション』(『宇宙戦艦ヤマト』ファンクラブ)など同人グループ出身のライターが多く執筆していましたが、これはどういう方針だったんですか?

『アニメ大好き!』は専門誌の『アニメージュ』編集部ではなく、児童誌の『テレビランド』の山平松夫編集長から出た企画で、僕が編集をすることになって最初に決めたのは、先輩のアニメ・ファンには原稿を頼まない、東映動画の長編アニメから始まるような従来のアニメ史ではなく『宇宙戦艦ヤマト』で映画館の前で行列を作った、徹夜してでも観たいと思うテレビアニメのファンを射程に入れて作らないと意味がない、ということでした。

だから『ヤマト』から始めて全体を6章に分け、『怪獣倶楽部』で熱くアニメを語っていた仲間や、アニメに注目して追っていた若い知り合い(中には小学校時代の友だちだったライターもいた)から、この人なら頼めるという人を選んでいきました。僕を含めて10人のアニメファンの書き手が結集して出来た本で、昭和51年頃、竹内さんと過去の特撮映画の名作を研究するだけでなく、リアルタイムの現場を知った上での作品論とリサーチが必要だと話していた、そのアニメ版です。

こういうリアルタイムの特集本を10年おきに作り続ければ、かなり日本のアニメ状況が展望できるようになると思ったのに、同じようなアプローチをする編集者は、その後現れなかったようです。やっておいて良かったと思う本で、今はもう、あんな熱気でアニメのことを書けません。その時だけ書ける、というものもあるんですね。徳間書店でやったアニメ関連の仕事では『いいシーン見つけた!』とこの本が、自分では双璧だと思います。

『アニメージュ』に連載した『いいシーン見つけた!』というコラムは「本誌の特集でこぼれた作品を拾って、そういう作品に対するファンの思いを1本、1本を論じながら取り上げてくれないか」と、鈴木敏夫副編集長から頼まれて取り組んだものです。読者の代わりのアンテナになろうと思って、放送されているほとんどのアニメを連載中、5年間にわたって見ることになりました、SFアニメから名作アニメ、教育アニメ、幼児向けの短編アニメ、スポーツアニメと何でも取り上げようという方針でした。押井守監督の『うる星やつら2 ビューティフル・ドリーマー』の原点になるテレビ版のエピソードとか、劇場版の『超時空要塞マクロス 愛・おぼえていますか』のように、怖いくらいに作品のピークにマッチングして、リアルタイムにアニメを取り上げるコラムのやり方を見せることが出来たんじゃないかと思います。

――『アニメ大好き!』では同人誌の二次創作の隆盛に対して「研究に値する内容のアニメが続出している今、それを反映した同人誌が出てきてほしいものである」という要望が書かれています。池田さんが考える、研究サークルの存在意義とは何ですか?

僕はテレビを見ていて、「この作品のことを書こう」と心の底から声が浮かぶことがある。その時、僕とその作品は、相棒として契約したんだと思うんです。サークルでは個人、個人の意志が大事なんです。僕は『ウルトラマン』『ガンバの冒険』『ひょっこりひょうたん島』のことを語るなら、百万人が来ても負けやしないという自信がある。作品が自分を語ってくれる人を呼ぶんですよ。僕はこれを書く、君は君が語りたくなる作品を語ってくれ。そういう友人がいる人は強くなれます。僕には『怪獣倶楽部』の仲間がいる。これからはDVDやブルーレイの形で、特撮やアニメも作品としては残っていくでしょう。でもテレビを見つめて、熱狂した、胸をふるわせた人の思いはなかなか残らない。僕も語り続けますが、みんなにも頼むよということです。残してやってくれ、作品の魂を。それは見る人の胸だけがキャッチ出来る宝石みたいなものなんです。君に届いてないとは言わせないよ（笑）。

【２０１０年『資料性博覧会02』パンフレットより加筆修正して再録】

【註釈のための年譜】＊敬称略

１９５５年（０歳）
1月14日、埼玉県所沢市に生まれる。両親は農家に野菜の苗やタネを販売する種苗業を営んでいた。

１９５９年（４歳）
家庭用テレビが家に来る。フジテレビ開局。『少年ジェット』『海底人８８２３』、ＴＢＳの『スーパーマン』、

ＮＴＶ『遊星王子』に夢中になる。『月光仮面』は再放送で、『七色仮面』以降は、実写ヒーローものをすべて見ている。その一方、ラジオで『鉄人28号』『少年Ｎｏ．1』『少年ロケット部隊』などの〝ラジオまんが〟を聴いていた。

1960年（5歳）

所沢中央劇場で『宇宙大戦争』を観る。

1962年（7歳）

同劇場で『モスラ』を家族揃って観る。

1964年（9歳）

9月末、東京オリンピックを観るため、カラーテレビを購入。4歳上の兄が購読していた月刊誌『少年』を読み、横山光輝「鉄人28号」の大ファンになる。

1966年（11歳）

1月『ウルトラQ』7月『マグマ大使』『ウルトラマン』放送開始。すぐに夢中になる。4月からは『サンダーバード』も始まっていた。

1967年（12歳）

4月、私立早稲田中学に入学。ＳＦ本を求めて古本屋街を歩くようになり、活動範囲が広がる。日本ＳＦの父と言われる海野十三の作品に出会って衝撃を受ける。

1968年（13歳）

新宿地球座のＳＦ映画大会という60年代のＢ級ＳＦ映画3本立てによく出かけ、『地球の危機』『人類ＳＯＳ』『失われた世界』『謎の大陸アトランティス』『地球は壊滅する』などを鑑賞。いずれも大伴昌司が紹介していた作品で、名作だけでなくB級映画の娯楽性を評価する大伴が目指したビジュアル空間の大きさに気づく。

1969年（14歳）

早稲田中学内にSF同好会『空想創作団』を作り、ガリ版同人誌『空想創作群』を発行する。仲間は同級生の根岸泉（後に平成ガメラや平成ウルトラマンシリーズで活躍する『亀甲船』所属の操演技師）ほか4名。『日本SF史』のコラムで海野十三や日本のSFイラストレーター（小松崎茂ほか）を採り上げ、紙芝居の『黄金バット』の原作者・鈴木一郎にインタビューするなど、野田宏一郎（昌宏）の『S-Fマガジン』のコラム風に書いていた。

1970年（15歳）

1月25日、学校で産経新聞の円谷英二死去の記事にショックを受ける。秋頃、根岸泉に誘われ、石森章太郎ファンクラブに入会。当時33歳の石森先生と出会う。10年以上も作品を読んでいたので、その若さに驚いた。なお、石森ファンクラブの先輩には後に編集者として仕事を共にすることになる島田寿昭、鈴木克伸らがいた。

1971年（16歳）

早稲田高校に進学。SF同人誌『宇宙塵』を主宰していた柴野拓美、『S-Fマガジン』にコラムを連載していた野田昌宏らと知り合い、SFファンダムの交流が始まる。

1972年（17歳）

『ウルトラマンA』にウルトラの父が登場するという予告に仰天、『ウルトラQ』から『ウルトラセブン』までの評論を書く決意をする。

1973年（18歳）

16ミリフィルムの映写機を扱うライセンスを取得。この年から76年頃にかけて、フィルム・レンタルの会社から16ミリフィルムを借りてSFクリスマス、日本SF大会などで東宝のSF映画（『海底軍艦』等メカもの多し）、東映動画の長編アニメ（石森原作の『空飛ぶゆうれい船』『海底3万マイル』）、カナダのアニメ作家ノーマン・マクラレンの作品、『バック・ロジャース』ほかモノクロの古典SF映画の上映会を主催した。石森章太郎ファンクラブ、『レインボー戦隊ロビン』ファンクラブから頼まれて、同じ16ミリのアニメ上映会の助っ人もよくやっていた。『ウルトラマンタロウ』の放送中に約3ヶ月かけて60ページ近い特撮評論『甦れ円谷プロ！』を執筆。

1974年（19歳）

『甦れ円谷プロ！』に続けて予定していた『ウルトラマン論』の準備がなかなか進まず、大学受験に失敗して2浪生活。代々木ゼミに通いながら自由な時間を楽しむようになり、古本屋めぐり、渋谷で開かれていたSFファンの会合『一の日会』への参加、フィルムセンターや名画座オールナイトで映画鑑賞とマニアの道を進む。同時にライター指向も生まれ、テレビの感想とデータのメモもフル回転で記録していた。ガリ版刷りの『甦れ円谷プロ！』を空想創作団文庫の第一弾として発行。『宇宙塵』や『S-Fマガジン』に送ったところ、5月発行『宇宙塵』174号のファンジン・レビューで紹介され、SFMの映画紹介コラム『フォーカス・オン』を担当していた酒井敏夫（竹内博のペンネーム）が年末発売の75年2月号の同欄で採り上げてくれた。それを機会に知り合った竹内博から遊びに来ないかと電話をもらい、六本木にあった円谷プロの営業部に顔を出すかたわら、世田谷の円谷プロ本社で月1回、日曜日に開かれていた『怪獣倶楽部』の集まりに通い始める。そこで安井尚志、金田益実、徳木吉春、中島紳介、富沢雅彦たちと知り合い、「自分独りじゃなかったのか!?」と感激する。

1975年（20歳）

駒澤大学入学。入学初日にSF同好会を立ち上げる。SFファンに映像のSFの面白さを知ってもらうため、よく16ミリフィルムの上映会を開き、斉藤良一、佐々木敏、中村一成、中村彰弘、柴田大輔、江川康宏といった後に『アニメージュ』等のライター、編集となる後輩たちを感化していった。一方『怪獣倶楽部』の会誌に、創刊号から最終第5号（77年発行）まで『TV批評　恐怖劇場アンバランスを見て』『ウルトラシリーズを悼む』『中野昭慶特技監督に問う』『金城哲夫作品論』など毎号発表していた。

1976年（21歳）

空想創作団文庫として『ヤマト小論』（根岸泉）『TWILIGHT　ZONE　ロッド・サーリング追悼特集』を発行。

1978年（23歳）

『月刊OUT』増刊『ランデヴー』第3号の特集〝NHK少年ドラマの世界〟に、商業誌でのデビューとなる『SF作品リスト』を執筆。朝日ソノラマにファンコレ『ウルトラセブン』（フィルムストーリー）の出版企画を持ち込み、村山実編集長からその場でGOサインをもらう。同じ大学で知り合った岸川靖との共同編集による同書は7月に刊行。引き続き『ウルトラQ／怪奇大作戦』の構成・編集に取りかかる。ファンコレでは『特撮映像の巨星　ゴジラ』のストーリー・ダイジェストも担当。ケイブンシャ『ウルトラマン大百科　決定版ウルトラ兄弟のすべて』のコラム（うらばなし）を共同執筆。鈴木克伸の紹介で少年画報社のムック『手塚治虫アニメ選集』シリーズに岸川靖と共にアルバイトで参加し、後に『アニメック』編集長となる小牧雅伸と知り合う。『アニメック』（ラポート出版）に、その前身である『マニフィック』創刊号から『日本特撮映画史　SFヒーロー列伝』を連載開始（〜87年）。徳間書店『テレビランド』の記事にも参加するようになる。

1979年（24歳）

駒澤大学卒業。ファンコレ『ウルトラQ／怪奇大作戦』刊行（1冊の編集に6ヶ月をかけた）。徳間書店のテレビランド・ブロマイドシリーズ『大怪獣ブロマイド図鑑』の執筆チームに参加。マガジンハウス『POPEYE』12月25日号の特集『60年代は食う寝るテレビ』を執筆（岩井田雅行と共同）。

1980年（25歳）

ファンコレ『ウルトラマン　フィルム・ストーリーブック』を構成・編集。同じく朝日ソノラマの『宇宙船』や『月刊スターログ（日本版）』のほか、徳間書店『月刊アニメージュ』で藤子不二雄アニメ特集、『金田伊功　第3のアニメの旗手』を担当するなどライターとしての活動が本格化。秋田書店の『冒険王』（6月号『緊急レポートV3とスカイライダーの作戦会議』等）『マイアニメ』にも執筆するようになった。ほかにロマンアルバム増刊『サンダーバード』、『スター・ウォーズ／帝国の逆襲』、SVシリーズ『謎の円盤UFO』『スペース1999』等のムック編集に携わる。

1981年（26歳）

『月刊スターログ』3月号の特集『SF‐TVが大好き！』を監修、井口健二・米田リカとの鼎談に参加する。徳間書店で『アニメージュ』11月号付録『スタジオぬえのデザイン・ノート』、およびテレビ絵本のカラーグラフ約20冊を構成（〜85年）。同SVシリーズ『スタートレック』1〜3を企画・構成・編集（〜82年）。小学館・コロタン文庫『怪物くん全百科』を構成。LP『伊福部昭映画音楽全集』全10集（キングレコード）の作品解説を担当。岩井田雅行、徳木吉春と共に外国テレビ研究会『グループNUTS』を発足させる。

１９８２年（27歳）

共著のアニメ評論集『アニメ大好き！　ヤマトからガンダムまで』（徳間書店）を編集。『アニメージュ』3月号付録『大河原邦男デザイン・ノート』、小学館・コロタン文庫『忍者ハットリくん全百科』『大戦隊ゴーグルファイブ全百科』を構成。ＬＤ『サンダーバード』の解説を担当。『毎日グラフ』に『ドラえもん』の評論、角川書店『バラエティ』11月号に『第２回アマチュア連合特撮大会』のレポートを寄せる。『月刊スターログ』に旧作だけでなく最新の映像現場を取材する『日本特撮映画秘史』を連載開始（〜87年）。

１９８３年（28歳）

『キネマ旬報』1月下旬号〝東宝創立50周年記念大特集〟に『東宝特撮映画考』を執筆。『アニメージュ』に『池田憲章のいいシーン見つけた！』連載開始（〜87年）。ロマンアルバム『未来少年コナン』、ＳＶシリーズ『ゴジラ（１９８４）』『ゴジラ（１９５４）』、ジ・アート・シリーズ『名探偵ホームズ』等を編集。『月刊スターログ』５、６月号の座談会『ＳＦＸ映画について語ろう！』に中子真治、森まさゆきと共に出席。『ザテレビジョン』編集部・佐藤良悦の依頼で、５月13日号の特集〝ＳＦ・ＴＶワンダーランド〟、７月29日号の特集〝ウルトラ怪獣ランド　復活！われらのウルトラマン〟に寄稿。シティ情報誌『ａｎｇｌｅ』主催の『ウルトラＱ』上映会（７月19日、四谷公会堂）で、野長瀬三摩地監督と西條康彦のトークショーの司会を務め、パンフレットの解説文を担当。小学館コロタン文庫『科学戦隊ダイナマン全百科』を構成・編集。ＬＤ『謎の円盤ＵＦＯ』『母をたずねて三千里』の解説を担当。『バラエティ』９月号の『ゴジラの復活』座談会に出席。『映画撮影』82号（日本映画撮影監督協会）の特集〝特撮への招待〟に『外国特撮の系譜』。実業之日本社『円谷英二の映像世界』の主要作品論16本を執筆。『ザテレビジョン』12月23日号のクリスマスおもちゃ特集に寄稿。ふゅーじょん・ぷろだくと『ＣＯＭＩＣＢＯＸ』『ＣＯＭＩＣＢＯＸ　Ｊｒ』にアニメ、特撮関連の座談会や作品評で参加するようになる。

1984年（29歳）

『ザテレビジョン』1月27日号で藤子不二雄にインタビュー。『月刊スターログ』3月号の『ミステリー・ゾーン読本』を構成。『東宝特撮映画全史』（東宝株式会社出版事業室）の作品解説を担当。この前後『青年心理』『スクリーン』ほかの雑誌媒体にSF映画やアニメの記事を執筆。SVシリーズ『大魔神／ガメラ　大映特撮の世界』、アニメージュ文庫『名探偵ホームズ』、コロタン文庫『パーマン全百科』、文庫サイズの『これが特撮SFXだ』（廣済堂出版・豆たぬきの本）等を構成・執筆。佐々木守シナリオ集『ウルトラマン　怪獣墓場』（大和書房）の佐々木守、実相寺昭雄による巻末対談で司会を担当。『ザテレビジョン』8月10日号の特集　〝熱帯夜はSF　SF・TVワンダーランド〟に寄稿。『COMIC BOX Jr』10月号の特集〝マルコとローラ〟を構成・監修。『S-Fマガジン』10月号『現代SF漫画考』で藤田尚と対談。角川書店のムック『重戦機エルガイム1』（ザテレビジョン・アニメシリーズ）のコラムを共同執筆し、同社初のアニメ誌『ニュータイプ』の創刊会議に参加する（翌年3月創刊）。

1985年（30歳）

『月刊ニュータイプ』創刊号より『怪獣おたっしゃ倶楽部』連載（～86年）。ザテレビジョン・アニメシリーズ『重戦機エルガイム2』のコラムを執筆。小学館『てれびくん』『コロコロコミック』に携わる。銀座百店会のPR誌『銀座百景』5月号で中野昭慶、円谷皐との鼎談『SFX（特殊撮影効果）の秘密』に出席。コロタン文庫『ゴジラ怪獣全百科』、アニメージュ文庫『私の名はギャブレー　重戦機エルガイム』、『機動戦士Zガンダム　Hand book』（徳木吉春・共編）、SVシリーズ『ITC　SFメカグラフィティ』等を構成・執筆。東宝出版事業室のムック『東宝SF特撮映画シリーズ』に編集協力で参加（～86年）。

『スクリーン』9月号の『SFX座談会』に井口健二、徳木吉春と共に出席。この頃、安井尚志が編集に携わったバンダイの小冊子『模型情報』に『グループNUTS』として編集協力している。

1986年（31歳）

アニメージュ文庫『ぼくたち13人　銀河漂流バイファム』、ロマンアルバム『天空の城ラピュタ』構成・編集。角川書店『カーテンコール』創刊号の『オリジナルビデオアニメ・ベスト10』座談会に出席。第17回日本SF大会で『SFヒーロー列伝』がファン投票による星雲賞（ノンフィクション部門）を受賞する。

1987年（32歳）

角川書店AV課の制作プロデューサーとなる。パイオニアLDC・内山一樹プロデューサーの依頼でLD『スター・ウォーズ』3部作の解説書を『月刊スターログ』の高橋良平副編集長と担当。ほかに『サンダーバード』BOXの解説も手がけ、CBSソニーのLPレコード『オリジナル版　栄光の東映テレビ映画　懐かしのテーマ大全集（1959〜1970）』の解説を中島紳介と共同執筆。ユーメックスのCD『完全収録　伊福部昭　特撮映画音楽　東宝篇7』の解説書、『宝島』88年2月号の特集〝ウルトラ……そして帝都物語〟に寄稿。

1988年（33歳）

ロマンアルバム『となりのトトロ』、アニメージュ文庫『四月怪談　小中和哉監督作品』を構成・編集。バンダイ・メディア事業部から発売するビデオ『怪奇大作戦・実相寺昭雄監督作品』や『戦え！マイティジャック』のエピソード・セレクトを任される。同社のLD『未来少年コナン』『母をたずねて三千里』の解説を担当。角川書店のムック『帝都物語』（ニュータイプ100％コレクション）を構成・編集。徳間書店『SFアドベンチャー』に『池田憲章のわくわく怪獣ランド』を連載（〜89年）。7月発行の『L ittle boy』3号（ふゅーじょんぷろだくと）に『ジム・ヘンソンのSFX魔術 ストーリーテラーの世界』、『道路』11月号の特集〝未来社会と道路〟に『どんな道でも走れるSF映画の車たち』をそれぞれ寄稿。キネマ旬報増刊『日本映画テレビ監督全集』でアニメ関連の監督プロフィールを執筆。

1989年（34歳）

プロデューサーを務めたOVAシリーズ『ロードス島戦記』発売開始（～91年）。『キネマ旬報』2月上旬号『スウィートホーム』特集、同7月下旬号〝『ガンヘッド』特集〟に作品評を寄稿。朝日ソノラマ『宇宙船』49号より日本特撮映画・テレビの最新ルポを連載（のち『日本特撮ア・ラ・カルト』となる）。『COMIC BOX』8月号のテリー・ギリアム監督『バロン』特集を徳木吉春と共同監修。『キネマ旬報』10月下旬号・11月上旬号に『二十世紀少年読本 作品研究』前・後編を執筆。同12月下旬号で『機動警察パトレイバー』押井守監督インタビューを担当。

1990年（35歳）

『COMIC BOX』2・3月号に『ゴジラvsビオランテ』評と『機動警察パトレイバー』評、LDBOX『大魔神全集』（パイオニアLDC）に解説を執筆。その他2000年頃にかけてパイオニアLDCの全話LD『原子力潜水艦シービュー号』『宇宙家族ロビンソン』『タイムトンネル』のメイキング解説、『スタートレック』全話LD、『ミステリーゾーン』『0011ナポレオン・ソロ』のセレクト版LDの解説を担当。通り一遍のメイキング解説ではなく、各パートのキーマンの仕事歴を切り口にして全体をとらえる新しいスタイルの解説書を目指した。根本圭助編『小松崎茂の世界・ロマンとの遭遇』（国書刊行会）に編集協力。編集委員を務めた『海野十三全集』（三一書房）で第12巻の責任編集を担当。朝日ソノラマ『サンダーバード豪華写真集 イギリスSFTVの世界』を編集。『キネマ旬報』9月下旬号の『ミステリー・ゾーン』

特集に『ＳＦとＴＶドラマの間に生まれた傑作』を寄稿。ＷＯＷＯＷ『ＴＶヒーローの世界』に解説出演。

１９９１年（36歳）

『漫画の手帖』の姉妹同人誌『Ｖａｎｄａ』（佐野邦彦編集長）で『わが愛しの外国ＴＶ作品』を連載（〜99年）。同誌には忍者特集に寄せた『忍者ＴＶの彗星　人形劇『伊賀の影丸』のほか『ガンバの冒険』『宝島』『太陽の王子　ホルスの大冒険』等、アニメ作品の批評も発表している。山田正巳、高貴準三、小沢太一の共同編集による同人誌『高山良策の世界1　ＴＨＥ　ＷＯＲＫＳ　ＯＦ　ＲＹＯＳＡＫＵ　ＴＡＫＡＹＡＭＡ』（高山良策の記録を残す会）に『人形映画と高山良策』を寄稿。宝島社『ゴジラコミックの逆襲』でマンガ原作を執筆。

１９９２年（37歳）

角川書店ＡＶ課の宣伝プロデューサーとなり、『スレイヤーズ』『Ｘ』等を担当。97年にかけて『アルスラーン戦記』『爆熱時空☆ＭＡＺＥ』等の制作プロデューサーを務めた。『開田裕治画集Ⅲ　ＷＯＲＫＳ』（バンダイ・Ｂクラブスペシャル）で開田裕治と対談。パイオニアＬＤＣのＬＤ『釈迦《特別版》』のブックレットで西脇博光と共に伊福部昭インタビューを担当。『インターコミュニケーション』7月号（ＮＴＴ出版）に『『サンダーバード』に見る散りばめられた想像力のカケラたち』を寄稿。

１９９３年（38歳）

文藝春秋社より高橋信之との共著『ウルトラマンＶＳ仮面ライダー』刊行。同書はバンダイビジュアルよりビデオ、ＬＤ化され、構成台本・解説・インタビューを担当した。朝日ソノラマ『サンダーバード写真集　すばらしきアンダーソンＳＦＴＶの世界　スーパーマリオネーション』を構成・編集（伊藤秀明と共編著）。

1994年（39歳）
『宇宙船』に『SFテレビ　スクラップBook』を連載。
1995年（40歳）
バンダイビジュアル『重戦機エルガイム』LDBOX　Part1の解説書に寄稿。
1996年（41歳）
東映動画創立40周年記念の10枚組CDボックス『東映動画長編アニメ音楽大全集』（日本コロムビア）の解説書に序文と作品解説を執筆。洋泉社『映画秘宝　夕焼けTV番長』に『ジキルとハイド』、トイズプレス『テールズ・オブ・ジョーカー9』に『ファイブスター物語　試論』を寄稿。
1997年（42歳）
飯島敏宏の語り下ろし『バルタンの星のもとに』（2月刊行、風塵社）で河崎実と共に聞き手を務める。別冊宝島『このアニメがすごい！』に『名作アニメをつくった男たち』を執筆。ほかに『スタジオボイス』3月号『特集・エヴァンゲリオン　終わりと始まり』、『別冊COMICBOX Vol.2『もののけ姫』を読み解く』、トイズプレス『ファイブスター物語　エピソードガイド』等に寄稿。
1998年（43歳）
創刊20周年記念の資料集『BEST　OF　アニメージュ』（徳間書店ロマンアルバム・エクストラ）で5代目アニメージュ編集長・渡辺隆史と対談。
1999年（44歳）
スーパーチャンネル（のちスーパードラマTV）にて『池田憲章の海外TV・検証ファイル』放送開始（〜06年。約280回）。それと連動して共同通信社『BSTVファン』の月刊スーパーチャンネル番組欄で毎回1本をピックアップした解説記事『外国テレビ道　憲章に聞け』を連載。ほかに『スタートレック24時間マラソン』などに出演。創都制作のシリーズ『ウルトラマンを作った50人』の構成、ビデオ・インタビューを担当。『宇宙船』88号より『日本特撮TV&映画RADAR』を連載。

2000年（45歳）

徳間書店『SF Japan』に『日本テレビとSFテレビ・日本版』『日本最新SFテレビ紹介』等を執筆。朝日ソノラマ『本多猪四郎全仕事』に『特撮をのみこんで活性化する本多猪四郎監督作品。』、『創世ホール通信・文化ジャーナル』に『『新青年』の名編集長・水谷準さんの死を悼む』を寄稿。海野十三の会『海野十三メモリアル・ブック』に編集協力。日本SF大会で押井守インタビューを担当。同大会では松岡秀治と共同でSFテレビ研究のトークを毎年担当し、2006年からは解説パンフレットを参加者に配布している。NHK『アニメ夜話』『外国テレビ夜話』に数回出演（〜06年）。

2001年（46歳）

角川書店『円谷THE COMPLETE』の序文、解説を執筆。本好きの情報探究誌『彷書月刊』（弘隆社）4月号の〝特集 SFの逆襲〟に『古典SFは怪獣王国』、徳間書店『SF Japan』02（西暦2001年春季号）に『時をかける映像たち』、『『新青年』趣味』第9号に『海野十三 二〇〇一年ノート』をそれぞれ寄稿。

2002年（47歳）

DVD『ガス人間オ1号』（東宝）のブックレット、DVDボックス『サンダーバード』、『キャプテンスカーレット』（東北新社）の解説書にそれぞれ解説を執筆。DVD『うる星やつら2 ビューティフル・ドリーマー』（東宝）の音声解説で聞き手を担当。徳間書店『アニメージュオリジナル』Vol.1、2、『SF Ja pan』03（西暦2002年冬季号）に『映画を夢見た人』、『創世ホール通信・文化ジャーナル』に『小松崎茂先生の思い出』、『日本推理作家協会会報』12月号に竹内博をゲストに迎えた月例会のレポート『わが怪獣人生と香山滋』、3月公開『WXⅢ　機動警察パトレイバー』のプレスシートに『世界のかたすみで愛を叫んだひと……』をそれぞれ寄稿。

2003年（48歳）

アスキーより『NHK連続人形劇のすべて　1953―2003』（伊藤秀明と共編著）を上梓。同じく共編著『サンダーバードアルバム』（朝日ソノラマ）を編集・構成。東北新社『謎の円盤UFO』DVDボックス解説書に寄稿。『SFジャパン』Vol.8に『外国SFテレビ日本語版の開幕!!』を執筆。

2004年（49歳）

日本SF大会で柴野拓美、眉村卓ほかの映像インタビューの聞き手を務める。伊藤秀明との共編著『謎の円盤UFOアルバム』（朝日ソノラマ）、同『スーパーマリオネーションスペシャル　イッツ・サンダーバード・センチュリー』（大日本絵画）を構成・編集。東北新社『海底大戦争スティングレイ』DVDボックス解説書に寄稿。『SFジャパン』Vol.9に『外国テレビ　日本語版の新展開!!　東北新社とSFテレビ新時代』（取材協力：とり・みき）を執筆。

2005年（50歳）

伊藤秀明との共編著『キャプテンスカーレット&ジョー90＋ロンドン指令Xアルバム』（朝日ソノラマ）を構成・編集。ぴあ株式会社『鉄人28号論』に論考を執筆。映画『北斗の拳』（ノーススター・ピクチャーズ）の宣伝プロデューサーを務める。

2006年（51歳）

文章だけでなくトークの形で成立する評論・解説もあると考え、インターネットラジオ『ハラショー』で週1回放送のトーク番組『談話室オヤカタ』に出演（〜14年。全483回）。連動して徳間書店『COMICリュウ』に『オヤカタ情報局』を連載（〜08年）。『SF Japan』春の号（徳間書店）に『外国SF列伝『サンダーバード』』を執筆。東北新社主催・アニメ企画大賞の審査員を務める。実相寺昭雄と組んで高山良策の怪獣造形ドキュメント『怪獣のあけぼの』（〜08年。全8回）に資料提供、出演、インタビュー等で参加。〝アート・アニメーションのちいさな学校〟にて『連続講座 池田憲章の特撮研究』と題する公開授業を行う（〜07年・全20回）。第45回日本SF大会『みちのくSF祭 ずんこん』にてアニメ『Project Blue 地球SOS』の岡村天斎監督とトークショー。

2007年（52歳）

2月、徳島県の北島町立図書館・創世ホールにて『故郷は地球〜脚本家・佐々木守がめざしたもの』と題する講演を行う。造形物シリーズ『特撮リボルテック』の宣伝プランニングとホームページの解説記事を担当（〜10年）。

2008年（53歳）

『COMICリュウ』に『実相寺昭雄をたずねて』連載（〜10年。全17回）。

2009年（54歳）

『宇宙塵』202号の『野田昌宏氏を悼む』に追悼文を寄せる。

2010年（55歳）

5月発行『資料性博覧会02』のパンフレット（まんだらけ）にインタビューが掲載される。柴野拓美さんを偲ぶ会『塵も積もれば星となる』に追悼文を寄稿。

２０１１年（56歳）

２月、徳島の創世ホールにて『脚本家・金城哲夫～特撮とドラマを初めて融合させた人』と題する講演を行う。

２０１２年（57歳）

インターネットラジオ『ハラショー』の『池田憲章の30分1本勝負！』に出演（～14年。全50回）。巡回展示『館長庵野秀明　特撮博物館　ミニチュアで見る昭和平成の技』の図録に『ミニチュアに見る円谷特撮の魅力』を寄稿。

２０１３年（58歳）

サンダーバード博開催記念公式ファンブック『サンダーバードぴあ』に『メイキング・オブ・サンダーバード』を寄稿。

２０１４年（59歳）

徳間書店『ハイパーホビー』７、８月号の『ゴジラ対談』に出席。徳間書店より書き下ろし新書『怪獣博士の白熱講座　ゴジラ99の真実（ホント）』刊行。11月、市立小樽博物館で行われた『『タイム・トラベラー』を聴く会』のトーク・イベントに北海道在住のＳＦ作家・笹本祐一と共に出席。

２０１５年（60歳）

洋泉社『特撮秘宝』Vol.１、２で原口智生と対談。

２０１６年（61歳）

洋泉社『特撮秘宝』Vol.３で原口智生と対談。

２０１７年（62歳）

１月、脳梗塞で倒れる。約８ヶ月の入院加療、リハビリを経て車椅子での移動や、自由に会話出来るまでに回復。友人たちの協力でパソコン、スマホを介してＳＮＳの交流を始め、『外国ＴＶメモランダム』『怪獣メモランダム』『日本特撮メモランダム』『アニメメモランダム』等のブログを公開。洋泉社『特撮秘宝』Vol.７で人形アニメ『ＫＵＢＯ／クボ　二本の弦の秘密』をめぐって金田益実、原口智生と鼎談。

２０１８年（63歳）

『週刊ポスト』２月23日号『少年時代にときめいた特撮ヒロイン大集合』で、なべやかんと対談。洋泉社のムック『オール東宝メカニック大図鑑』に『戦記で生まれ、『ゴジラ』で完成した東宝特撮』を寄稿。原口智生との対談も収録。同じく洋泉社『特撮秘宝』Vol.８で原口智生と対談。

平田実

──『怪獣倶楽部』と竹内博さんが教えてくれたこと──

平田実さんは私（中島）や竹内博さん、池田憲章さんと同い年の昭和30（1955）年生まれ。東京都府中市の出身で、『怪獣倶楽部』では1人だけ出版や映像に関係した業界に入らなかったため、他のメンバーのように仕事仲間的な付き合いこそないものの、現在も熱心なファン同士として情報交換をするなど交流が続いている。その特撮怪獣ファンとしての軌跡はなかなか異色のもので、改めて『怪獣倶楽部』の思い出と共にご自身のファン歴を振り返ってもらった。

東宝特撮と古生物への興味

同世代のほとんどの人と同じように、小さい頃から『月光仮面』（58～59年）に始まるテレビのヒーロー番組――『七色仮面』（59～60年）とか『ナショナルキッド』（60～61年）などを欠かさず見ていて、翌日に友達と話題にしたりアクションの真似をして遊んだりする、当時のごく平均的な子供だったと思います。映画体験は『宇宙大戦争』（59年）が最初で、細かい内容まではわからなくても土屋嘉男さんが演じる登場人物が侵略者の宇宙人ナタールに操られて苦しむ描写は強烈な印象がありました。近所に住んでいた年上の知り合いが、からかい半分に不気味なナタール人の声を真似して僕らを脅かしていたことも憶えています。

東宝の特撮映画は当時から子供雑誌だけでなく女性向け、若者向けの芸能雑誌などでも紹介されていて、母親と一緒に行った美容室で『キングコング対ゴジラ』（62年）の写真が載っている雑誌を見つけた時はどうしても欲しくて、母親に頼んでお店の人からもらって帰ったりもしました。それは映画本編の場面写真ではなく、オリジナルのキングコングを合成した宣伝用スチールでしたが、実はその頃、巨大怪獣といえばテレビドラマの『マリンコング』(60年)に出てくる、いま見ると可愛らしさもある造形のマリンコングしか知らなかったので、言い方はおかしいですが、その写真のゴジラに何だか本物みたいな迫力を感じたのです。

その頃は少年マンガ誌などの口絵で怪獣や恐竜、軍事兵器などが盛んに特集されていて、小松崎茂さん、高荷義之さん、南村喬之さんといった画家たちのリアルなイラストにも目を奪われました。特に遠藤昭吾さんの細密なペンタッチが好きでした。また、有名なチャールズ・ナイトの恐竜画に影響されて、自分でも恐竜の絵を描くようになりました。同級生からも「上手いね」なんて言われて、一時は挿絵画家に憧れたこともありました。子供の頃の恐竜の絵なんて、誰が描いてもある程度上手く見えるものなんですけどね(笑)。もありました。

やはり挿絵画家・絵物語作家である山川惣治さんの原作を実写化したテレビの『少年ケニヤ』(61~62年)も、恐竜が出た回はよく憶えています。

そうしたこともあってか、学校の図書室でも童話や物語ではなく地球の歴史や生物の進化を写真・イラストで紹介した図鑑のようなものばかり読んでいました。それらの本にはどれも、必ずと言っていいほど「ゴジラなどの怪獣は恐竜ではありません」といった断り書きが付いていて、子供心に映画に出てくる怪獣は人間が空想して作ったもので、実在した恐竜とは画然と違うものだという認識が生まれました。

初めて映画館で観たゴジラ映画は『モスラ対ゴジラ』(64年)で、蛾という身近な昆虫が怪獣(モスラ)として登場したことにも驚きましたが、それまで外国映画などで知っていた竜(ドラゴン)はたいてい口から赤い炎を吐いているのに、ゴジラが吐くのは白熱光、しかも背びれが発光している! こっちの方がはるかに温度が高い。この描写には驚きました。また直後に『少年サンデー』の昭和39年6月14日号から連載された『恐竜の科学』(文・佐伯誠一、絵・萩原孝治)にも大変影響を受けました。

後年になって、ゴジラがアメリカの『LIFE』誌に載ったティラノサウルスのイラストをヒントにしてデザインされたことを知り、自分の中で再び怪獣と恐竜が一つにつながるのですが、恐竜以外の古生物への興味もこの小学生時代から強くなっていった気がします。1作目の『ゴジラ』（54年）を見たのは昭和42年にNHKで放送された時が最初で、生きた三葉虫が出てきたり、志村喬さんが演じる山根博士の部屋にステゴサウルスの骨格標本が置いてあったりして、古生物学がテーマの一つになっている点でも面白かったですね。

同じようにテレビで初めて『空の大怪獣ラドン』（56年）を見た時も興奮しました。古代トンボのメガヌロン（メガネウラ）は古生物ファンには有名でしたが、その幼虫（ヤゴ）が登場するという発想は初めてだし、翼手竜プテラノドンをもとにした東宝初の飛行怪獣であるラドンの設定とか、それを追跡するのが少年雑誌でよく紹介されていた当時の航空自衛隊の主力戦闘機F86Fセイバーだとか、ラドン登場までミステリアスに展開するストーリーのドキドキ感も含めて自分の琴線に触れる要素が満載でした。このあたりで東宝特撮映画と特技監督の円谷英二さん、監督の本多猪四郎さん、音楽の伊福部昭さんといった人たちへの興味と尊敬が決定的なものになったと思います。

もちろん、日本の作品だけでなく当時、盛んに放送されていた外国（アメリカ）のアニメやテレビドラマも並行して普通に見ていました。ただ、うちは父親がシベリア抑留の経験者で、戦記物・戦争映画にはあまりいい顔をしなかったので『コンバット』（62〜67年）のような戦争を扱った番組は見られませんでした。その代わり、夜8時台という大人の時間帯に放送された『アウターリミッツ（ウルトラゾーン）』（64、66年）は親に頼んで毎回見ることが出来ました。当時は一般的に夜7時台までが子供の時間で、8時以降はテレビを見せてもらえないという家庭が多かったと思いますが、同級生が「面白いドラマが始まったぞ」と騒いでいて、どうしても見たかったんです。

この1話完結のオムニバス・シリーズでは「人喰い雲」とか、東宝映画にも出演したニック・アダムスが主演の『宇宙の決闘』といったエピソードが特に印象に残っています。『宇宙の決闘』は自分にはよほどインパクトがあったらしく、一度、友達と2人で近所の林に行って「ここは本当に地球なのか?」なんて、ちょっとした寸劇風の真似事をして遊んだことがありました。僕の地元は東京といっても当時はまだ住宅地の中に自然がかなり残っていて、ドラマの異常なシチュエーションが身近に感じられたんですね。SFという言葉もまだ知らない頃でしたが、子供らしい空想と現実がごっちゃになった体験の思い出です。

その後『ウルトラゾーン』は土曜日の午後に日本テレビで再放送されたのですが、その前の時間にフジテレビで大橋巨泉さんが司会をしていた『ビートポップス』(66~70年)という若者向けの音楽番組があって、ビートルズがまだ現役だった頃だから『オブ・ラ・ディ、オブ・ラ・ダ』とか『ジョンとヨーコのバラード』が新曲としてリアルタイムで紹介されていました。『ビートポップス』から『ウルトラゾーン』に続く土曜日の昼下がりはその頃の特別なお楽しみの時間でした。

そのほか『サンダーバード』(65~66年)で知られるジェリー・アンダーソンの特撮人形劇(スーパーマリオネーション)も、初期の『スーパーカー』(60~61年)からずっと見ていました。さまざまなメカニックが活躍するのが魅力で、東宝特撮映画と並んでミニチュアへの興味をかき立ててくれた作品ばかりです。同じような意味で、大型のミニチュア潜水艦を主役のように演出したアーウィン・アレン製作の『原潜シービュー号　海底科学作戦』(67~69年)も、特にモノクロの第1シーズンが印象的でした。

ミニチュアから8ミリ映画の世界へ

これも当時の男の子なら共通の趣味だと思いますが、プラモデルもよく作っていました。子供の頃はブリキのおもちゃを買ってもらっていて、今では北原照久さんのコレクションなどで再評価されているようなデフォルメの味わいも理解できるのですが、中学生になるとどうしても子供っぽく思えてしまい、より本物らしいリアルな模型、プラモデルに自然と興味が移っていったのです。あまり器用な方ではないので、バルサ材を買って自作するところまでは行きませんでしたが、飾られている完成品を見るのが好きで模型店に通ったりしました。以前、吉祥寺のハーモニカ横丁に、有名な浮世絵師の子孫だという名物店主がいた歌川模型というのがあって、すごく狭い店でしたが模型ファンにとってはまさに夢の空間でした。

この模型趣味は明らかに日本や海外の特撮SF映画、特にミニチュアを駆使した円谷英二さんの作品に大きな影響を受けています。そこから鉄道模型にハマって、機関車やレールはもちろん、その背景や舞台になる風景のジオラマ――鉄道模型の世界ではレイアウトと言います――にも興味を持つようになりました。もと国鉄（JR）の車掌さんで、日本一と言われるジオラマ作りの名人がいるのですが、その人が作った日本の農家のジオラマは特に衝撃的でした。晩秋の風景で、パーツは既製品の流用ではなくすべて手作り。田んぼに盛り上げた籾殻を燃やす様子を再現するため、電熱器で油を熱して白い煙が出るような仕掛けを施すという凝った造りで、農家の軒下に干し柿まで吊してありました。そのリアルさはまさに『怪獣大戦争』（65年）の富士山のふもとの家々のセットなど、円谷特撮の世界に通じるものです。

そういうふうに子供の頃から模型が好きで、ミニチュアやジオラマの作り方を知るようになると、今度はそれを自分で映画のように撮影したくなり、8ミリカメラと映写機を買ってもらって、自主映画というほど本格的なものではありませんが、高校時代に弟に手伝ってもらいながら自分で短編映画を撮るようになりました。そのきっかけの一つになったのが、プロの映画人やアマチュアのフィルム愛好家向けの雑誌『小型映画』（玄光社）の別冊として出た『High Technic Series 5　アニメと特撮』（70年発行）という変形サイズの分厚い解説本です。場面写真をふんだんに使った、いまでいうＭＯＯＫ（雑誌形式の単行本）に近いスタイルで、人形アニメ作家の川本喜八郎さん、持永只仁さんや東映動画で長編アニメの名作を手がけた森康二さん、藪下泰次さんといった第一線のアニメ・スタッフ、さらに森卓也さん、荻昌弘さんら映画評論家が分担し、当時の最新作でアニメラマと呼ばれた手塚治虫さんの大作劇場アニメ『クレオパトラ』（70年）からノーマン・マクラレンの実験作やチェコの人形アニメ、テレビのコマーシャルまで幅広く古今東西のアニメーションを採り上げ、徹底して実製作をする人のためにガイドした画期的な内容でした。

本の残り四分の一が特撮編で、円谷特撮の後継者である中野昭慶さん、有川貞昌さんの2大特技監督がそれぞれ『特殊撮影とは何か』『特撮の種類とテクニック』と題する解説文を書き下ろし、初めて見るような東宝特撮映画のスチールがふんだんに紹介されていたので驚きましたが、やはり細かく作り方を説明してあるアニメーション、特に立体物を使う点でミニチュアやジオラマにつながる人形アニメへの興味が高まりました。

この『小型映画』でスタッフを募集したSさんと知り合い、8ミリの怪獣映画の製作に参加したこともあります。僕は建物などのミニチュアを作ったのですが、途中で意見が合わなくなり脱けてしまいました。Sさんの家庭は非常に厳格で、ご家族の反対があるなかで苦労して映画を完成させました。当時は「日本の特撮映画はミニチュアを使っているからチャチだ」というのが世間一般の常識でしたし、子供には受け入れられても大人には認められないという見方が大勢を占めていて、僕たち自身も大人になる時期というか、大人になりたいと考える年頃ですから、Sさんのことを見ていて複雑な気持ちでした。怪獣映画が好きだというと「幼稚だ」「いつまで子供っぽいことをやっているんだ」と大人から叱られてしまう時代だったんです。親子二代・三代が揃って、あるいは男の子だけでなく女の子まで戦隊ものやライダーシリーズに夢中になっている現在からは想像も出来ないような偏見が、社会にも身近な家庭の周囲にもあったことは、ここで改めて証言しておきたいと思います。

ちょっと話が逸れてしまいましたが、同じように『小型映画』を通じて僕のことを知り、連絡してきてくれたのが三木隆二さんです。三木さんはEMJ（合同映画映像研究社）という自主映画プロダクションの中心メンバーで、後に『三葉虫（トリロバイト）』という手書きコピーの機関誌を出しました。ちょうど『PUFF』や『衝撃波Q』『怪獣倶楽部』『モノリス』といった特撮怪獣映画、SF映画の同人誌・研究誌が相次いで誕生した時期です。その創刊号（75年6月発行）で三木さんたちが僕を取材してくれているので、その記事の一部を紹介しておきます。

家に着くと早速、彼の作品「戦争」（パートモノクロ、10分）と他数本を見せてもらった。「戦争」は第三次世界大戦が勃発し戦車を中心とした戦闘が繰広げられるのだが、実はこれは模型で遊んでいた少年の白日夢であり、やがて目覚めた少年の前に本物の核ミサイルが飛んで来るという内容で、道端で風に舞っている新聞にカメラがズームアップすると「第三次世界大戦発生！」という文字が読める冒頭のシーンが印象的である。

画面を見て驚くことは戦車の塗装の美しさと細部まで丁寧に作られた建物である。例えば山奥で見かけるような屋根の上に重し石を乗せた掘建小屋やバス停留所の標識があったりでとにかく心憎い程、細かい所まで神経が行き届いている感じ。

カメラワークもミニチュア撮影では欠かせないローアングルで、起伏のある丘を戦車が走って行くのを移動撮影で追って行く場面は1／35の模型ながら中々迫力があった。これは平田さんだけでなく彼の弟さんの努力によるものも相当あると思う。

ホリゾントはビニールペイントを塗った耐水ベニヤ、地面はボール紙の上にオガクズを敷詰め、樹木はパセリを利用したとのことです。

——『三葉虫（トリロバイト）』創刊号より

特撮仲間訪問記1〜平田実さんの巻（三木隆二・記）——

三木さんはだいぶ褒めてくれていますが、自分ではただミニチュアが撮れればいいという気持ちだったので、それほど本格的な内容ではありませんし、作品数も多くありません。Sさんの映画を降りたあとは受験の準備などで勉強が忙しくなったり、いろんな上映会に通うようになったりして自主製作からは次第に遠のいていきました。

『PUFF』と『怪獣倶楽部』の頃

話が前後しますが、『怪獣倶楽部』の仲間との出会いは高校卒業後の浪人時代です。それ以前、アマチュアの8ミリ時代に三木さんたちと一緒に活動していた原口智生さんとは顔見知りになっていました。原口さんは後に手塚眞さんや河崎実さんのような自主映画育ちの監督と仕事をするようになりますが、この頃の8

ミリ映画仲間の人の動きをよく知っていると思います。『怪獣倶楽部』のメンバーは自分のことをあまり語りたがらない人が多いのですが、原口さんは特殊メイク・アーティストとしてだけでなく、さまざまな面で日本の映画史の一時期を裏から支えた人なので、ぜひその回想を本にまとめてもらいたいですね。

僕自身は当時、同じアマチュアの原口さんが作った日本家屋の屋根瓦を見て「これはミニチュアを作る技術のレベルが違う」と衝撃を受けました。実は原口さんとは何かと縁があるんです。これは少し後のことですが、美大つながりの友人に誘われて人形アニメ作家の川本喜八郎さんの工房（エコースタジオ）を見学に行って作業中の原口さんに再会したり、アニドウ（プロのアニメーターが設立したアニメーション研究団体）の上映会に通っていた頃には毎回のように顔を合わせたりしていました。ほとんど客がいなかったレイ・ハリーハウゼン特集の回で、よほど手持ちぶさただったのか、スタッフの人から「君は原口君の友達だよね。よく来てくれるから料金はタダにしてあげるよ」と声をかけられたこともありました。

さて『怪獣倶楽部』のことですが、その前に『S-Fマガジン』の読者欄から生まれた『宙』（後の『PUFF』）にも発足時から参加しました。僕は特にSF小説が好きというわけではありませんが、特撮映画の情報を得るために大伴昌司さんが担当していた映画紹介コラム『トータルスコープ』を目当てに『S-Fマガジン』で読んでいましたから、会員募集の告知にもすぐに返事を出したわけです。1969年に出たキネマ旬報の増刊『世界SF映画大鑑』で、高名なSF作家たちが日本の特撮映画にかなり辛辣な評価を下していたので、そのSFを通じて集まった人たちなら信頼できるだろうと思ったのが入会の動機のひとつです。ただ、僕は文章を書くのは得意ではないので、同人誌の活動にはそれほど積極的ではなかったですね。

1974年の夏頃だったと記憶していますが、『宙』の初代会長だったOさんを中心に何人か東京近県の会員で集まろうということになり、一緒に神田の古本屋街に行ったりしました。栃木在住のOさんとはそれまでにも電話でよく話をしていましたが、実際に会うのは竹内博さんや安井尚志さん、富沢雅彦さんたちと同じでその時が初めてです。途中、移動の電車の中で、たまたま隣りにいた竹内さんがボソッと「ケイブンシャの怪人怪獣大全集は僕が構成しました」と言ったので、思わずコントみたいに二度見してしまいました（3分冊をセットにした『怪人怪獣大全集1　ゴジラ』のこと。72年刊行）。その後、竹内さんが当時の怪獣ファンのバイブルだった同じケイブンシャの『原色怪人怪獣大百科』（71年）の編集にも携わっていたことを知るのですが、そんなすごい人に会えるとは思っていなかったので驚いたわけです。そもそも竹内さんは、こういった会合でも積極的に自己紹介をするようなことはなかったようで、２０１１年に亡くなった時、葬儀の控室で竹内さんの思い出話になり、同じ経験をした氷川竜介さんが「大事なことは最初に言っておいて欲しかったですよね」とおっしゃっていました。

この初めての集まりの時、みんなの会話にアーサー・C・クラークやフィリップ・K・ディックといった海外のSF作家の名前が出てきて、やはり『S-Fマガジン』を通じて集まったからSFファンが多いのかなと感じたのを憶えています。僕はといえば特撮スタッフのことばかり話していたので特撮に詳しいと思われたのか、その日の集まりが解散したあとで僕一人だけ、竹内さんと安井さんに連れられてデザイナーの米谷佳晃さんとの打ち合わせに同席することになりました。３人の会話は、この業界で生きているというプロフェッショナルな雰囲気に溢れていました。また、ミニチュアや8ミリ映画を作っていたという話をしたら、安井さんから親切に「ラテックス（造形等に使われる液体ゴム）を安く分けてあげるよ」と言われたり、『サンダーバード』のミニチュアは凄いと盛り上がっていたらスチールで構成された写真絵本を戴いたり（当時はTBの大人向けの出版物はなかった）何かと便宜を図ってもらいました。

翌年（75年）の春頃から『怪獣倶楽部』の会誌が発行され、定期的に円谷プロで会合が開かれるようになります。会誌では毎号、東宝特集・東映特集・『マイティジャック』特集とテーマに沿った短い文章を書いて、簡単ですが版下作りや編集のお手伝いをしています。第3号のMJ特集の時は、編集長である竹内さんが資料用に『戦え！マイティジャック』を含むシナリオの貸し出しと、大量のネガから主にMJ号と敵組織Qの基地の実物大セットを中心に焼き増しした写真を提供してくれたのですが、自分にはこの壮大なドラマの批評など手に負えるものではなく、竹内さんから「引用が多すぎる」と苦言を呈されてしまいました。第4号（大映特集）の『大魔神　その驚異の特殊技術』は、『映画テレビ技術』や『撮影技術』などの専門誌に載った解説記事をリライトしたものです。『大魔神』（66年）で採用されたブルーバッキング方式の合成技術の素晴らしさを伝えたいということで、記事のどの部分を活かしたらいいか竹内さんと相談してまとめました。また当時、東映東京撮影所で行われた新作映画『新幹線大爆破』のミニチュア撮影イベントに参加して、1ページの写真レポートを載せました。この時に特撮セットを8ミリで撮影していて、後に金田益実さんの依頼で提供したその映像が同作の海外版DVDボックスの特典として収録されています。

『怪獣倶楽部』の思い出というと、やはり竹内さんの印象が強いですね。ある日の会合で、僕にではなく他の誰かに向けての言葉でしたが「出典をはっきりさせなさい」と言ったのをよく憶えています。資料やデータの出所を明記するという、竹内さんが自分の仕事で実践していたことをメンバーにも教えてくれたわけですね。重要な記事をコピーして保存しても、掲載誌や発行の日付（発売時期）を書いておかなかったら資料としての価値はないということは何度か言っていました。

竹内さんのことではもう1つ。六本木にあった円谷プロのオフィスが引っ越しをすることになり、竹内さんに頼まれてアルバイトで手伝いに行きました。この時、円谷音楽出版にいた子門真人さんが国際電話で話しているのを目撃し「さすが英文科卒」と感心したり、個性的な画面作りで知られた特撮演出の大木淳（淳吉）

さんに会って感激したりしましたが、当時の円谷皐社長が竹内さんの肩を抱いて「この人は一さん（実兄の先代社長・円谷一）から預かった大事な人なんだよ」とおっしゃっていたのが強く印象に残っています。円谷皐さんは会社の休日を利用して会合の場所を提供してくれ、内輪の上映会のために試写室を使うことも許可してくれたり、いろいろと便宜を図ってくれた『怪獣倶楽部』の恩人のような人でもありますね。

16ミリフィルムの上映会は月1回の会合の恒例になっていて、会誌の特集の参考に『マイティジャック』（68年）の連続上映をやったこともあれば、安井さんがピー・プロのパイロットフィルムを見せてくれたり、池田憲章さんが某大使館から『アンダルシアの犬』（29年）『来るべき世界』（36年）『やぶにらみの暴君』（52年）といった古典的な作品を借りてきて上映したり、かなり内容が濃かったです。「大使館にある貸し出し用フィルムは、知っている人がいなくて上映の機会が少ないから状態がいいんですよ」と言っていた池田さんの行動力と作品のチョイス（選択眼）の確かさ、海外の長編アニメからアバンギャルドな実験作まで幅広いジャンルをカバーした高い見識には感銘を受けました。同人誌『空想創作群』に載せた『ミステリーゾーン』とプロデューサーのロッド・サーリングの研究も読み応えがあり、特に小松崎茂さんのような当時はほとんど陽の当たらなかった日本の挿絵画家の作家別コメントは、ガリ版印刷で図版はありませんでしたが、挿絵画家たちを体系づけて記載したものとしては初期のものと思われ「ここまで調べるとは！」と驚いたものです。

上映会といえば、聖咲奇さんと初めて会った時のことも思い出深いです。すでに古典になっていたユニヴァーサルのドラキュラ物など、海外から取り寄せたホラー映画やSF映画の8ミリフィルムを持参していて、音声のない短縮版でしたが、それまでスチール写真でしか見ることが出来なかったレイ・ハリーハウゼンの『地球へ2千万マイル』（57年）や『猿人ジョー・ヤング』（49年）の動く映像を見ることが出来て非常に感激しました。会合の終わりに聖さんが1人1人に「どれが良かったですか？」と丁寧に聞いていたのが印象的でした。海外作品に関しては徳木吉春さんから『フェイマス・モンスター』誌や、ハリーハウゼンの『フィルム・ファンタジー・スクラップブック』のような洋書から資料を得ることをレクチャーしてもらって、斬新なグラビアを通じて海外のモンスター文化の成熟ぶりに驚き、それから銀座の洋書店『イエナ』通いを始めたりしました。

そのほかに会合のことで思い出すのは、『サンダーバード』の主人公であるトレーシー家の兄弟と専用メカの関係ですね。「年齢の順にスコットが1号、バージルが2号、アランが3号……となっているけど、アランは三男じゃないぞ、どうなっているんだ」と、ちょっとした議論になったことがあります。今なら資料本がたくさん出ているから調べればわかることですが、当時はそういう基礎的な情報さえない時代で、大げさに言うと僕らはみんな資料を集めるにしても原稿を書くにしても、何もないところから自分たちでコツコツ始めていかなければならなかったわけです。

大学の映像科へ、そして就職まで

僕は1976年に美大の映像科に入るのですが、その頃から他のメンバーも就職したり受験の時期だったり、竹内さん・安井さんの手伝いで編集・ライターの仕事を始めたりして忙しくなり、77~78年にかけてだんだんと『怪獣倶楽部』の活動も減っていった気がします。Oさんが会長を退任した後、中島さんや富沢雅彦さんが復活させた『PUFF』も、アニメが中心になっていったせいか、申し訳ないことにあまり興味がなくなってしまいました。僕自身は当時から盛んになっていた上映会やシネマテークで様々な映像作品を見るうちに、改めて映画について勉強してみようと思ったのです。

後にわかったことですが、東宝特撮映画やウルトラシリーズの歴史、メイキングなどを調べてみると、スタッフには武蔵美（武蔵野美術大学）をはじめ美大の出身者や成田亨さん、高山良策さんのような画家・彫刻家がたくさん参加しています。当時は成田さん、高山さんたちが怪獣のデザインや造形にこめた子供たちへの思いとか、作品作りの志、シュール・レアリズムを反映した芸術性などはあまり注目されず、世間一般では「怪獣は醜いもの、気持ちの悪いもの」という無理解による偏見が強かった時代でしたが、そうした芸術的な香りを怪獣ファンの子供たちは少なからず感じ取っていたんじゃないでしょうか。

これは余談ですが、たまたま入学試験で、前衛的なドキュメンタリー映像作家として活躍していた松本俊夫さんの作品を見て感想を書くという問題が出ました。松本さんはコマーシャルフィルムで合成を使うために円谷英二さんのところに相談に行き、そこで才能を見込まれて「うち（円谷プロ）に来ないか」と誘われたことがあるそうですが、これも何かの縁だったのかもしれません。ただ、入ってみると映像科は日芸（日大芸術学部）ほど本格的なレベルではなく、現場主義とはいっても自分で8ミリカメラを買って初歩的な短編を作る程度だったので、始めのうちは失望を感じました。それが変わったのは、やはり松本さんの実験的な映画とか、いろいろな映像に授業や上映会に通って触れることで、改めてその魅力と可能性に憧れを持ったからです。

もともと僕は、作品のテーマを読み解くような文学的なアプローチにはあまり興味がなくて、視覚に訴える映像そのもののインパクトを追究するのが好きでした。その意味では実写とアニメの区別は始めからなく、アニドウの上映会でも『動物農場』（54年）とか、カナダのノーマン・マクラレンやチェコのイジー・トルンカ、それに岡本忠成さんたちの作品に夢中になりましたし――こうした作品が上映される日は美大生がズラリと席に並んでいました――、ラルフ・バクシの『ウィザーズ』（77年）や『指輪物語』（78年）も当時見ています。

手塚治虫さんが壇上で解説してくれて、自分の作品のキャラクターの名前は忘れているのに『指輪物語』のことは興奮してしゃべりまくりでした。

そうしたなかで、実写とセルアニメの中間にあるような人形アニメ（ストップモーション・アニメ）への興味もより強くなっていました。当時、東京12チャンネル（現在のテレビ東京）の夕方の時間帯に『チェコのまんが　プラハの夢』という番組があって、チェコをはじめ珍しい東欧諸国の人形アニメがたくさん放送されたんです。時間枠に合わせてカットされたり、ナレーションが入ったりしてかなり改変されていたと思いますが、『コントラバス物語』（49年）『飲み過ぎた一杯』（58年）など、どれも印象に残っています。

その他、古生物図鑑に載っている動物たちが次々に登場し、特に地質時代区分による植物相の描写が秀逸だったカレル・ゼーマンの『前世紀探検』（55年）、『宇宙戦争』（53年）などの特撮SF映画で有名なジョージ・パルが考案したパペトーンと呼ばれる人形アニメの『ジャスパー』シリーズが、その頃に見て面白かった作品です。もちろんディズニーの初期作品『シリー・シンフォニー』（29〜39年）とかフライシャー兄弟の『カラー・クラシック』（36〜40年）、テックス・アヴェリーのギャグ・アニメもよく見ていました。

現在ではこうした作品の多くがDVDやブルーレイで商品化され、以前よりも見る機会が増えましたが、なかでもアートアニメと呼ばれる非商業作品や自主製作の実験作品などは、70年代から80年代半ばごろまでは限られた場所で行われる上映会に行かなければ出会うことがほとんど出来ませんでした。特撮映画の資料集めもそうですが、自分の脚で探して見つけるしかなかったのです。

ただ、そうやって世界各国のアートアニメ、実験映画の面白さを知ってしまったので、いわゆる商業アニメへの思い入れというのはあまりありません。劇場版『宇宙戦艦ヤマト』（77年）以降のアニメブームもピンと来なかったし、宮崎駿さんはすでにその頃から神格化され始めていましたが、僕は東映動画の『ゲゲゲの鬼太郎』のカラー版（第2期シリーズ、71年）で、水木しげるさんの原作短編をふくらませた高畑勲さんのダークな演出の方が面白いと思っていました。

そんな僕が大学を卒業して最初に就職したのは、実はあるアニメ製作会社です。アートアニメの前衛的な魅力に目覚めたのはいいのですが、そうなると今度は現実が見えてきます。すでにその頃から美大で絵画やデザインを学んだ優秀な人材はみなアニメの方に流れていて、かつてのように特撮の現場に進むには映画界全体を取り巻く状況からみても難しくなっていました。ようやく映画の面白さがわかってきたのが卒業の時期でしたが、まずは生活が大事ということで自分の知識や技術がある程度活かせる仕事をと考えたわけです。

その会社では特殊効果を担当するセクションに入り、エアーブラシでセルにハイライトや影などを描いたり、絵の具を着けたスポンジでセルに直接叩いて潜水艦のスクリューの気泡を表現したりしました。ある有名なメカデザイナーがいて、大学の先輩後輩の関係だったので名刺をもらい、今でも大切に保管してあります。ここには結局8ヶ月ほどしか在籍しませんでしたが、保健などの福利厚生がしっかりした会社で、僕が今持っている年金手帳はこの時に作ったものなんですよ。

それから広告用ディスプレイを作る会社に移り、そこでは特撮映画の現場にいたという、もと戦闘機乗りの人と知り合いました。ある生放送のドラマで、殺虫剤のバルサンを焚いて煙を出す仕掛けをした大きなミニチュアの蒸気機関車を走らせて評判を取ったそうです。円谷プロの作品にも携わったことがあって、セスナ機に乗って撮影していた時、ある特撮監督が飛行機酔いして苦しんでいたなど、いろいろなエピソードを聞かせてくれました。

その後の『怪獣倶楽部』

その後、今度は映像とは関係ない設計製図会社に転職して現在に至ります。特撮映画は完全に趣味の範囲になりましたが、古書店や古本市を回って資料を探したり、文献を調べたりといったことは今も続けています。『怪獣倶楽部』のメンバーともイベントなどで会うことが多いですし、2001年に竹内さんの自伝『元祖怪獣少年の日本特撮映画研究四十年』（実業之日本社）が出たのをきっかけに同窓会のような形で集まって食事会をするようになりました。竹内さんが亡くなって一時は途絶えていましたが、原口さんがお店（『Bar KAIJU-CLUB』）を開いたので、また会う機会が増えそうで嬉しいです。

実は『怪獣倶楽部』が自然休会のような形になった時期、1979年のことですが、突然、竹内さんから仕事を紹介されたことがあります。といっても本の編集のお手伝いではなく「もと大映で特撮を担当していた築地米三郎さんが、絵の描ける人を探している」というのです。竹内さんとしては「特撮の現場、映画の美術の現場に入りたいなら築地さんにアピールして来い」と人脈づくりの機会を与えてくれたのかもしれません。

その依頼というのは、築地さんが撮る杉並区の歴史を紹介するPR映画のために、囲炉裏を囲んでいる江戸時代の家族の様子や昔の富士山の風景をイラストにするというものでした。そこで大学の同級生と2人で築地さんに会って打ち合わせをしたのですが、仕事そっちのけで築地さんが特撮監督を務めた『大怪獣ガメラ』（65年）の話ばかりしていました。当初、ガソリンを使ってガメラの吐く火炎を撮影していたら、作り物の中に気化したガソリンが充満し、引火して爆発したとか、まさにアナログ特撮ならではの裏話を聞くことが出来て貴重な時間でした。また築地さんは大映の70ミリ映画『秦・始皇帝』（62年）の特撮も手がけていて、8ミリや16ミリのフィルムしか扱ったことのない僕には70ミリの撮影の苦労話は非常に興味深かったです。

実際の絵の作業は祖師谷大蔵にあった円谷プロの一室を借りて、その同級生と一緒に描いたのですが、ちょうど円谷プロが製作した日米合作のテレビムービー『極底探検船ポーラーボーラ』(77年)が日本で初放送される当日に重なってしまい、円谷プロにいて、すぐ近くの部屋にテレビがあるのに貴重な新作を見られないという地獄の苦しみを味わいました。これは築地さんとの打ち合わせをおろそかにした報いだったのでしょうか(笑)。

アルバイトといえば、安井さんに紹介されてピー・プロの輸出用作品だというセルアニメの彩色をやったことがあります。この時も原口さんと一緒で、スタッフの一人と親しげに話しているのを見て、幼稚園の頃から東宝撮影所に通っていたという原口さんの生い立ちを知らなかった頃なので「なんでスタッフと知り合いなんだろう?」と不思議で仕方ありませんでした。

『怪獣倶楽部』というと、こうしたいろいろなエピソードが思い浮かびますが、最後にまた竹内さんの思い出を話しておきます。竹内さんの最後の仕事になった『定本　円谷英二随筆評論集成』(ワイズ出版、2010年刊行)は発売時に早速購入しましたが、あとから資料編を抜き刷りした小冊子が届いたので、当時の入院先にお礼の電話をかけて少し話をすることが出来ました。それが竹内さんとの最後の会話になりましたが「長年にわたって積み重ねてきた円谷英二研究の集大成ですね」と伝えることが出来て良かったと思います。

2006年にリリースされた『円谷英二のおもちゃ箱』(東宝)というDVDに竹内さんのインタビューが収録されていて、その中に「円谷英二の最大の魅力は構図の取り方にある」という発言があります。僕は以前から、玩具の発明家として出発したエンジニア（撮影技師）である円谷さんがなぜ、あれほど多彩で豊かなイメージの映像を作り上げることが出来たのか不思議に思っていました。評論家の多くはたいていカット割り（編集）の巧みさを指摘するのですが、竹内さんは「画面の構図が絵になっている」というのです。そこで思い当たったのは、直接の血縁はないらしいのですが、円谷さんの母方の家系に亜欧堂田善という江戸時代の画家がいることです。

亜欧堂田善は西洋の画風を取り入れた風景画、銅版画で知られていますが、同じ福島県の須賀川出身でありながら、円谷さんとの関連に触れられたことはほとんどありません。以前、府中市で田善の絵の展示会（06年、府中市美術館『亜欧堂田善の時代』）があって僕も見に行きましたが、解説にはそうした記述がなく、人気番組の『なんでも鑑定団』（テレビ東京）で田善の絵に高い評価額が付けられた時も、まったく指摘されませんでした。ところが１９７３年刊行の『円谷英二写真集　日本映画界に残した遺産』（小学館）には、円谷さん本人が先祖の田善について書いた随想が収録されているのです。大伴昌司さんが心血を注いで編集したこの本を手伝いながら、弟子である竹内さんは自分の研究のスタート時点で、すでに円谷特撮と田善の欧風日本画のつながりを記録していました。つまり世の円谷英二研究者、特撮映画の研究者すべてに対して、半世紀近くも前に重要なヒントを与えてくれていたんですね。

円谷さんは映画キャメラマンという技術者の目だけでなく、画家の目でも特撮セットを見ていたのか。そう考えれば、スタッフに常々「絵画を見ろ」と教えていたことの意味もわかります。竹内さんもまた自分の仕事を通じて、『怪獣倶楽部』のメンバーだけでなく多くの特撮ファン・怪獣ファンに大切なことを教えてくれたのだと、改めて感謝したい気持ちです。

原口智生

――特殊メイク、特殊造形の世界を切り拓いた早熟の特撮少年――

・この仕事のやりがいは？

やはり、映画の狙ったエモーショナルな反応があった時は嬉しいですね。自分で作ったものが映画やテレビの中で狙い通りの役割を果たしていることに一番満足します。自分が作ったものを見て感動してくれる人がいるということがやりがいなんです。「形あるもの」つまり造形そのものではなくて、それが映し出されて映像の中で役割を果たすという「形ないもの」で感動を引き出す仕事ですからね。

――Webサイト「Children's Express」２００８年のインタビュー〈映画・TVを支える裏方「日本映画の特殊メイク・特殊造形」第一人者　原口智生〉より――

幼稚園の頃から特撮美術の現場に親しむ

日本有数の特殊メイクアップ・アーティストであり、怪獣造形・着ぐるみ製作も手がけ、コレクターとしての経験を活かして今やヴィンテージ品と化した撮影用ミニチュア、プロップ（小道具）の修復に手腕を発揮。加えて映画監督・特撮監督としても活躍してきた原口智生さんは１９６０（昭和35）年生まれ。特撮・怪獣映画の同人グループ『怪獣倶楽部』や同人誌『ＰＵＦＦ』に参加したのは中学生・高校生の頃で、『怪獣倶楽部』では最年少のメンバーである。

ちなみに、原口さんが〝メカに強い。別名メカトモ原口という〟と紹介された『怪獣倶楽部』会誌第４号の執筆者一覧を見ると、この号が出た75年秋の時点で安井尚志さん・西脇博光さん・徳木吉春さんが大学４年生、池田憲章さん・富沢雅彦さん・平田実さんと私（中島）が大学１年生、金田益実さん・氷川竜介さんが高校3年生だったと書けば、この頃の怪獣ファンダムの世代的なパースペクティブがもう少しはっきり見えてくるだろう。

そんな年上ばかりのメンバーに囲まれて、いつもニコニコと話を聞いていた原口さんは、流用ミニチュアの異同まで特定できるほど特撮映画に登場するメカに詳しく、後に若くして実製作の現場に入ったこともあり、紅顔の美少年という形容そのままのルックス（現在も個性的な二枚目の風貌である）と相まって、いわば〝早熟の天才〟という印象がいまだにある。その早熟ぶりは怪獣ファン、特撮映画ファンとしてスタートした時点から、すでに際立っていた。

生まれは九州の博多ですが、うちは父親の仕事の都合で転勤が多く、母親と兄はその度に一緒に転々と引っ越ししていたんです。僕はまだ小さかったので、子供がいないこともあって東京の叔母の家に一時預けられて育ちました。

その叔母の親戚に、たまたま東宝で録音技師をしていたシモショウさんこと下永尚さん（成瀬組の一員で『ゴジラ』などの整音＝ミキシングも担当）がいたんです。僕はいつも尚さんのことを〝おじいちゃん〟と呼んでいるので祖父と紹介されることがありますが、子供からすればその年代の男の人はみんなおじいちゃんに見えるじゃないですか。いちいち説明するのが面倒なので、そのまま祖父ということにしていますけど、正確にいえば遠縁にあたる方ですね。

それで幼稚園の終わり頃だったと思いますが、僕があまりにウルトラマンが好きだとうるさく騒ぐので、叔母が「撮影所に知っている人がいるから、一度見学に行ってみる？」と言って尚さんに連絡してくれたんです。てっきり叔母が一緒に付いてきてくれるのかと思ったら「電話してわかるようにしておいたから、行ってらっしゃい」というので、渋谷の道玄坂から1人でバスに乗って砧の東宝撮影所まで行きました。

そこで待っていた尚さんに案内されて、ちょうど『ゴジラ・エビラ・モスラ 南海の大決闘』(66年)を撮影していたので少し見学してから特美(特殊美術課)に行ったのですが、それが東宝撮影所に通い始めた最初のきっかけです。いざ行ってみたら『ウルトラマン』の撮影はここじゃやってないよと言われて、あとで美セン(東京美術センター、後の東宝ビルト)や祖師谷大蔵の円谷プロにも通うことになるわけですが、そのうち守衛さんに顔を覚えられて「また来たのか」なんて言われながら顔パスで入れてもらえるようになりました。

最初は「なんでこんな子供がいるんだろう」と不思議がられていたと思いますが、幼稚園児が興味津々で見ているのが面白かったらしくて、特美のスタッフさんたちもみな優しく接してくれました。こちらが聞いたことにも面倒がらないでいろいろ教えてくれたし、その頃はもちろん意識していませんでしたが、そうやって美術の作業を間近で見ていたことが、その後の僕の仕事に影響しているのは確かだと思います。

それから初めて行った時にお土産にもらったのが、隅の方に転がっていた『宇宙大戦争』(59年)の月面探検車のミニチュア。当時はまだそんな映画があることを知らなかったので、内心「何だ、これ?」と思いましたけど、要するに子供にとってはオモチャの車と同じですから嬉しかったですね。そうやって爆発で壊れた石膏のビルとか窓枠だけとか、ガラクタみたいなものを掘り返して何か捨ててあるともらって帰るようになりました。

その後、家から自転車でも行ける距離だったので、円谷プロや国際放映、『マグマ大使』(66~67年)『スペクトルマン』(71~72年)を撮影していた栄スタジオといった世田谷近辺のほかの撮影所にも遊びに行くようになって、そこで少しずつ集め続けたミニチュア・造形物のコレクションが、今では『ミニチュアで見る昭和平成の技　館長庵野秀明　特撮博物館』（2012年スタート）の展示物になっているわけです。

恵まれた環境だったとはいえ幼少期から東宝撮影所に通い、映画の現場と特撮美術の手作りの技に触れたことが、後の特撮ファン＝メカトモ原口を特殊メイクや怪獣造形、特撮監督など実製作の道へと向かわせたのか、さもありなん――と思いきや、ことはそう単純ではない。もちろん、そうなるべき必然ではあったにせよ、まだしばらく原口さんのロング&ワインディング・ロードは続く。

小学校高学年から中学生になると〝第2次怪獣ブーム〟の頃で、『帰ってきたウルトラマン』（71年）以降は東宝からの流れで円谷プロの着ぐるみを管理している〝怪獣倉庫〟によく顔を出していました。昔のガメラやラゴンなどの着ぐるみに入ったことがある俳優の泉梅之助さんたちがいて、時々、アトラクション用の着ぐるみの補修を手伝ったりしてツーカーのようになっていたので、ここでも壊れたウルトラホークのミニチュアを見せてもらって、捨てるようなものがあれば下さいと頼んだりして、東宝の時と同じように入り浸っていた感じです。

たまに怪獣倉庫が休みで閉まっている日は、住み込みの守衛さんが相手をしてくれるのですが、それが竹内博さんでした。ですから僕にとって竹内さんは、最初は〝円谷プロに行くと、いつも居る人〟という認識だったんです。その後、1974年に世田谷の区民会館で『第2回日本SFショー』というイベントがあり、ちょうど20周年の公開日（11月3日）にあたっていたので、その頃はあまり観る機会がなかった第1作の『ゴジラ』が上映されることがわかりました。「これは絶対に行かなきゃ」と勇んで参加してみたら、田中友幸プロデューサーや本多猪四郎監督、福田純監督たちが出席した座談会で司会として登壇した酒井敏夫という人が、その〝いつも円谷プロにいる竹内さん〟だったのでびっくりしました。

当時の特撮ファン、怪獣ファンにとって頼りになる情報源といえば、『キネマ旬報』のような映画専門誌を除けば『S－Fマガジン』の映画紹介コラム『トータル・スコープ』と、そのあとを継いだ『フォーカス・オン』で、僕もよく立ち読みしていたので『SFショー』のこともその告知で知ったのですが、日本の特撮ものの新作情報を『フォーカス・オン』で書いていた酒井敏夫さんと円谷プロの竹内博さんが、この日始めて同一人物だとわかったんです。

短くも濃かった怪獣倶楽部の日々

それからしばらくして（75年春）竹内さん主宰の『怪獣倶楽部』が発足して僕も入会するわけです。その経緯というのは、映画館で偶然に出会った氷川竜介さんや、自主映画製作の方の縁で知り合った平田実さんに呼ばれたことと、竹内さんが円谷プロによく遊びに来ていた僕のことを知っていて仲間に入れてくれたようなんです。それから中島さんたちと知り合って『PUFF』の会員にもなりましたが、僕自身は学校でサークル活動のようなこともしていませんでしたし、それほど熱心に同人誌を作ったりファン活動をしたりという気持ちはなかったような気がします。

『怪獣倶楽部』に入る前に、自主映画を作っていた三木隆二さん（『ＰＵＦＦ』の初期会員で同人誌『三葉虫（トリロバイト）』を主宰）の８ミリ映画同好会でミニチュア製作を手伝ったことがありますが、これも本当にわずかな期間です。そういえば三木さんと出会ったのも映画がきっかけでした。確か下町の二番館だったと思いますが『怪獣大戦争』が上映されることを『ぴあ』か何かの情報誌で知って、行ってみたらガラガラの空いた場内でスクリーン撮りをしていた人がいて、それが三木さんだったんです。

映画館で写真を撮っている人なんて生まれて初めて見ましたけど、どちらからともなく声をかけて話してみたら、お互い特撮や怪獣映画のファンだとわかって、それで三木さんの映画づくりを手伝うことになったのです。でも、そこから自分でも映画を撮ってみようというようなことはまだ考えていませんでした。

原口さんとしては、たまたま遊び感覚で円谷プロに出入りしていて竹内さんと知り合ったことが、自然に『怪獣倶楽部』入りにつながったようで、特に何かを調べたり研究したりするテーマを持っていたわけではなかったという。他のメンバーとは５～６歳の年齢差があったせいか、会合などでも客観的というか、やや控えめな立場のように感じられたが、作品に登場するミニチュアや小道具に関する知識は他の追随を許さぬものがあったことはメンバーの誰しもが認めるところだ。

この同人活動の期間に原口さんは『怪獣倶楽部』会誌で特技監督の有川貞昌、視覚効果の中野稔、特撮カメラマンの桜井景一、火薬などを扱う特効の関山和昭、ミニチュア製作の比留間伸志（ヒルマ・モデルクラフト）といった現場スタッフのインタビューを担当。また『ＰＵＦＦ』では『ウルトラセブン超兵器図鑑』（10号）、『アイゼンボーグ撮影現場ルポ』（13号）のほか、東宝特集のアンケート回答やシナリオ、スチール等の資料提供で参加している。

『怪獣倶楽部』のインタビュー記事は、編集長である竹内さんから「入会した以上は何か書いて会誌に発表しなきゃダメだよ」と言われて、文章を書くのは得意じゃないけどスタッフの話を聞くのは好きだし、うちの父親と有川さんが親しかったので、それなら出来るかなと思って始めたのですが、毎回なんとか必死に原稿をまとめていました。

当時の『怪獣倶楽部』の雰囲気というと、皆さん年上で僕にとっては〝お兄ちゃん〟のような存在でしたから、毎月の会合でいろいろな話を聞くのは楽しかったですよ。言っては悪いけど、大人のくだらない話も多かったし（笑）。

でも、それぞれ好きな、得意とする分野があって、円谷プロでさんざんしゃべってフィルムを観たりしたあと、喫茶店に流れてからもまだ何時間でも話していられる。一言でいえば〝濃い人たち〟の集まりで、ある意味〝好きなもののために人生を賭けている〟ところがあるなあと感じました。目的がはっきりしていて、自分の好きなことと日常はきちんと分けているけど、それでもあまりに好きすぎて人生の時間を少し損しているというか……。今もなんだかんだとお付き合いがありますが、その頃から「こういう大人たちもいるんだなあ」と思いながら見ていましたね。

その筆頭が竹内さんで、よく祖師ヶ谷大蔵の駅で読み捨てられた新聞を拾い集めて記事をスクラップしたりするのを見ていて、情報と資料の収集に賭ける情熱というか執念には驚かされたものです。もちろん安井さんや金田さん、池田さんなど他の会員の皆さんも、それぞれスタイルは違ってもこだわり方は同じだと思いますが、僕はやっぱり竹内さんの印象が強いですね。

『怪獣倶楽部』が出来る前から、出来てからも会合のない日でも竹内さんのところに遊びに行っていたから、もしかするとメンバーの中ではいちばん頻繁に会っていたのは僕かもしれません。何だか理由はわかりませんが、年が離れていたので弟のような感じがしたのでしょう。竹内さんにはわりと可愛がってもらったという気がするんです。個人的にもうちで一緒に食事をしたことが何回かあるし、母親に余分にお正月のおせち料理を作ってもらって届けたりもしました。

そういえば、中島さんや池田さん、徳木さんさんたちは『怪獣倶楽部』の会誌でも文章を書いたり、その後、編集の道に進んだりしたけど、竹内さんは僕にはそういう編集者とかライター的な役割は求めていなかったようです。まだ子供だったせいもかもしれませんが、『怪獣倶楽部』時代は出版社にお使いで写真を届けるとか、写真の整理のお手伝いとか、何だか竹内さんの書生をしているような感じでした。

メカの写真を並べて「これとこれは同じミニチュアかな?」「色を塗り直して使い回していますね」というふうに確認を頼まれたり、いきなり電話がかかってきてテレビのワイドショーの怪獣特集に引っぱり出されたこともありました。

ただ、竹内さんはふだん寡黙な人でしたが、怪獣やビハインドの写真を選り分けて封筒に入れながら「ほら、この写真いいだろう」と自慢するだけじゃなくて、その作業にどんな意味があるのか、いろいろ話してくれるんです。そういう形で、自分できちんとフォーマットを作って仕事をしていくというプロの姿勢を教えてもらった気がしますね。

アクション俳優！人形アニメ！特殊メイク！

同人グループとしての『怪獣倶楽部』の実質的な活動期間は、『宙』＝『ＰＵＦＦ』の初期の会合と重なっていた時期を除くと75年から78年頃までのおよそ４年間。研究発表の場である会誌は前半の２年で本誌５冊と別冊の計６冊を出したが、その後、メンバーの就職や進学が重なって中断。さらに中心となっていた安井さん、竹内さんが出版、レコード業界に進出して特撮・怪獣関連の仕事が増え、一部の会員たちを編集・ライターのアルバイトに巻き込んでいったために、月１回の会合だけは開かれていたものの自然消滅に近い形で発展的解消を遂げる。

――というより、一時は『怪獣倶楽部』がほぼそのままセミプロ、ないしプロ集団になったために同人活動が出来なくなった、と考えた方がいいかもしれない。私個人に限っていえば、当時の仕事仲間は『怪獣倶楽部』と『ＰＵＦＦ』時代の友人たちがほとんどであり、それは現在に至っても続いている。

しかし原口さんは、そうした業界進出の流れとは少し離れた位置にいた。朝日ソノラマのファンコレ『空想特撮映像のすばらしき世界　ウルトラＱ／ウルトラマン／ウルトラセブン』やケイブンシャ『ウルトラマン大百科』（ともに78年）などに執筆、または資料協力などの形で参加しているが、出版関係・レコード関係への関与はあまり多くない。例えば『宇宙船』（朝日ソノラマ）の創刊時期と大学進学のタイミングが重なっていたことも理由の１つだろうが、原口さんはすでにメンバーの中でも特異な道を歩み始めていたのだった。

中学・高校時代から東宝特美や、円谷プロの怪獣倉庫でちょっとしたお手伝いのようなことをやり始めていたのですが、まだ仕事としてはまったく意識していませんでした。実はその頃に人気だったアクションスターに憧れて、一時は俳優や歌手になろうと思ったことがあるんですよ。それで国際放映にも出入りしていたので、そこの専属で『レインボーマン』（72〜73年）などの擬闘をやっていた安川剣友会というところに入れてもらいました。

正式な会員じゃなくて〝坊や〟というかバイトの見習いみたいなもので、日本テレビの刑事ドラマ『太陽にほえろ！』の1本で「前にいると年が若いのがバレるから後ろの方に行って！」なんて言われながら、映ってるかどうかもわからないままバタバタやってました。これが映像の現場でギャラをもらった初めての仕事です。安川剣友会では地方のデパートのイベントにも行きましたし、それ以外にも撮影スタジオのドアを開け閉めするステージマンのバイトをやったことがあります。

それからしばらくあとになって円谷プロのSFドラマ『スターウルフ』（78〜79年）の特撮美術を手伝いました。円谷プロではそれ以前に『極底探検船ポーラーボーラ』（最後の恐竜）』（76年）の美術助手の仕事をしていましたが、このあたりで正式に美術スタッフとしてギャラをもらえるようになったと思います。

『スターウルフ』では擬闘を担当していた富士スポーツというグループに安川剣友会の時の先輩がいて、アクションにも駆り出されました。富士スポーツはウルトラマン・ショーのようなイベントもやっていて、確か安井さんがバイトでウルトラマンのスーツに入ったと聞いたことがあります。僕も『怪獸倶楽部』の頃に安井さんに紹介されて、着ぐるみに入って今はなき向ヶ丘遊園のショーに出たりしましたよ。

『スターウルフ』の次に『ウルトラマン80（エイティ）』（80〜81年）の美術に同じ学生アルバイトとして参加して、そこで僕の師匠になる若狭新一さん（怪獣造形、特殊メイクの第一人者）に出会いました。『80』が終わって若狭さんが自分の工房を福生に移すことになり米軍ハウスをシェアしないかと誘ってくれたので、彼の『MONSTERS』という会社の仕事を手伝いながら、特殊メイクのノウハウを若狭さんの下で勉強していった感じですね。
ちょうど『スターログ』などの雑誌でリック・ベイカーのようなハリウッドの特殊メイク・アーティストが注目されるようになっていた時で、自分でもやってみたいと思ったからですが、師匠が最初から「特殊メイクってすごいことが出来るんだな」と熱中していたのに、実際にプロ・デビューしたのは、たまたま大学時代の仲間が映画を作り始めたこともあって僕の方が先になってしまいました。

高校時代にアクション俳優を目指して擬闘グループに加わり、子供時代から接していた特撮美術の現場にも通いながらアルバイトを続けていた原口さんは、やがて特殊メイクと出会って自分の技術を磨きながらプロの映画スタッフの道へと向かうのだが、もうひとつ貴重なアルバイト体験がある。日本を代表する人形アニメ作家の一人、川本喜八郎の傑作『火宅』（79年）への参加である。

中島さんもそうでしょうけど、僕らの世代は『ゴジラ』（54年）や『ゴジラの逆襲』（55年）を初めて観たのが映画館じゃなくてNHKのテレビ放送だったんですよね。それで、たまたまオリジナルの『キング・コング』（33年）を同じようにNHKで観て、コマ撮りの人形アニメに興味を持ったんです。
もともと人形アニメで有名なレイ・ハリーハウゼンの映画も観ていましたし、円谷英二さんも時々コマ撮りを使っているじゃないですか。そういう人形アニメに使う関節人形をどうやって作って、どう動かすんだろうということがすごく知りたくなったんです。それでアマチュア向けの『小型映画』だったか何かの雑誌を見ていたら、ちょうど川本先生のワークショップの募集告知が出ていたので、さっそく応募しました。それで「こんど映画を作るから手伝ってくれないか」と先生に言われて入ったのが『火宅』だったんです。

次の『蓮如とその母』（81年）の美術助手もやって、いろいろ勉強になりましたが、そのまま人形アニメの方には進まなくて、大学で映研に入ったことで、やっぱり実写映画に引っぱられていきました。別に最初から映研に入ろうと決めていたわけではないんですよ。強引な新入生勧誘に引っかかって漫研に入れられそうになったから「それなら映研の方がいいや」という、そんな単純な動機でした。

そうしたら、当時の映研にいたのが、今は映画評論家でイラストレーターになっている三留まゆみとか、他の大学の映研交流で知り合った手塚眞、河崎実、石井聰亙（現・岳龍）といった後に自主映画を経て映画監督になる人たち。おまけに映研の部屋の隣りに土方鉄人さんの個人部室というのがあって、「映研なんだから手伝え」と強制的に『戦争の犬たち』（80年）という、並木座（銀座にあった名画座）が出資した土方さん監督の自主映画を手伝わされました。館山を東南アジアに見立てて口ケした傭兵もののアクション映画で、佐藤慶さんとか、けっこう有名な役者さんたちが出ていました。

そのうちに手塚さんが『MOMENT』（81年）、石井さんが『爆裂都市　BURST CITY』（82年）という具合にインディーズから出発して自分の映画を撮り始め、特殊メイクや造形の仕事をしていた僕が手伝うことになって、それからだんだんと他の監督の作品にも呼ばれるようになっていったのです。

１９８０年代は角川映画が人気を呼んで、往年のプログラム・ピクチャーのテイストを持った娯楽性豊かなアクション映画やサスペンス、青春映画などが復権。海外からはスプラッタを中心にしたホラー映画と、映画的なミュージックビデオのブームがなだれ込み、家庭用ビデオレコーダーの普及と相まってビデオソフト用に製作されるオリジナル企画の特殊メイクを使ったホラーやファンタジー作品が量産された。原口さんは84年に自身の造形工房『FUNHOUSE』（後に『中州プロ』）を設立し、そうした映像業界の変化に合わせる形で同世代の若い映画作家、クリエイターたちと共にさまざまなジャンルやバジェットの作品、幅広い人材ネットワークにまたがって実製作の現場に没入していく。

例えば手塚眞とのコラボはバラエティ番組『もんもんドラエティ（お茶の子博士のホラーシアター）』（81～82年）から映画『星くず兄弟の伝説』（85年）、ビデオシネマ『妖怪天国』（86年）とメディアを横断して続き、早川光『うばわれた心臓』（85年、ビデオ作品）、石山信昭『テラ戦士ΨBOY』（同）、松田優作『ア・ホーマンス』（86年）といった新人監督のマニアックな作品から大林宣彦『天国にいちばん近い島』（84年）『異人たちとの夏』（88年）、岡本喜八『ジャズ大名』（86年）、深作欣二『必殺4　恨みはらします』（87年）、実相寺昭雄『帝都物語』（88年）、鈴木清順『夢二』（91年）、石井輝男『無頼平野』（95年）『地獄』（99年）、大島渚『御法度』（同）などベテラン・巨匠クラスの作品。さらに『その男、凶暴につき』（89年）に始まる一連の北野武映画まで、数え切れないほどの話題作で特殊メイク、特殊造形を担当。その表現も妖怪モンスターのような典型的な造形物はもちろん、本来の特殊メイクの役割に沿った銃創などの傷跡、変形した顔や切り落とされた腕といった人体のパーツなど小道具的な作り物に至るまで多岐にわたっている。

この時期の原口さんの姿は『週刊ヤングジャンプ』83年9月1日号のカラーグラビア『ボクらは、ピカピカ有望特撮マン!!』や『平凡パンチ』86年9月8日号のグラフ記事『悪夢（ナイトメア）の配達人　SFX新時代を担う〝日本のリック・ベイカー〟』等で紹介されていて、いかに特殊メイクやホラー映画がブームとなっていたか。そして、原口さんたち新しい世代の日本の映像クリエイターが注目されるようになっていたかがわかるだろう。

そうした撮影現場のひとつ、黒澤明監督の『夢』（90年）に樋口真嗣さんと共に応援（アルバイト）で参加し、演出補佐を務めた本多猪四郎監督が往年と変わらぬ特撮への理解を示していることを知って感動したとか。また次の『八月の狂詩曲（ラプソディー）』（91年）で、劇中に登場する幻想的な〝ピカドンの眼〟に『帝都物語』のキャラクター・加藤保憲（嶋田久作が演じた）のために作ったコンタクトレンズを提供。映画に登場する巨大な眼は、コンタクトをはめた原口さんの眼のアップを加工して使用しているが、その素材撮影には本多監督が立ち会い、東宝怪獣映画で育った原口さんは恐縮してしまった——など、『怪獸倶楽部』のメンバーをはじめ特撮ファンの心をくすぐるエピソードにも事欠かない。

その意味では金子修介監督、樋口真嗣特技監督と組んで怪獣造形に手腕を発揮した平成ガメラ・シリーズ三部作（95～96年）が、本格特撮作品における特殊造形師・原口智生の代表作と言えると思うが、すでにメイキング等で語り尽くされたことでもあるので、ここではむしろ、同じ90年代を通じて原口さんが映画監督として活動の幅を拡げていった点に注目したい。

造形スタッフから映画監督への挑戦

88年にベルギーのブリュッセル国際ファンタスティック映画祭に招待されたりして海外に行く機会が増えたのですが、外国のホラー映画のファンの人たちがすごく盛り上がってくれるのを見て「自分でも映画を撮ってみたいなあ」と思うようになったんです。

それで機会があってビデオ作品の『ミカドロイド』（91年）を自分の企画で初めて監督することが出来たのですが、張り切って作ってみたら、もうコテンパンに批判されました。自分でも撮りながら「これはダメだ」と気がついていたんですけどね。なにしろ演出経験もなければ、助監督の修行だってしていなかったですから。でも「作っちゃったものはしょうがない、今さら消すわけにいかないじゃないか！」と逆ギレするような感じで、むりやりに自分を納得させました。

『帝都物語』の時、実相寺さんのところ（株式会社コダイ）に出入りするようになって、その縁で『実相寺昭雄の不思議館』（92年）というビデオ作品のホラーを1本（『顔面喪失』）自分のプロットで演出させてもらいましたが、これも何だか変な作品になりました。

その後、平成ガメラの仕事などでしばらく監督の機会はなかったのですが、いろいろな現場を通じて自分も少し大人になったのか、ただ思いつきや勢いでやってみるのではなく、それなりにちゃんと実りがあるように、あとの仕事につながるように考えて監督の仕事にも取り組もうと考えるようになりました。幸い『ミカドロイド』はDVDで発売する時（02年）に再編集してディレクターズカット版を作らせてもらえたし、樋口さんの助けで『さくや妖怪伝』（00年）、松竹京都映画のベテラン・スタッフと一緒に『跋扈妖怪伝　牙吉』（03年）と好きな題材の劇場映画を撮ることが出来て有り難かったですね。

『さくや』の時は周りの人から「監督するのは止めて特殊メイクだけやった方がいい」と忠告され止められましたが、たぶん、そんなに大当たりはしないけれど、商品としてそこそこのものが作れているから許されているのかなと、自分では思っています。

特殊メイク・アーティストとしての原口さんは、ブリュッセルのファンタスティック映画祭でスペシャル・メイクアップ・コンペティションのグランプリ、モントリオール世界映画祭Ｆａｎｔａｓｉａ２００１コンペティションで準グランプリに輝くなど国際的な評価を受けているが、監督の道ではスタートで酷評にさらされた。

しかし、その後も〝新妖怪シリーズ〟とでも呼ぶべきファンタジー時代劇『さくや』『牙吉』で着実に実績を積み、かつてアルバイトをしていた円谷プロからのオファーを受けて『ウルトラマンメビウス』（06～07年）の特技監督、さらに『ウルトラマンギンガ』（13年）では劇場版も含めて監督を担当。テレビシリーズ『ライオン丸G』（06年）の特撮ディレクターも務め、２０１０年にはアナログ特撮を駆使した日米合作の劇場映画『デスカッパ』（原案・監督）を世に送り出している。

原口さんの映画監督としての評価は、当然ながら善し悪しさまざまであり、ここではひとつの例として私が以前『宇宙船』に書いた文章をそのまま再録しておく。『怪獸倶楽部』の仲間に向けてのエールなので評価が甘いと思われるかもしれないが、掛け値なしの本心である。

ＫＢ（キル・ビル）と合わせ鏡のように立つ映画愛の映画
「跋扈妖怪伝　牙吉」
text by　中島紳介

前作「さくや妖怪伝」と同じく、映画を観ている間中、ニコニコと頬がゆるみっぱなしだった。腕がちぎれ、首が飛び、血が噴水のようにほとばしるバイオレンス時代劇に対して、こんなことを言うのはバカにしていると誤解されそうだが、こちらは大まじめに誉めたいのだ。今も川井憲次のサントラをエンドレスで聴きながら、この楽しさをどうやって言葉で伝えたらいいか迷ってしまう。

例えば、主人公のキャラクターと強さを一目で納得させる、ヒーロー時代劇の定石を踏まえたみごとな導入部。着物が似合わない若手俳優のプロポーションを逆手にとり、マトリックスふうのレザースーツで登場する悪役四天王のかっこよさ。ガトリングガンに蹂躙される妖怪たちを通して、文明に押し流されていく自然を象徴させたテーマ性。そして何より、愛あり笑いあり、お色気に唄や踊りのシーンまで盛り込んだ娯楽映画としてのサービス精神……。そこには、ちょうど「キル・ビル」に感じたのと同じような、濃厚な映画の匂いが立ちこめていた。

もちろん、妖怪たちの作り物の精度が悪いとか、牙吉のゾアントロピー（獣人化）の描写が上手くいっていないとか、クライマックスの演出（というより構成）がイマイチとか、ここに草野大悟や高品格や二見忠男がいればと思わせてしまう役者の層の薄さとか、予算と映画界の現状からくる諸々の弱点・欠点をあげつらうことはたやすい。だが、そんなことは自身が造形家である原口監督をはじめ、作り手は百も承知だろう。

その上で、あえて困難な条件に挑み、狼男を主人公にした妖怪ホラーと股旅時代劇という、ともに現在では顧みられなくなったジャンル作品を併せて成立させたところに、映画への深い愛を見る。それは「さくや」とも共通する、滅びゆく妖怪たちに寄せる原口監督の愛情であると同時に、消えつつある日本映画の歴史と伝統に対する敬意の表明だ。

実をいうと作品を観るまでは、テレビでありがちな必殺シリーズ的な照明だとか、刀と刀を合わせないスタイルだけの殺陣、毎度おなじみのお城と宿場のオープンセットが出てくるのかと不安だったが、あにはからんや。実際は市川崑の「股旅」「木枯し紋次郎」、あるいは勝プロの子連れ狼シリーズを思わせる――つまり「大魔神」＆「妖怪」三部作を生んだ、かつての大映京都撮影所の息吹きを伝える端正な映像に仕上がっていて（実際にそれらのスタッフ、キャストも参加している）、時代劇が様式美で塗り固められてしまう前の、まだ実験が許されていた70年代映画の感触が強くしたのも嬉しかった。

要するに、ホラー映画にカンフーが導入されたり、時代劇がマカロニ・ウェスタン化したりといった、あのムチャクチャな時代の空気を取り戻すことによって、言ってみればプログラム・ピクチャーが本来的にもっているバーバリズム、何でもありの活動屋精神を今に再現したのが「牙吉」なのだ。そこに、日本映画の歴史を背負っていこうとする原口監督の、人柄そのままにさりげない（気負いとは無縁の）覚悟を感じるのは私だけではないだろう。北野武が「座頭市」で、タランティーノが「キル・ビル」で同時多発的にやってみせたように。あとの問題は、特撮ＳＦ映画と怪獣映画を誰が背負っていくのか、その覚悟を引き受けるのは誰かということだけである。

幸いにも「牙吉」は第二話以降のビデオの続巻も決まったようで何よりだが、できれば「仮面の忍者赤影」や「妖術武芸帳」のようなＴＶシリーズにして、原口監督の妖怪たちをもっと子供たちに見せてあげられないだろうか。「さくや」の化け猫など、八奈見乗児の声で牙吉の道中にからませれば、実写版トトロみたいな人気者になると思うのだけれど……。

（朝日ソノラマ「宇宙船」２００４年5月号「日本特撮観察記　驚異をもとめて」）

好きなことを続けて新たな道へ

バブル期の都会の若者風俗と日常に潜む怪奇を対比させた『ミカドロイド』や『顔面喪失』、大映妖怪時代劇のテイストを甦らせた『さくや妖怪伝』『牙吉』、そして平成のウルトラマンと、ホラー、ファンタジー、特撮アクションに特化した感の強い原口さんのフィルモグラフィーだが、意外にもヒロインの魅力をアピールしたアイドル映画の要素が少なからずあることも見逃せない特長だ。初期のビデオ作品2本では洞口依子、李星蘭が物語を引っぱり、時代劇ファンタジーでは新人・安藤希の美少女ぶりを際立たせ、異形のキャラクターに惚れ込んだ大女優・松坂慶子の熱演を画面に焼き付けた。

いや、何より『ウルトラマンギンガ』の第6話『アイドルはラゴン』を見れば歴然だろう。ダメージを受けて倒れ込むギンガをバックに、2人のヒロインを入れ込んだ大胆な合成カットには唸ってしまった。その点について本人に尋ねてみると「それはたまたま、脚本がそうなっていたからですよ」と笑っていたが、アイドルに興味がないといいつつアイドル映画的な雰囲気を演出できるというのは、むしろ過剰な幻想を抱いていないからなのかもしれない。

一方でジャンキラーのキャノン砲攻撃など、ギミックを活かした特撮シーンの演出にも手を抜いていないのはもちろんで、第7話『閉ざされた世界』でギンガとダークケルベロスの闘いがいきなりプロレスのリングになるギャグ(?)も合わせて、人を食ったユーモアのセンスも発揮。そのタッチの集大成が『デスカッパ』で、昭和ふうなアイドル映画+妖怪ホラー+怪獣映画のハイブリッドとして成立させたところに、原口さんの監督としての成長というか、新たなフェーズに達した手応えを感じることが出来る。

それにしても、特撮美術への子供らしい関心から映像づくりの現場に入っただけでなく、ミニチュア・コレクターとしての一面もあり、若き日のアクション俳優への憧れ、人形アニメに対する興味、演出・監督への進出と続く原口さんの軌跡は、私のような文章を書くことしか出来ない人間からすれば変化と刺激に満ちたものに見えるが……。

昔からフラフラしていて計画性がないんですよ。何か「これいいな、面白そうだな」と思うものが見つかると、すぐに頭に血が上ってやりたくなってしまうタイプ。それで、ある程度のところまでやって満足すると、また違うことに興味がわく、その繰り返しです。

でも、特撮のミニチュアに関しては、ずっと好きな気持ちが変わらなかったですね。一度、少し手放したこともあるんですよ。何人か同じ趣味の人間と知り合ったので、置く場所に困ったこともあって譲ったり、預かってもらったりしました。でも、そのうちに美術館のようなものを作って保存出来ないかと考えるようになり、大の特撮ファンでもある庵野秀明さんに相談したら協力してくれることになりました。ただ常設の美術館を建てるとなると維持するにも大変なお金がかかるし、巡回展の方が現実的だろうということで、2012年からスタジオジブリが中心になって『館長庵野秀明　特撮博物館』がスタートしたわけです。

その企画と展示コーディネート、修復師を僕がやることになり、以前に譲ったり預けていた人から返却してもらったものも合わせて、コレクションのミニチュアを壊れた部分を修復したり色を塗り直して展示しているのですが、僕は精巧なミニチュアを一から作り上げることは出来ません。プラモデルも説明書を見ないで作るものだから部品が足りなくなったりして、実は得意ではないし、いわゆる模型マニアではないんです。

ただ特撮のミニチュアとか小道具に関しては、東宝や円谷プロで実物を見ているからカメラに写った時にどう見えるか、そういうテイストのようなものがある程度はわかります。また、そうでなければ映画用の小道具をレストアする意味がない。キズを目立たなくしたり手直ししたりする方法も子供の頃から見よう見まねでやっていて、それが怪獣造形や特殊メイク、こういったミニチュアの修復に役立っているわけです。

そういう美術の仕事をしているので「どこの美大の出身ですか?」とよく聞かれますが、大学は人文学部で美大どころか専門学校にも行っていないし、絵もろくに描いたことはありません。とにかく好きなことを好きなようにやってきただけなんです。

『怪獣倶楽部』のメンバーで1人だけ映像業界のプロに進んだ原口さんだが、その仕事の中には同人活動時代を彷彿とさせるものが少なくない。2000年刊行のムック『別冊太陽 日本恐怖(ホラー)映画への招待』(平凡社)を『PUFF』の初期会員でもあったコレクター・研究家の村田英樹さんと共に監修し、自身が特殊メイクを手がけた作品も含めて怪奇・恐怖映画関係の写真、資料のコレクションを提供。2001年に発売されたDVDボックス『大魔神　封印函　魔神降臨』(徳間コミュニケーションズ)の解説書、ボックスアートなどを全面監修し、2008年発売の『子連れ狼　DVD-BOX　二河白道の巻』(東宝)の特典ディスク(スタッフ・インタビューを中心にした『Archive　第一部　かくも格調高きプログラムピクチュア』)の構成・演出を担当とするといった具合に、いわば研究者的な一面ものぞかせているのだ。

またホラー関係にも造詣が深い原口さんは、前述した作品の他に『DOOR』(88年)『エコエコアザラクII』

（96年）『うずまき』（00年）『リング0～バースデイ～』（同）など、一時は〝Jホラー〟と呼ばれた和製モダンホラー映画の特殊メイクや特殊造形も数多く手がけている。そこで改めてホラーとの出会いについて聞いてみると――

僕の子供の頃、昭和40年代前半は第1次怪獣ブーム、ウルトラブームと言われますが、並行してイギリスのハマープロや、昔のユニバーサルの怪奇映画、それに新東宝や大映の怪談映画がテレビで日常的に放送されていて、ホラー映画のブームでもあったんです。怪獣ブームの次は妖怪ブームになったりしましたしね。僕はゴジラやウルトラマン、怪獣ものが大好きでしたが、同時にホラーも洋画・邦画の区別なく普通に見ていたので、妖怪やお化けも好きなんですよ。

そう言えば、この話をするとみんなウソだと言うのですが、僕が通っていた小学校の前に堂々と『恐怖奇形人間』（69年、石井輝男監督が江戸川乱歩作品を映画化したカルト作）のポスターが貼ってありましたよ、成人映画なのに（笑）。この時は封切りより少し経ってから、やくざ映画と二本立てで上映されていましたが、誰にも止められずに小学生の僕でも観ることが出来ました。いい時代だったと言えば良いのか、いい加減な時代だったと言えば良いのか。今だったら、ちょっと考えられないですよね。

後に石井輝男監督の晩年の作品に続けて関わることになるとは、この映画ファンとしてませた小学生は想像すらしなかっただろうが、人生とは不思議な巡り合わせである。

さて、ここまで原口さんの仕事を進行形で書いてきたが、２００８年公開の映画『パコと魔法の絵本』（中島哲也監督）を最後に原口さんは特殊メイク・造形の現場を退き、監督作品も劇場映画『ウルトラマンギンガ　劇場スペシャル　ウルトラ怪獣☆ヒーロー大乱戦』（14年）以来、途絶えている。ちなみに、この劇場スペシャルは〝目で見る怪獣図鑑〟というコンセプトで作られ、原口監督の私物のフィギュアや食玩を使った異色作で、そこにも『怪獣倶楽部』育ちのファン気質を感じるのだが、実は――

「自分のところで働いてくれていたスタッフが独り立ち出来るようになったので、工房も２０１１年に解散しました。さすがに自分は年齢的に無理が利かなくなってきたし、『特撮博物館』も２０１５年には一応手を離れたので、ミニチュアは趣味にとどめてこの辺でまた好きなことをやってみようと思ったんです」

――とのこと。

そして２０１６年、原口さんはこれで幾つ目かになる、実は10数年来の夢だったという新しい仕事を始めた。『怪獣倶楽部』のクラブハウスにもなるようにとかねてから考えていた小さなバーを開店したのである。池田憲章さんがしみじみ言っていた「原口君の潔さ、フットワークの良さが羨ましい」という言葉には同意せざるを得ない。その才能と業績を知るものには50代での現役引退は惜しいとしか思えないが、それもまた原口さんらしい選択ということだろう。現在は『Ｂａｒ ＫＡＩＪＵ-ＣＬＵＢ』を経営する傍ら、修復師の仕事のほか各地のイベントやトークショーに招かれて特撮とミニチュアの魅力を語り続けている原口さん。その自由闊達さで、もしかしたらまた誰かを助けて現場に戻ってくることがあるのかもしれない……。

「太平洋の鷲」クランク・イン
「ゴジラ」と絵コンテ／本多猪四郎
「ゴジラ」スタッフ・キャスト
「ゴジラ」ストーリー
G作品繪コンテ
インタビュー・渡辺明「これでいこうやー」
／きゝて・池田憲章＋竹内博
編集後記
表紙レタリング／米谷佳晃

・第4号　特別増大号パート2
「特集・ガメラＶＳ大魔神」
全78ページ　昭和50年12月7日発行
目次
眼で見る大映資料展Ⅰ
海外に於ける大映ファンタジー・フィルム
／徳木吉春
大映特撮マンに聞く
／インタビュー＆構成・金田益実
「大怪獣ガメラ」コマ焼き写真集
眼で見る大映資料展Ⅱ
～特別綴込付録～
大魔神・黒田義之サイン入りポート
伊福部昭と大魔神／西脇博光
大魔神　その驚異の特殊技術／平田実
新聞記事転載～追悼・三隅研次
「大魔神怒る」スケジュール表・原寸復刻
ガメラ・大魔神映画作品リスト
円谷英二・映画の殿堂入り！
／写真撮影・開田裕治
インタビュー　特撮マン特撮を語る
（ゲスト・桜井景一、関山和昭）／きゝて・原口トモオ
映画評「帰ってきた女必殺拳」／中島紳介
ラプソディコンチェルタンテの演奏会を聞いて
／西脇博光
～巻末論文三本立て興業～（ハード・コア）
Ⅰ中野昭慶特技監督に問う・後編／池田憲章
Ⅱ仮面ライダー・論／富沢雅彦
Ⅲ仮面ライダー２４８／安井ひさし
次号予告・編集後記
怪獣ピンナップ／開田裕治
表紙構成／米谷佳晃

・第5号「ウルトラQ 10周年総特集」
全90ページ　昭和51年12月12日発行
（第二巻第一号）　編集／竹内博
編集スタッフ／池田憲章、原口トモオ、平田実
目次
特別グラビヤ「ＵＬＴＲＡＱは怪獣の世界」スチール集
時代の証言・未発表エッセイ「怪獣ブーム」
／円谷英二
書下ろし回想録「ウルトラQ・永遠の夢」
／熊谷健
インタビュー・中野稔「円谷英二とウルトラQ」
／構成・原口トモオ
怪獣商品誕生―ウルトラQをめぐって―
／安井尚志
ウルトラQ＝宮内國郎／西脇博光
僕の・ウルトラQ／中島紳介
ウルトラQの怪獣／富沢雅彦
ウルトラQの魅力を探る／金田益実
シナリオから見たウルトラQ／岩井田雅行
名物・巻末池田論文「金城哲夫作品論」
／池田憲章
編集後記
カラー表紙イラスト／米谷佳晃

・第5号別冊附録
「エンサイクロペディア・ウルQニカ」
Ｂ５版　全30ページ
ウルトラQ雑纂
（第一部・ウルトラQプレスブックより／
第二部・切抜コレクション／
第三部・批評集）／竹内博
作品リスト
怪獣設定表／作成・大伴昌司
ゲスト一覧表／作成・竹内博
製作スタッフ表
ウルQ用語事典／徳木吉春
ピンナップ／開田裕治

・第6号「特集・空の大怪獣ラドン」
未刊行・原稿現存分のみ
「空の大怪獣ラドン」を分析する
／金田益実（3頁）
純粋怪獣映画「ラドン」／富沢雅彦（4頁）
シナリオから見た東宝怪獣映画／中島紳介（13頁）
ラドンはミニチュアの世界・比留間伸志氏・談　／
インタビュー構成・原口トモオ（6頁）
外国ＴＶを見る最初の理由／岩井田雅行（5頁）
表紙レイアウト／米谷佳晃

（註・このほかに「ラドン」の絵コンテとシナリオを掲載予定だった）

『怪獸倶楽部』総目次

・創刊号「特集・東宝特撮映画」

Ｂ５版　本文 18 ページ
昭和 50 年４月６日発行（第一巻第一号）
編集／酒井敏夫　印刷／安井ひさし　発行／怪獸倶楽部
（判型、スタッフは以下同）
創刊のことば・目次
映画批評「メカゴジラの逆襲」／徳木吉春
円谷特撮の魅力を探る／平田実
伊福部昭の魅力／西脇博光
～「ゴジラの逆襲」公開 20 周年記念小特集～
私の「ゴジラの逆襲」観／酒井敏夫
スタジオメール復刻版
ＴＶ批評「恐怖劇場アンバランス」を見て
／池田憲章
「恐怖劇場アンバランス」作品リスト／酒井敏夫
～資料発掘コーナー第一回～
「座談会　ぼくらはゴジラだ！キングコングだ！
（手塚勝巳・円谷英二・広瀬正一・中島春雄）」
香山滋先生追悼・著書目録／竹内博
次号予告・執筆者プロフィル・編集後記
表紙構成／アート・クリエイター米谷佳晃

・第２号　初夏特別増大号

「特集・東映エンタテインメントの世界」
全 44 ページ　昭和 50 年６月８日発行
巻頭言・目次
新聞記事転載～東映海外へ雄飛！
連載～東映・仮面のヒーローの系譜～
仮面ライダーの夜明けまで・第一回／安井ひさし
東映作品に思う・第一次ブームを中心に／平田実
新聞記事転載～撮影快調「新幹線大爆破」
イナズマンＦ湖月抄／富沢雅彦
「ジャイアントロボ」放映リスト／金田益実・編
新連載～グラビヤシリーズ～
君はジャイアント・ロボを見たか
特別取材・ゴレンジャーの特殊撮影
／取材・安井ひさし
映画批評「ウルフガイ・燃えろ狼男」を観る
／中島紳介
「ＵＬＴＲＡ　ＳＥＶＥＮ」英語版歌詞
宇宙戦艦ヤマトの怪物たち／中谷達也
～資料発掘コーナー②～
円谷英二の巻
東宝特撮映画＆伊福部昭音楽ぱーとつー
／西脇ひろみつ
メカゴジラ賛江／徳木吉春
特別寄稿・「ゴジラ対メカゴジラ」の宣伝
／東宝宣伝部・稲積慎吾
復活せよ！ウルトラ～ウルトラシリーズを悼む
／池田憲章
穴埋め活字情報／竹内博
次号予告・執筆者プロフィル・編集後記
怪獣ピンナップ／開田裕治
表紙構成／米谷佳晃

・第３号　燈火親しむ秋の特別増大号

「大特集・マイティジャックの世界」
全 72 ページ　昭和 50 年９月７日発行
巻頭言・目次
マイティジャックを切る／平田実
インタビュー円谷皐・ＭＪを語る／構成・編集部
ＭＪ資料雑纂／資料提供・円谷皐　構成・編集部
ＭＪ超兵器大鑑／徳木吉春
ＭＪ・戦え！ＭＪ作品リスト／金田益実・編
ＭＪ怪獣総進撃／絵と解説・安井ひさし

～資料発掘コーナー③～
特撮・ご存知円谷プロの舞台裏拝見
ＭＪ・富田勲・シンセサイザー／西脇ヒロミツ
ＭＪ主要参考文献目録／竹内博
有川貞昌特撮を語る／ききて・原口トモオ
テレビ撮りのコツ／中谷達也
コンドールマン誕生まで／米谷佳晃
魔術師・伊福部昭／竹内博
映画批評
「新東映大爆破と東宝湾炎上」／中島紳介
「新幹線大爆破と東京湾炎上」／岩井田雅行
「新幹線大爆破」／平田実
連載～東映・仮面のヒーローの系譜～
仮面ライダーの夜明けまで・第二回／安井ひさし
時計じかけのキカイダー／富沢雅彦
巻末大論文・中野昭慶特技監督に問う／池田憲章
次号予告・執筆者プロフィル・編集後記
怪獣ピンアップ／開田裕治
表紙構成／米谷佳晃

・別冊　研究・資料叢書第１巻

「Ｇ作品　繪コンテ」
祝ゴジラ誕生 21 周年記念
全 46 ページ　昭和 50 年 11 月３日発行
構成・編集／竹内博
ゴジラ公開当時新聞広告
ピクトリアル・スケッチ方式／森岩雄
～参考資料・新聞記事～

元・朝日ソノラマ『宇宙船』編集長、村山実さんが語る『怪獣倶楽部』

同人グループ『怪獣倶楽部』のメンバーがプロの編集者、ライターとなるきっかけの1つとなったのが1980（昭和55）年2月に創刊された朝日ソノラマの雑誌『宇宙船』だった（2005年休刊。本書で言及しているのは、この『旧・宇宙船』であり、朝日ソノラマという会社自体も今はない）。その初代編集長である村山実さんに、ソノラマ編集部と『怪獣倶楽部』メンバーの関わりを交えて、初の特撮専門誌立ち上げの頃のお話を伺った。

村山さんは映画配給会社、ジャズ雑誌の出版社を経て1964年に朝日ソノラマに入社。折からのテレビアニメや特撮番組の勃興に合わせて人気を博したソノラマの看板商品〝ソノシート絵本〟（主題歌・挿入歌や台詞入りの名場面、またはオリジナルのドラマを収録した薄いフィルム状のアナログ盤レコード＝ソノシートと絵本を組み合わせたもの）を数多く手がけ、さらに天才編集者・大伴昌司と共に『怪獣大図鑑』『怪獣解剖図鑑』『妖怪大図鑑』（いずれもソノシート付き）など多くのバイブル的な特撮書籍を世に送り出した、昭和の特撮・怪獣ファンにとって育ての親のような方である。

さらに70年代末から80年代にかけて、大人向け特撮ムックの先駆けとなったファンコレこと『ファンタスティックコレクション』シリーズの編集人・発行人を務め、『宇宙船』とその周辺書籍である『宇宙船文庫』などと併せて第3次怪獣ブームや『ゴジラ』復活、それに続く平成ゴジラシリーズの人気といった特撮界の動きを盛り立てた功労者の1人でもある。その仕事歴についてはレコード探偵団が発行したムックスタイルの貴重な研究書『懐かしの1960年代漫画ソノシート大百科』（10年）や、開田裕治さんの同人誌『特撮が来た14』（07年）のロング・インタビューに詳しい。また、ご本人もホビージャパンから復刊された新生『宇宙船』128号（2010春号・創刊30周年記念号）に編集長時代の回想を寄せており、ここでは改めて『怪獣倶楽部』を中心に話していただいた。

それまでなかった大人向けの特撮本を作る

——まず『怪獣倶楽部』との出会いとなった、『ファンコレ』から『宇宙船』創刊に至るまでの経緯から教えて下さい。

村山　テレビアニメのソノシートを出版しているうちに、『ウルトラQ』(65年)の放送が始まり、当然それら特撮番組のソノシートも企画・編集するようになりました。『怪獣大図鑑』など一連の大図鑑シリーズは、そうした怪獣ブームのさなかに、大伴昌司氏と一緒になって作り出していったものです。そして、この第1次怪獣ブームの終焉で怪獣ものは一旦市場から姿を消します。数年後、70年代初めに第2次ブームが起こり、再び怪獣ものの企画が各社で盛んに出るようになってきました。

そういう状況の中で竹内博さんに会うようになったのです。彼はもともと円谷プロで資料管理の仕事をしていて、彼がソノラマに写真などの資料を届けに来てくれたりして面識はありました。時々、特撮関連の新聞記事をスクラップしたノートを見せてくれて、ずいぶん熱心なマニアがいるなあという印象はありましたけど、その頃はまだ会社として『宇宙船』のような雑誌を作ろうとか、ファンコレ的なムックを出そうといった機運はなかったので、仕事としてそれ以上の関わりというのはなかったんです。

それが変化した、そもそものきっかけは『宇宙戦艦ヤマト』のヒットを契機として、77年、78年頃にアニメブームが起こったことでしょう。それとほぼ同時にアメリカで『スター・ウォーズ』(77年)が爆発的にヒットして、なぜか日本公開が1年遅れたから、その間に本家に対抗する形で東宝が『惑星大戦争』(77年)、東映が『宇宙からのメッセージ』(78年)という特撮映画の新作を作ったわけですね。さらに実際に『スター・ウォーズ』が公開されると日本ではSFブームが巻き起こった。

僕個人はSFブームというものの実態はなくて、あくまでSW(スター・ウォーズ)ブームだったと思っているのですが、それはともかく、そういう動きの中で、朝日ソノラマとしてもアニメブームに合わせて何か本を作ろうじゃないかということになり、当時ソノラマが出していたコミック誌『月刊マンガ少年』の臨時増刊として『TVアニメの世界』(77年12月発行)を出したんです。

――『マンガ少年』の読者がアンケートで選んだテレビアニメのベストテン作品の紹介や、『科学忍者隊ガッチャマン』(72~74年)の写真ストーリーがあるかと思えば『サイボーグ009』(68年)『レインボー戦隊ロビン』(66~67年)のシナリオが完全掲載されていたり、アフレコスタジオの取材に『惑星ロボ　ダンガードA』(77~78年)の声優さんたちの座談会、アニメ演出家・白川大作さんが構成したアニメーション小辞典(用語集)、巻末には広瀬和好さんの研究誌『ファントーシュ』の復刊準備号が間借りしていたりして、盛りだくさんの内容でしたね。

村山　その頃はまだアニメ専門誌どころか、丸ごと一冊アニメを特集したような雑誌も単行本もなかったから、どんな内容にしたらいいか、いろいろと試行錯誤してアニメの作り方から声優まで、とにかくテレビアニメに関するあれこれをぜんぶ詰め込んだようなものにしました。その時にテレビアニメの歴史について、ちゃんとした資料を持っていてまとまった原稿が書ける人はいないだろうかと探していたところ、たまたま石森プロの名マネージャーだった加藤昇さんにばったり会って、それなら格好な人がいるよと紹介されたのが安井尚志さんだったんです。

すぐに彼に電話してソノラマに来てもらって打ち合わせをしたら、その場で構成を考えてくれました。そして書いてもらったのが、その増刊の中の『テレビアニメ14年のあゆみ』という記事です。当初、頭の中で思い描いていたよりもはるかに充実したものでした。

――『鉄腕アトム』(63~66年)以前から『宇宙戦艦ヤマト』(74年)まで、国産テレビアニメの流れをジャンルや傾向の移り変わりに沿って写真中心でまとめた30ページの記事ですね。怪獣ブームや懐マン(懐かしのマンガ)ブームなど、実写番組との関連を押さえているところに安井さんの児童文化研究家としての目配りを感じます。

村山　彼は最初からただ者じゃないなという感じがありました。それで「こんど企画を持ってくるので見て下さい」と言って『TVアニメの世界』の仕事が終わって間を置かずに持ってきたのが、ご存知の通りファンコレ『空想特撮映像のすばらしき世界　ウルトラマン/ウルトラセブン/ウルトラQ』(78年1月発行)の企画でした。さっきも言ったように、僕はアニメとか特撮といった区別に関係なくアクションやSFが大好きだから、売れるかどうかわからないけど、ぜひやりたいと思って、すぐ会社の企画会議に提出しました。

その時、安井さんが見せてくれたのが竹内さん(酒井敏夫名義)と一緒に構成・執筆した雑誌『GORO』(77年9月8日号、小学館)のウルトラマン特集の記事でした。ここで初めて2人が友人同士だと知ったのです。僕は企画会議で「これは今までソノラマが作ってきた子供向けの本じゃない。完全に大人の本として作る」と説明しました。そういう本は他社にもなかったし、僕としても歯ごたえのあるものにしたいという気持ちが強かったですからね。

――企画会議での他の編集部の方々の反応はどうでしたか？

村山　それが特に抵抗もなく、すんなり通ったんです。それまで総ルビの幼児向けの怪獣図鑑を作っていた僕が力説したものだから、みんな何となく良さそうだという印象は持ってくれたみたいで（笑）。それがソノラマという会社の体質だったんでしょうね、わりあい鷹揚なところがありました。それで安井、竹内の両氏が中心になって編集・構成した『ウルトラマン』を、ファンコレの第2弾として初版3万部作りました。

今考えると、よく3万部も出したなと思いますよ。当時はソノシートが売れなくなっていたから、3万というのは会社としてはけっこう思い切った数字でしたけど、出してみたら増刷に次ぐ増刷で、瞬く間に10万部まで行った。ファンコレ『ウルトラマン』は現在の尺度で見れば、ずいぶんと洗練されていない部分もあるけど、僕としては大好きなウルトラマンの本がそれだけ売れたから嬉しくてしょうがなかったですね。会社としても儲かったし、他社には出せないアダルトな内容で、70年代初めの第2次ブームもとっくに終わって、ウルトラシリーズの新作がまったくない時期だったから余計に喜びは大きかったんです。

――村山さんとしては、そういう大人向けの特撮本を作ってみたいというお気持ちは以前からお持ちだったのですか？

村山　いや、それは安井さん、竹内さんと話したり『GORO』の記事を見せてもらったりして初めて思ったことですね。僕自身はそういう年齢層の読者がいるというのは夢想だにしていませんでした。ただ、素地としては最初に話に出た『スター・ウォーズ』前後のアニメブーム、SFブームの中で出来上がりつつあったということだと思います。『宇宙戦艦ヤマト』に夢中になって映画館に行列を作ったのは子供じゃなくて高校生、大学生が中心の若者たちでしたからね。これは大人が本気になって取り組むべき素材ではないかと考えるようになりました。

――それでファンコレと並行して、SF作家・豊田有恒さん監修の『SFTV・コミック・アニメ・映画の世界』（78年5月）、聖咲奇さんの企画で安井さん・竹内さんたちが編集協力した『すばらしき特撮映像の世界』（79年6月）と続けて『マンガ少年』増刊を出されたわけですね。

村山　実は『SFの世界』『特撮映像の世界』は『TVアニメの世界』ほどには売れなかった、というより成績はかなり悪かったんです。それだけ当時のアニメブームの勢いがすごかったということだと思いますけどね。それでまあ、ファンコレ『ウルトラマン』が売れたから続けて第2弾、第3弾を出した方がいいということで、最初は『科学忍者隊ガッチャマン』『新造人間キャシャーン』といったタツノコアニメのファンコレと代わりばんこのようにして『特撮映像の巨星　ゴジラ』（78年5月）、『仮面ライダー　総集版』（78年9月）、『空想特撮映像のすばらしき世界　ウルトラマン　パートII』（78年12月）、『世紀の大怪獣　ガメラ』（79年2月）などの特撮ムックを作っていきました。

このあたりになるともうあなた（中島）たちも手伝ってくれているから、よく知っていると思うけど、最初の『ウルトラマン』の時から安井さん、竹内さんだけでなく金田益実さんや徳木吉春さん、氷川竜介さんたちがだんだんと編集部に顔を出すようになって、ずいぶん仲間がいるんだなあと思って見ていましたよ。

――それが『怪獣倶楽部』のメンバーだったわけですが、村山さんは当時どんな印象をお持ちだったのでしょうか？

村山 まず、特撮や怪獣に関して研究しているハードなファンがいるということに目を瞠る想いでした。でも、だからといって同じような趣味嗜好の人間が集まっただけの、フラットなグループという感じではなかった。仕事を通して付き合っているうちに、それぞれに個性というか得意分野があることがだんだんわかってきて面白かったですね。

――首都圏在住の『怪獣倶楽部』メンバーだけでなく、同時に聖さんや開田裕治さんたち関西圏の人たちもそこに加わってくるわけですが、これはどんなきっかけだったのですか？

村山 不確かですが、安井さんの紹介だったかな？ それで聖さんと一緒に仕事を始めていた開田さんとか、その友人である米田仁士さん、久保宗雄さん、増尾隆幸さんといった関西出身の人たちもあとから参加してくれました。また別に『大特撮』（79年1月、有文社）を作ったコロッサスというグループの方々とも知りあい、後にその増補版の『大特撮』（80年1月）をソノラマから出すことになります。

この関西勢のファンたちもみな個性が強くて、特にホラー映画、イギリスのハマーフィルムとか日本の新東宝の怪談映画が好きな人が多い点は関東のファン（『怪獣倶楽部』）とちょっと違うところだなあと思いましたね。

『宇宙船』に反映されたファンの思いと大伴昌司の影響

――そういうファン出身の編集者、ライターがソノラマに集まってきたことが定期刊行物である『宇宙船』の創刊を後押しすることになったわけですね。

村山　当時、そういうライターの人たちと一緒に全然知らないような人が編集部に顔を出していました。誰だか名前もよく分からなかったけれど、そういう人にもだんだんと顔なじみになり仕事を頼むようになっていきました。私自身もアニメよりも特撮ものの企画に積極的になりました。そういう雰囲気の中で持ち上がったのが『宇宙船』の企画です。

ただ、『宇宙船』に関しては1つの理想像があり、それは〝ビジュアルSF雑誌〟だったのです。ビジュアルで表現されたSFなら、小説、映像、アニメ、アート、音楽等なんでも取り上げるということでした。

その目標については実際に誌面構成をした聖さん、安井さんはじめスタッフにも説明していましたけど、創刊号を出したとたんに読者の方は「これは特撮の本だ」と決めつけてしまったような感じがありました。アンケートのハガキでも「こういう特撮の雑誌を待っていました。潰れないように頑張って、いつまでも続けて下さい」という反応が多かった。それで2号、3号と出していく中で徐々に特撮中心になっていったわけです。

――『宇宙船』は初期の頃はアニメも扱っていましたが、すぐになくなってしまいましたね。

村山　あれは安井さんの趣味だったのかな。なぜか『破裏拳ポリマー』とか『マグネロボ　ガ・キーン』とかマイナーな作品ばかりだったけど、担当した氷川さんや富沢雅彦さんの個性が出ていて良かったですよ。そういう意味では、僕の〝ビジュアルSF誌〟も含めて安井さん、聖さんたちがそれぞれ夢見た『宇宙船』像みたいなものがあって、みんなで好き勝手なことをやっていたという言い方も出来ます。創刊号なんて、本当にごった煮の内容でした。

スタッフや読者の志向がそういう雰囲気だったので、本音を言うと僕はSFとか特撮よりも007のようなスパイ・アクションの方が好きだったのですが、編集長として自分の趣味を押しつけるようなことはしませんでした。そのことを意識したのは竹内さんと『スター・ウォーズ』について話している時で、彼は「僕は日本人だから、外国の映画のことはあまり興味がないんです」と言うんですよ。その言葉がすごく印象的で、なるほど人それぞれなんだなと思って見ていると、確かにみんな違う専門分野を持っているのがわかってきた。それで、わりあい自由にやってもらうようにしたのです。

――当時の『宇宙船』はどのように編集されていたのですか？

村山　いちおう編集会議はあったけど、台割は毎号、聖さんや安井さんのアイデアを聞きながら僕が自分で作っていました。編集方針は「アンケートハガキの読者の意見は無視しろ」ということ（笑）。マニアの読者が多いから、やれカラーページを増やせ、もっと値段を安くしろと無茶な注文ばかり言ってくるので、そこはあえて考えないようにしました。最初の段階で読者が望む特撮誌の方向に舵を切ったから、僕が編集長だった時代は内容に関していちいち言うことを聞かなかったかもしれませんね。

そこで自分なりに意識したのは大伴昌司さんのセンスです。大伴さんと僕は同い年なんですよ、学年は彼がひとつ上ですけど。ソノシートや怪獣図鑑で一緒に仕事をしてきて、彼の本の作り方にかなり影響を受けました。大伴さんは作品だけでなく、その裏側にある世界観を大事にして、それを『少年マガジン』のグラビアみたいにさらに面白い形にアレンジして読者の子供たちに提供したことで、怪獣もの・特撮ものに大きな貢献をしたと思うんです。その作り方が、僕の関わったファンコレや『宇宙船』にも多少なりと反映されているような気がします。

例えば、コアな特撮・怪獣ファンはオーバーに言うと〝映像優先主義〟で、画面に描かれたことがすべてだというふうに捉えがちでしょう。だから、大伴さんが考えたような映像で表現された以上の発想を潔しとしないところがある。むしろ荒唐無稽だと言って敬遠する人たちが多いけれども、僕はどちらかといえば大伴さん的な考え方なんです。どちらがいいとか悪いとか思ったことはないし、そのせめぎ合いのようなものが、もしかしたら『宇宙船』の誌面にわずかながらでも出ていたかもしれませんね。

――僕らは子供の頃、村山さんたちが作ったソノシートのオリジナルドラマで作品の枠を越えた怪獣の共演などを楽しませてもらいましたけど、成長するにつれて自分の価値観に作品をあてはめて、かえってそれに縛られてしまったような気がします。そういう意味では、僕らが何度かやらせてもらった『宇宙船』のヒロイン特集も正統派の記事ではなかったと思いますが、読者の反響はどうでしたか？

村山　わりと評判が良かったんじゃないかかな。実際に売れ行きが良かったですからね。それとあなたや徳木さん、久保さんのように担当者に人を得たのも大きかったと思いますよ。聖さんは意外にストイックな人だから、ああいう軟派な記事が好きじゃなくて「村山さん、本当にこんな特集でいいんですか」って文句を言われたことがあるけど（笑）。

でも、それで雑誌の幅が広がったということは確かです。柔らかい記事ばかりじゃなくて今度はハードな特集にしようとか、そういう揺り戻しみたいなものが編集メンバーの中から企画として出てきたこともあるし、僕はそういうやりとりをけっこう面白がって見ていました。それにヒロインにスポットをあてたことでキャラクターだけでなく演じる役者にも改めて注目が集まり、後に平成時代のイケメン・ライダーのブームなどにもつながっているんじゃないかという気がしますけどね。

——村山さんから見た編集者、ライターとしての『怪獣倶楽部』メンバーはどんな存在でしたか？

村山　先ほど、皆それぞれに得意な専門分野があると言いましたけど、僕としてはこの人にこの記事をと考えながら『宇宙船』を作っていたわけではないんです。むしろ、メンバーの方から「こういう企画はどうですか？」と言ってくることが多かったですね。

その点で特に積極的だったのは金田さんかな。彼は日本のテレビ作品、それも草創期の番組を熱心に研究していて、当時はあまり知られていなかった実写版の『鉄腕アトム』（59〜60年）や『鉄人28号』（60年）のような埋もれた番組についても、これは記録として残していくべきだという考えで粘り強く調べてくれました。そういう作品は制作会社の組織が変わったり、社名が変わっていたりして1枚の写真を使うにも許諾を得るのに時間がかかるので、版権交渉は僕の方でやりましたけど、記事の構成や内容は金田さんにお任せでした。

スタッフの中では、日本特撮を得意とする人、海外ものが好きな人、いろいろですが、誌面における割合もいろいろ苦労しました。あまり海外ものに誌面を割くと「そんなものは既存の映画雑誌に任せろ」と読者から文句が来ることもあったのです。

海外ものといえば、『怪獣倶楽部』の人たちとはぜんぜん違う形で現れたのが作家の菊地秀行さんです。『宇宙船』の創刊号が出たすぐ後くらいにソノラマを訪ねてきて、こういう記事を『宇宙船』に書きたいと自分が書いたホラー映画の記事を見せてくれました。これは聖さんと趣味が合いそうだなと思って紹介して、最初はX君というペンネームでB級ホラー作品のビデオ紹介ページなどを担当してもらっていましたが、その縁もあってソノラマ文庫から作家デビューし、『吸血鬼ハンター』『エイリアン』『魔界都市』シリーズなどヒット作品を出してゆきます。

――『宇宙船』ライター時代の菊地さんは、SF映画と原作を比較検証した特集『文学世界から視覚世界へ』（13号）や第15号（83年夏号）の『ホラー映画進化論』、作者ラヴクラフトゆかりの地を訪ねる海外ルポ『クトゥルフ神話入門講座』（85年、27〜29号）などが特に印象的でした。それらの原稿はソノラマで単行本『魔界シネマ館』（後文庫化）になりましたね。

村山　菊地さん以外にも自主映画作家だった頃の一瀬隆重さん、SF大会のオープニングフィルムで注目された『ゼネラル・プロダクツ』時代の岡田斗司夫さんたちとも『宇宙船』がきっかけで知り合うことが出来たし、『牙狼〈GARO〉』シリーズで活躍している雨宮慶太監督も、特撮大会の自主映画コンテストで宇宙船賞を受賞したことがあったりして、いろいろなつながりが生まれたんです。また有名なおもちゃコレクターの北原照久さんはあるパーティーでお目にかかった時、『宇宙船』で紹介（第2号「SFおもちゃコレクション大公開！」）されたことがコレクションを続ける大きな力になって感謝していますとおっしゃっていました。

今振り返ってみると、僕はファンコレや『宇宙船』の編集長という立場ではあったけど、『怪獣倶楽部』のメンバーをはじめとする熱心なファン、マニアの人たちと付き合うことで逆に薫陶を受けたというか、彼らの強い想いに大きな影響を受けたと思います。ゴジラやウルトラマンはあの頃から何度もブームを繰り返していて、若いライターたちが様々な雑誌やムックで文章を書いているのを読む機会が多くなりましたけど、僕は何か違うという気がしてしょうがない。『怪獣倶楽部』のメンバーが書いたら、まったく別の感想になるのではないかと思うんですよ。

具体的にどこが違うのか説明するのは難しいですが、書いている内容や言及している人物は同じなのに、まず雰囲気が違う。その違いをひと言で表せば時代が変わってしまったということで、僕らは作品と同じ時代に居すぎたと言うしかありません。人が変わるということは単にAがBに変わるだけではなくて、その間の時間の差というか、年齢的な距離感と言ってもいいでしょうが、それがなくなってしまうということなのかもしれませんね。

――インタビューされる当事者も記憶が圧縮されてしまっているのか、ディテールが抜け落ちている場合がありますよね。当時、見ていた側の感覚からすると違和感を持つことも少なくないです。

村山　もちろん、若い世代には新しい価値観があるでしょうから、作品に接する距離感も変わっていくのは当然ですけどね。僕らの仕事もリアルタイムで『ゴジラ』を作っていた人たちから見ると、それは違うよと言われるかもしれないわけですから。

――これは個人的に伺いたかったのですが、ファンコレ『ウルトラマンパートⅡ』(78年)で私が書いた総論『第2期ウルトラシリーズの系譜』が、現在では「第2期ウルトラシリーズを不当に貶めた記事」「円谷プロが監修した本で円谷作品を批判するとは何事か」ということで戦犯扱いを受けているのですが、当時の編集部内や円谷プロの反応は実際どうだったのでしょう？　円谷プロも当時と現在ではまったく違う会社になってしまっているわけですが……。

村山　製作委員会方式が中心の今と違って、当時は内容に関して事前にチェックしてもらうようなことはなかったし、出来上がった本に関しても抗議などはなかったですよ。僕らが読んでも特におかしなことを書いているとは感じませんでした。もちろん放送中の番組を批判したのなら営業妨害になってしまうけど、あの頃は円谷プロもまったく新作がない時代で、作品を本に採り上げてくれるだけで歓迎といった雰囲気だったんです。

――『マイティジャック』のファンコレを作った時、作品リストに書き込まれていた視聴率もそのまま載せたら、当時の円谷プロの営業部の方に「これは載せないでほしかったなあ」と冗談っぽく言われたことがありました。僕らとしてはあくまで資料として公開したかっただけなんですけどね。その後、映像ソフトやCS放送が一般化して実際に作品に触れる機会が多くなったし、インターネットもあるから現在はもっと多様な評価が生まれていると思います。こうして朝日ソノラマと『宇宙船』周辺のことを回想していくと話は尽きませんね。

村山　最後にひと言付け加えると、『怪獣倶楽部』のメンバーも含めて当時の「宇宙船」スタッフはみんな、それぞれの得意の分野でいまも活動しているでしょう。それだけ人材が揃っていたということだと思います。その方々との知己を得たということに本当に感謝したいと思っています。

『宇宙船』に集いしアマチュア群像とその後

こうして改めて村山さんにお話を伺って、素人の自分が極めて幸福な状況でまがりなりにもライターとしてのスタートを切れたのだということに思い至るが、オリジナル『宇宙船』の内容を見てみると、その記事のほぼすべてを同人誌出身者を中心とするアマチュア、または仕事を始めて間もないセミプロのライター、イラストレーター、映像クリエイター（より正確には、その卵）たちが担当していることに驚かされる。

例えば最初の一年（といっても季刊なので4冊しか出ていないが）だけでも、創刊号のファンジン（同人誌）

編集者の座談会（出席＝石田一、勝田安彦、開田裕治、竹内義和、中島紳介、司会＝聖咲奇）、第2号のＡＦＭ（8ミリのアマチュア・フィルム・メーカー＝自主映画作家）5人のＰＲページ『ムービーカメラがぼくらの宇宙船だった』（一瀬隆重、河崎実、堀内祐輔、中島志津男、川口哲也）は言うに及ばず――

・開田裕治さん構成・文による図解シリーズ『ＳＦ　ＭＥＣＡＮＩＸ』、当時の新作『ウルトラマン80』の特撮現場レポート

・氷川竜介（中谷達也・名義）さんがフィルム複写から手がけた『作品研究・名作アニメ　破裏拳ポリマー』

・富沢雅彦さんが先駆的なジェンダー視点で捉えた『作品研究・名作アニメ2　マグネロボ　ガ・キーン』（小論『さようなら、女らしさだけの少女たち』付き）

・徳木吉春さん構成の『特撮名作シリーズ　サンダーバード』、巻頭特集『特撮名作シリーズ2　マイティジャックの世界』

・後の造形アーティスト・品田冬樹さんがゴジラの顔の変遷に始まり、スポンジブロックの切り出しから着色まで自筆イラストや写真付きで紹介した『ＳＦ造型教室　ゴジラ』

・ＡＦＭの川口哲也さんが手軽なミニチュア製作法を伝授する『ＳＦ造型教室2　廃品利用による宇宙船・ロボット』

・同じくＡＦＭ、堀内祐輔さんがデザインも含めてガイドした『ＳＦ造型教室3　プラモ改造による宇宙船』

・同、高貴準三さんが石膏型でシリコンモデルを造るところから撮影まで詳細に解説した『人形アニメでゴモラを……』

・企画者104のメンバーでもある久保宗雄さんが『西遊記』など架空世界の地図を描いた『ファンタス

ティック・マップス』（構成・文・作図）
・有数のコレクターで、後に平成ゴジラシリーズのアドバイザーも務めた隅谷和夫さんの『ＳＦ造型教室　ゴジラおり紙』『同　火星人円盤おり紙』『同　復活おり紙　謎の円盤ＵＦＯ』
・池田憲章さんのリアルタイム番組評『ウルトラマン80前半をこう見る』

――とバラエティ豊かなことこの上ない。

第３号の特集『怪奇・恐怖の世界』も、竹内義和（コロッサス・コーオペレーション）『血にまみれた映像を求めて　日本怪談映画の系譜』、石田一（モンスターズ）『ユニヴァーサル・ホラーはモンスターと共に……』、福政敬継（同）『怪物、故郷に帰る――ハマープロ物語』、中島紳介（ＰＵＦＦ）『16ミリのナイトメア　円谷プロ怪奇ドラマの系譜』と同人グループ関係者が揃って論考を寄せ、東映作品にリアルタイムの評価の光をあてたボリュームたっぷりの大特集である第４号『特撮名作シリーズ３　ジャイアント・ロボ』や『ナショナルキッド』の記事は、署名こそないが金田益実さんが中心になって構成したものだ。

このように『宇宙船』は、海外の新作情報紹介ページ『オン・ザ・プロダクション』を担当した映画評論家・井口健二さん、すでにライター活動をしていた菊地秀行さん、そして編集者として参加した安井さん、聖さんなど少数の例外を除いて、いわば〝素人同然のスタッフ〟が中心となって作った雑誌なのである。普通に考えればＳＦ、特撮映画、アニメを扱うならば１９５０年代から活躍しているＳＦ・特撮映画に詳しい映画評論家や、あるいはＳＦ作家、映画・アニメの製作関係者といったプロの執筆者を立てるのが当然の陣容だったはずだ。実際、総合誌や週刊誌、青年雑誌などでＳＦ映画特集、怪獣特集などが組まれる場合には、そうしたベテランに原稿を依頼することが多いのは現在でも変わらないし、先に紹介したマンガ少年臨時増刊『Ｔ

Vアニメの世界』や『SFの世界』は確かにそのような造りになっている。

しかし安井さん、聖さんが企画し、竹内（＝酒井敏夫）さんたちが加わったファンコレや『すばらしき特撮映像の世界』に起源を持つ『宇宙船』においては、休刊するまでの25年間、季刊・月刊・隔月刊と何度も発行ペースの変更を余儀なくされながら続いた歴史の中で、初めからプロの関係者が執筆者、構成者として登場した例はインタビューや特別寄稿のような形を除くと極めて少ない。初期の高山良策『大魔神造型日記』『怪獣製作日記』（安井尚志さんのプロデュースによる）は別として、数々の人気番組を手がけた東映・平山亨プロデューサーの書き下ろし連載『私が愛したキャラクターたち』は創刊5年目（19号、84年8月号より）、円谷プロ作品で活躍した満田穧監督の回顧録的ドキュメンタリー・ストーリー『ウルトラの星を見た男たち』は平成になってから（49号、89年夏号より）登場したのであり、それら業界的な著名人による記事はみな評論や作品解説ではなく実製作に携わったスタッフの証言として掲載されている。

おそらくソノラマ編集部としては、村山さんの話にもあったように最初からマニアなファンたちが湧いて出たかのように自然とスタッフになったために、何となく面白がってくれて、そうしたプロの執筆者、評論家の権威を必要と感じなかったのではないか。身びいきを承知で言うなら、既成の価値観による評価ではなく自分たちで改めて怪獣や特撮の魅力を掘り起こしたい、新しい作品を生み出していきたいというアマチュア研究家たちの〝想い〟の強さに村山さんたち編集部が引っぱられた結果だったのかもしれない。と同時に『宇宙船』を通じて、その後も新しい世代のライターや編集者、クリエイターたちがプロとして育っていったことで、最初から最後まで外部の専門スタッフに頼らなくても良かったという見方も出来るだろう。

従って、そのような成り立ちゆえに「素人っぽくてまるで同人誌のようだ」と揶揄されることもあったかもしれないが、聖さん自身が「プロが作った同人誌」と語っているように、だからこそ『宇宙船』は怪獣や特撮という本来的にニッチなジャンルの作品を支えるプロフェッショナルに必須な〝マニアックなアマチュアリズム〟を失うことなく、それが広く日本中に、いや世界に誇るグローバルな感性となって現在のように普遍化するまでの25年を雑誌として全う出来たのではないかと思うのである。

年表「怪獣倶楽部の歩みと主な仕事　１９７３―１９８５」

～第３次怪獣ブームの前夜から「ゴジラ復活」の頃まで～

作成：徳木吉春
協力：腹巻猫（劇伴倶楽部）
片山浩徳

年号	活動内容	SF関連・出版・社会の動き	映画・TVシリーズ
1973年（昭和48年）	竹内博、安井尚志と知り合う（4月上旬）	「写真集 円谷英二 日本映画界に残した遺産」／小学館（1月発行）	「ファイヤーマン」（1月放送開始）
	金田益実、竹内博と知り合い、安井尚志を紹介される（4月中旬）	大伴昌司 死去（1月）	「ジャンボーグA」（1月放送開始）
	竹内、安井、金田 3人の交流が始まる	円谷一 死去（2月）	「激突！」（1月公開）
	「S-Fマガジン」の投書がきっかけで、後の「宙（おおぞら）」の母体が発足（年末？）	「テレビランド」創刊／徳間書店（2月）	「仮面ライダーV3」（2月放送開始）
			「ポセイドン・アドベンチャー」（3月公開）
			「ゴジラ対メガロ」（3月公開）
			「流星人間ゾーン」（4月放送開始）
			「ウルトラマンタロウ」（4月放送開始）
			「ロボット刑事」（4月放送開始）
			「風雲ライオン丸」（4月放送開始）
			「キカイダー01」（5月放送開始）
		*オイル・ショック、省エネ	「007 死ぬのは奴らだ」（7月公開）
		*五島勉「ノストラダムスの大予言」出版	「スーパーロボット レッドバロン」（7月放送開始）
		*ベータマックス（Beta）方式の家庭用VTR機発売	「まんが宇宙大作戦」（9月放送開始）
			「人間革命」（9月公開）
			「ゼロテスター」（10月放送開始）
			「キューティーハニー」（10月放送開始）
			「エースをねらえ！」（10月放送開始）
			「燃えよドラゴン」（12月公開）
			「日本沈没」（12月公開）
1974年（昭和49年）	竹内博、酒井敏夫名義で「S-Fマガジン」の連載「フォーカス・オン」を井口健二（大空翠名義）と共同執筆（1月号より）	第2回日本SFショー（11月）	「アルプスの少女ハイジ」（1月放送開始）
	「宙」の会誌「ぱふ（PUFF）」創刊（3月）	「SF映画ともの会」の会誌「MONOLITH」第1号発行（11月）	「仁義なき戦い」（1月公開）
	池田憲章、同人誌「甦れ円谷プロ！」（5月発行）をきっかけに竹内博と知り合う（初夏）		「ゴジラ対メカゴジラ」（3月公開）
	徳木吉春、円谷プロでの会合に参加（初夏）		「魔女っ子メグちゃん」（4月放送開始）
	「宙」の会員（氷川竜介、平田実、富沢雅彦ほか）が安井尚志、竹内博と出会う（8月）		「ゲッターロボ」（4月放送開始）

＊書籍、レコードの発売データは奥付等に準じています。

	竹内博の提案で、有志による月例会が始まる（10月？）		「イナズマンF」（4月放送開始）
	西脇博光、安井尚志に誘われ月例会に参加		「ウルトラマンレオ」（4月放送開始）
	開田裕治、伊福部昭のインタビューを機に竹内博と出会い、月例会に参加（11月？）	＊ゴジラ誕生20周年	「電人ザボーガー」（4月放送開始）
		＊超能力・オカルトブーム	「血を吸う薔薇」（7月公開）
		＊カンフー映画ブーム	「エクソシスト」（7月公開）
		＊長嶋茂雄現役引退	「マジンガーZ対暗黒大将軍」（7月公開）
		＊マジンガーZの「超合金」玩具が大人気	「ノストラダムスの大予言」（8月公開）
		＊VHS方式の家庭用VTR機発売	「未来惑星ザルドス」（8月公開）
			「ヘルハウス」（8月公開）
			「女必殺拳」（8月公開）
			「グレートマジンガー」（9月放送開始）
			「SFドラマ 猿の軍団」（10月放送開始）
			「宇宙戦艦ヤマト」（10月放送開始）
			「仮面ライダーアマゾン」（12月放送開始）
			「がんばれ!!ロボコン」（10月放送開始）
			「伊豆の踊子」「エスパイ」（12月公開）
1975年（昭和50年）	「衝撃波Q」創刊（1月）	「ファントーシュ」創刊／ファントーシュ編集室（10月）	「フランダースの犬」（1月放送開始）
	会誌「怪獣倶楽部」創刊。池田憲章、徳木吉春、西脇博光、平田実が参加（4月）	第1回「コミックマーケット」開催（12月）	「まんが 日本むかしばなし」（1月放送開始）
	中島紳介、上京し会合に参加		「悪魔のいけにえ」（2月公開）
	「怪獣倶楽部」第2号。金田益実、富沢雅彦、中島紳介、氷川竜介（中谷達也名義）、開田裕治が初参加（6月）		「メカゴジラの逆襲」（3月公開）
	「怪獣倶楽部」第3号。原口智生（原口トモオ名義）、岩井田雅行が初参加（9月）		「ウルフガイ 燃えろ狼男」（4月公開）
	別冊「怪獣倶楽部 研究・資料叢書 G作品絵コンテ」（11月）		「勇者ライディーン」（4月放送開始）
	「怪獣倶楽部」第4号（12月）		「仮面ライダーストロンガー」（4月放送開始）
			「秘密戦隊ゴレンジャー」（4月放送開始）
			「ガンバの冒険」（4月放送開始）
			「ファントム・オブ・パラダイス」（5月公開）
			「タワーリング・インフェルノ」（6月公開）
		＊パニック映画ブーム	「新幹線大爆破」（7月公開）

年号	活動内容	SF関連・出版・社会の動き	映画・TVシリーズ
		*沖縄海洋博開催	「東京湾炎上」（7月公開）
		*三億円事件の時効が成立	「宇宙の騎士テッカマン」（7月放送開始）
		*東映太秦映画村がオープン	「タイムボカン」（10月放送開始）
			「アクマイザー3」（10月放送開始）
			「UFOロボ　グレンダイザー」（10月放送開始）
			「ヤング・フランケンシュタイン」（10月公開）
			「ピンク・パンサー2」（12月公開）
			「ジョーズ／JAWS」（12月公開）
1976年（昭和51年）	「怪獸倶楽部」正式発足（1月）	「てれびくん」創刊／小学館（5月）	「母をたずねて三千里」（1月放送開始）
	「PUFF」新創刊（4月）		「恐竜の島」（3月公開）
	「怪獸倶楽部」第5号（12月）		「超電磁ロボ コン・バトラーV」（4月放送開始）
			「大空魔竜ガイキング」（4月放送開始）
			「宇宙鉄人キョーダイン」（4月放送開始）
			「忍者キャプター」（4月放送開始）
			「続人間革命」（6月公開）
			「グロイザーX」（7月放送開始）
			「大統領の陰謀」（8月公開）
		*ロッキード事件	「不毛地帯」（8月公開）
		*「およげ！たいやきくん」大ヒット	「タクシードライバー」（9月公開）
			「マグネロボ ガ・キーン」（9月放送開始）
			「キャンディ・キャンディ」（10月放送開始）
			「恐竜探検隊ボーンフリー」（10月放送開始）
			「オーメン」（10月公開）
			「大空のサムライ」（10月公開）
			「犬神家の一族」（11月公開）
			「5年3組魔法組」（12月放送開始）
			「キングコング」（12月公開）
1977年（昭和52年）	小学館「GORO」9月8日号に「現代風俗研究 ウルトラマン」掲載（企画・構成／安井尚志、酒井敏夫）	「ファンタスティックコレクション」創刊／朝日ソノラマ（5月）	「ヤッターマン」（1月放送開始）
	この頃より「怪獸倶楽部」のメンバーが小学館の各学年誌や「てれびくん」、徳間書店「テレビランド」等のページ構成、付録編集に参加する	「月刊OUT」創刊／みのり書房（5月）	「あらいぐまラスカル」（1月放送開始）

		「ロマンアルバム」創刊／徳間書店（8月）	「快傑ズバット」（2月放送開始）
		LP「伊福部昭の世界」／東宝レコード（9月）	「キャリー」（3月公開）
		「ランデヴー」創刊／みのり書房（12月）	「大鉄人17」（3月放送開始）
		「月刊マンガ少年臨時増刊 TVアニメの世界」／朝日ソノラマ（12月発行）	「ジャッカー電撃隊」（4月放送開始）
			「悪魔の手毬唄」（4月公開）
			「ロッキー」（4月公開）
			「惑星ソラリス」（4月公開）
			「恐竜・怪鳥の伝説」（4月公開）
			「八甲田山」（6月公開）
			「サスペリア」（6月公開）
		*テレビゲームがブームに	「ハウス HOUSE」（7月公開）
		*ピンク・レディー、ヒットチャートを席巻	「宇宙戦艦ヤマト」劇場版（8月公開）
		*山口百恵主演「赤いシリーズ」がヒット	「最後の恐竜 極底探検船ポーラーボーラ」（9月公開）
		*王貞治、国民栄誉賞の受賞第1号	「人間の証明」（10月公開）
		*日本赤軍による日航機ハイジャック事件が起こる	「八つ墓村」（10月公開）
			「恐竜大戦争アイゼンボーグ」（10月放送開始）
			「無敵超人ザンボット3」（10月放送開始）
			「007 私を愛したスパイ」（12月公開）
			「霧の旗」「惑星大戦争」（12月公開）
1978年（昭和53年）	「ランデヴー」1月号増刊〜はばたけスーパーシップ（マイティジャック特集）、「それはゴジラから始まった」連載開始／みのり書房／（1月発行）	「月刊アニメージュ」創刊／徳間書店（5月）	「透明ドリちゃん」（1月放送開始）
	「ファンタスティック・(TV)コレクションNO．2 空想特撮映像のすばらしき世界 ウルトラマン／ウルトラセブン／ウルトラQ」／朝日ソノラマ／構成（1月発行）	「月刊マンガ少年臨時増刊 SF TV・コミック・アニメ・映画の世界」／朝日ソノラマ（5月発行）	「未知との遭遇」（2月公開）
	「ウルトラマン大百科！シリーズ ウルトラマン大百科」／キングレコード／構成（2月発売）	「月刊スターログ（日本版）」創刊／ツルモトルーム（7月）	「宇宙海賊キャプテンハーロック」（3月放送開始）
	「ゴジラ オリジナルサウンドトラック」／東宝レコード／構成（2月発売）	「MANIFIC（マニフィック）」創刊／ラポート／（12月）※5号より「Animec（アニメック）」と改名（79年5月）	「北京原人の逆襲」（3月公開）
	「ファンタスティックコレクションNO．5 特撮映像の巨星 ゴジラ」／朝日ソノラマ／構成（5月発行）		「闘将ダイモス」（4月放送開始）

年号	活動内容	SF関連・出版・社会の動き	映画・TVシリーズ
	「SF映画の世界」PART1~3/東宝レコード/構成（5月発売）		「未来少年コナン」（4月放送開始）
	「ウルトラマン大百科!シリーズ2 サウンド・ウルトラマン」/キングレコード/構成（6月発売）		「スターウルフ」（4月放送開始）
	「ゴジラ2 オリジナル・サウンドトラック」/東宝レコード/構成（6月発売）		「SF西遊記 スタージンガー」（4月放送開始）
	「ウルトラマン大百科」/勁文社/構成（8月発行）		「宇宙からのメッセージ」（4月公開）
	「別冊てれびくん ウルトラマン」/小学館/構成（8月発行）		「スパイダーマン」（5月放送開始）
	「TVオリジナルBGMコレクション 渡辺宙明の世界」/日本コロムビア/構成（8月発売）	*「サタデー・ナイト・フィーバー」人気でディスコブーム	「デモン・シード」（6月公開）
	「ウルトラ大怪獣 100枚」1~4/二見書房/（8月~11月発行）	*成田・東京国際空港が開港	「スター・ウォーズ」（6月公開）
	「ファンタスティックコレクション NO.9 仮面ライダー 総集版」/朝日ソノラマ/構成（9月発行）	*第1回日本アカデミー賞	「宇宙からのメッセージ 銀河大戦」（7月放送開始）
	「マイティジャック」/キングレコード/構成（9月発売）		「恐竜戦隊コセイドン」（7月放送開始）
	「ウルトラマン大百科!シリーズ3 ウルトラ怪獣大百科」/キングレコード/構成（9月発売）		「100万年地球の旅 バンダーブック」（8月放送）
	「大怪獣ガメラ オリジナル・サウンドトラック」/東宝レコード/構成（9月発売）		「さらば宇宙戦艦ヤマト 愛の戦士たち」（8月公開）
	「コロタン文庫 ウルトラ怪獣全百科」/小学館/構成（10月発行）		「銀河鉄道999」（9月放送開始）
	「ウルトラマン大百科!シリーズ4 サウンド・ウルトラマンPART2」/キングレコード/構成（10月発売）		「フューリー」（9月公開）
	「SF映画の世界」PART4~6/東宝レコード/構成（10月発売）		「科学忍者隊ガッチャマンII」（10月放送開始）
	「別冊てれびくん2 ウルトラセブン」/小学館/構成（11月発行）		「宇宙戦艦ヤマト2」（10月放送開始）
	「ウルトラマンブック」1、2/二見書房/編集協力（11月発行）		「キャプテン・フューチャー」（11月放送開始）

年	怪獣倶楽部の仕事	出来事	作品
	「ウルトラマンブック」3、4／二見書房／編集協力（12月発行）		「ブルークリスマス」（11月公開）
	「ファンタスティックコレクション NO.10 空想特撮映像のすばらしき世界 ウルトラマンPARTⅡ」／朝日ソノラマ／構成（12月発行）		「ルパン三世（ルパンvs複製人間）」（12月公開）
1979年（昭和54年）	「ウルトラマンブック」5、6／二見書房／編集協力（1月発行）	コロッサス・編「大特撮 日本特撮映画史」／有文社（1月発行）	「赤毛のアン」（1月放送開始）
	「ファンタスティックコレクション NO.12 ウルトラマン メカ怪獣大図解集」／朝日ソノラマ／構成・作図（2月発行）	「SFアドベンチャー」創刊／徳間書店（3月）	「天国から来たチャンピオン」（1月公開）
	「ファンタスティックコレクション NO.13 世紀の大怪獣 ガメラ」／朝日ソノラマ／構成（2月発行）	「大ゴジラ博」（7月・新宿小田急デパート）	「宇宙空母ギャラクティカ」（1月公開）
	「ゴジラ大怪獣辞典」／講談社／構成（2月発行）	第2世代の怪獣同人誌「フェラス FERAS」創刊。後に「ネオ・フェラス」に発展／（7月）	「バトルフィーバーJ」（2月放送開始）
	「ウルトラオリジナルBGMシリーズ1 ウルトラQ／ウルトラマン 宮内國郎の世界」／キングレコード／構成（3月発売）	日劇・ゴジラ映画大全集で「ゴジラ対メカゴジラ」「キングコング対ゴジラ」「怪獣大戦争」をリバイバル上映（8月）	「花の子ルンルン」（3月放送開始）
	「ウルトラオリジナルBGMシリーズ2 ウルトラセブン 冬木透の世界」／キングレコード／構成（3月発売）		「ゾンビ」（3月公開）
	「ウルトラマン・ブック 実相寺昭雄作品集」1、2／二見書房／編集協力（3月発行）		「実相寺昭雄監督作品 ウルトラマン」（3月公開）
	「ウルトラ大怪獣 100枚」5／二見書房／（3月発行）		「ウルトラ6兄弟vs怪獣軍団」（3月公開）
	「テレビマガジン カラーブック9 怪獣王ゴジラ大図鑑」講談社／構成（4月発行）		「サイボーグ009」（3月放送開始）
	「てれびくんデラックス1 ウルトラ怪獣大全集」／小学館／構成（4月発行）		「ドラえもん」（4月放送開始）
	「ウルトラオリジナルBGMシリーズ3 帰ってきたウルトラマン 冬木透の世界2」／キングレコード／構成（4月発売）		「ザ・ウルトラマン」（4月放送開始）
	「ウルトラオリジナルBGMシリーズ4 ウルトラマンA 冬木透の世界3」／キングレコード／構成（4月発売）	＊インベーダー・ゲームが大流行	「機動戦士ガンダム」（4月放送開始）
	「小学館のコロタン文庫41 ウルトラ怪獣500」／小学館／編集（4月発行）	＊第2次オイルショック	「アニメーション紀行 マルコ・ポーロの冒険」（4月放送開始）

年号	活動内容	SF関連・出版・社会の動き	映画・TVシリーズ
	「ウルトラオリジナルBGMシリーズ5 ウルトラマンタロウ　日暮雅信の世界」／キングレコード／構成（5月発売）	＊ウォークマン、日本語ワープロ、カード型電卓が登場	「白昼の死角」（4月公開）
	「ウルトラオリジナルBGMシリーズ6 ウルトラマンレオ　冬木透の世界4」／キングレコード／構成（5月発売）		「炎の超人メガロマン」（5月放送開始）
	「小学館のコロタン文庫 SF宇宙怪獣と宇宙戦艦」／小学館／構成（5月）		「Mr.BOO インベーダー作戦」（5月公開）
	「テレビマガジンデラックス1 ウルトラ怪獣の世界 ウルトラQ」／講談社／構成（5月発行）		「スーパーマン」（6月公開）
	「テレビランド・ブロマイドブックシリーズ1 仮面ライダー ブロマイド図鑑1」／徳間書店／編集（6月）		「指輪物語」（7月公開）
	「月刊マンガ少年別冊 すばらしき特撮映像の世界」／朝日ソノラマ／編集協力（6月発行）		「ウルトラマン怪獣大決戦」（7月公開）
	「ウルトラマン・ブック9 ウルトラ6兄弟 vs 怪獣軍団」／二見書房／編集協力（6月発行）		「エイリアン」（7月公開）
	「ゴジラ3 オリジナル・サウンドトラック」／東宝レコード／構成（6月発売）		「ドランクモンキー 酔拳」（7月公開）
	「ウルトラ大怪獣カード」6／二見書房／（6月発行）		「蘇える金狼」（8月公開）
	「ウルトラオリジナルBGMシリーズ7 キャプテン・ウルトラ」／キングレコード／構成（6月発売）		「ハロウィン」（8月公開）
	「懐かしの少年映画名作劇場」1〜3／キングレコード／構成（7月発売）		「銀河鉄道999」（8月公開）
	「テレビマガジン カラーブック12 ゴジラ大怪獣ひみつ図鑑」講談社／構成（7月発行）		「エースをねらえ!」（9月公開）
	「別冊てれびくん6 映画ウルトラマン」／小学館／構成（8月発行）		「宇宙空母ブルーノア」（10月放送開始）
	「テレビマガジン デラックス2 コレクション ゴジラ大全集」／講談社／構成・文（8月発行）		「ベルサイユのばら」（10月放送開始）

	「テレビランド・ブロマイドブックシリーズ2 仮面ライダー ブロマイド図鑑2」／徳間書店／編集（8月）		「太陽を盗んだ男」（10月公開）
	「テレビオリジナルBGMコレクション 渡辺宙明の世界」／日本コロムビア／（8月発売）		「夜叉が池」（10月公開）
	「ファンタスティックコレクション NO.16 華麗なる円谷特撮の世界 ミラーマン／ファイヤーマン／ジャンボーグA」／朝日ソノラマ／構成（9月発行）		「SF／ボディスナッチャー」（10月公開）
	「テレビランド・ブロマイドブック・シリーズ3 大怪獣ブロマイド図鑑」／徳間書店／編集（9月発行）		「007 ムーンレイカー」（12月公開）
	「交響曲イデオン」／キングレコード／（10月発売）		「戦国自衛隊」（12月公開）
	「未来少年コナン ドラマ編／BGM集」2枚組／キングレコード／構成（10月発売）		「ルパン三世 カリオストロの城」（12月公開）
	「テレビランド わんぱっく29 ガメラ大怪獣図鑑」／徳間書店／編集（12月発行）		「マッドマックス」（12月公開）
1980年（昭和55年）	「特撮オリジナルBGMシリーズ 仮面の忍者赤影」／キングレコード／構成（1月発売）	「SV（スーパー・ビジュアル）シリーズ」創刊／徳間書店（4月）	「ニルスのふしぎな旅」（1月放送開始）
	「宇宙船」創刊／朝日ソノラマ／企画・編集参加（2月～）	「ふぁんろ～ど」創刊／ラポート（7月）	「地獄の黙示録」（2月公開）
	「TVオリジナルBGMコレクション 人造人間キカイダー／キカイダー01」／日本コロムビア／構成（2月発売）		「魔法少女ララベル」（3月放送開始）
	「佐武と市捕物控（ドラマ編）」／キングレコード／（2月発売）		「火の鳥2772 愛のコスモゾーン」（3月公開）
	「ファンタスティックコレクション NO.17 ピー・プロ特撮映像の世界 マグマ大使／スペクトルマン／快傑ライオン丸」／朝日ソノラマ／構成（2月発行）		「ドラえもん のび太の恐竜」「モスラ対ゴジラ」（3月公開）
	「パーフェクト・メモワール ウルトラマンTV手帳」／リイド社／協力（3月発行）		「宇宙怪獣ガメラ」（3月公開）
	「機動戦士ガンダム3 アムロよ…（ドラマ編）」／キングレコード／構成（3月発売）		「ウルトラマン80」（4月放送開始）

年号	活動内容	SF関連・出版・社会の動き	映画・TVシリーズ
	「テレビマガジン カラーブック14 仮面ライダー図鑑 ライダーマシーン大百科」講談社／構成（4月発行）		「影武者」（4月公開）
	「ロマンアルバム増刊 サンダーバード COMPLETE VISUAL GUIDEBOOK」／徳間書店／企画構成（4月）		「地球へ…」（4月公開）
	「講談社ポケット百科シリーズ10 TV映画ヒーローメカ 超マシーン大事典 特撮編」／講談社／構成（5月発行）	＊スプラッター映画ブーム	「伝説巨神イデオン」（5月放送開始）
	「無敵鋼人ダイターン3（ドラマ編＋BGM）」／キングレコード／構成（6月発売）	＊原宿の歩行者天国に竹の子族が出現	「復活の日」（6月公開）
	「特撮オリジナルBGMコレクション ウルトラマンの世界」／日本コロムビア／構成（6月発売）	＊任天堂、初の携帯型ゲーム機を発売	「スター・ウォーズ 帝国の逆襲」（6月公開）
	「特撮オリジナルBGMコレクション ウルトラセブンの世界」／日本コロムビア／構成（6月発売）	＊ジョン・レノン射殺される	「スタートレック」（7月公開）
	「特撮オリジナルBGMコレクション 帰ってきたウルトラマンの世界」／日本コロムビア／構成（6月発売）		「ヤマトよ永遠に」（8月公開）
	「特撮オリジナルBGMコレクション ウルトラマンAの世界」／日本コロムビア／構成（6月発売）		「13日の金曜日」（8月公開）
	「別冊てれびくん3 ウルトラマン80」／小学館／構成（7月発行）		「地震列島」（8月公開）
	「伝説巨神イデオン BGM集」／キングレコード／（7月発売）		「未知との遭遇 特別編」（9月公開）
	「交響詩 機動戦士ガンダム」／キングレコード／（7月発売）		「あしたのジョー2」（10月放送開始）
	「エイトマン（ドラマ編）」／キングレコード／構成（9月発売）		「日生ファミリースペシャル 二十四の瞳」（10月放送）
	「タウンムック増刊 スーパービジュアル 謎の円盤UFO」／徳間書店／構成（10月発行）		「シャイニング」（12月公開）
	「伝説巨神イデオン Ⅱ BGM集」／キングレコード／構成（11月発売）		「ブラックホール」（12月公開）

1981年（昭和56年）

TVオリジナルBGMコレクション 超電磁マシーン ボルテスV」／日本コロムビア／構成（1月発売）	「日本特撮ファンクラブG」発足（3月）	「最強ロボ ダイオージャ」（1月放送開始）
「新・エースをねらえ！ BGM集」／キングレコード／構成（1月発売）	「月刊アニメディア」創刊／学研（6月）	「ある日どこかで」（1月公開）
「二十四の瞳（ドラマ編）」／キングレコード／（1月発売）	第1回アマチュア連合特撮大会（8月・中野公会堂）	「太陽戦隊サンバルカン」（2月放送開始）
「TVオリジナルBGMコレクション 超電磁ロボ コン・バトラーV」／日本コロムビア／構成（2月発売）		「機動戦士ガンダム」（3月公開）
「機動戦士ガンダム TV版ストーリーブック」1～4／講談社／構成・文（3月～11月発行）		「宇宙戦艦ヤマト 新たなる旅立ち」（3月公開）
「講談社ポケット百科シリーズ15 テレビマガジン・ロボット大全集1 機動戦士ガンダム」／講談社／構成（4月発行）		「夏への扉」「悪魔と姫ぎみ」（3月公開）
「講談社ポケット百科シリーズ16 テレビマガジン・ロボット大全集2 無敵超人ザンボット3／無敵鋼人ダイターン3」／講談社／構成（4月発行）		「ゴールドライタン」（3月放送開始）
「映画オリジナルBGMコレクション 大魔神」／日本コロムビア／構成（4月発売）		「じゃりン子チエ」（4月公開）
「映画オリジナルBGMコレクション 怪獣王ゴジラ」（上）（下）／日本コロムビア／構成（4月発売）		「Dr．スランプ アラレちゃん」（4月放送開始）
「TVオリジナルBGMコレクション 闘将ダイモス」／日本コロムビア／構成（4月発売）	＊スペースシャトル「コロンビア」打ち上げ成功	「新竹取物語 1000年女王」（4月放送開始）
「タウンムック増刊 スーパー・ビジュアル4 仮面ライダーⅠ」／徳間書店／企画構成（4月発行）	＊日劇閉館	「タイガーマスク二世」（4月放送開始）
「テレビマガジンデラックス 機動戦士ガンダム アニメグラフブック」／講談社／構成（5月発行）	＊LD（レーザーディスク）プレーヤー発売	「殺しのドレス」（4月公開）
「ミスタージャイアンツ 栄光の背番号3 ドラマ編」／キングレコード／（5月発売）	＊「なんとなくクリスタル」がベストセラー	「エレファント・マン」（5月公開）
「エースをねらえ！ BGM集」／キングレコード／構成（5月発売）	＊ひょうきん族ブーム	「魔界転生」（6月公開）

年号	活動内容	SF関連・出版・社会の動き	映画・TVシリーズ
	「講談社ポケット百科シリーズ19 テレビマガジン・ロボット大全集3 特撮スーパーロボ大集合」／講談社／構成（7月発行）		「ハウリング」（6月公開）
	「講談社ポケット百科シリーズ20 テレビマガジン・ロボット大全集4 無敵ロボトライダーG7」／講談社／構成（7月発行）		「スーパーマンII 冒険編」（6月公開）
	「テレビマガジンデラックス 機動戦士ガンダム2 哀・戦士編 アニメグラフブック」／講談社／構成・文（9月発行）		「戦国魔神ゴーショーグン」（7月放送開始）
	「最強ロボ ダイオージャ BGM集」／キングレコード／構成（9月発売）		「007 ユア・アイズ・オンリー」（7月公開）
	「交響詩イデオン」／キングレコード／（10月発売）		「機動戦士ガンダムII 哀・戦士編」（7月公開）
	「講談社ポケット百科シリーズ21 テレビマガジン・ロボット大全集5 マジンガーシリーズ大事典」／講談社／構成（10月発行）		「ねらわれた学園」（7月公開）
	「講談社ポケット百科シリーズ22 テレビマガジン・ロボット大全集6 最新ロボット大集合」／講談社／構成（10月発行）		「連合艦隊」（8月公開）
	「ファンタスティックコレクション NO.23 マイティジャック」／朝日ソノラマ／構成（10月）		「スキャナーズ」（9月公開）
	「TVオリジナルBGMコレクション キャンディ・キャンディ」／日本コロムビア／構成（11月発売）		「ロボット8ちゃん」（10月放送開始）
	「ファンタスティックコレクション NO.24 ジャイアントロボ」／朝日ソノラマ／構成（12月）		「六神合体ゴッドマーズ」（10月放送開始）
	「特撮オリジナルBGMコレクション ウルトラマンタロウの世界」／日本コロムビア／構成（12月発売）		「うる星やつら」（10月放送開始）
	「特撮オリジナルBGMコレクション ウルトラマンレオの世界」／日本コロムビア／構成（12月発売）		「銀河旋風ブライガー」（10月放送開始）

	「特撮オリジナルBGMコレクション ウルトラマン80の世界」／日本コロムビア／構成（12月発売）		「太陽の牙ダグラム」（10月放送開始）
	「特撮オリジナルBGMコレクション ザ・ウルトラマンの世界」／日本コロムビア／構成（12月発売）		「まいっちんぐマチ子先生」（10月放送開始）
	「ゲゲゲの鬼太郎 オリジナルBGM集」／キングレコード／構成（11月発売）		「じゃりン子チエ」（10月放送開始）
	「伊福部昭映画音楽全集」1〜4／キングレコード／構成協力（11月発売）		「レイダース／失われた聖櫃（アーク）」（12月公開）
	「テレビオリジナルBGMコレクション キャンディ・キャンディ」／日本コロムビア／構成（12月発売）		「セーラー服と機関銃」（12月公開）
	「伊福部昭映画音楽全集」5〜10／キングレコード／構成協力（12月発売）		「宇宙戦士バルディオス」（12月公開）
1982年（昭和57年）	「講談社のポケットカード 機動戦士ガンダム モビルスーツコレクション」／講談社／（1月発行）	池田憲章・編「アニメ大好き！ヤマトからガンダムまで」刊行／徳間書店（11月発行）	「大戦隊ゴーグルファイブ」（2月放送開始）
	「TVオリジナルBGMコレクション 大空魔竜ガイキング」／日本コロムビア／構成（2月発売）	「アニメージュ文庫」創刊／徳間書店（12月）	「戦闘メカ ザブングル」（2月放送開始）
	「太陽の牙ダグラム」／キングレコード／構成（2月発売）		「宇宙刑事ギャバン」（3月放送開始）
	「テレビマガジンデラックス 機動戦士ガンダム3 めぐりあい宇宙 アニメアートブック」／講談社／構成（4月発行）		「魔法のプリンセス ミンキーモモ」（3月放送開始）
	「劇場版エースをねらえ！（ドラマ編）」／キングレコード／構成（4月発売）		「1000年女王」（3月公開）
	「伝説巨神イデオン Ⅲ ドラマ編」／キングレコード／構成（5月発売）		「機動戦士ガンダムⅢ めぐりあい宇宙」（3月公開）
	「講談社ポケット百科シリーズ24 テレビマガジン・ロボット大全集7 伝説巨神イデオン」／講談社／構成（7月発行）		「転校生」（4月公開）
	「劇場版 伝説巨神イデオン 接触篇」／キングレコード／（7月発売）	＊ソニーから世界初のCDプレーヤー発売	「狼男アメリカン」（5月公開）
	「劇場版 伝説巨神イデオン 発動篇」／キングレコード／（7月発売）	＊テレホンカード登場	「白い牙 ホワイトファング物語」（5月放送）
	「劇場版 伝説巨神イデオン ドラマ編」／キングレコード／（8月発売）		「SPACE ADVENTURE コブラ」（7月公開）

年号	活動内容	SF関連・出版・社会の動き	映画・TVシリーズ
	「テレビマガジンデラックス14 伝説巨神イデオン 劇場版ストーリーブック 発動篇」／講談社／構成（9月発行）		「伝説巨神イデオン　接触篇／発動篇」（7月公開）
	「テレビマガジンデラックス15 FUTURE WAR 198X年 メカニック・スペシャル」／講談社／構成（11月発行）		「ブレードランナー」（7月公開）
	「ファンタスティックコレクション 不滅のヒーロー ウルトラマン白書」／朝日ソノラマ／構成（12月）		「ポルターガイスト」（7月公開）
			「わが青春のアルカディア」（7月公開）
			「トロン」（8月公開）
			「超時空要塞マクロス」（10月放送開始）
			「スペースコブラ」（10月放送開始）
			「遊星からの物体X」（11月公開）
			「E．T．」（12月公開）
1983年（昭和58年）	「講談社ポケット百科シリーズ25 テレビマガジン・ロボット大全集8 戦闘メカザブングル」／講談社／構成（2月発行）	「伊福部昭　SF特撮映画音楽の夕べ」（8月・日比谷公会堂）	「未来警察ウラシマン」（1月放送開始）
	「講談社ポケット百科シリーズ26 テレビマガジン・ロボット大全集9 太陽の牙ダグラム」／講談社／構成（2月発行）	「ゴジラ1983 復活フェスティバル」（8月）	「亜空大作戦スラングル」（1月放送開始）
	「SF特撮映画音楽全集」1～4／キングレコード／構成（4月発売）	「映画撮影」82号の特撮特集に酒井敏夫、池田憲章が寄稿／日本映画撮影監督協会（9月）	「聖戦士ダンバイン」（2月放送開始）
	「宇宙船別冊 スーパーギャルズ・コレクション」／朝日ソノラマ／構成（4月）	世界初のOVA「ダロス」発売開始／バンダイ（12月）	「科学戦隊ダイナマン」（2月放送開始）
	「SF特撮映画音楽全集」5～7／キングレコード／構成（5月発売）		「アンドロメロス」（2月放送開始）
	「SF特撮映画音楽全集」8～10／キングレコード／構成（6月発売）		「宇宙刑事ギャバン」（3月放送開始）
	「聖戦士ダンバイン BGM集」／キングレコード／構成（6月発売）		「ダーク クリスタル」（3月公開）
	「TVオリジナルBGMコレクション UFOロボ グレンダイザー」／日本コロムビア／構成（6月発売）		「クラッシャージョウ」（3月公開）
	「装甲騎兵ボトムズ BGM集1」／キングレコード／構成（7月発売）		「幻魔大戦」（3月公開）

「テレビマガジンデラックス21 太陽の牙ダグラム メカニカルアート集～大河原邦男の世界」／講談社／構成（8月発行）

「ファンタスティックコレクション NO.30 ゴジラ グラフィティ 東宝特撮映画の世界」／朝日ソノラマ／構成（9月）

「テレビマガジンデラックス22 グラフブック ゴジラ」／講談社／構成（9月発行）

「伊福部昭 SF特撮映画音楽の夕べ」／キングレコード／構成（10月発売）

「装甲騎兵ボトムズ BGM集Ⅱ」／キングレコード／構成（10月発売）

「聖戦士ダンバイン Ⅱ」／キングレコード／構成（11月発売）

「SF特撮映画音楽全集」11、12／キングレコード／構成（11月発売）

「完全収録盤 キングコング対ゴジラ ドラマ編」／キングレコード／（11月発売）

「タウンムック増刊 スーパー・ビジュアル・シリーズ ゴジラ」／徳間書店／企画編集構成（12月発行）

「SF特撮映画音楽全集」13、14／キングレコード／構成（12月発売）

「円谷英二の映像世界」／実業之日本社／編集（12月発行）

「東宝特撮映画全史」／東宝株式会社出版事業室／編集協力（12月発行）

「東宝SF特撮映画予告編集」／アポロン音楽工業／構成（12月発売）

*東京ディズニーランド開園

*「おしん」ブーム

*任天堂、ファミリー・コンピュータ発売

「宇宙戦艦ヤマト 完結篇」（3月公開）

「キン肉マン」（4月放送開始）

「装甲騎兵ボトムズ」（4月放送開始）

「ストップ!!ひばりくん!」（5月放送開始）

「ゴルゴ13」（5月公開）

「プラレス3四郎」（6月放送開始）

「魔法の天使クリィミーマミ」（7月放送開始）

「時をかける少女」「探偵物語」（7月公開）

「ドキュメント太陽の牙ダグラム」「ザブングル グラフィティ」（7月公開）

「スター・ウォーズ ジェダイの復讐」（7月公開）

「南極物語」（7月公開）

「フラッシュダンス」（7月公開）

「超時空世紀オーガス」（7月放送開始）

「キャッツ・アイ」（7月放送開始）

「キャプテン翼」（10月放送開始）

「ペットントン」（10月放送開始）

「銀河漂流バイファム」（10月放送開始）

「ウォー・ゲーム」（12月公開）

「里見八犬伝」（12月公開）

1984年（昭和59年）

「装甲騎兵ボトムズ BGM集3」／キングレコード／構成（2月発売）

「星雲仮面マシンマン」（1月放送開始）

年号	活動内容	SF関連・出版・社会の動き	映画・TVシリーズ
	「未収録BGMコレクション・シリーズ 機動戦士ガンダム」（上）（下）／キングレコード／構成（3月発売）		「超電子バイオマン」（2月放送開始）
	「続・東宝SF特撮映画予告編集」／アポロン音楽工業／構成（3月発売）		「重戦機エルガイム」（2月放送開始）
	「講談社ポケット百科シリーズ31 テレビマガジン・アニメスペシャル2 聖戦士ダンバイン」／講談社／構成（3月発行）		「うる星やつら2 ビューティフル・ドリーマー」（2月公開）
	「聖戦士ダンバイン Ⅲ」／キングレコード／（3月発売）		「綿の国星」（2月公開）
	「重戦機エルガイム BGM集」／キングレコード／構成（3月発売）		「トワイライトゾーン／超次元の体験」（2月公開）
	「完全収録ドラマ編シリーズ ゴジラ」／キングレコード／（5月発売）		「プロジェクトA」（2月公開）
	「ファンタスティックコレクション NO.36 宇宙刑事シャリバン」／朝日ソノラマ／構成（5月）	＊ゴジラ誕生30周年	「とんがり帽子のメモル」（3月放送開始）
	「完全収録ドラマ編シリーズ モスラ」／キングレコード／（6月発売）	＊グリコ・森永事件	「GU-GUガンモ」（3月放送開始）
	「ファンタスティックコレクション NO.37 科学戦隊ダイナマン／超電子バイオマン」／朝日ソノラマ／構成（6月）	＊FAX機の普及が始まる	「宇宙刑事シャイダー」（3月放送開始）
	「宇宙船文庫 東宝特撮映画ポスター全集」1、2／朝日ソノラマ／構成（6月）	＊携帯用CDプレーヤー発売	「冒険者たち ガンバと7匹の仲間たち」（3月公開）
	「重戦機エルガイムBGM集2」／キングレコード／構成（7月発売）	＊大映ドラマが人気	「少年ケニヤ」（3月公開）
	「ザ・ヒストリー・オブ・ゴジラ」VOL.1～3／アポロン音楽工業／構成（7月発売）		「ルパン三世 PART Ⅲ」（3月放送開始）
	「サウンド・エフェクト・オブ・ゴジラ」1、2／東宝レコード／構成（7月発売）		「風の谷のナウシカ」（3月公開）
	「完全収録ドラマ編シリーズ 地球防衛軍」／キングレコード／（7月発売）		「さよならジュピター」（3月公開）
	「コミックボンボン スペシャル レンズマン そのすべて」／講談社／構成（8月発行）		「超人ロック」（3月公開）
	「完全収録ドラマ編シリーズ 海底軍艦」／キングレコード／（8月発売）		「ウルトラマンZOFFY ウルトラの戦士vs大怪獣軍団」（3月公開）

1985年（昭和60年）	「映画オリジナルBGMコレクション わんぱく王子の大蛇退治」／日本コロムビア／構成（9月発売） 「完全収録ドラマ編シリーズ 怪獣大戦争」／キングレコード／（9月発売） 「ファンタスティックコレクション NO.39 電子戦隊デンジマン」／朝日ソノラマ／構成（10月） 「講談社ポケット百科シリーズ37 テレビマガジン・アニメスペシャル4 銀河漂流バイファム」／講談社／構成（10月発行） 「重戦機エルガイム BGM集3」／キングレコード／構成（10月発売） 「大魔神～怒れる武神の伝説～」／アポロン音楽工業／構成・台本（11月発売） 「アニメ・サウンド・メモリアル 魔女っ子メグちゃん」／日本コロムビア／（11月発売） 「アニメ・サウンド・メモリアル 科学忍者隊ガッチャマン」／日本コロムビア／（11月発売） 「アニメ・サウンド・メモリアル 魔女っ子メグちゃん」／日本コロムビア／（11月発売） 「ゴジラ コレクション（復刻資料集）」／国書刊行会／（12月発行） 「ゴジラ カラー・アルバム」／実業之日本社／（12月発行） 「ファンタスティックコレクション NO.44 SFX-GODZILLA ゴジラ特撮のすべて」／朝日ソノラマ／構成（12月） 「MJマテリアル 銀河漂流バイファム スーパー・メカニック・ガイド」／バンダイ静岡工場／プロデュース（12月発行） 「小学館入門百科シリーズ 155 ウルトラ怪獣大事典1」／小学館／構成（1月発行）	宝島「ニューウェイブ世代の ゴジラ宣言」／JICC出版局（1月発行）	「ブレインストーム」（4月公開） 「ガラスの仮面」（4月放送開始） 「魔法の妖精ペルシャ」（7月放送開始） 「スーパーガール」（7月公開） 「超時空要塞マクロス 愛・おぼえていますか」（7月公開） OVA「BIRTH バース」（8月発売） 「零戦燃ゆ」（8月公開） 「ストリート・オブ・ファイヤー」（8月公開） 「北斗の拳」（10月放送開始） 「名探偵ホームズ」（11月放送開始） 「ゴーストバスターズ」（12月公開） 「グレムリン」（12月公開） 「ゴジラ」（12月公開） 「小公女セーラ」（1月放送開始）

年号	活動内容	SF関連・出版・社会の動き	映画・TVシリーズ
[redacted]	「東宝SF特撮映画シリーズVOL.1 ゴジラ（1984）」／東宝株式会社出版事業室／編集協力（1月発行）	「月刊ニュータイプ」創刊／角川書店（3月）	「ミツバチのささやき」（2月公開）
	「東宝SF特撮映画シリーズVOL.2 モスラ／モスラ対ゴジラ」／東宝株式会社出版事業室／編集協力（1月発行）	「スクリーン」10月号のSFX（特撮）特集に竹内博の寄稿、井口健二、池田憲章、徳木吉春による座談会が掲載／近代映画社（9月）	「電撃戦隊チェンジマン」（2月放送開始）
	「コミックボンボン スペシャル3 ゴジラ'85 新作「ゴジラ」カラーワイドグラフ」／講談社／構成		「機動戦士Zガンダム」（3月放送開始）
	「デラックス・エディション ゴジラ」／キングレコード／（2月発売）		「タッチ」（3月放送開始）
	「小学館入門百科シリーズ 156 ウルトラ怪獣大事典2」／小学館／構成（2月発行）		「巨獣特捜ジャスピオン」（3月放送開始）
	「小学館入門百科シリーズ 157 ウルトラ怪獣大事典3」／小学館／構成（3月発行）		「どきんちょ！ネムリン」（3月放送開始）
	「ファンタスティックコレクション NO.47 太陽戦隊サンバルカン」／朝日ソノラマ／構成（4月発行）		「カムイの剣」（3月公開）
	「コミックボンボン スペシャル4 幻夢戦記レダ」／講談社／構成（4月発行）		「ネバーエンディング・ストーリー」（3月公開）
	「コミックボンボン 緊急増刊 機動戦士Zガンダムを10倍楽しむ本」／講談社／プロデュース・構成（4月発行）		「デューン／砂の惑星」（3月公開）
	「宇宙船文庫 ウルトラマン／ウルトラQ怪獣事典」／朝日ソノラマ／構成（4月発行）		「メガゾーン23」（3月公開／ビデオ発売）
	「宇宙船文庫 ウルトラセブン 怪獣事典」／朝日ソノラマ／構成（4月発行）		「超獣機神ダンクーガ」（4月放送開始）
	「東宝SF特撮映画シリーズ VOL.3 ゴジラ（1954）／ゴジラの逆襲／大怪獣バラン」／東宝株式会社出版事業室／編集協力（6月発行）	＊「科学万博 つくば'85」開催	「スケバン刑事」（4月放送開始）
	「模型情報別冊 MJマテリアル 機動戦士ガンダム メカニック設定集&作例集」／バンダイ静岡工場／構成（6月発行）	＊日航123便墜落事故	「さびしんぼう」（4月公開）

「ファンタスティックコレクション NO. 48 イナズマンF」／朝日ソノラマ／企画（6月発行）	*初の日本人宇宙飛行士誕生	「戦国魔神ゴーショーグン 時の異邦人」（4月公開）
「ファンタスティックコレクション NO. 49 快傑ズバット」／朝日ソノラマ／企画（6月発行）	*任天堂ファミコン・ブーム	「ターミネーター」（5月公開）
「ファンタスティックコレクション NO. 50 宇宙刑事シャイダー」／朝日ソノラマ／構成（7月発行）	*パソコン・ワープロソフト「一太郎」発売	「魔法のスター マジカルエミ」（6月放送開始）
「東宝SF特撮映画シリーズ VOL. 4 海底軍艦／妖星ゴラス／宇宙大怪獣ドゴラ」／東宝株式会社出版事業室／編集協力（8月発行）		「フェノミナ」（6月公開）
「模型情報別冊 MJマテリアル7 魔法の天使クリィミーマミ ロング・グッドバイ」／バンダイ静岡工場／構成（8月発行）		「ダーティペア」（7月放送開始）
「SF特撮TV音楽全集 水木しげるの映像世界」／キングレコード／構成（8月発売）		「テラ戦士Ψボーイ」（7月公開）
「SF特撮映画音楽全集」別巻・ボーカル編／キングレコード／構成（9月発売）		「スペースバンパイア」（8月発行）
「SF特撮映画音楽全集」15／キングレコード／構成（10月発売）		「超ロボット生命体 トランスフォーマー」（9月放送開始）
「伊福部昭 特撮映画音楽ベストコレクション」1～4／東芝EMI／構成（10月発売）		「ハイスクール奇面組」（10月放送開始）
「ピコピコブックス 13 輝け!ウルトラ戦士」／永岡書店／構成（11月発行）		「蒼き流星SPTレイズナー」（10月放送開始）
「ピコピコブックス 14 激闘!ウルトラ大怪獣」／永岡書店／構成（11月発行）		「スケバン刑事II 少女鉄仮面伝説」（11月放送開始）
「模型情報別冊MJマテリアル8 魔法のプリンセス ミンキーモモ 夢の中の輪舞」／バンダイ静岡工場／構成（11月発行）		「バック・トゥ・ザ・フューチャー」（12月公開）
「ゴジラ 東宝特撮映画音楽全集」（カセットテープ10巻組ボックス）／日本ディスクライブラリー／構成		「吸血鬼ハンターD」（12月公開／ビデオ同時発売）

to be continued

第1のあとがき〜ドラマになった怪獣倶楽部

『ウルトラゾーン』や『ウルトラ怪獣散歩』で特撮ファンにもおなじみの放送作家・酒井健作さんが、『まんだらけZENBU』の連載を読んで興味を持ち、『怪獣倶楽部』のドラマ化を企画している。

連載を担当してくれていた國澤博司さんから、その話を聞いたのは2014年頃だったと思う。酒井さんは粘り強く交渉を重ねてテレビ局と制作会社を口説き落とし、円谷プロダクションの協力も取りつけて、正式にGOサインが出たのが2016年の終わり頃。連載がきっかけということで私と氷川竜介さんが企画協力を頼まれ、制作会社のプロデューサーを交えて最初の打ち合わせをしたのは12月に入ってからだった。

当日は氷川さんがアクシデントで欠席し、以後は私が窓口となって企画が進んでいくことになるが、この時点で『PUFFと怪獣倶楽部の時代』をそのままドラマ化するのではなく、70年代の特撮怪獣ファンの青春群像を描いたオリジナル作品になるという制作意図を聞き、これに賛同して全面的に協力を約束。まずシナリオ作りの参考のためにメンバーを取材したいという要望があったので、私がコーディネートとアテンドを引き受けることにした。

その際、時間も手間もかかることゆえ全員を集めるというわけにはいかず、健康・体調面も考慮した上で、連絡や取材がしやすいこと、登場人物のキャラ付けに役立つ評論、イラスト、音楽、実製作等の特長という2つの条件から数人に絞ってピックアップしている。取材を通じて他のメンバーの話が出るはずで、それらのネタをシャッフルしてキャラクターやエピソードが作れると酒井さんやプロデューサーにも了解してもらった。

そうして出来上がったシナリオは氷川さんと一緒にチェックし、氷川さんには実際の『怪獣倶楽部』のエピソードに加えて「この用語や表現は当時はまだ使われていなかった」「ここはこういう言い回しにした方が、よりマニアらしさが出る」といった時代考証、オタク考証的な部分でディテールやリアリティを補強するアドバイスとアイデア提供をしてもらった。

私の方からも実物の『怪獣倶楽部』本誌などの資料をスタッフに届け、原口智生さんがハイドランジャーのミニチュアに関する発言でメンバーを驚かせたエピソードを紹介して「最年少のカツオが、早くも将来は特撮の現場で働きたいと考えていることを知って、リョウタが同人誌に力を注ぐモチベーションになるのではないか」といった形で意見を出したが、人物設定やストーリー、内容そのものについては私も氷川さんもいっさい干渉していない。

ただ、完成作品で問題になったのは、米谷佳晃さんがデザインした会誌のロゴや、ページ・レイアウトのイメージが、多少アレンジを加えているとはいえ、ほとんどそのまま使われていたことで、事前に完パケ映像を見たメンバーから「同人誌にも著作権・編集権があり、それが明確になっていない」という意見が出た。

そのため、現在の『怪獣倶楽部』代表である西脇博光さんを通じて制作会社と交渉し、クレジットにTM付きのタイトルロゴと米谷さんの名前を明記してもらうことにした。放送中にエンドクレジットの表記が変更されたのは、以上のような経緯があったためである。ただし『怪獣倶楽部』としては純粋な好意から協力したもので、取材の謝礼としてBDボックスのサンプル品を提供されたのを除けば、ドラマ化に関する報酬は得ていない。

2017年の6月に放送された『怪獣倶楽部～空想特撮青春記～』(TBS/MBS、全4回)は、特撮・怪獣に魅了された若者たちの青春ドラマとして純粋に面白かったし、コミカルな要素だけでなく、最終話のひし美ゆり子さんのサプライズ登場と「ありがとう」の台詞に込められた特撮ファンへの想いなど、感動的な演出もあり十分に楽しめるものになったと思う。普段以上に入れ込み、撮影現場でも細かく注文を出して〝リアルなオタク像〟を追求したという酒井健作さんをはじめ、スタッフの熱意の賜物だろう。

もっとも、メンバー自身も誤解しているようなので、以下に改めてお断りしておく。

――このドラマは『ＰＵＦＦと怪獣倶楽部の時代』にインスパイアされて創作されたフィクションであり、登場する人物、団体、エピソード等に特定のモデルはない。ただし、実在の人物、団体、エピソード等に酷似している部分があったとしても、これを否定するものではない。

そういう意味では、本書に登場する『ＰＵＦＦ』や『怪獣倶楽部』も、私の記憶を通してある程度編集されたものだ。ここに書かれていることだけがすべてではないし、この本からは見えない『怪獣倶楽部』の姿も当然ながら存在する。サブタイトルに〝特撮ファンジン風雲録〟と謳い、その視点からまとめるよう心がけたが、実際には「あのまま同人誌として続いていたら、会を辞めていたかもしれない」というメンバーの意見も聞いた。全員が私と同じものを見て、同じことを考えていたとは限らないわけである。

こちらの力不足で連載が度々中断し、完結が遅れて渋滞している間に氷川竜介さんが何度か個人誌の形で、米谷佳晃さんが私家版として、あるいは池田憲章さんはそれ以前から著書やインタビュー等を通じて、それぞれの『怪獣倶楽部』について語っている。それらを併せて読んでいただければ、より立体的な像が結べると思うし、本来はそのようにして各人各様の『ＰＵＦＦと怪獣倶楽部の時代』が書かれるべきだろう。本書がそのための資料になれば幸いである。

（以下、第３のあとがきに続く）

第2のあとがき～当初予定していた本書の書き出し部分

２０１８年11月3日、本多猪四郎監督夫人のきみさんが亡くなった。１０１歳の大往生で、東宝が記念日にした１９５４年の第1作『ゴジラ』の公開日に、まるでこの日を選んで逝ったかのような巡り合わせだった。

しかし、個人的にそれ以上に不思議な縁を感じたのは〝お別れの会〟に呼んでいただいた時のことである。会場になった寺は、かつて円谷プロダクションが社屋を構えていた祖師谷大蔵の日大通り沿いにあり、また荼毘に付されたのは、２０１１年6月に私たちが竹内博さんを送った同じ斎場だったのだ。

地域の葬祭事情からたまたまそうなっただけで、徒に運命論をふりかざす意図はないのだが、それにしても……と、40年前に『怪獣倶楽部』の例会のために通った同じ道を歩きながら、何とも言い難い想いにとらわれたことは事実だ。

本多監督の映画を観て育ち、取材やプライベートで監督夫妻に親しく接してもらった〝ゴジラの子供たち〟である『怪獣倶楽部』について、この時期にまとめることになったのは、やはり必然だったのだろうか。

そう言えば、『怪獣倶楽部』が生まれたタイミングについて「亡くなった大伴昌司さんと円谷一さんが呼んだのかも……」と感慨をもらしたメンバーもいた。そうなると話がまた複雑になってくるのだが、ある意味で、この2人の死が竹内さんをグループ結成、研究同人誌発刊へと向かわせるきっかけの1つになったわけで、その時、あの場所に私たちが集まったのも、単に偶然が重なっただけとは言い切れないような気もする。

が、それもこれもすべては時の彼方である。

（以下、第3のあとがきに続く）

第3のあとがき

本書は自分史にあたる第1部と、2011年から2015年にかけて行った第2部のインタビュー編に分けて『まんだらけZENBU』第50号から90号まで、計18回、足かけ8年にわたって断続的に連載された回想録を再編集し、加筆修正の上でまとめたものである。諸事情により全員くまなく取材することが出来ず、不十分な部分があることをお詫びする。機会があれば、また改めて挑戦することになるかもしれない。

とはいえ、こうして無事に単行本として世に出るまでには『まんだらけ』編集部をはじめ、多くの方々に助けていただき、様々な形でお世話になった。新たに文章を寄せてくれた氷川竜介さん、五味洋子さんはもちろん、この本の中に登場するすべての皆さんに心から感謝している。文中の記述、表現に関して事実誤認等があればご指摘を乞う次第である。

最後に——本書をあの頃、怪獣が好きだった、そして今でも好きでいるすべての人々と、息子のわがまま勝手な生き方を容認してくれた両親に捧げる。

平成最後の春に——

中島紳介

＊文中の敬称の不統一は書き手の距離感によるもので他意はありません。また業界関係者以外の人名はイニシャルとしました。

＊執筆にあたって以下を参考にさせていただきました。（順不同）
竹内博「元祖怪獣少年の特撮映画研究四十年」（実業之日本社）
竹内博・編「証言構成　ＯＨの肖像——大伴昌司とその時代」（飛鳥新社）
五味洋子・編「富沢雅彦追悼集&作品集」「続・富沢雅彦追悼集&作品集」（私家版）
氷川竜介「アニメ怪獣ＳＦ青春記」「倍密の人生　アニメ特撮教授の回想録40年」（個人誌・ロトさんの本）
米谷佳晃「ひとりぼっちの怪獣倶楽部」（私家版）
佐藤良悦「時代のリズム」（トイズプレス「トイズアップ！」連載）
千野光郎「おたくに死す　殉教者・富沢雅彦へのレクイエム」（ＪＩＣＣ出版局・別冊宝島１０４「おたくの本」所収）
吉本たいまつ「おたくの起源」（ＮＴＴ出版）
小牧雅伸「アニメックの頃…」（ＮＴＴ出版）
黒沢哲哉・編著「よみがえるケイブンシャの大百科」（いそっぷ社）
野上暁「子ども文化の現代史　遊び・メディア・サブカルチャーの奔流」（大月書店）
大塚英志「二階の住人とその時代　転形期のサブカルチャー私史」（星海社新書）
小田雅弘「ガンダム・デイズ」（トイズプレス）
秋山哲茂・編集「学年誌ウルトラ伝説」（小学館）
福島正実「未踏の時代」（早川書房）

同人誌
「ＰＵＦＦ」
「怪獣倶楽部」
「衝撃波Ｑ」
「ネオ・フェラス」
「モノリス」

「コロッサス」
「特撮が来た」

キネマ旬報社「キネマ旬報」
早川書房「S-Fマガジン」
朝日ソノラマ「宇宙船」「マンガ少年増刊　TVアニメの世界」「同　SF（TV・コミック・アニメ・映画）の世界」「同
別冊　すばらしき特撮映像の世界」「ファンタスティックコレクション」シリーズ
角川書店「月刊ニュータイプ」「ザテレビジョン」「バラエティ」
徳間書店「月刊アニメージュ」「テレビランド」
小学館「てれびくん」
講談社「テレビマガジン」「コミックボンボン」
ラポート株式会社「アニメック」
ふゅーじょん・ぷろだくと「COMICBOX」「COMICBOX Jr」
ツルモトルーム「月刊スターログ」
みのり書房「月刊OUT」「OUT増刊　ランデヴー」
バンダイ「B-CLUB」「模型情報」
奇想天外社「奇想天外」
——その他

執筆協力
金田益実／佐藤良悦／長澤国雄／鳴海丈／本田登志子／米谷佳晃

初出

第一部

まんだらけＺＥＮＢＵ50号（２０１１年３月15日発行）
まんだらけＺＥＮＢＵ51号（２０１１年６月15日発行）
まんだらけＺＥＮＢＵ52号（２０１１年９月15日発行）
まんだらけＺＥＮＢＵ54号（２０１２年３月25日発行）
まんだらけＺＥＮＢＵ55号（２０１２年６月15日発行）
まんだらけＺＥＮＢＵ56号（２０１２年９月15日発行）

第二部

まんだらけＺＥＮＢＵ57号（２０１２年12月10日発行）西脇博光
まんだらけＺＥＮＢＵ59号（２０１３年６月15日発行）徳木吉春
まんだらけＺＥＮＢＵ60号（２０１３年９月15日発行）聖咲奇
まんだらけＺＥＮＢＵ66号（２０１４年11月15日発行）開田裕治
まんだらけＺＥＮＢＵ68号（２０１５年３月15日発行）村山実
まんだらけＺＥＮＢＵ75号（２０１６年５月15日発行）原口智生
まんだらけＺＥＮＢＵ81号（２０１７年６月15日発行）平田実
まんだらけＺＥＮＢＵ83号（２０１７年10月15日発行）井口健二
まんだらけＺＥＮＢＵ85号（２０１８年２月15日発行）岩井田雅行・前編
まんだらけＺＥＮＢＵ87号（２０１８年６月15日発行）岩井田雅行・後編
まんだらけＺＥＮＢＵ89号（２０１８年10月15日発行）池田憲章・前編
まんだらけＺＥＮＢＵ90号（２０１８年12月15日発行）池田憲章・後編

刊行にあたり改稿

著者・編者 PROFILE

中島紳介（なかじま・しんすけ）

1955年群馬県生まれ。アニメ＆特撮系のフリー編集者、ライター。雑誌「ニュータイプ」「ＤＶＤでーた」「TOYS」等々の記事・コラムの執筆や、ムック、サントラＬＰ、ＤＶＤボックス解説書の構成などを担当。主な仕事：著書＝「井川浩の壮絶編集者人生」（トイズプレス）／共著＝「アニメ大好き！」（徳間書店）「イデオンという伝説」「ボトムズ・アライブ」（太田出版）／編集・編集協力＝「別冊てれびくん　ウルトラマン80」（小学館）「宇宙船別冊　スーパーギャルズ・コレクション」「ファンタスティックコレクション　電子戦隊デンジマン」（朝日ソノラマ）「高田明美アートブック」「開田裕治画集　ＧＩＧＡ　怪獣戯画」（バンダイ）「カドカワフィルムストーリー　時をかける少女」「100％コレクション・機動戦士Ｚガンダム」「同・逆襲のシャア」「同・花のあすか組」「円谷 THE コンプリート」（角川書店）ロマンアルバム「魔女の宅急便」「NIGHT HEAD コレクション」「Ｘ－ファイル　コレクション」（徳間書店）「機動警察パトレイバー」デジタルライブラリー「高田明美パトレイバー画集」「機動警察パトレイバー」ＬＤ＆ＤＶＤ BOX 全シリーズ（バンダイビジュアル）「ジ・アート・オブ・もののけ姫」「同・猫の恩返し」「スタジオジブリ絵コンテ全集」（スタジオジブリ）ほか／解説書編集・共同編集＝「魔法のプリンセスミンキーモモ」ＬＤ BOX（バンダイビジュアル）「魔法の天使クリィミーマミ トリプルファンタジー」ＬＤ（バップ）「勇者ライディーン」ＬＤ＆ＤＶＤ BOX「サンダーバード」「キャプテンスカーレット」「謎の円盤 UFO」「海底大戦争スティングレイ」各ＤＶＤ BOX（東北新社）ほか／ＬＰレコード構成＝「エースをねらえ！BGM 集」「装甲騎兵ボトムズ BGM 集」「重戦機エルガイム BGM 集」「SF 特撮映画音楽全集」（キングレコード）ほか

PUFF《ぱふ》と怪獣倶楽部《かいじゅうくらぶ》の時代《じだい》
――特撮《とくさつ》ファンジン風雲録《ふううんろく》――

2019年5月31日発行　初版第1刷発行

編・著　中島紳介

発行者　古川益三
発行　株式会社まんだらけ
〒164-0001　東京都中野区中野5-52-15
電話 03-3228-0007（代）
FAX 03-5343-8480
印刷　大日本印刷株式会社

『　　　　』話 仕上げスケジュール表

組

昭和　年　月　日

月日	曜	作業内容	備考	改映話

② 会費を集める

●会員は会費一ヶ月分500円、一年间6,000円を払う。
会費に関し、二ヶ月間何のレンラクも無い者は退会とみなす

昭和51年1月第2週目の日曜の集会より実行する。

●理由　一、よりせんめいなコピーで会誌が刷れること
　　　　一、会費を集めることによっていいカゲンな者を
　　　　　とーた出来るということ。

然し乍ら会費を払いさえすれば当会々員になれるという
甘いことはない。

会計は安井ひさしをその担当とする
毎月第1日曜の会合に彼に払うものとする

会誌発行毎に鮮明コピーをもってその費用を明確にし、
残金は次号のため保存するものとする。
(万一解散の際はすみやかに残金を返却する)

(年间会計報告は毎年12月末にその明さいを会員各自に
報告する。)